中東の現場を歩く

激動20年の取材のディテール

元朝日新聞中東・アフリカ総局長
川上泰徳
Yasunori Kawakami

合同出版

はじめに

神は一瞬ごとに世界を新たに創造する、という考え方は「非連続的存在観」といわれる。それがアラブ人の世界観であるということは、大学でアラビア語を専攻していた学生時代、イスラム学の井筒俊彦氏の著作を通じて知った。日本人が当然と考える因果律は成立せず、歴史とは、脈絡のない、ばらばらの出来事の連鎖であるという考え方である。

大学を卒業して、新聞社に入り、中東特派員としてニュースを追うようになって、ほとんど非連続的な世界観を体現しているようなアラブ・中東世界に身をおくことになった。世界を震撼させる大ニュースが、突然、予想もしない形で起こる。和平プロセスが突然破綻して紛争がぼっ発し、民主化のプロセスが進んでいると思えば、いきなり軍のクーデターが起こる。

世界の認識の仕方が異なるということは、その世界で生きる人々の意識や行動様式が異なるということでもある。中東で予想もしない出来事が起こるのは、行為の主体であるアラブの人々が、それまでの経緯や流れに拘泥《こうでい》しない非連続の世界観を生き、そのように行動するためでもあろう。

さらに一度、物事が起こってしまうと、日本人なら、なぜ、そのようなことが起こったかにこだわるところを、アラブ世界の人々は過去のことはまるで存在しなかったかのように、新しい事態の中でエネルギッシュに生きるのが常である。過去とのつながりとして現在を生きるのではなく、起こってしまった過去を自己から切り離して、未来とのつながりで現在を生きるというたくましい生き方ともいえる。

私は1994年、初めてカイロ駐在の中東特派員になり、その後、エルサレム、カイロ、バグダッド、アレクサンドリアなどに駐在し、最後に5度目の中東駐在を終えて2014年9月に最終的に帰国した。

２０１５年1月に退社するまで、34年間の新聞社勤務のうち20年間は中東専門の記者として働いた。中東駐在は計12年8カ月。私が特派員として現地でかかわった主なニュースだけをあげても、パレスチナ暫定自治（オスロ合意）開始（１９９４年）、パレスチナのインティファーダの激化（２０００〜２００６年）と、イラク戦争（２００３年）、アラブの春（２０１１年）、シリア内戦（２０１１年〜）、エジプトクーデター（２０１３年）、「イスラム国（ＩＳ）」の出現（２０１４年）……と歴史的な出来事が並ぶ。

本書は、この20年間を振り返って、私が出会った事件やニュースに即して、ジャーナリストとして中東とどのようにかかわったかを朝日新聞のデジタルサイト「ＷＥＢＲＯＮＺＡ」に連載したものを、編集し直して単行本にしたものである。ジャーナリストとして「中東を取材する」ということは、どのようなことかを、その時々の私自身の意図や動きが分かるように書いた。事件取材の記述であれば、どのようにして現地に行き、どのような狙いで取材し、誰から、どのような話を、どのようにして聞いたのか、などの取材のディテールを再現しようとした。危険が伴う紛争の現場ではどのように安全を確保するのか、などもできるだけ具体的に書いている。

通常の新聞記事では記者は黒子であって、記者の動きや意図がそのまま記述されることは少ない。最近では日本国内の記事でも一般的となっている記者の署名は、海外特派員の記事には昔からついていたが、それはあくまで筆者を示すだけで、記事そのものはニュースとして「客観的な事実」が書かれるだけで、取材した記者がその情報をどのように入手したかなどの取材の背景は書かれないのが一般的である。

私は新聞社を退社した後、自身が特派員としてかかわった「オスロ合意」から「イスラム国」までの20年間の中東の動きを記録しておこうと考えた。しかし、客観的に中東の出来事を記述するのではなく、スペインの画家ベラスケスの有名な「女官たち」で絵の中に絵筆を持つ画家自身が描きこまれているように、私自身がどのように中東にかかわったかも含めた中東取材記として書くことにした。

そのような手法をとったのは、私が新聞社を退社した直後に起きた「イスラム国」による湯川遥菜さん、後藤健二さん殺害事件で、「ジャーナリストの危険地域取材」が大きな議論となったことと関係している。事件を契機として、ジャーナリストが危険地域に入ることは国に迷惑をかける無謀な行為ととらえるような風潮が強まった。驚いたのは、シリア周辺取材をしようとするフリージャーナリストが旅券を強制返納させられる事件も起きた。政府による旅券の強制返還を7割以上の国民が支持しているという調査結果である。私は知り合いのフリージャーナリストたちと危険地域取材について議論する機会を持った。その中で「ジャーナリストの仕事が一般の人々に全く理解されていないのではないか」という意見が出た。「イスラム国」の出現と、残酷な行動によって、ただでさえ日本人にとっては遠い中東という世界が、ますます遠い存在になるのではないか、と私は危惧を抱いた。「イスラム国」によって中東がますます先行きが見えない危険な状態になっていることは確かだが、日本は中東に9割の原油を依存し、多くの日本の企業が進出していることを考えれば、日本と日本人にとって中東に関する情報を収集することは死活問題である。中東は日本の援助や国際貢献の場でもあり、中東の動きを知ることはこれまで以上に重要となる。「イスラム国」の出現によって中東の情報がより必要となるならば、中東の現場に入り、人々と接触しつつ、情報を収集するジャーナリストの仕事はより不可欠となる。当然、取材の安全を確保することもジャーナリズムの仕事の一部であり、その意味でもプロフェッショナルでなければならない。

中東報道の重要性はさらに大きくなっているのに、中東でのジャーナリストの取材が危険になるからといって、ジャーナリストの仕事に制約を加えようとする国が、どこにあるだろうか。インテリジェンスとしての政府の情報収集を強化することは重要ではあるが、政府が情報収集をいくら強化しても、ジャーナリズムの情報の代替とはならない。さらに民主主義国家での主権者である国民にとっての判断材料となる情報は、国民への情報開示が行なわれない政府のインテリジェンスからもたらされるわけではなく、独立したジャーナリズムによってもたらされるのである。

日本人ジャーナリストがわざわざ中東の危険地域に行く必要はない、という議論の中に、情報は欧州や米国の通信社の情報から入手できるというものもあった。欧州や米国の通信社の情報といっても、情報が通信社に自動的に集まってくるのではなく、個々のジャーナリストが現場に行って集めた情報や、関係当局にあたって入手した情報である。事実に裏づけされた客観的な情報ではあっても、欧州や米国の通信社であれば、彼らが重要と考える情報でもある。中東での日本の立場と欧米の立場や国益が異なる以上、何を重要とするかというニュースの価値判断はおのずから異なるのである。「イスラム国」の出現で日本にとっても中東情報の重要性が増し、日本や日本人にとっての状況把握や対応が求められているならば、欧米のジャーナリズム情報だけでなく、日本人のジャーナリストが日本人の視点から中東で取材した情報がなくてはならない。

中東で取材した私の経験からいえば、欧米の記者であれば入ることはできない場所や、会うことができない人物でも、日本人の記者ということで入ることができ、会うことができる場合も少なくない。例えば、イラク戦争の後の2003年夏から冬にかけて、イラクでは米軍に対する攻撃が次第に激化した時に、私は米軍攻撃があったアンバール州やディアラ州の町や村に行き、人々に取材した。そのような現地取材を通じて、米軍の荒っぽい対テロ戦争によって家族を殺されたイラク人から、米軍の軍事行動の詳細を怒りの声とともに聞くことになった。そのころはもう欧米のジャーナリストがスンニ派地域に取材で入ることは次第に難しくなっていた。

日本は欧米と違って、中東の国々を軍事的、政治的に支配した歴史がないことから、日本人が現地で敵視や警戒されることは非常に少ない。「イスラム国」で日本人2人が殺害される事件があった後でもなお、日本や日本人が中東の人々から一般的に好意を持たれている状況に大きな変化はない。私はＪＩＣＡ（国際協力機構）がヨルダンの南部地域で10年以上にわたって実施した女性の地位向上や家族計画プロジェクトの現場を取材して、同じことを欧米が行なおうとすれば警戒や反発を受けかねない事業であり、日本だからこそできる援助として紹介したことがある。同様に、ジャーナリズムでも、欧米のメディアにはできない取材でも、日本のジャーナリズムだからこそできる取材があると考えている。

私はジャーナリストとして中東で活動した取材の細部を書くことによって、中東で取材するということは、どのようなことであるかを、まずはニュースの受け手である一般の人々に向けて書こうと思った。

1994年に初めて中東に赴任して、イエメン内戦の紛争地の前線取材をした時は、腰を抜かさんばかりだった。また、欧米人のベテラン記者に危険地域での動き方を教えてもらったりと、まさに中東取材では若葉マークのついた記者として歩み出した。その後も、徐々に経験を積んでいったが、中東情勢は常に変化しており、いつまでたっても中東取材は試行錯誤の繰り返しである。

中東でジャーナリストとして働くということは、一寸先は闇という世界で、次々と起こる出来事にひたすら翻弄される経験の連続だともいえる。翻弄されながら、出来事の背景を探り、人々の声を集めて、個々の出来事を現実につなぎとめる作業を続けることである。

現地を理解するためには、日本とは異なるアラブ人の考え方やイスラムのルールを知らねばならないが、日本人としては出来事の背景にある因果関係を探りつつ、現場で人々の話を粘り強く聞くことで見えてくることは多い。中東で起きることも、中東の人々の対応も、決して理解不能ではないということが取材の中で分かってくるのである。

日本人の中東理解という場合、中東についての知識を与えてくれる本は、一般書から学術専門書まで、おびただしい数がある。それでも日本人の多くが中東を遠くて不可解な世界と感じ続けている。その理由の1つは、研究であれ、ビジネスであれ、ジャーナリズムであれ、日本人が中東とかかわる体験を通して、何かが見えてくるという理解の実感が、一般の人々に伝わっていないためではないかと思う。中東とかかわることで分かる、という経験と実感である。

この本は、新聞社の特派員記者として20年間、中東の出来事とそこに生きる人々にかかわり分かろうとしてもがいてきた記録である。

私は、新聞社を退社して、２０１５年からフリーランスのジャーナリストとして中東に拠点をおいて活動を始めた。その意味では、本書は私の中東とのかかわりの１つの区切りであり、中間報告という位置づけである。

もくじ／中東の現場を歩く　激動20年の取材のディテール

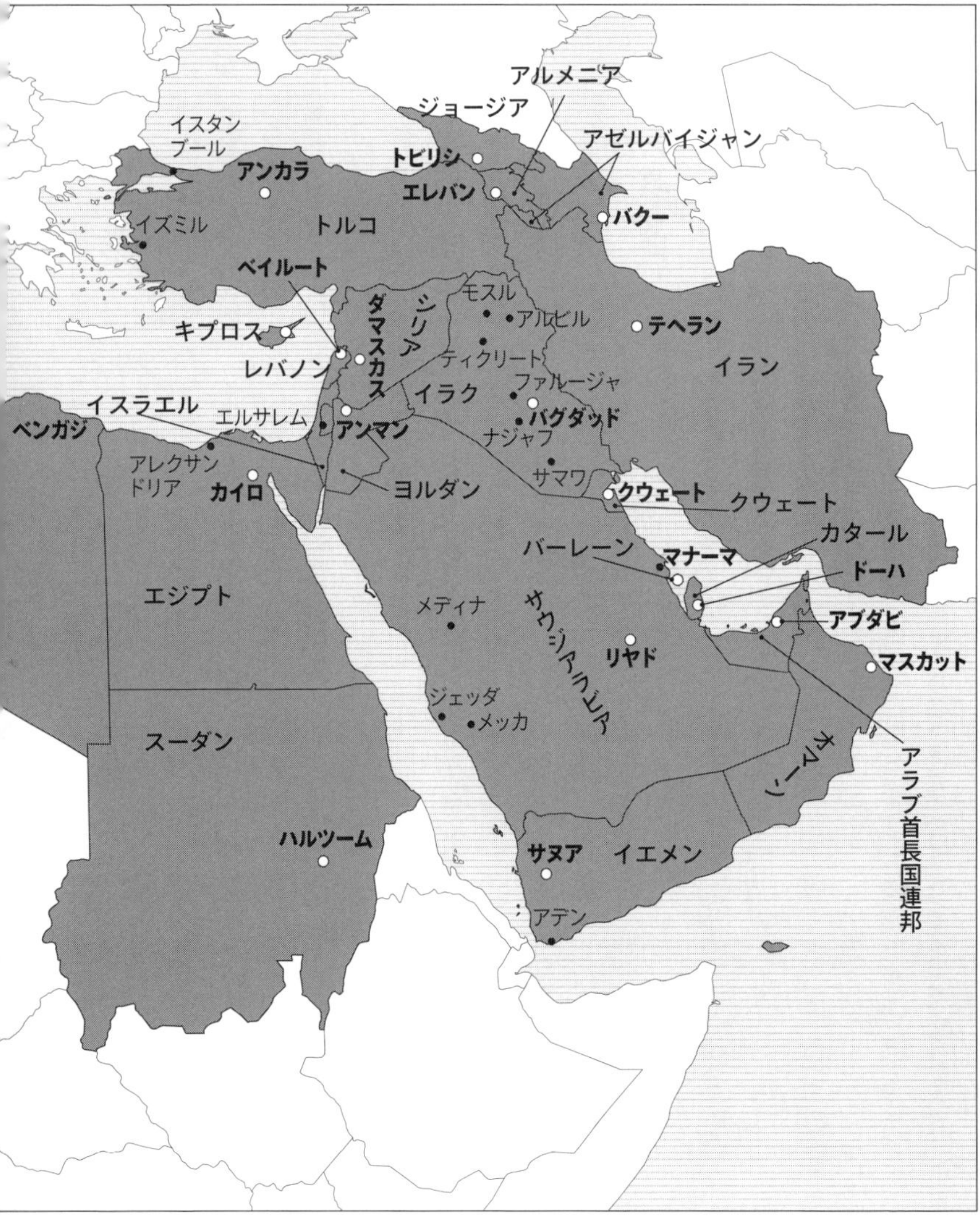

アルメニア
ジョージア
イスタンブール
アゼルバイジャン
トビリシ
アンカラ
エレバン
バクー
イズミル
トルコ
ベイルート
モスル
ダマスカス
シリア
アルビル
キプロス
テヘラン
レバノン
ティクリート
イラン
ファルージャ
イスラエル
イラク
エルサレム
バグダッド
ベンガジ
アンマン
ナジャフ
アレクサンドリア
サマワ
カイロ
ヨルダン
クウェート
クウェート
カタール
バーレーン
マナーマ
ドーハ
エジプト
メディナ
サウジアラビア
アブダビ
リヤド
マスカット
ジェッダ
メッカ
スーダン
オマーン
アラブ首長国連邦
ハルツーム
サヌア
イエメン
アデン

◆中東地図

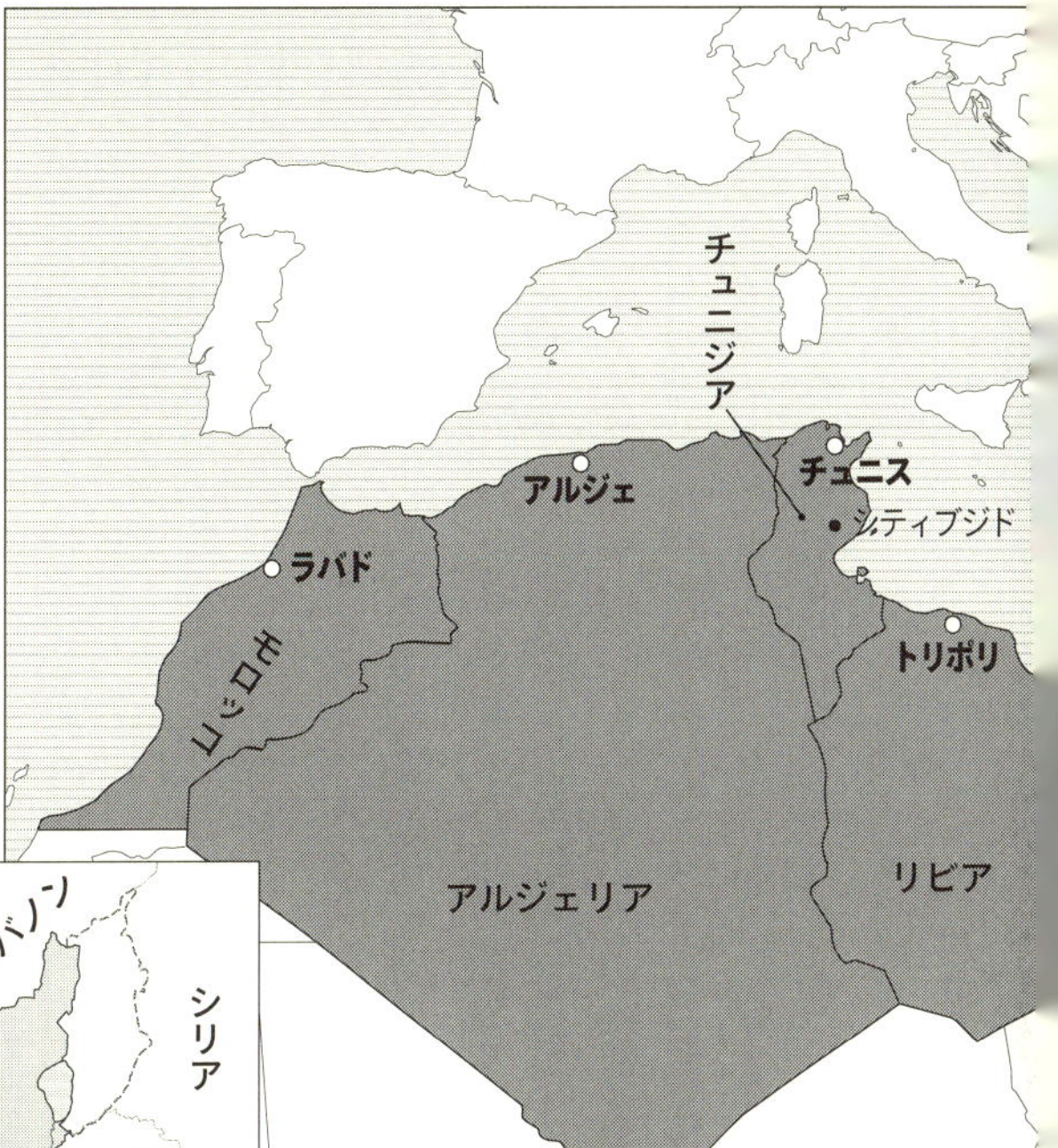

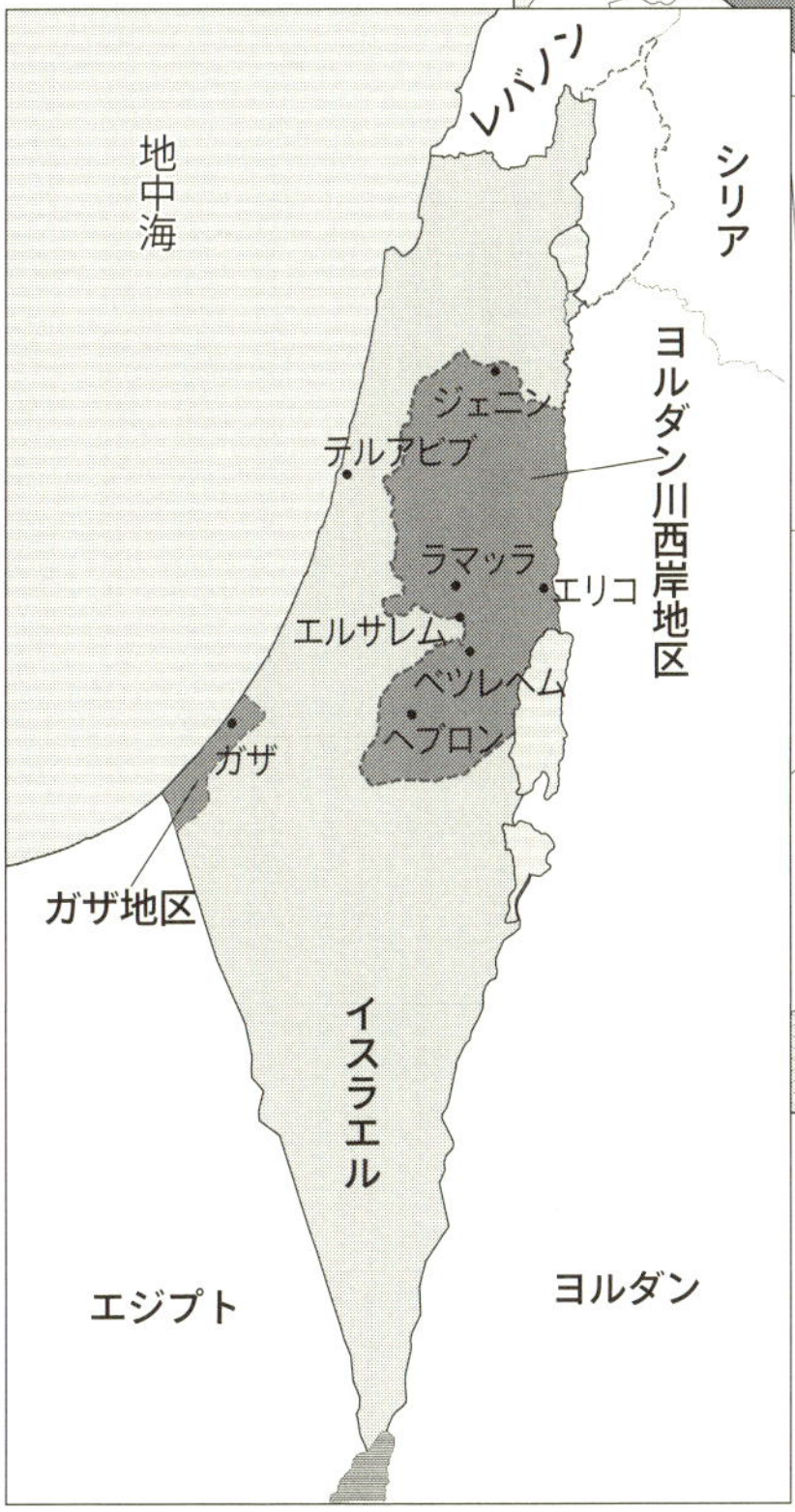

◆パレスチナ・イスラエル国境地図

中東の地域・人口・言語・宗教について

地域	「中東」とは地理的な概念というよりも、国際政治学上の地域区分で、サハラ砂漠以北の北アフリカとインド以西の西アジアで、「中東・北アフリカ」と呼ばれることもある。国としては、西はモロッコから東はイランまで、北はトルコから南はスーダンまでの20カ国。 （※東のアフガニスタンと西のモーリタニアを加えた22カ国をさすこともあるが、本書では含まない）
人口	『国連世界人口白書（2014年）』によると、中東・北アフリカ地域の総人口は4．8億人。人口が多いのは、エジプト8340万人、イラン7850万人、トルコ7580万人の3国が突出している。人口3000万人台の国は、アルジェリア、イラク、モロッコ。2000万人台は、サウジアラビア、イエメン、シリア。1000万人台はチュニジアだけで、それ以外は1000万人以下。 人口の特徴は、若者層の率が多いこと。総人口のうち10歳から24歳が占める率は、地域の平均で26%。エジプト28%、イラン24%、トルコ25%、サウジアラビア24%、イラク32%、シリア31%、イエメン35%など。ちなみに日本は14%。
言語	中東はアラビア語を母国語とするアラブ世界のすべてと、ペルシャ語が支配的なイランと、トルコ語が支配的なトルコがある。イスラエルの多数派のユダヤ人はヘブライ語を母国語とし、アラブ系市民はヘブライ語を学び、アラビア語を母語とする。 他に北アフリカのベルベル人のベルベル語、トルコ、シリア、イラク、イランにまたがるクルド人のクルド語、トルコに多いアルメニア人のアルメニア語、イラクのアッシリア人のアッシリア語など、数多くの少数民族や言語がある。
宗教	中東諸国は宗教的には非常に多様。主要宗教としては、イスラエル以外は、イスラム教徒が多数で、その中でもスンニ派が多い。ただし、シーア派はイラン、イラク、バーレーンでは、人口の多数を占める。一方、サウジアラビアやクウェート、レバノン、イエメンなどでは少数派として存在する。オマーンで多数派を占めるイバード派は、スンニ派、シーア派のどちらにも属さない。 一方、キリスト教コミュニティーも多様で、エジプトのコプト教会、トルコやエルサレムのアルメニア正教会、イラクのアッシリア東方教会、シリアのシリア正教会などの東方諸教会が多いが、レバノンのマロン派は東方典礼カトリック教会の一派。 イスラエルは自国を「ユダヤ人国家」と規定し、ユダヤ教徒が多いが、独立前から住むイスラム教徒やキリスト教徒のアラブ系市民が人口の約2割を占める。 ユダヤ教は中東・北アフリカ各地で長い歴史を持っており、イスラエルに移民（=帰還）したユダヤ人も多いが、少数ながら、今も残っているコミュニティーがある。

本書に出てくる各国の主な運動団体や政治組織一覧

【エジプト】

ムスリム同胞団：1928年にエジプトで創設されたイスラム組織。

イスラム集団：元イスラム過激派組織だが、90年代後半に武装闘争を放棄。

アズハル：イスラム教スンニ派の権威機関。

キファーヤ運動：イラク戦争後にムバラクの大統領多選阻止を掲げた政治組織。

エジプト潮流：エジプト革命後に生まれた若者政党。

ヌール党：サラフィー主義政党。

4月6日運動：エジプト革命を主導した若者組織の1つ。

【パレスチナ・イスラエル】

パレスチナ解放機構（PLO）：議長はアラファトの死後、アッバスが後継。

ファタハ：PLOの主流派で、アラファトが創設し、現在、アッバスが率いる。

ハマス：イスラム抵抗運動の略。ムスリム同胞団系。ヤシンが創設者。

パレスチナ解放人民戦線（PFLP）：PLOの非主流派。オスロ合意に反対。

イスラム聖戦：イスラム武装組織。

遺族の会：イスラエル軍の占領とパレスチナ過激派のテロで、イスラエル・パレスチナでそれぞれ家族を失った人々が交流の機会をつくる平和グループ。

イッザディン・アルカッサム軍団：ハマスの軍事部門。

リクード：シオニズム右派政党。ネタニヤフ党首。

【リビア】

国民勢力連合：リビア反体制勢力「リビア国民評議会」を率いたマフムード・ジブリルが創設した政党。総選挙で第1党になる。

アンサール・シャリーア：「イスラム国」とつながるイスラム過激派組織。

公正建設党：リビアのムスリム同胞団が創設した政党。

【アルジェリア】

イスラム救国戦線（FIS）：91年末の総選挙で勝利したイスラム政党。

武装イスラム集団（GIA）：イスラム過激派。

【チュニジア】

ナハダ：ムスリム同胞団系組織。最高指導者ラシド・ガヌーシー。

【イラク】

イラク統治評議会：2003年7月に米占領当局が設立したイラク人統治組織。

イスラム党：統治評議会に参加しているスンニ派政党。

ダーワ党：シーア派政党。

【シリア】

シリア国民連合：シリアの反体制の連合組織。

「イスラム国（IS）」：イラク・シリアにまたがる。イラク・シリア・イスラム国（ISIS）が2014年6月改称。

【その他の国々】

公正発展党（AKP）：トルコのエルドアンが率いるイスラム系政党。

ヒズボラ：レバノンのシーア派政党。

アルカイダ：国際的武装組織。ビンラディンの死後、ザワヒリが率いる。

アルジャジーラ：カタールのアラビア語の衛星放送。

第1章

オスロ合意と制裁下のイラク

1　オスロ合意調印式の出来事

オスロ合意調印式

新聞記者としての私の中東とのかかわりが始まったのはワシントンだった。1993年9月13日に、イスラエルとパレスチナ解放機構（ＰＬＯ）との間で和平合意「パレスチナ暫定自治協定（通称：オスロ合意）」が結ばれた時、私はまだ東京本社の外報部（現・国際報道部）で内勤をしていたが、ワシントンに出張して、調印式を取材することになった。

朝日新聞はワシントンに米国総局という米国取材の拠点を持ち、そこには複数の特派員がいる。学生時代にアラビア語を専攻していた私は、いずれ中東に特派員として行くと思われていたので、この時に米国出張を命じられたのは、経験を積ませようという外報部の意向があったのだろう。私は歴史的なニュースの応援に行くことに緊張していたが、一方でわくわくしていた。

ワシントンに到着すると、私はＰＬＯ側を取材することになり、まずはアラファト議長が泊まっているＡＮＡホテルに行った。ホテルのロビーは議長を待ち構える報道陣と、議長を一目見ようとする在米パレスチナ人であふれていた。そのうち、議長はすでに裏口からホテルの部屋に入った、という情報が伝わり、報道関係者は次々と引き上げた。

私はホテルに来ているパレスチナ人にインタビューをして、オスロ合意についての思いや意見を聞いていた。パレスチナ人がオスロ合意をどのように思っているのかを知りたかった。それというのも、オスロ合意で決まるのはガザとヨルダン川西岸の町エリコでの先行自治を始めるということであり、難民問題の解決や聖地エルサレムの帰属などパレスチナ人にとって最も重要な問題は後の交渉の議題となっただけだった。パレスチナの大義をＰＬＯ自身が裏切るような内容という厳しい見方があった。90～91年の湾岸危機、湾岸戦争で、アラファトはクウェートを侵略したイラクのサダム・フセイン大統領寄りとも思える立場をとったために、戦後、ＰＬＯは湾岸諸国から支援を打ち切られ、財政的な危機に陥った。オスロ合意を受け入れたことは、アラファトの敗北という受け取り方もあった。

アラファト議長が率いるＰＬＯ主流派のファタハの内部にも、合意への強い反発があった。本来なら、調印式にはＰＬＯの外相であるカドウミ政治局長が出席するのが筋だが、カドウミは合意に反対し、ノルウェーでの秘密交渉の指揮をとっていた国際局長のアッバスが調印式に出席して調印することになった。

アラファト議長の突然の演説

パレスチナ人に話を聞いても、オスロ合意が抱えている矛盾が明確になるわけではないのだが、私はあきらめが悪い性格でもあり、パレスチナ人に聞けば何か見えてくるかもしれないと思って、ホテルのロビーに残り、インタビューを続けていた。そのうちに、ロビーに来ていたパレスチナ人が急に騒めき、一斉に動いた。何があったのかと聞くと、「アラファトがパレスチナ人向けに演説する」とパレスチナ人が教えてくれた。

場所は地下の「ボールルーム」といわれる、大宴会場だ。ロビーから地階に降りる階段は閉められていたが、その前に大きな人だかりができた。私は半信半疑だったが、とりあえず、人だかりの中に入った。しばらくすると階段の前で、警備員によるボディーチェックと持ち物検査が始まった。アラファト議長が演説することは予定にも入っていないし、情報もない。ボディーチェックを前にして「メディアは拒否されるのではないか」という不安が込み上げてきたが、そのまま何も言わないでボディーチェックを受け、止められることなく、ボールルームに向かう階段を降りた。テレビカメラがあったのは見たが、それ以外にメディア関係者はほとんどいなかったのだから、中に入ることができたのは運がよかったというしかない。

広いボールルームに入ると、正面中央にマイクがついた演説台があった。しかし、テレビカメラが詰めかけているわけでもなく、公式の準備は何もないのだから、実際にアラファトがやってくるかどうかも分からない。ボールルームにはざわざわとした空気が充満していたが、5分ほどして、会場から一瞬、音が消えた。アラファトが右手を上げ、「V」サインをつくり、満面の笑みを見せて登場した。カフィーヤと呼ばれる頭巾をつけた姿。会場にどっと拍手が広がり、「アラファト、アラファト」の掛け声が上がり、さらに「パレスチナ、パレスチナ」の大合唱が起こった。

「われわれは歴史的な瞬間にある」とアラファトは重々しいアラビア語で語り始めた。「初めてパレスチナの地に、パレスチナ民族の統治が行なわれ、パレスチナの旗が翻るのだ。初めはガザとエリコから始まり、続いて、エルサレム問題にかかる。さらに同時にヨルダン川西岸の残った地域の自治へと広げていく。最終的段階ではエルサレムを首都とするパレスチナ国家の樹立をめざす」と、訴えた。

続けて、「われわれの国をつくるために、すべてのパレスチナ人が責任を担わなければならない。あなたの参加が必要なのだ」と、人指し指で会場の一人ひとりを指すしぐさをした。「一緒に、みんな一緒に、われわれがエルサレムに旗を立てるまで」と締めくくった。

私自身、アラファトをじかに見るのは初めてだった。翌日、イスラエルとの間で歴史的な和平合意の調印式に臨むために米国入りし、全世界の注目を集めていたパレスチナの指導者が、目の前に、それも3メートルほど前にいる。議長は低い身長だが、がっしりとした体躯で、腹から絞り出すような太い声で演説した。議長は演説の最後に、「ハッタ・クドス、ハッタ・クドス（エルサレムまで）」というアラビア語に力を込めた。パレスチナ人の中から「ハッタ・クドス」という掛け声が上がった。

アラファトの演説は、ごく短いものだった。しかし、その演説を聞いて、私は驚いた。敵に有利な合意を受け入れざるをえなくなった指導者の敗北感はみじんもなかった。解放闘争の指導者そのものの迫力である。パレスチナ人ではない私も、力強い演説には心を動かされるものがあった。パレスチナ人ならば、なおさらだろう。この時の光景は、20年以上がたった今でも時間が止まったように、その時の様子が記憶の中に残っている。それはジャーナリストとして、アラファトという歴史に残る強い個性が勝負をかけた瞬間に立ち会うという幸運な瞬間だった。その時の記事は、オスロ合意の調印式がある１９９３年9月13日当日の夕刊の1面に特ダネとして掲載された。日本のメディアどころか、米国の主要メディアもいなかったのである。

ホワイトハウスの調印式で

13日にはホワイトハウスの中庭で行なわれた調印式を取材した。朝方はどんよりと曇っていたが、時間がたつとともに雲が晴れ、調印式が始まる11時ごろには夏のような強い日差しが照りつけ、だらだらと汗が流れた。

イスラエル側はラビン首相とペレス外相、パレスチナ側はアラファト議長と、アッバス国際局長が着席した。ペレスに続いて、アッバスが署名した。調印の様子を見守るアラファトは終始にこにこと笑みを絶やさなかったのに対し、ラビンは終始体を左右に動かし、硬い表情で落ちつきがない様子だった。調印が終わって、出席者から拍手が上がると、アラファトがラビンに歩み寄り、右手を差し出した。クリントン大統領が議長の手をとるように手を添え、ラビンは硬い表情のまま、その手を握った。アラファトは続いてペレスと握手した。

その後、まずラビンが「私も国民も期待と不安がある。しかし、子孫には暴力もテロもないことを願う」とあいさつした。続く、アラファトのあいさつはアラビア語で演説文を見ながら時に強い口調で、「平和のための戦いは最も困難だ。中東に平和なくして世界の平和はない」と新たな時代にかける決意を表明した。

私は大学時代からパレスチナ問題には大きな関心を持っていた。長年、敵同士だったＰＬＯのトップのアラファトと、イスラエルの首相の握手は、まさに歴史的な瞬間だと感じた。私は中東取材20年で多くの歴史的な節目に居合わせたが、この時の握手と同様に歴史に残る出来事だと感じたのは、イラク戦争後の２００３年4月、バグダッドで轟音を響かせて走行する米軍の戦車を見た時と、２０１１年2月、若者たちがデモを続けるカイロのタハリール広場でムバラク大統領の辞任が発表されたエジプト革命の時の3度である。じつはその3回とも、情勢はその後で大きく暗転する。中東和平は崩壊し、米国の勝利は泥沼化し、エジプト革命はクーデターで覆された。しかし、歴史的な出来事に立ち会うということは、その後、事態がどのように動いていくのかを追うというジャーナリストの仕事につながっていく。

翌２００４年5月にパレスチナ自治が始まってみると、オスロ合意がパレスチナの独立も、難民問題の解決ももたらさないという矛盾が次第に明らかになった。イスラエルとパレスチナの双方による和平合意なのに、イスラエル側はできるだけパレスチナ側の取り分を抑えようとし、パレスチナ側はできるだけ多くを取ろうとして、互いに相手に不信感を募らせることになった。

オスロ合意の合意文書だけ見れば、実現困難としか思えない和平の枠組みだが、アラファトが決断したということが、多くのパレスチナ人を納得させていた。パレスチナの意志とは、まさにアラファトの意志だった。議長にとってオスロ合意とは調印式前日に在米パレスチナ人向けの演説で語ったような「エルサレムを首都とする独立国家」という目標を達成するための始まりに過ぎなかったのだろう。

中東和平では常に「アラファトが解決の鍵であり、同時に問題の種だ」といわれた。革命家、策謀家、合理主義者、平和主義者など様々な顔を持つ議長の存在が、パレスチナ問題のダイナミズムを生んでいた。中東では組織や制度よりも、人の個性や意志が事態を動かす局面が多い。アラファトを間近に見て、その迫力を実感した経験が、中東ジャーナリストとしての出発点となったことは幸運なことだった。

2　アラファト議長のガザ帰還

パレスチナ自治の開始

私は１９９４年４月にカイロにある中東アフリカ総局の総局員として特派員になった。朝日新聞に81年に入社して14年目の38歳の時だ。最初に特派員で赴任するにしては年を食っていた。当時、カイロは総局長と総局員の２人体制で、イラク、シリア、レバノンの東アラブと、サウジアラビアなどの湾岸諸国、モロッコまでの北アフリカという広大なアラブ世界を担当していた。さらに１９９４年５月にパレスチナ暫定自治協定（オスロ合意）の実施合意が調印され、パレスチナ自治が始まった。和平の進展の本筋はエルサレム支局が担当するが、私も毎月のようにガザやヨルダン川西岸に出張し、自治の始まりについて記事を書いた。

オスロ合意は歴史的な和平合意ではあったが、パレスチナ人は支持と反対に分裂していた。パレスチナでは87年以来、第1次インティファーダ（反占領闘争）が続いていた。「石の革命」とも呼ばれ、少年たちがイスラエルの戦車に石つぶてだけで対峙する写真が世界中に広がり、欧米からもイスラエルのパレスチナ占領に対する批判が高まっていた。イスラエルが、財政的に窮地にあったPLOのアラファト議長と和平合意を行なったのは、インティファーダを終わらせるためではないか、という見方もあった。

オスロ合意について様々な議論はあったが、私はジャーナリストとしては、議論から離れて、実際に何が起こるかを自分の目で見て、報道しようと考えた。

オスロ合意後の暮らしぶり

暫定自治実施協定は5月4日にカイロで調印された。その日のうちにイスラエルに入り、翌日の5日にはガザ地区に入った。イスラエルとガザの境界であるエレツ検問所で、タクシーを乗り換える。検問を越えたところにパレスチナ人のタクシー運転手がずらりと待っていた。ガザ市中心部に金網で囲まれた建物があり、若い男たちが集まっていた。金網に囲まれているのは、イスラエル軍の拠点だった。デモ隊の投石などを避けるために金網が張り巡らされていた。壁に貼られた大きな白い紙にびっしりと名前が並んでいる。ガザの道路清掃の仕事につく者の名簿である。12日間で300シェケル（約1万1000円）の失業対策事業である。零細な農業以外、これといった産業もないガザでは、最大の現金収入はイスラエルへの出稼ぎだったが、検問が封鎖されて、失業率は60％を超えていた。

掲示板の前で6歳の息子を連れていた男性マーヒル（31）に話を聞いた。3カ月仕事がないと言う。すぐ近くに住んでいるというので、家を見せてくれるように頼んだ。広場の近くの自宅に案内された。居間と寝室の二間で、寝室は20平方メートル程度。ダブルベッドと子ども用ベッドの2つでいっぱいだ。そこに、5歳、4歳、3歳の3人の娘が昼寝をしていた。妻のサハラー（29）は今月が5人目の子どもの出産予定日だった。「ほら、見てみなさい」と、マーヒルが10年前の結婚式のアルバムを出してきた。純白のウエディングドレスを着た19歳のサハラーの胸元を指さした。「この首飾りも、指輪も、腕輪もイヤリングも、みなこの2カ月で売ってしまった」と言った。「パレスチナの大統領、パレスチナの切手、パスポート、みんな重要だ。しかし、暮らしがよくならなければ、意味がない」と、マーヒルは力を込めた。

私はパレスチナ人の暮らしぶりを描くことで、その上でオスロ合意について語ろうとした。パレスチナ人の家に行き、その家の広さや家族構成を書き、暮らしぶりを記事に書き込んだ。人々がオスロ合意をどのように思っているかだけでなく、その言葉が出てくる背景となる暮らしを書きこもうと思った。日本から遠い中東であり、パレスチナであるが、私は中東に赴任するにあたり、普通の人々の暮らしぶりに目を向け、それを日本に伝えよう、と決めていた。

そのような書き方は新聞社での私の経歴からくるものでもあった。私は外報部に移る前に、学芸部に6年いた。そのうちの3年半は家庭面の記者だった。外報部の記者は、社会部、政治部、経済部を経験してくる者がほとんどで、家庭面から来た記者はいなかった。私は家庭面では母親たちに子育ての話や介護の話を聞いて社会の問題や行政の問題を考えるような取材を3年半してきた。地方から東京本社に来て、社会部で警視庁を回る記者もいれば、政治部で自民党を回る記者もいる。経済部で兜町を回る記者もいる。私は家庭（＝生活）を回ることになった。それが私の記者としてのバックボーンである。政治を語るにしても、中東に来ても、人々の暮らしとのつながりで考えるというのが、私が駆け出しの記者として身に付けたことだった。

議長のガザ帰還

1994年7月1日午後、アラファト議長はチュニスからエジプトに入り、エジプトとガザの境界にあるラファを通ってパレスチナ自治区に入った。初めての帰還である。私はガザ市で待っていたが、アラファトがラファから入ると聞いて、車で南下し、エジプトとガザを結ぶラファ検問所に向かった。沿道には歓迎の横断幕と人波が続く。人々は太鼓を打ち鳴らし、パレスチナ旗やアラファトの写真を打ち振った。その中を、アラファトを乗せた濃紺のベンツが、20台ほどの車を従えて飛ばしていく。アラファトはいつもと同じ緑色の軍服風の制服と黒と白の格子縞のカフィーヤ姿で、車の屋根の窓から半身を乗り出し、手を振って歓呼に応えた。

アラファトはガザ市内の無名戦士広場に行き、3、4万人を前にパレスチナでの第一声を上げた。「兄弟よ」と切り出したアラファトが最初に取り上げたのは、自治協定に反対するイスラム政治組織ハマスの精神的指導者で、イスラエルに捕らわれているヤシン師のことだった。アラファトは「われわれは、あなたが牢獄にいる間は心が休まらない」と、ハマスへの気配りを見せた。さらに、まだ釈放されていない政治犯に「もうすぐ釈放させる」と呼びかけた。

演説はパレスチナ人の団結を強調するもので、人々が聞きたがっている暫定自治とはどのようなものになるのか、という具体的な話は出なかった。アラファト自身、見通しがつかなかったのだろうが、中身のない演説という印象だった。

演説が行なわれた無名戦士広場は、幅50メートル、長さ300メートルほどの広さだったが、後方に行くほどすき間が目立った。群衆の反応は鈍かった。熱狂的な拍手や歓声は、前方に詰めかけた人たちの一部の支持者だけで、半分以上は沈黙していた。演説が終わりにさしかかるころには、会場を去る人の流れができた。私はガザの人々の冷ややかな反応に驚いた。ガザの人権活動家の弁護士ラジ・スーラーニも「私は熱心なアラファトの支持者ではないが」と断ったうえで、「10万人は来ると予想したのだが、人々の反応には、ショックを受けた。多くの政治犯がまだ捕らわれ、失業者も多い。人々は、もっと具体的な変化を求めている。彼の時代は、もう終わった」と語った。

私はアラファトを迎える人々の冷めた反応を当日の記事の中に入れたが、新聞の刷りを点検すると、人々の冷たい反応の下りは落ちていた。送った記事がすべて掲載されるわけではないから、掲載されない記事があるのは仕方ないが、ガザのパレスチナ人がアラファトの歓迎一色であるような情報が日本に伝わるならば、私がガザにいる必要もないし、日本の読者に誤った情報を伝えることになる、と考えた。

ホテルに帰ってCNNのニュースを見ると、アラファトの演説では前列に陣取った熱狂的な支持者だけが映っていた。東京でもCNNテレビは見ているから、それに影響されたのかもしれない。東京と話をして、改めてアラファト議長を迎えるガザの人々の表情をまとめる記事を2日後の新聞に掲載した。「『兄弟』たちは冷めた視線　アラファト議長を迎えたガザ」という見出しで、スーラーニのコメントも入れた。

パレスチナ自治区に毎月のように出張して取材し、気になったことは、自治政府の役人も人々も、「待ち」の姿勢だったことだ。ガザ中心部パレスチナ広場のわきの郵便局で、医師のシュラーフィ（26）が9日間続けて郵便局に来たが切手がないとぼやいていた。占領時代のイスラエルの切手はなく、パレスチナの切手はできていない。郵便物を出すにはイスラエル側の郵便局に行くしかないと言った。窓口の担当者は、切手がいつできるのかについて、「当局（自治政府）に聞いてくれ」と、天を仰ぐだけだ。シュラーフィは、「欧米の援助を待っていてもだめだ。欧米にも金はない。自分たちで何か始めないと」と、いらだちを語った。

切手だけでなく、すべてが欧米の援助待ちだった。自治政府がパスポートを出すと言ったが、それも時間がかかった。自治政府の担当に聞いたら、「欧州の国が印刷する」と言うだけだった。ガザで印刷できないのかと聞いたが、「偽造されないように、高度の印刷技術が必要だ」という答えだった。私は、アラファトのサインが入った旅券を出せばいいのではないか、と思ったものだ。

3　南北イエメン内戦

最初の戦争取材

私の最初の戦争取材は、94年にカイロに赴任してすぐの5月に始まったイエメン内戦である。冷戦中に南北に分裂していたイエメンが冷戦終結後、統一したが、結局分裂して内戦となった。私は北イエメンの首都のサヌアに入った。外国人ジャーナリストが集まっているホテルに宿泊した。国防省に行って、前線ツアーがないかどうか聞いたら、ちょうど、その日の夜、出発するということだった。

1カ月前にカイロに赴任したばかりで、紛争地取材の経験もなく、前線ツアーといっても想像がつかない。あまりに急なことで、カイロの総局に連絡し、東京にも連絡しなければならない、と考えた。しかし、カイロから来ているロイター通信のイギリス人の記者が即座に参加すると答えて名前を登録したので、私も一緒に登録した。

出発は夜8時ごろで、参加したのは私とロイターの記者の他に、アラブ人のラジオ局の記者2人の計4人だった。それに国防省の報道担当が同行する。軍の四輪駆動車に乗り込んで、南下した。タイズというイエメンの古い都にある軍の宿舎で一泊し、翌日早朝出発した。タイズの町を出るところで車はガソリンスタンドに入った。燃料の給油を終えてから、運転手は車体に廃油を塗った。その上に、砂をかける。車全体が砂の色に覆われた。攻撃されないように車体の色を目立たないようにしているのだ。初めて、前線に向かうということを実感して、緊張で身震いした。

いきなり遭遇した戦場

しばらく南下していくと、「アデンまで150キロ」の道路標示があった。アデンは南イエメンの首都だ。それから道路わきに黒こげになった軍用車両の残がいが次々に現れた。同乗している報道官が「南の戦闘機の仕業だ」と説明する。「アデンまで65キロ」の標示にさしかかったところで、道路横に、南の空に狙いを定めた5門の大砲を見た。

「さあ戦場だぞ」と運転手が言った。

下り坂から前方の視界がぱっと開けた。飛行場を擁する東西約10キロはあるアナド軍基地の全景が、目の前に広がった。アナドは、北イエメンから旧国境を越えて連なる山岳地帯とアデンを結ぶ主要道路の合流点にあたる。この先は、北軍が制圧を狙うアデンまで50キロ余りしかない。その基地をどちらが押さえるかが内戦の帰すうを決める。この基地の攻防戦が内戦の天王山だった。

基地まで2キロの地点に来た時、道路横の大砲が突然「ドカン、ドカン」と地を揺るがし始めた。車が急停車し、訳が分からないまま、慌てて車を飛び出し、近くの木の下に身を隠した。

「南の飛行機だ。身を伏せろ」と案内人がどなる。その言葉が終わらないうちに、周囲で火器が一斉に火を噴いた。腹這いになったまま、周りを見回すと、さほど遠くない後方の灌木の間に軍の大型車両に積まれた箱型の発射台が見えた。「シャーッ、シャーッ」という音をたてて、銀色のミサイルが次々と空に向けて発射されていく。まるで映画を見ているような、現実のものとは思えない光景。対空砲、地対空ミサイル、連射式ロケット砲……大音響が耳をつんざいた。気づいたら自分が戦場のまっただ中に入っていたのである。

砲撃音が止まり、沈黙が広がる。その時、上空で「ゴー」という不気味な爆音が頭の上を遠ざかっていくのが聞こえた。見上げると、前方のアナド基地の一角から爆撃による黒い煙が立ちのぼった。空からと、地上からとの激しい応酬が続いているのだ。

私たちは戦場とは日常の世界とは区別された場所と考えている。戦闘地域と非戦闘地域に境があると思っているが、私が初めて遭遇した前線では、一瞬で自分のいる場所が戦闘地域に変わった。

スカッドミサイルの着弾

前線からサヌアに戻ってきた数日後、南軍が発射した旧ソ連製のスカッドミサイルがサヌア中心部に撃ち込まれた。午後8時半ごろ、私はホテルのレストランでオランダ人のベテランの記者と夕食をとっていた。大音響とともにガラスがびりびりと震えた。オランダ人記者とホテルを出て、着弾地点に向かった。外に出ると市民も着弾地点の方に向かっていて、一緒に歩いた。どうしても気がせいてきて、私が駆けるような早足になると、オランダ人記者が「危険だから、走ってはいけない」と私を制した。「焦らないで、よく周りを見ながら、注意して現場に近づかねばならない」と教えてくれた。

どこの現場でも日本人、外国人にかぎらず、ジャーナリストと会うことは多い。ジャーナリスト同士は互いに情報交換をし、その土地のことや、取材のノウハウを教え合う。それから私は、数えきれないほどの紛争の現場を踏んだが、「現場に向かう時は走るな」は鉄則である。もちろん、危険に遭遇したら、安全な場所に逃れるために走るしかないこともあるが、現場に向かう時は、危険がどこに潜んでいるか分からないから、安全を確かめつつ進む必要があるのだ。

この時のスカッドミサイルの着弾地点はホテルから1キロほどの場所で、15分ほどで現場に着いた。近づくにつれて家のガラスが割れているのが分かり、着弾地点が近いことが分かる。さらに近づくと、窓枠

イエメン内戦で南から飛んできたスカッドミサイルのサヌアの着弾地点にできた瓦礫の山。1994年5月。

が飛んでいる。着弾地点は瓦礫の山となっていた。現場は、国立病院や政府迎賓館、中国大使館などが近くにある官公庁街。軍と群衆でごったがえし、次々と駆けつける救急車のサイレンが鳴り響き、殺気立っていた。

3階建てのビルが斜めに崩れ落ちているのが見えた。近づくと台所やベッドがむきだしになっている。市民や住人が瓦礫を登って3階に達し、家財道具を運び出そうとしている。道路反対側の2階建ての民家も表の壁はなく、家の中は瓦礫で埋まっている。瓦礫の山だけの所もあり、人々が突き出した木材などを引っ張り出し、崩れた煉瓦を運び出していた。近くの住民が「ここには二棟があったが、すべて崩れた」と話した。

現場のディテールを伝える

スカッドミサイルに搭載する弾頭は500キログラムと見られるが、破壊力はすさまじいものである。それも市民に対する無差別攻撃である。翌日の北イエメン側の発表では、13人が死に、100人以上が負傷した。

現場わきの空き地で、ベッドのマットに女性と子ども6、7人がぼう然と座り込んでいた。アマテル・イラ（28）は、半壊したビルに住んでいたと言い「娘が1人けがをして父親が病院に連れて行っている。心配だ」と話した。マットの上には、画面が粉々に壊れたテレビとホースのない電気掃除機が置いてあった。文部省職員アリ・ドーラーニ（25）は「くつろいでいたら、大きな音がして地面が揺れた。窓ガラスが割れ、南側に煙が上がっているのが見えた」と語った。

現場近くのジュムフリア病院にたどりつくと、6階建ての病院のすべてのガラスが壊れ、ドアが曲がっていた。爆撃現場に面した窓は金属の窓枠ごとはずれて内側に垂れ下がり、厚さ5ミリのガラスが粉々に破れて床や階段に散らばっていた。どの病室でも、入院患者が窓ガラスの散らばる中で寝ていた。6階の窓側に寝ていたアリ・サーレハ（40）は前線で右手のひじから先を失う大けがをして、1週間前に入院したという。「寝ていたら、いきなり爆発音とともにガラスが飛んできた」と語った。アリのベッドの毛布やシーツの上にはなお厚いガラスが散らばっていた。病院の中庭には、この病院で働いているインド人看護婦50人ほどがかたまっていた。勤務して7年目のウルーダ（36）は「爆発とともに電気が切れて真っ暗になり、闇の中を下に降りた。何が起こったか分からない。看護婦2人を含む4人がガラスでけがをして、他の病院に運ばれた」と話した。

私は克明に現場の様子を再現する記事を書いた。〈マットの上には、画面が粉々に壊れたテレビとホースのない電気掃除機が置いてあった〉〈爆撃現場に面した窓は金属の窓枠ごとはずれて内側に垂れ下がり、厚さ5ミリのガラスが粉々に破れて床や階段に散らばっていた〉などとディテールを記事に入れた。新聞記事は非常に文字数が限られている。制約の中に必ず現場の様子が目に見えるような描写を入れた。さらに記事に出てくる人物の名前と年齢を省略しないでしっかりと入れることにもこだわった。

日本国内の記事では必ず名前と年齢が出てくるが、中東などの海外の記事では、時としてただ「女性」「男性」などと名前や年齢が省略されていることが珍しくなかった。私は中東の記事だからといってそのように省略するのはよくないと思っていた。家族で夜の団欒のひとときを楽しんでいるところにスカッドミサイルが飛んできて、家が破壊されるというのは、日本とは全く別の世界の話である。スカッドミサイルの破壊のすさまじさだけに焦点を当てれば、日本の読者の理解を超えた中東の世界となるが、そこで日常生活を営んでいる人々に目を向け、描き、その肉声を描けば、日本の読者にも、同じ人間が戦争によって生活を押しつぶされているということが伝わるはずだ。そのためには具体的に名前と年齢を出し、私が現場で見た場面を、目に見えるように伝えようと思ったのである。

4　国連制裁下のイラク

緊張するクウェート国境

90年代の中東報道で、オスロ合意後のパレスチナ和平と並ぶ重要性を持っていたのは、湾岸戦争後のイラク情勢である。全く方向性が異なるが、ともに「湾岸戦争後」の状況という共通性があった。

私が最初にイラクに入ったのは1994年10月で、イラク軍がクウェート国境に軍隊を集結させたために、世界に緊張が走った。いつものことで米国が反発し、限定的な武力行使をするのではないか、という観測が流れた。まず、クウェートに行きイラク国境近くでのクウェート軍の警戒ぶりを「警戒強める国境ルポ」として報道した。

「あそこに見える林のあたりが、イラクとの国境だ」と、クウェートの前線指揮官が砂漠の向こうを指さした。クウェート軍はすでに1万5000人を北部に派遣し、防衛態勢に入っていた。1990年8月のクウェート侵攻では、イラク軍が国境を越えたという情報が入ってから、数時間でクウェート軍は総崩れとなり、ジャビル首長ら王族は国外に退去した。それから4年しかたっていない。クウェート国内には緊張が高まっていた。

クウェート情報省は外国報道陣を国境地帯に案内し、私も参加した。クウェート市中心部からバスで3時間余り北上する。気温は40度を超え、汗が噴き出した。国連が決めた非武装地帯から10キロの所で、前線指揮官のアリ・モメン少将が会見に応じた。集結しているイラク軍について「5万から6万人で、それ以上ではない」と分析した。「われわれには4年前の湾岸危機の侵攻と、湾岸戦争によるクウェート解放の経験があり、さらに国を守る力と、強い意志を持っている」と、自信を強調した。

さらに北に進んで、国境から5キロの幅で続く非武装地帯の手前3キロまで迫った。戦車が砂漠に掘った穴にうずくまるような格好で構え、砲身を国境に向けていた。左右を見渡すと、500メートルほどの間隔で戦車が並んでいた。長いあごひげを生やした現場指揮官のジャーシン・アブドッラー大尉は、記者団にひげは暑くないかと質問されて、「宗教的理由で生やしている。涼しいくらいだ」と笑わせた後、「隣の国を力で攻めたり脅かそうとしたりするのは、イスラム教の教え以前に、人間の道に反する」と語り、厳しい表情になった。そのそばで、別の兵士が「イラク軍が攻め込むなど、考えられない。脅しているだけなのさ」と、自分に言い聞かせるように語った。

この時は、イラク軍が国境から撤退を始めて、危機回避に動き始めた。しかし、イラク側の事情を取材するために、カイロに戻ってすぐにヨルダンの首都アンマンから陸路でバグダッド入りすることにした。

取材に役人が同行——国連制裁下のイラク

90年代のイラク取材では、アンマンからバグダッドまで1000キロの道路を、12時間から14時間かけて走るしかなかった。国連制裁によってイラクでの航空機の離発着ができなかったためだ。アンマンから400キロ東に走るとイラク国境があり、そこからさらに600キロ。1000キロを時速130キロから140キロの高速で走行する。常に交通事故の心配がある。

当時のイラクは湾岸戦争から3年しかたっておらず、バグダッドでは激しい空爆を受けた破壊の後も残っていた。イラクでの取材は、情報省のプレスセンターに行って、登録をしなければならない。情報省は国内外のメディアの担当をしている。情報省はプレスツアーや閣僚の記者会見なども企画したが、すべての取材許可をプレスセンターでとり、情報省の役人が「コーディネーター」として同行した。

学校や病院に行くのも、大学の研究者にインタビューするのにも、役人がついてきた。大学や病院、官公庁の入り口には、内務省の警備が出入り口を監視しているから、情報省の役人がいなければ、中に入ることさえできないし、病院の医者や行政の責任者に会ってインタビューをするにも、情報省の役人が立ち会った。

1990年8月のイラク軍のクウェート侵攻直後から続いている制裁は、4年を越え、人々は疲弊していた。バグダッドの町は、表面上は平静で、多くの車が行き交っていたが、至る所でパンクしたままで放置された車が目立った。石油は安くてふんだんにあるが、輸入規制の下でタイヤは不足していた。

中心部にあるシャルジャ市場。野菜や日用品を買う人々が行き交っているが、実際に買う人は少なかった。8人の子どもがいるという女性(42)は、夫が失業中のため、学校で雑用をして生活している。日当は250ディナール(約50円)。小麦が1キロ600ディナール、砂糖1キロ500ディナールなど生活必需品にさえ手が出ない。市民たちは「物価が年ごとに高くなり生活できない」と訴える。

外国との輸出入全般を禁じられている国連制裁の下で、外国製品だけでなく、部品や機械も入ってこない。国内の工場の多くは半閉鎖状態に追いこまれている。失業と物不足が同時進行で二重に人々の生活を圧迫している。

案内役に立った情報省の役人（30）の月給が３０００ディナール（約６００円）。「結婚しようと思ったら、結納金や家を借りる費用で50万ディナールは必要。失業とともに結婚できないのが青年たちの大きな問題だ」と語った。

市場や町に話を聞くにも役人が同行した。市場で店主に話を聞こうとすると、まず情報省の役人が、自分の身分証明書を相手に見せて、この外国人ジャーナリストは許可をとっており、自分が情報省の役人として同行していることを相手に説明して、「さあ、何でも質問していい」ということになる。

監視される人々

「商売はどうですか」「どのような商品が売れますか」などとあたり障りのない話から始めて、「米国がイラクを攻撃すると言っていますが、人々は食糧の買いだめをしていませんか」とか、「物価は上がっていませんか。人々の暮らしぶりはどうですか」などと、情勢に関連ある質問へと少し踏み込む。

私の質問に答えるイラク人は少しでもその時の情勢に関係する質問になると、「米国が攻撃してもイラクは決して屈服しない」「国民は団結して政府を支持している」などと、私の質問には答えないで、政府が唱えていることを声高に話し始めた。私が市場などでインタビューを始めると、周りに人々が集まってくる。人々の中に、目つきの鋭い男が2人も3人も混ざっているのも分かった。私服の秘密警官であり、人々を監視していた。

イラクのような秘密警察国家での取材に対して、人々が政府を批判することはありえない。隣人同士はもちろん、時には家族の中でも監視しあっている。プレスセンターでも、外国のテレビの関係者が、勝手に町でビデオを回したという連絡が市民から入り、即刻、出国を命じられたのを見たことがあった。

そのような言論統制の下で、人々の生の声を聞くことができるテーマは、「国連制裁の下での人々の日々の苦境」に焦点を当てることである。

対イラク制裁では医薬品など人道物資は制裁から除外されたが、実際には大量破壊兵器開発に転用されかねないという理由で医薬品や医療機器も、厳しい制裁対象となっていた。私が訪れた病院には、医薬品がほとんどなく、悲惨な状況だった。制裁は、病人や子どもたちを直撃していた。市郊外にある最高の乳幼児医療施設、国立サダム子ども病院で、「この病院は国内でも最も手厚い保護を受けているが、先月から薬や医療器具の不足が深刻な状態になった」とカーシム・イスマイル病院長は言った。薬を与えられるのは「特に重い症状の子どもだけ。2つあった手術室の1つは閉鎖している」と言う。

病院内を案内してくれたアリ医師は「一番大きな問題は子どもの栄養失調だ。他の病気を伴うのがこわい」と語った。2カ月の子どもと一緒にベッドにいたナイナ（34）は「子どもは生まれた時に3・5キロだったが、栄養失調で今は3キロに減った」と言った。アリが見せてくれた病院の薬局の棚はすべて空っぽだった。

栄養失調で死ぬ子どもたち

1995年10月にバグダッドに入った時はさらに状況は悪化していた。

サダム・シティ地区にある国立カーデシーア総合病院では、95年8月に200人いた入院患者が10月には80人になった。アスカン地区の国立サダム子ども病院でも、9月に600人から300人に半減していた。ムスタファ医師は入院患者の激減は、政府が公立病院への小麦や米などの配給をとめたので、完全給食が実施できなくなったからだと言った。

薬、医療機材も不足していた。「今政府から届いた」と、ムスタファは机の上にある2つの紙箱を示し

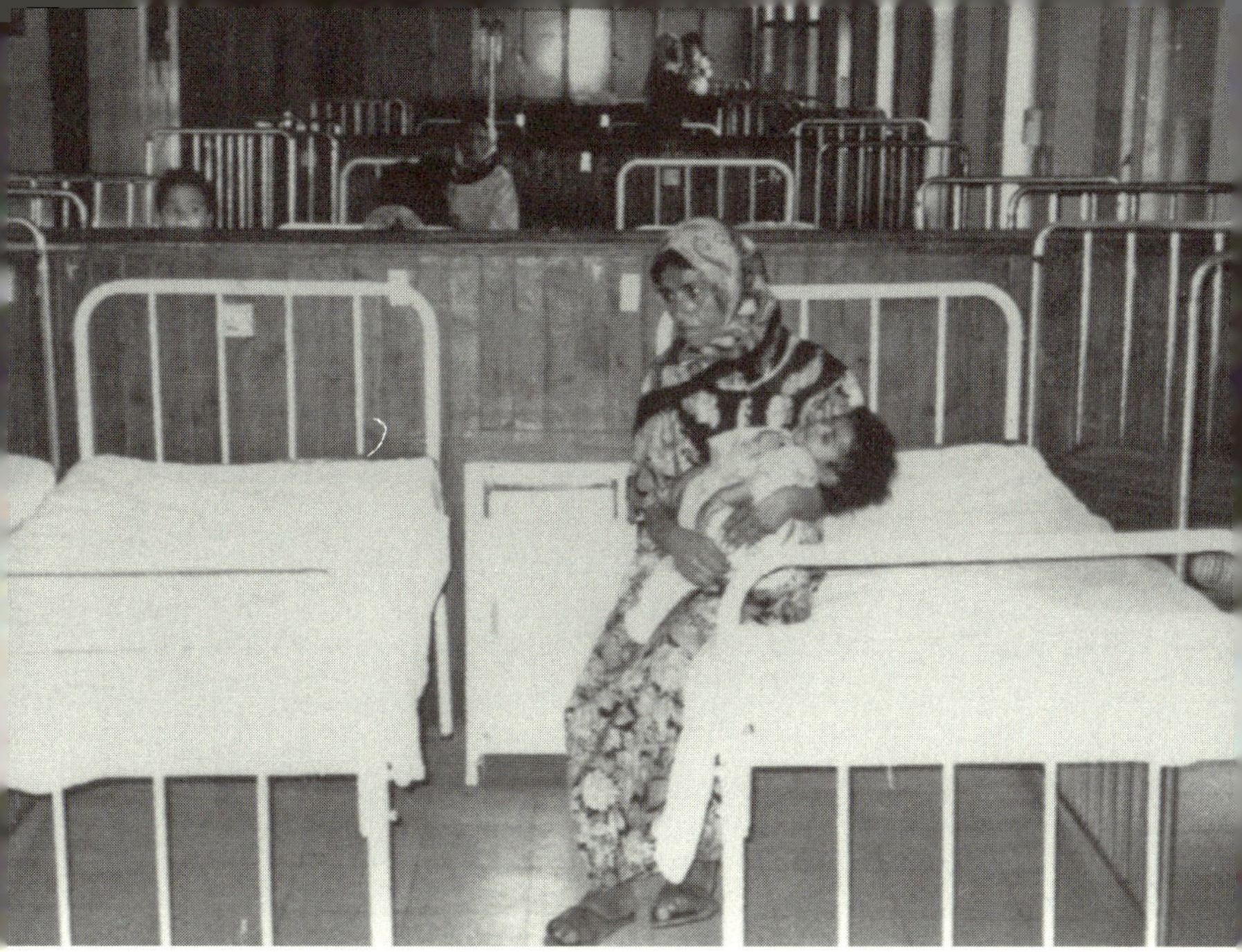

空きベッドが増えたバグダッド郊外のサダム・シティ地区のカーデシーアの国立病院で、栄養失調の子どもを抱く母親。1995 年 11 月。

た。点滴用の針が、１つずつ小さなポリ袋に入っている。一箱に１００個。「2カ月前までは毎月10箱支給されていたが、今は2箱だ。使い捨てだが、１本の針を何人にも使っている。いけないことだが仕方ない」と話した。

子ども病院のハスナウィ医師は、「夏は下痢と吐き気を訴える乳幼児が多いが、われわれにできるのは、点滴で水分を補うだけ。抗生物質がなく、すぐに衰弱して死ぬ。下痢をとめることができないので、すぐに衰弱して死ぬ。患者の親は、病院が何もできないことを知って、家に帰っていくのだ」と語った。

イラクの５歳以下の幼児の死亡数は、89年は年間７１００人だったが、94年は５万３０００人になった。90年に８５００人だった５歳以下の栄養失調は、94年に15万人となり、95年には7月までですでに16万人を超えていた。

市場で働く子どもたち

イラクはサウジアラビアに次ぐ産油国で、70年代から治療を無料化し、各地に国立総合病院や医療センターをつくり、中東では最高レベルの医療サービスを提供してきた。ところが、1994年夏以降、国連制裁の影響で、食糧や医薬品が不足し、各病院の入院患者が激減しているという悲惨な状況になっていた。

制裁は栄養失調だけでなく、子どもたちの教育を直撃していた。バグダッド西部の人口密集地サダム・シティー（現サドル・シティー）で、野菜を売る八百屋が並ぶ市場で、小学校を中退して働いている子どもたちを取材したことがある。

通路を飛び回りながらポリ袋を売るムニール（10）は、昨年10月ごろ、小学5年生で学校を辞めた。八百屋が野菜を入れる袋を1枚15イラク・ディナール（1円＝25イラク・ディナール）で売る。袋は毎朝、雑貨屋から50枚250イラク・ディナールで仕入れる。一袋売れば10イラク・ディナールのもうけだ。6人兄弟の2番目。父親はかじ屋だが、この2年間で生活が急に苦しくなった。国連制裁による石油輸出禁止で外貨収入がストップし、食料輸入が制約された。国内の農業生産も低下した。小麦、米などの市場での価格は、2年間で30～50倍になった。

ポリ袋を50袋売るとちょうど小麦1キロ分になった。中学1年生の兄も袋を売っており、2人合わせれば、家族が1日に食べるパンを焼くのに必要な2キロの小麦を買うことができる。ムニールは、「学校は好きだった。でも、母さんが働けと言うから」と言った。

イラク教育省によると、94年度は小学校で8万6413人が退学した。退学率は3％。さらに落第生が42万7672人（14・68％）。2割近くの児童が脱落しているという。

イラクはアラブ諸国の中でも教育熱心な国だった。1974年に義務教育の小学校から大学教育まですべての教育の無料化や教科書、学用品の配布を始めた。80年代後半には80％台の就学率を達成、識字率も

90％台を超えた。それが国連制裁下で完全に破綻していた。

ウサマ・ビンラディンのメッセージ

今の中東情勢を考える時、90年代のイラクのことが振り返られることは少ない。しかし、90年代の中東で、国際政治のひずみを受け、悲劇の下にあったのは、過酷な国連制裁の下にあったイラク国民だった。それに強権体制と米国の軍事圧力が加わり、三重苦でもあった。アラブ世界の各政権もイラクに対しては沈黙していた。90年代のイラクの悲劇について思い出したのは、２００１年9月の米同時多発テロの1カ月後にアルカイダを率いたビンラディンが、アラビア語衛星放送アルジャジーラに送りつけた米国を非難する映像メッセージだった。

次のような件りが声明の冒頭近くに出てきた。

「イスラム前衛組織の1つが米国を破壊し、神は彼らに祝福を与えた。私は神が彼らの地位を高め、彼らに祝福を与えるように祈念する。数百万のイラクの無実な子どもたちが、何ら罪も犯すこともないのに殺されてきた。われわれは為政者たちの、そのことに対する非難も意見も聞いたことがない」

ビンラディンが米国を敵視する理由の具体例のトップに、90年代にイラクで多くの子どもたちが命を落としたことをあげたことに驚いた。米国を敵視したビンラディンは、アラブ世界での人気は日本では想像ができないくらい高かった。ビンラディンがイラクの子どもたちの死を強調し、米国の責任として非難したことは、当時の国際社会でも、アラブ世界でも、イラクの子どもたちの悲劇を為政者は問題にしなかったが、アラブの民衆の間には広まり、怒りの対象となっていたことを示している。

私は自分の取材経験を振り返っても、90年代のイラクの国連制裁は非人道的で、異常な状況だった。米国とサダム・フセイン体制が角を突き合わせている足元で、国民が犠牲になっていたことが、中東に大きな負のエネルギーを蓄積させることになったという思いが去らない。紛争や戦争のためにある地域の子どもたちが教育の機会を奪われて、社会不安や暴力にさらされると、その世代が「失われた世代」となり、青年期になった時に就職や結婚、社会参加でも大きな困難を抱え込み、新たな暴力が生まれる要因になるといわれる。90年代に悲惨を経験し、小学校から落ちこぼれた子どもたちは、今20代から30代になっている。そのイラクから「イスラム国」が生まれている状況が、90年代の国連制裁の悲劇と無関係であるとは、私には思えないのである。

5　ムスリム同胞団を追って

イスラムと政治の関係

今、中東でイスラム過激派組織「イスラム国」が問題になっているが、「イスラム」は90年代の中東報道でも重要なキーワードだった。当時、イスラムの関連では、90年代初めからエジプトで観光客襲撃を始めた「イスラム集団」、パレスチナでオスロ合意を拒否して自爆テロを含む武装闘争を続けたパレスチナのハマス、軍とイスラム過激派の衝突が続いたアルジェリアなどがニュースの中心になった。

イスラム過激派のテロのニュースだけを見れば、「イスラム」は恐ろしいというイメージが広がってしまう。過激派が「イスラム」の名のもとに、テロを起こしていることも否定できない事実であるが、テロが起こる理由として、国家権力の警察や軍隊による暴力があった。

90年代にテロが起こったエジプトでも、アルジェリアでも、強権国家のもとで、政治的な自由がなく、政府を批判する組織や個人に対しては、秘密警察による弾圧、不当逮捕、拷問などという暴力が行なわれた。特にアルジェリアではイスラム政党が勝利していた議会選挙を軍が無効にした後で、抗争が始まった。パレスチナのハマスのテロの背景には、イスラエルによる軍事占領がある。テロを非難するとともに、テロを生み出している強権体制の弾圧や軍事占領という国家の暴力も批判の対象にしなければ、暴力が続く構造は分からない。

イスラム過激派のテロを離れて、イスラムとはどのような宗教か、宗教と政治はどのように関係しているのかなどを理解しようと思った。

イスラムと政治の関係を知ろうとして、焦点を当てたのはエジプト最大のイスラム組織「ムスリム同胞団」である。１９２８年にエジプトで創設されたイスラム組織で、１９４０年代には軍事部門を抱え、１９４８年の第１次中東戦争にはパレスチナ支援で義勇兵を送ったこともある。しかし、50年代、60年代のナセル大統領時代に非合法化され、弾圧された。

１９７０年にナセルが死に、後継者となったサダト大統領は投獄されていた同胞団幹部やメンバーを釈放し、暴力放棄を約束させて、非合法のまま活動の再開を黙認した。その後、同胞団は貧困救済や母子家庭の支援、医療活動など社会活動を行ない、選挙による政治参加をめざす穏健派となった。

同胞団は、80年代半ばから法律的には非合法組織のまま、医師組合、技師組合、法律家組合などの職能組合の執行委員会選挙で勝利し、既存の政党と協力して国政選挙に参加することで、実質的な野党の最大勢力となっていた。

ムスリム同胞団といえば、イランのようにイスラムの宗教者が指導している団体のように聞こえるかもしれない。現地にいる欧米人や日本人にも、そのように考えている者も多かった。しかし、実際に取材をしてみると、医師や弁護士、ビジネスマン、大学教授など、宗教者ではないインテリや富裕層が組織を主導し、地方の地主や名望家なども多いことが分かった。

同胞団の関係者にインタビューをし、実際の活動も取材することから始めた。私がカイロに赴任した

１９９４年は、政府による同胞団への弾圧が厳しくなった年であり、95年1月に同胞団メンバー１００人近くが逮捕され、９月には軍事法廷に移されて裁判が始まった。容疑は政治活動が禁止されている同胞団の最高指導部の再組織を企てたということである。被告の中には、前国会議員のイサム・エリヤン医師会事務局次長ら同胞団の40代の中堅指導的メンバーが多かった。民間人を軍事法廷に送致したことには国際的な人権組織から非難の声があがった。

オムラニア病院で

同胞団の系列に「イスラム医学協会」という組織がある。エジプト各地で20近くの病院を経営している。病院のほとんどは貧しい地域にあり、住宅ビルの中で夕方から夜中まで開業している。エジプトの医師のほとんどは昼間、政府の病院で安い給料で勤務し、夕方以降、自分のクリニックや私立病院で働いて稼いでいる。エジプトの政府系の病院は無料化されているが、ほとんどは設備も悪く、医薬品も十分でなく、人々の不満は強い。

カイロ・ギザ地区にあるイスラム医学協会に属するオムラニア病院を取材した。ごちゃごちゃした下町のビルの中にある。午後8時に始まり、深夜まで診察を受けつける。夜10時だというのに、待合室は順番を待つ患者でいっぱいだった。近くに住むパン職人、アーデル（27）は、手首の痛みを診てもらいに来た。なぜこんなにこむのかたずねると、「安い、腕がいい、差別がない」と即座に答えた。ビルの2階と3階を使っていたが、外科や内科だけでなく、小児科、婦人科、歯科まで11科目。X線設備があり、手術室は2つ。近く人工透析も始まるということだった。３階は入院施設で、10ベッドあった。

登録している医師の数は約50人。それが常時約10人ずつ交代で勤務している。公立病院に勤務する専門医がほとんどで、大学医学部の教授もいる。診察料は当時平均4エジプトポンド（約60円）と、私立病院の10分の1だ。失業者や生活困窮者は無料である。

待合室に入ってすぐのところに白い箱があった。「貧しい患者のための箱」と書かれており、表には「自分が欲しいものを施せ」というコーランの文句があった。

同胞団系の病院はわずかな受診料をとり、しっかりとした医療体制をとっている。同胞団系の病院はどこに行っても、待合室や廊下が患者でにぎわっていた。「困窮している人々からはお金はいただかない」という方針も共通していた。勤務する医者は、同胞団のメンバーや支援者である。

取材は、夜、同胞団と近い人間と一緒に病院を訪れて、病院長や医師に話を聞きたいと取材を申し込む。政府の弾圧が強まっている時でもあり、病院は「同胞団とは無関係」という立場をとっていた。見知らぬ日本人のジャーナリストが取材に行っても、最初は取りつく島がなかった。病院があるアパートの入り口には、いかにも私服の公安警察と分かるような黒いジャンパーを着た男たちが立って、ビルの出入りを見張っていた。

カイロの混雑するムスリム同胞団系のクリニック。1995年。

嫌がられながらも、2、3回訪ねるうちに、医師からも少しずつ話を聞くことができるようになった。話をしてくれるといっても、政治と関係する話は全くできないが、医者は同胞団系の病院で働いて困窮している人々を助けることが「神の教えの実践だ」と語った。私立病院で働くよりも報酬は少ないが、「ご褒美は神様からいただく」と答えた。

診察の合間に話を聞くことができた医師に、昼間に話を聞きたいと頼んだ。その医師は昼間に彼が勤めている病院で会うことを了解した。昼間勤めている病院は国立のがん専門病院で、がんの専門医だった。エリート医師である。

後日、病院に医師を訪ねて、手術を終えた医師に話を聞いた。昼間に会ったからといって得られる情報は限られるが、昼間に国立の病院で手術をし、夜は、同胞団の病院で多くの患者に夜中まで対応していた。そのような医師の生活を知ることで、同胞団関係者の活動の実態や考え方が分かった。医師は「私が夜、イスラム医学協会の病院で働くのは、医師として民衆を助けることがイスラムの実践だからだ。政治のためにやっているのではない。私自身は政治には興味がない」と語った。そして、やはり、「ご褒美は神様からいただく」と語った。

「神からのご褒美」

同胞団の関係では、医師組合や技師組合の運営に携わる同胞団メンバーや、貧しい地区で貧困家庭の支援活動をしている同胞団の女性メンバー、地域の同胞団メンバーが人々から寄付を募って運営する幼稚園や孤児施設など、できる限りの伝手を頼って、かかわっている人々や支援を受けている人々の話を聞いた。取材を続けていくと、それまで見えなかった同胞団という存在が次第に見えてきた。

「ご褒美は神様からいただく」という言葉は、同胞団の取材をしていると、度々聞く言葉だった。宗教心のない私は最初、聞き流していたが、政府の弾圧の中で、昼間の仕事を勤めた上に、社会活動をするという激務を自分に課す理由づけとなっているキーワードが、「神からのご褒美」という言葉だと分かってきた。

同胞団は政治組織であるから、様々な社会活動を行なうのは、それによって民衆の支持を得て、選挙で票を集めることにつながる。しかし、同胞団の活動に参加している人々は同胞団が政治で成功するために慈善活動を行なっているのだと単純化するならば、「イスラム」という枠を見失うことになる。

民衆に対する社会活動や政治活動にかかわることは、同胞団のメンバーはイスラムという宗教の実践だと考えている。「神からのご褒美」とは天国に行くということである。イスラム教徒にとっても、現世で成功することは重要だが、それは死ねば終わるはかない成功であり、イスラムの教えに基づいて善行を積むことは、来世で神の祝福を受けて、天国に行くことは永遠の成功になると考えているのである。

私はイスラム教徒ではないし、特別の信心もないので、イスラム教徒にとっての「神からのご褒美」の言葉が持つ重みを実感できるわけではない。しかし、同胞団の様々な活動と関係者への取材によって、イスラムの信仰が神を信じるだけではなく、貧者や弱者の救済などイスラムの教えを実行する活動にもつながっているという実態は見えてくる。

同胞団に対する弾圧が始まった1995年は年末に議会選挙が予定されていた。政府が職能組合運営を担う同胞団の中堅幹部を大勢逮捕したのは、選挙の前に同胞団を抑え込もうという狙いだった。秘密警察で国民を監視する体制をつくっていた政権が恐れていたのは、政治組織としての同胞団というよりも、「神のご褒美」というイスラム意識で民衆に根を張る活動の方である。

同胞団は2011年のエジプト革命でムバラク政権が倒れた後には、43%の議席を得て第1党になった。若者たちが始めた革命の成果を同胞団が横取りしたという見方が欧米や日本でも出たが、それは長年の同胞団の活動を知らない人間の浅薄な見方である。警察監視体制が崩れ、政権が崩壊した後、人々が社会の紐帯としての「イスラム」を担った同胞団に投票したのは自然な動きでもあった。

6 イスラムを探る

ストーリーを掘り出す取材

私がイスラムを理解するうえで重要な機会となったのは、1996年6月に朝日新聞に掲載した「不寛容の時代」という12回の連載だった。イスラム社会の現状を「不寛容」というキーワードで切り取ったものだ。

事件や事故があれば、ジャーナリストはニュースの現場に駆けつけて取材する。それに対して連載の取材は、まずニュースを掘り起こすことから始まる。「イスラム社会の今を描く」という枠のもとで、具体的なエピソード、つまり興味深い実話を探し出す。12回の連載だから、12の実話が必要だ。探し出した話が面白いというだけでなく、そこにテーマを打ち出さねばならない。その上で、私は1回ごとに話の主人公を登場させて、その人物に起こった実話という形で記事を書こうと決めた。

当時は、イスラム厳格派の弁護士が、文学作品や映画を「イスラムに反する」「神を侮辱している」などとして、文学者や映画監督、俳優を裁判所に告発する動きが起こっていた。市民組織や研究者、さらに弁護士などの専門家に取材すれば、どのようなことが起きているかは分かる。しかし、より踏み込んで話を聞き、テーマを深めるためには、当事者に話を聞いて、「私の話」として、記事を書く必要がある。「イスラムに反する」と告発された詩人や女優に、告発はどのようにして行なわれ、それによって日常生活がどのように変わったかを具体的に聞く。さらに告発する動きの「黒幕」とされたイスラム厳格派の宗教者にも会った。

連載ではそれぞれの記事は冒頭から主人公の話が始まる。

〈カイロに住む詩人、アブデルモナイム・ラマダン（45）は3月、鳴り続く電話で起こされた。眠い目をこすって受話器をとった。呼びかけたが無言のままだ。と突然、受話器の向こうからコーランの朗唱が聞こえてきた。録音テープの音だった。しばらくして、また電話が鳴った。コーランの朗唱。電話は、2時間にわたって鳴り続けた。「恐ろしかった。何も手につかないくらいこわかった」

ラマダンは昨年、イスラム強硬派の弁護士から告訴された。文芸誌に発表した詩が、「イスラムを冒とくした」という内容だった。それに関連した脅しだった。〉（第1話「無言電話とコーラン」）

〈犬、人物の絵、月経中の女性を部屋から排除せよ

イスラム指導者ユーセフ・バドリ師（57）は、カイロの自宅客間の受話器に向かい、明確に指示を与える。家族の臨終に際してどうしたらいいか、という問い合わせだった。

日常生活について、バドリ師の宗教的判断を求める人々の電話が、20分から30分おきにかかってくる。バドリ師はコーランや預言者モハメットの言葉を引用し、とうとうと答える。師は、作家や学者、映画人らを相手に、「イスラムを冒とくした」とする裁判を20件も起こしている。〉（第2話「黒幕」）

〈「1時間前に友だちから電話があったばかり。にらまれるから、目立ちすぎない方がいいっていうの」

ユスラはエジプトを代表する映画女優だ。カイロの高級住宅街ザマレクの自宅で、笑いながら話す。170センチの大柄な体に、目の覚めるような緑のワンピース。ノースリーブで、胸元が大きく開いている。イスラム強硬派が見たら目をむきそうなスタイルだ。

「だから答えたの。とんでもない、ラブシーンだってビキニ姿だって女優の仕事だから、私は気になんかしていないって」

昨年11月、自宅に裁判所の使者が来て、「あなたは告訴されました」と訴状をさし出した。「イスラムを冒とくし、社会を乱し、人々を惑わし……」などの文句がならんでいる。告訴したのはイスラム強硬派の

弁護士だった。

イスラム過激派と結託する悪徳弁護士を描いた映画『闇《やみ》の鳥』。彼女は弁護士の情婦を演じた。下着姿でストッキングをはくシーンが問題にされていた。〉（第3話「映画に圧力」）

イスラム厳格派による圧力の後は、政府がムスリム同胞団のメンバーを逮捕して軍事法廷で裁くような政治弾圧も「不寛容」として扱った。その冒頭はこうである。

〈元国会議員でムスリム同胞団系タールベイヤ病院医師、イサム・エリヤン（42）は、昨年1月下旬の午前1時すぎ、妻に『警察の人よ』と起こされた。『未明の訪問者』といわれる秘密警察の捜査員だった。医師は逮捕された。容疑は『非合法のムスリム同胞団を再結成しようと画策した』というものだった。家族は『捜査員は礼儀正しかった。イサムは笑顔で彼らにお茶を出し、身支度をした』と語る。彼には、まさか軍事法廷で裁かれることになるなどという予感はなかった。〉（第7話「軍事法廷」）

記事に出てくるタールベイヤ病院は、私がムスリム同胞団の取材で通った病院だった。エリヤン医師の逮捕の様子は、家族にあたって話を聞いた。このように人に密着し、ストーリーを掘り出す取材は、日本では普通に行なわれている取材であるが、日本から遠く、文化や宗教も異なる中東やイスラム社会のことを日本の読者に伝えるためにも、中東報道でも有効な手法であると私は考えてきた。

イスラム権威機関「アズハル」

カイロでのイスラムについての取材で、ムスリム同胞団とともにイスラム権威機関の「アズハル」が重要な取材拠点となった。アズハルは、10世紀に設立されたモスクと、それに併設された「マドラサ（学院）」が今の国立アズハル大学となっている。アズハルはイスラム教徒の9割を占めるスンニ派の権威で、アジア、アフリカ、欧米からも留学生がいて、イスラム法学者の養成機関となっている。

さらにアズハルは、「ファトワ」と呼ばれる宗教見解を宗教者が出す役割を担っている。ファトワには一般信者向けに開かれている「ファトワ委員会」と、議会や裁判所などが法律や判決についてイスラムの観点から見解を述べる「イスラム研究アカデミー」がある。

アズハルはカイロへの観光客が必ず訪れるダウンタウンにある「ハンハリーリ・バザール」のすぐ近くにある。観光客だけではなく地元の民衆にとっても貴重な商業地で、にぎやかなバザールとイスラムの権威機関が同じ地区にあるのが、いかにも生活と宗教が一体化しているイスラムならではと思う。

イスラムの連載では、アズハルのファトワ委員会についても書いた。アズハル・モスクの入り口の右手にドアがあり、そこを進むと、委員会となっている。委員会にはイスラム法学者が人々の相談を受ける部屋がある。部屋の四隅にイスラム教学の４つの学派の法学者が座っていて、訪れる信者の質問に答えている。

カイロのアズハル大学の海外イスラム研修セミナーの修了式。1996年。

事前の予約や取材許可もなく、委員会に行き、事務局で話をするだけですぐに取材ができる。相談を受けている宗教者に「日本のジャーナリストですが、委員会について取材に来ました」と言えば、相談者の横に座って、相談者と宗教者がどのような話をしているかを聞くことができる。

カイロ市内から来た主婦ライラ(60)が、涙ながらに訴えていた。14年前に夫が死に、未婚の次男と暮らしている。ところが、すでに独立している長男と長女が、家を売って代金を四等分しようと言い出し、次男とけんかになってしまった。このままでは家族が崩れてしまう。どうすればいいのか……。イスラム学者が明確にファトワを示した。「夫の死後、家は妻と未婚の子どもたちのために保証される。家を出た子どもたちには、戻った時のために一部屋が確保される。しかし、家を売ることはできない」。続けて、「長男たちが納得しなければ、ここに連れて来なさい」とつけ加えた。

相談者は全国から集まる。農業を営むムハンマド・ザーイド(48)は、ナイルデルタから2時間半かけてやって来た。叔父が死んで農地が残った。彼には妻と3人の子どもがいる。叔父の妹である自分の母には相続権があるのだろうか……。回答は「24分の5の相続権がある」。宗教者が紙切れに、分配の割合を書いてわたした。

遺産相続ではアズハルが出した見解は、裁判所の証拠としても有効となる。相談には夫婦関係や親子関係、隣人関係など、日々の暮らしにかかわることがほとんどだ。中には身の上相談のようなものも多い。相談者たちも予約することも、事前の申請も必要ではなく、順番を待ってすぐに話ができる。ファトワを書類とする場合は、事務局が4学派の法学者に回覧して、それぞれ署名を得て、すぐに公文書が出る。

私は、最初の連載から15年後の2010年にも「イスラムは今」という連載でアズハルを取り上げたことがある。その時にも次のような質問者と宗教者のやりとりを取材した。

20代の男性が「結婚して4カ月だが、妻とは口論ばかりで、私の言うことを聞かない。妊娠しているが、離婚したいと言う。どうしたらいいのか」と訴えていた。宗教者が応じた。「若者よ、妻に自分の考えややり方を押しつけているのではないのか。神は夫婦の間で慈しみといたわりを求める。夫婦が安定した関係をつくるには3年はかかる。離婚はできるが、生まれる子どものためにもしばらく我慢したらどうだ」

生活と宗教が一体化しているイスラム

ほとんど身のうえ相談であるが、相談を受けていた宗教者は「遺産相続の相談が一番多い。次は、離婚や結婚に伴う相談だ」と言う。イスラム教は信仰だけでなく、家族の問題や社会のあり方にまでかかわる。それだけに宗教権威者と一般信者の距離の近さが特徴だ。

宗教権威機関でありながら、敷居の低さと作業が迅速に進むことに驚く。エジプトなどアラブ諸国の役所の手続きでは一般的に煩雑で、処理が遅い。ならば、最も伝統的な組織のイスラム権威組織ならば、もっと融通が利かないだろうと考えてしまうが、実際には非常にオープンで、さばけた対応なので驚かされる。

イスラムの特徴は、宗教者と信者の近さである。それは、イスラムが日常生活の一部、また日常生活の中心にあるということだ。先に紹介したように、「反イスラム告発裁判の黒幕」として強面の宗教者でさえ、信者からの日々の質問の電話に気軽に、さらに熱心に答えているのである。だからこそ、アズハルのファトワ委員会がイスラムの権威であり続けるためには、より民衆と近い距離を保たねばならないことになる。

特派員になってすぐにイスラムに関心を持って取材したことは幸運なことだった。中東でジャーナリストとして働いてきて、興味が尽きないのはイスラムという宗教である。かつてイベリア半島からアジアまで版図を広げたイスラム帝国は、多くの民族や文化をとりこんでイスラム文明を開花させ、学問や技術を発展させた。その後、産業革命を達成した欧州に屈することになる。イスラム関連のニュースといえば、イスラム過激派のテロが突出しているが、もっとイスラム社会そのものに目を向ける必要がある。貧困者の救済が信仰に組み込まれている点など、イスラムは人間の生き方や社会のあり方を考えるうえで、「格差」が問題となっている現代においても重要な意味を持っていると考えるからだ。

7　アルジェリアの悲劇

90年代にイスラム過激派の脅威といえばアルジェリアだった。91年末に実施された複数政党制による総選挙の第1回投票でイスラム救国戦線（ＦＩＳ）が8割の議席を獲得して圧勝したが、軍部がこれを無効とし、翌92年、軍人で構成する最高国家評議会を設置した。事実上のクーデターである。軍事政権はＦＩＳの幹部やメンバーに対する大規模な弾圧を始めた。それに対してイスラム勢力ではアフガニスタンで戦闘経験がある人間がつくった過激派組織「武装イスラム集団（ＧＩＡ）」が影響力を強め、軍・治安部隊との間で10年に及ぶ抗争が始まり、15万人が死ぬ悲劇となった。

アルジェリアで90年代に起こったことは、イスラム過激派の問題だけでなく、イスラム世界での民主化の問題や国際社会の対応など多くの教訓を含んでいる。それは現在の「アラブの春」後の中東情勢や「イスラム国」の出現を考えるうえでも重要な先例となるはずである。

アルジェリアに取材で入ったのは１９９５年11月の大統領選挙と97年6月の総選挙の時の2回で、いずれも選挙の投票日前後の取材である。毎年1万人以上が死んでいる事実上の内戦が続いている中であり、私の中東取材の中でも最も緊迫した取材となった。

95年の大統領選挙では軍出身の現職大統領と、穏健派イスラム政党党首の一騎打ちとなった。91年選挙で勝利したＦＩＳは選挙をボイコットした。ＦＩＳの幹部は刑務所に収監されているか、自宅軟禁中だった。軍事政権が政権の正統性を国際的にアピールするための選挙であって、最初から結果は見えていた。アルジェリア入りは選挙取材という機会を利用して、アルジェリアの様子を見ることが目的だった。

首都アルジェの空港に到着した時から情報省が迎えに来て、軍による護衛がついた。外国メディアの記

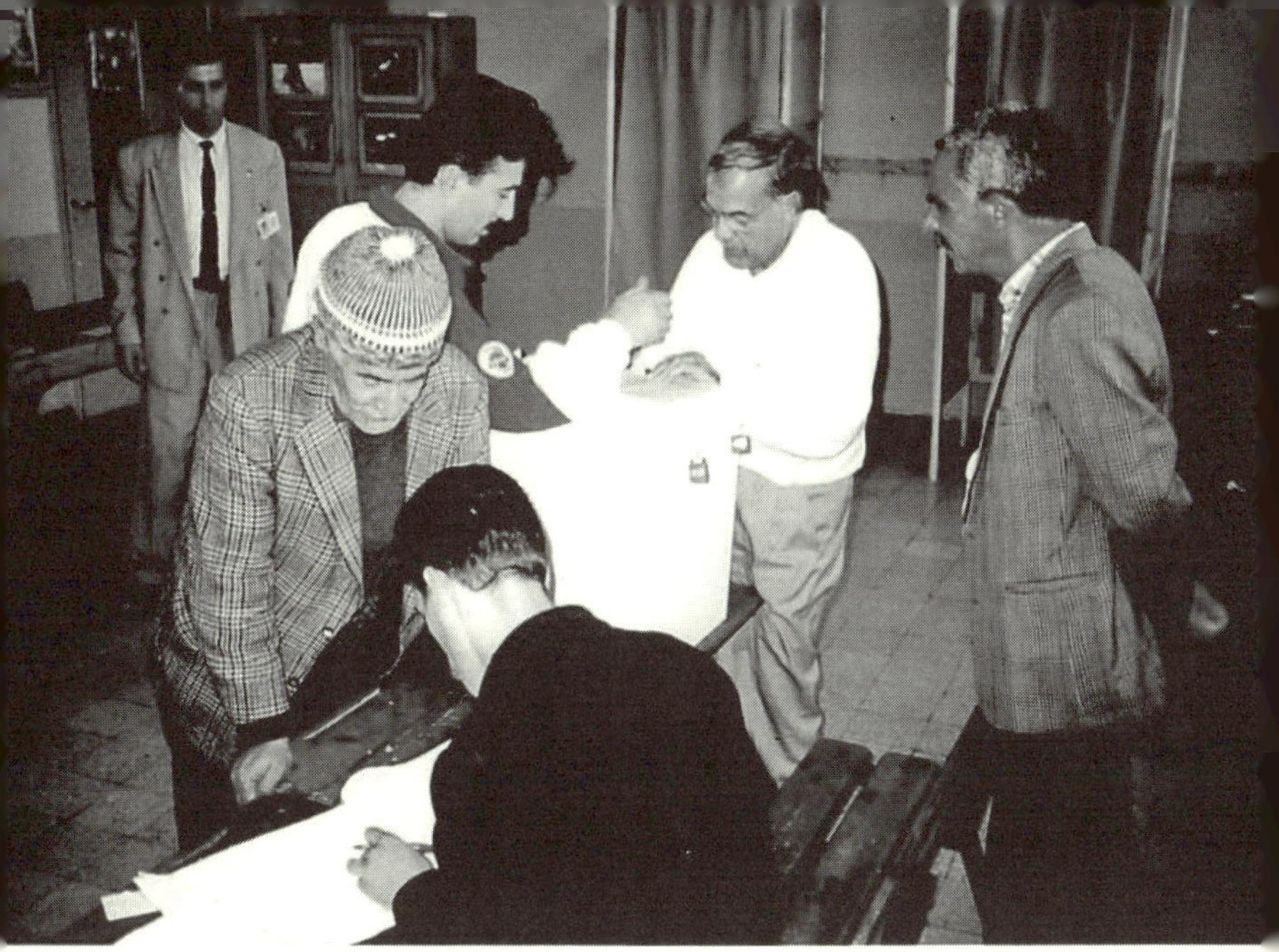

治安が混乱する中で実施されたアルジェリア大統領選挙の投票風景。1995 年 11 月。

者はすべてアルジェにある広い敷地を持つ大型ホテルに宿泊することになった。選挙運動を見たり、投票所を取材したりするのも、情報省の役人がつき、武装した軍の車両が前後を護衛するバスでの移動となった。イスラム過激派によるテロは首都アルジェで頻発しており、政府系施設だけでなく、ジャーナリストや外国人も標的となっていた。そのような厳しい安全対策がとられるのはやむをえないことだが、市民に自由に話を聞くことはできないのは明らかだった。

市民の本音を聞く

私はたまたまカイロでアルジェリアのアラビア語新聞の元編集長と知り合った。過激派から脅迫を受けたために、家族とともにカイロに避難していた。アルジェ入りの前に、その元編集長が働いていた新聞社の同僚記者に連絡してもらって、現地で話を聞くことになっていた。現地では、その記者に車を用意してもらって市内の取材をすることにした。

現地記者とは、町の取材に出る前に、どのようにすれば安全を確保できるかを話し合った。記者によると、アルジェの中でも過激派の影響力が強い地域では、至る所に過激派の見張りがいるため、そのような地域を避けて移動することと、どのような場所でも、通りで人々の話を聞くことはしない、という原則を確認した。

投票当日に市民の談話を新聞に掲載した。

〈アルジェ市内ハイドラ地区の喫茶店主(40)は『主な政党が参加していない選挙は意味がない。政府の音頭とりで行なわれる選挙で安全が回復される保証は何もない』と悲観的な見方を示した。〉というものだ。新聞では5行ほどの市民の談話だが、情報省の案内と軍の護衛がついたメディアツアーでは、選挙に対する否定的な市民の声を聞くことはできない。ここで登場する喫茶店主は、現地の記者が用意した車で行ったカフェの店主の話である。カフェはオープンテラスで通りとつながっているが、私たちはカフェの中に入り、さらにその奥のドアを開けるとその奥に部屋があった。その秘密の部屋で聞いた話である。

1カ所で取材を終えて、車に戻ってくると、運転手はドアを開ける前にまず後ろのトランクを開けて、中から水が入ったタンクを取り出して、それからボンネットを開けて、エンジンに水を入れた。それから私たちも車に乗り、発進する。最初は分からないが、車に乗るたびに1回1回、この動作を儀式のように繰り返した。つまり、エンジンをかける前に車に爆弾が仕掛けられていないかどうかを毎回確認していることが分かって、背筋が寒くなった。

反体制指導者のインタビュー

この時の取材では、同じ車でアルジェ郊外にある住宅地でＦＩＳの最高幹部の1人、アブデル・カデル・ボハムハム(55)に会いに行った。その幹部は2年半の拘留の後、1年半ほど前に釈放され、自宅に軟禁されていた。連絡先はカイロにいるアルジェリア人の元編集長から聞いていたので、ホテルから連絡をとった。現地の記者は当局に目をつけられるので同行できない、ということだったが、運転手に道を説明してくれた。

記事では次のように書いた。

「ボハムハムの自宅は、アルジェ西方の山の斜面に立つアパート群の中にある。指定された階には、左右と正面の壁に、３つの鋼鉄のドアが閉じている。表札はない。番号を確かめてベルを押すと、がっしりしたボハムハムが現れた。しかし、『非合法化で、政治、社会、宗教のいかなる分野の活動も禁じられている。マスコミに発言することも許されていない』と硬い口調で語ってくれただけだった」（１９９５年11月27日、朝日新聞朝刊）

新聞記事ではわずかこれだけの分量だったが、このために費やした労力と危険は大きかった。じつはこの時、ボハムハムは「『何も発言できない』と新聞で書いてくれるならば、私が知っていることは何でも話そう」と言い、１時間ほどのインタビューに応じた。ボハムハムはインタビューを終わって立ち上がったところで、「私の自宅電話はすべて当局に盗聴されている。当局はあなたが来ることも当然知っている。外で秘密警察から私について何か聞かれるかもしれないが、『政治の話は何も答えなかった』と言ってくれ」と言った。

秘密警察に何か聞かれることはなかったが、やはり秘密警察が至る所目を光らせる状況を実感することになった。ボハムハムに話を聞くことによって、反体制側から情勢がどのように見えるかがよく分かった。その話は、他の記事の中で、「ＦＩＳに近い筋によると」などの表現で使った。当時のアルジェリアのように治安状況が厳しいと、記者として取材できることは限られているが、当局発表だけでは現地にいる意味がない。記者としては市民の生の声はもちろん、反体制勢力の見方も知ることで、幅広く状況が見えてくるということである。

虐殺の村で2つの暴力

97年に総選挙の取材でアルジェリア入りした時には、情報省の手配と軍の護衛で、首都アルジェの50キロ南の山間にあるブリダ県で虐殺があった村を訪れた。村を訪れるのに、自動小銃で武装した治安部隊の護衛がついた。

参加した外国人メディアの取材に、村長は次のように説明した。前年の11月5日夜8時ごろ、数十人の男たちが隣接する5つの家のドアをノックした。「アッラーフ・アクバル（神は偉大なり）」の叫びとともに殺りくが始まった。他の村人たちは息を殺して家に閉じこもった。そして、翌朝、血の海に目を覆った。32人の犠牲者は、すべてのどを切り裂かれていた。イスラム教徒が犠牲の羊をほふるやり方だ。80歳の女性や妊娠4カ月の新妻もいた。「すべて息子を軍に出している家だ」と村長は語った。

母親と妹と、兵役を終えた3人の息子の計5人が殺された家で、16歳の末弟と3人の姉は生き残った。その末弟に話を聞いた。「1つの部屋に入れられ、出るなと言われた。朝になって部屋を出た。みんな殺されていた」と、末弟は一言一言を、まるで口から異物を押し出すように証言した。事件の後、村は治安警察から30丁の自動小銃をもらって自衛団を組織した。16歳以上の男が、夜交代で警備に立った。

記事では現地で取材した事実に基づいて書くが、当時のアルジェリアのように武装反体制過激派と軍・治安部隊の抗争が続いている場所では、問題は単純ではない。当然、反体制派勢力は山に拠点を持ち、軍や治安部隊は平地を押さえる。反体制組織は食糧などを山間や麓の村から調達する。軍や治安部隊は村に自警団をおかせるが、自警団をおけば、過激派に攻撃される。かといって自警団をおかなければ、軍・治安部隊に圧力を受けることになる。

山間部の村落など、暴力が吹き荒れている場所では、虐殺があれば、政府の治安当局は「過激派の犯行」と発表するが、実際のところは分からない。アルジェリア人で政府に批判的な研究者からは「すべての虐殺が過激派の仕業ではなく、住民を過激派から引き離すために当局が暴力を使っているとしか思えないものもある」と語るのを聞いたことがある。

私が訪れた虐殺の村の記事でも「イスラム過激派による虐殺」とは書かなかった。治安部隊による暴力という可能性も否定しきれなかった。重要なのは、権力と過激派がそれぞれ行使する2つの暴力の間で、民衆が犠牲になっているということだった。

90年代のアルジェリアの悲劇の教訓は、暴力が連鎖していけば、残酷で非人間的な状況は際限なくエスカレートしていくということだ。最初の暴力は、イスラム勢力からではなく、軍が民主的な選挙を力で無効とし、イスラム派を弾圧し始めたことだ。権力の側が露骨な武力を行使すれば、イスラム勢力の中でも武闘派が力を持つようになるのは、パレスチナ紛争でもシリア内戦でも同じである。さらに民主的選挙を無効にした軍事政権を、欧州も米国も支援したことが、正常化を困難にし、暴力の連鎖を助長した。それが90年代のアルジェリアの教訓である。

8　パレスチナ和平の変質

パレスチナでの初の選挙

オスロ合意で始まったパレスチナ和平では1995年11月にイスラエルのラビン首相がユダヤ人の右翼青年に暗殺され、早くも前途に暗雲が立ち込めた。オスロ合意はペレス外相がパレスチナ解放機構（PLO）との秘密協議をノルウェーのオスロで行ない、歴史的な合意に導いた。しかし、ペレスはイスラエル国民にとっては理想家肌でハト派すぎると受け取られていた。イスラエルで合意の重石となっていたのが参謀総長出身で労働党党首となったラビンだった。

半年後の96年5月にイスラエルでは総選挙があり、強硬派のリクード党首のネタニヤフがペレスを破って当選した。当初の世論調査ではペレスが有利だったが、投票日が近づくにつれて縮まり、最後に逆転された。一方、パレスチナ自治区では96年1月に自治政府議長選挙と、自治評議会選挙があり、議長にはアラファトが選ばれた。

ラビンの暗殺の時はもちろんだが、パレスチナ選挙やイスラエル選挙などの大きな区切りではカイロからエルサレムに出張し、パレスチナ側の反応を取材するなどしてエルサレム特派員とともに仕事をした。

印象深かったのは、96年のパレスチナ自治評議会選挙の選挙運動だった。候補者が夕方に選挙集会を開いて、支持者の質問に答える形だった。私はガザの選挙集会をいくつかのぞいたが、有権者の熱気には感銘を受けた。

湾岸戦争後に米国が主導して始まった中東和平でパレスチナ交渉団を率いたガザの指導者アブドル・シャフィの選挙集会で、シャフィは、「一党派による権力の独占と私物化を排し、腐敗をなくす」などを公約に掲げ、アラファトが率いるPLO・ファタハが自治政府を牛耳っている状況への批判を打ち出した。シャフィはオスロ合意にも批判的で「自治協定は入植地やエルサレムの地位、難民問題などを棚上げし、パレスチナ人の権利を無視している」と訴えた。会場から「自治評議会で協定の内容を変更できるのか」と質問が出る。すかさずシャフィは「協定は神聖なものではない」と応答した。

96年の選挙には人々から強い支持を持つイスラム政党のハマスが参加していなかったこともあり、ファタハ勢力の勝利は予想されていた。しかし、選挙集会を取材して、雰囲気や議論の様子を聞くことで、パレスチナ人が選挙に参加して、代表を選ぶことに強い意義を見出していることが分かった。別の選挙集会では、若者が立ち上がって、「自治政府への就職には、ファタハの推薦か高官とのコネが必要だ。この現実をどうするのか」とファタハ主導体制への批判を込めて質問したのも印象的だった。

自治政府議長選挙に立候補したのは、アラファトと、サミハ・ハリールという72歳の女性の社会運動家だった。ハリールは集会で「今なお、エルサレムは占領され、多くの政治犯は獄につながれ、イスラエルの許可なしには、難民が自分の土地に帰ることもできない。どこにわれわれの主権があるのか」と力強く訴え、自治区を回って精力的に選挙運動を行なっていた。

一方のアラファトは全く選挙運動をしなかった。もちろん、アラファトが当選することは分かっていても、パレスチナ人にとっての歴史的な選挙だというのに、選挙に積極的に参加して、民衆に訴えかけようとしない議長の姿勢に私は、疑問と不満を感じた。パレスチナ自治が始まって1年半しかたっていないが、日本を含めて国際的な援助が集まる自治政府の幹部は、邸宅に住み、高級車を乗り回すような特権階級になっていったのも、議長の古い政治体質の延長であるように思えた。

観光トンネル開通事件

オスロ合意後のパレスチナ和平の大きな曲がり角は、1996年5月の総選挙でのリクードの勝利である。リクードはパレスチナ国家を認めていないのだから、これによってオスロ合意がイスラエルとパレスチナの「二国家共存」という和平の実現に向けて動く可能性は大きく損なわれた。和平が停滞しただけでなく、イスラエル側にも、パレスチナ側にも和平を実現しようとする勢いが失われた。

具体的な出来事で転機となったのは、イスラエルがエルサレムのイスラム聖地の地下に掘っていた観光トンネルの出口をイスラム地区に開いたことだ。そのために、パレスチナ側が反発し、衝突に発展した。エルサレムだけでなく、ヨルダン川西岸やガザでもイスラエル軍に対するデモがあり、死傷者が増えた。

パレスチナ自治区ガザで、モスクの外まで礼拝者が並んだ。イスラエル軍との衝突後の初の金曜礼拝。1996年9月。

ガザだけでも住民やパレスチナ警官など30人近くが死んだ。

私は衝突のニュースを聞いてすぐにカイロを出発して翌日、ガザに入った。その日は金曜日だった。イスラムでは金曜日の昼の礼拝は、モスクに集まって集団礼拝が行なわれる。金曜礼拝では説教は2回に分かれ、前半では宗教的なことだけでなく、折々の社会問題や時事問題などが取り上げられることが多く、後半は礼拝に向けた説教となる。

中東での取材では、何か事件が起こった時の金曜礼拝は情勢の動きを見極めるうえで重要な意味を持つ。有力な宗教者がいるモスクでの金曜礼拝の説教が人々に影響を与えることになる。

この時のガザ市内の目抜き通りには、前日にイスラエル軍との衝突で銃撃されて死んだ若者の写真が「殉教者」として掲げられていた。私はガザ市中心部のモスクに行った。若者たちがモスクに入りきれず、モスク前の広場にまで人があふれていた。礼拝の終了とともに礼拝者の中から「アラー・アクバル（神は偉大なり）」の叫びが上がり、「われわれの魂と血を殉教者に」の大合唱が広がった。

入植地に向かうデモ隊

10代、20代の若者たち200人ほどが、モスクから犠牲者の自宅に行進し、「殉教者は天国に。われわれが復讐する」と気勢を上げた。行き先を聞くと、口々に「ネツァリームだ」と答える。ガザ市の南約4キロのところにあるユダヤ人入植地で、前日、入植地警備のイスラエル兵と、パレスチナ人デモ隊、同警察の間で激しい銃撃戦があった場所だ。

デモ隊がガザ市を出るころには、他のモスクからもデモ隊が合流し、700〜800人にふくれ上がった。路上の石を拾う者、道路わきのガソリンスタンドでペットボトルやびんにガソリンを入れる者など、〝戦闘態勢〟を整え、道路わきの古タイヤにガソリンをかけて火をつけた。真っ黒な煙が上がった。

「イスラエル兵にぶつけてやるんだ」と、高校1年生（15）の少年が、手に持った石を見せた。「イスラエル兵は銃を撃ってくるぞ」と問うと、「イスラエルはエルサレムの聖地を破壊しようとしている。これは神が命じるジハード（聖戦）だ」と息巻いた。道を歩きながらデモ隊は次第に興奮に包まれてくるのが分かった。

入植地から約1キロ手前で、パレスチナ警察がバリケードをつくりデモ隊を止めた。警察のバリケードは第2、第3とあり、結局、入植地の手前500メートルほど、第3のバリケードで完全に止められた。

デモ隊はパレスチナ警察に抑えられて、入植地にはたどりつかなかった。しかし、私はデモ隊と一緒に歩きながら、若者たちが石をつかむのを見た。若者たちの〝武器〟は石ころである。中学生くらいの少年は投げればよく飛ぶ小さくて平たい石を持ち、体が大きくなるにつれて、大きくてごつごつした石を持つようになる。そんな観察をしながら、このまま入植地まで行ったら、また流血の惨事となる、と考えた。

歩いている時に携帯電話の呼び出し音が鳴った。金曜礼拝についての東京からの問い合わせである。「今デモ隊と一緒に歩いています。危険な状態です。また衝突するかもしれません」というようなことを東京のデスクと話した。ガザで携帯電話を使うことができるようになって間もないころだった。こんな場所から、緊迫した状態で携帯電話を使うことができるということに、不思議な思いがしたのを覚えている。

入植地に近づいて衝突が始まる前に、安全な場所に退避しなければならないと考えつつ、デモ隊の先頭集団と適度に距離をとりつつ歩いた。この時には、衝突が始まる経過ではなく、パレスチナ警察がデモ隊を巧みに抑える経過をみることになった。

警官のバリケードが3列あったと書いたが、最初の警官のバリケードは数十人ほどの警官が道路をふさぐようにならび、デモ隊の半分ほどは止められた。ここで10代など年少者の多くが止められた。しかし、警官の制止を振り切って先に進む若者たちもいた。警官たちは若者たちを力づくで止めることはなかった。

第2番目の警官のバリケードは、すべて年配の警官たちだった。最初のバリケードを越えてきた若者たちは強者ばかりだったが、年配の警官は若者をマンツーマンで捕まえて「命を粗末にするな」というような説得にかかった。父親が息子たちを諭すような口調である。パレスチナ社会は他のアラブ社会と同様、年長者を敬う文化がある。多くの若者がここで止められた。

それでも制止を聞かず、振り切って進む若者たちは十数人ほどだった。最後の警官のバリケードは、警官も見るからに猛者をそろえ、残った若者たちを制止した。経過の一部始終を見ながら、怒りに任せて進む若者たちに対してよく考えられた警官の対応だと感心した。

中東で事態が動いている場合も、結果だけを見れば、何も起こっていないということはよくある。しかし、現場にいて、物事の起こる、または起こらないというプロセスをつぶさに見ることは、ジャーナリストにとって、その社会や人々を理解する貴重な体験となることが多い。

第2章

9・11事件とパレスチナ・第2次インティファーダ

9　パレスチナの現場に行く

和平合意の無残な末路

２００１年4月にエルサレム特派員となった。２０００年9月から第2次インティファーダ（反占領闘争）が始まっていた。カイロ駐在を２００８年1月に終え、３年あまり東京本社で勤務した後のエルサレム駐在である。カイロ駐在では主に大きな区切りにパレスチナ側を取材していたが、エルサレム駐在となれば、毎日がパレスチナ問題で、イスラエルとパレスチナの両方を見なければならなかった。それもオスロ合意から7年たって衝突は日常化し、和平合意の無残な末路を自分の目で見ることになった。

第2次インティファーダは暴力的で陰惨なものだった。イスラム過激派がイスラエルで市民を標的とする自爆テロが続いた。１９８７年に始まった第1次インティファーダは少年たちが石つぶてでイスラエルの戦車に立ち向かうイメージから「石の革命」と呼ばれて世界の支持を得たが、第2次では、パレスチナは過激派によるバスやレストランへの自爆テロによって国際社会の共感を失うことになった。

当時、イスラエルの首相は、軍人であり猛将として知られたシャロンだった。エルサレムの旧市街にあるイスラムの聖地に立ち入って、第2次インティファーダのきっかけをつくった人物である。

パレスチナの過激派がテロ戦術をとれば、シャロンに軍事力を使う口実を与えることは目に見えている。パレスチナ過激派がイスラエル市民を標的にするテロは肯定できないが、問題の始まりが、イスラエルの占領にあることはいうまでもなかった。しかし、占領自体は日常化し、日々のニュースにはならなかった。エルサレムの事務所にいる限り、ニュースの発端はパレスチナ側の攻撃であり、その報復としてのイスラエルの攻撃という形になる。

問題が「占領から始まる」という現実を日本の読者に伝えるためには、ヨルダン川西岸やガザのパレスチナ自治区に行くしかないと考えた。エルサレムからヨルダン川西岸の中心都市ラマラやベツレヘムまでは15キロ、ガザまでは70キロである。途中でイスラエル軍の検問があるが、西岸には車で30分、ガザにも1時間あればたどりつく。

日本とイスラエルの時差の関係で、翌日の朝刊用の原稿を昼過ぎには送らねばならなかった。ヨルダン川西岸なら朝早く出発して、午前中に現場を見て、帰ってくることができる。ガザに行くならその日の原稿を送ってから午後遅い時間に出発して、夕方の日没前に現場を見ることができた。

自治区への侵攻

2001年4月16日の夕方、イスラエル軍はパレスチナ自治区ガザの北東部に地上部隊を入れ、17日も占拠を続けた。ガザ自治区からイスラエル領内に迫撃弾が着弾した後、発射地点とみられるガザの北東部のベイトハヌーンに地上部隊を突入させた。イスラエル軍がパレスチナ自治区に入って部隊をとどめるの

イスラエル軍の侵攻と攻撃によって家を破壊されたパレスチナ自治区ガザのベイトハヌーンの住民。2001年4月18日。

は1994年5月のパレスチナ自治実施以来初めてとなった。イスラエル軍は撤退の期限を明示せず、パレスチナ自治政府は「再占領だ」と非難した。

17日午後、エルサレムを出てガザに向かった。途中で、電話で話を聞いたイスラエル紙の軍担当の記者が、「米国から圧力がかかり、イスラエル軍は間もなく撤退するだろう」という情報を教えてくれた。強硬派のシャロン首相がそう簡単に退くはずもなく半信半疑だった。しかし、ガザに入った時には、すでに撤退が始まっていた。

この時は、ガザの検問で待っていたパレスチナ人の助手と一緒に、イスラエル軍が撤退を始めたばかりのベイトハヌーンに直行した。農家のイブラヒム・アブドラ（70）はイスラエル兵が撤退したと聞いて家に戻ってきた。1棟のコンクリートの家には大きな穴があき、家族が寝ていたトタン板の小屋3棟は跡形もない。家の周りのオリーブの林は、ブルドーザーで更地になっていた。「砲撃の音は聞こえていたが、軍同士の戦いと思っていた。なぜ、私の家が狙われたのか」とぼう然と語った。

ベイトハヌーンにある8カ所のパレスチナ治安部隊の施設はすべて破壊されていた。イスラエル軍は治安部隊が迫撃砲攻撃に関与していると非難する。廃虚となった本部にいた部隊長(44)は、「戦車が入って来れば逃げるだけだ。われわれが持っているのは、これだけだ」と肩から下げたカラシニコフ銃を見せた。

パレスチナに入って取材をすれば、イスラエル軍の侵攻や攻撃にはなすすべがないパレスチナ側の現実が見えてくる。迫撃砲を撃ったのはパレスチナ過激派であるが、それによるイスラエル側の被害はなかった。しかし、イスラエル軍はパレスチナ自治区に侵攻し、過激派を抑えるはずのパレスチナ警察の施設を破壊する。道理が通らない攻撃としか思えないが、シャロン政権は一貫して、アラファト体制を無力化しようとしていた。

しかし、この時にはまだ、イスラエルに対する米国の影響力は大きかった。イスラエル軍がパレスチナ自治区ガザの一部を占拠したことについて、当時のパウエル米国務長官が「過剰で不相応な反応だ」として批判する声明を出した。イスラエル放送は、「テロの拠点への軍事作戦が終わり次第、撤退するように首相と国防相から命令が出た」と報じた。イスラエルのシャロン政権でさえ、米国の意向に従ったのである。米国がイスラエルに対して決定的な影響力を持っていた。そうでなくなるのは、この年の9月11日にあった米同時多発テロの後、ブッシュ政権が対テロ戦争を始めてからである。

住宅地への1トン爆弾

中東の現場に行って、息をのむ光景に出会うことは多い。２００２年7月にガザで見たイスラエル空軍のF16戦闘機で1トン爆弾を投下した現場は、その1つだった。イスラエル軍はハマスの武装部門のトップのシャハダを殺害したと短く発表した。しかし、ガザからは武装部門のトップだけでなく、彼の妻と娘の他に周辺住民を含めて15人が死亡し、数十人が負傷したというニュースが入ってきた。

一報ではイスラエル軍の発表と、現地からの情報を合わせて記事を書いた。空爆直後のイスラエル各紙は情報関係者らの話として「シャハダ家の周りは空き地」などと伝えた。しかし、ガザに行って空爆の現場を見て、事実は全く違っていた。

現地はガザ市の住宅地のダラジュ地区という所で、大きな通りから狭い道を入った所だった。いきなり、約30メートル四方が瓦礫の山になっていた。イスラエル軍がF16戦闘機で1トン爆弾を投下したのである。過激派指導者の暗殺で、周辺住民１６０人以上が死傷した。住宅ビルが立ち並ぶ現場に立った。大型爆弾を落とせば惨事が避けられないことは明らかだった。

過激派ハマスの武装部門の指導者シャハダが住んでいた3階建てのビルと、その隣の2軒は全壊。その周りを壁が崩れた4階建てのビルが取り囲む。母親と子ども5人が死んだマルト家は、西側に隣接したビルに住んでいた。

イスラエル軍は「シャハダの家族や民間人を傷つける意図はなかった」と空爆の翌日に声明を出したが、現場で住民の聞き取りをしていたガザの人権組織の調査員は「1トン爆弾を使えば、周囲の住民が犠牲になることは誰の目にも明らかだ」と言った。東側のサイーディ家は、4階建ての家に両親と息子夫婦ら5世帯計38人が住んでいた。シャハダ氏の家の方角の窓枠や壁は崩れ落ち、爆発のすさまじさを現わしていた。飛び散った大小様々な破片による穴が壁の至る所にあいていた。ここで父親が頭などに破片を受けて重体になり、家族20人が負傷した。

家族は3週間ほど前に見知らぬ家族がその家に移ってきたことは分かっていたが、それが過激派の指導者シャハダの一家だとは知らなかった。近所づき合いもなかった。「私たちに関係ないのに、なぜこんな目に遭わなければならないのか」。このビルに住むラーイダ（27）は語った。

シャロン政権は、ハマスなど過激派の指導者を空爆で殺害する暗殺作戦を「積極的な防衛」として採用している。ハマスの軍事部門の指導者などは、暗殺リストのトップであり、毎日、寝る場所を変えている。家族も頻繁に家を変え、家族に会うのも1カ月に1回というような状況である。だから、周辺住民は、ハマスの指導者の家族が住んでいることも知らないのである。

イスラエルがハマスの指導者が家に帰っているという地元の協力者=スパイの情報を得て、1トン爆弾を投下したものだろうが、家族への配慮どころか、周辺住民の巻き添えを避けようとする配慮もなかったことになる。しかし、それもイスラエル政府の発表では単に「テロリストのリーダーを殺害」だけに終わっていた。現場を見て、住民に話を聞いて初めて、無差別殺りくが行なわれたことが分かったのである。

10　若者たちの自爆の背景

自爆テロの現場で

第2次インティファーダが始まった後、パレスチナ過激派のテロと、イスラエル軍による報復攻撃が、日常化した。イスラエルの占領によってパレスチナ人が苦しんでいることは事実であるが、だからといってイスラエルの市民を標的とするパレスチナ過激派のテロが正当化されるわけではない。テロに対して国際社会の非難は厳しく、イスラエルによるF16を使ったパレスチナ自治区への空爆なども「テロへの報

パレスチナ過激派による自爆テロで破壊されたエルサレム中心部にあるイタリアンレストラン。2001年8月9日。

復」として黙認されるようになった。

テロはごく身近に起きていた。朝日新聞の支局はエルサレムの中心部のベンエフダ通りから歩いて5分ほどのビルの7階にあった。私が赴任した2001年4月の4カ月後の8月上旬の午後2時ごろ、ベンエフダ通りに近いイタリアンレストランで爆弾テロがあった。支局とは400メートルの距離であり、部屋の中にいても「ドン」というくぐもった音が聞こえた。すぐに救急車のサイレンが鳴り始め、それが四方八方から聞こえてくるようになる。イスラエルテレビに爆弾テロの緊急ニュースが流れる。このテロでは子ども数人を含む15人が死んだ。レストランは私自身、昼食でよく利用する場所だった。レストランでは子どもたちによる誕生会が開かれていた。

爆弾テロ発生の一報を、東京に送っ

てから、支局を出て、歩いて現場に行った。爆弾の量は5キロから10キロといわれたが、レストランのガラスはすべて割れ、救急車が何台も止まって負傷者の救出作業が続いていた。それまでにぎやかだった町を一瞬にして地獄に変えてしまう爆弾テロの恐ろしさをまざまざと感じた。

パレスチナのテロは、エルサレムに駐在する私にとって、避けては通れないテーマとなった。8月のエルサレムでの自爆テロの後、私はガザで「自爆」についての取材を行なった。

「殉教者」の遺書

取材したのは、ガザ自治区で2カ月前にガザ北部で車に爆弾を積んで車もろともイスラエル軍の車両に体当たりして、兵士2人を殺害した大学生イスマイル・アルマサワビー（23）である。彼の家族のもとを訪ねて、両親の話を聞き、彼が残した遺書を見せてもらった。

イスマイルはガザの難民キャンプに生まれ、ガザにあるアルアクサー大学でアラビア文字のデザインを専攻。自爆の翌日、父バシール（45）のもとに、覆面で顔を隠した男がイスマイルのメッセージが入ったビデオテープとイスマイルの遺書を持ってきた。9ページからなる遺書に、デザイナーの卵らしい美しい手書きのアラビア語がつづられていた。「同胞へ」「両親へ」「兄弟へ」の3通あった。

新聞の記事では、同胞向けと、両親向けの遺書を、そのまま掲載した。

〈同胞への遺書〉

同胞たちよ。私は不帰の旅路に出ることを決めました。この、虫の羽ほどの価値もなく、影のように消えてしまう、楽しみの少ない世界に戻ることはないでしょう。

私は偉大なる神が私を受け入れ、預言者や信仰者や殉教者や善行者らとともに真実の座を与えるようお願いしています。

神よ。私は私の魂と体をさし出すことに戸惑いはありません。神がそれを受け入れることを祈念します。

私は武器をとって、殉教者の道を進み、ユダヤ人が我々の息子たちを毎日殺しているように、彼らに破滅と破壊を味わわせるでしょう。

〈両親への遺書〉

親愛なる母と父よ。

幼い私を夜遅くまで起きて世話をしてくれた両親よ。私を育てるのに骨を折り、真正なるイスラム教徒の道を歩ませてくださいました。

あなたたちは私が心休まるようにどのような苦労もいといませんでした。私は何もお返しできません。ただあなたたちが天国の最上の場所で偉大なる神に巡り合えるようにお願いするだけです。

母よ。悲しみに耐えてください。神があなたの息子を殉教者として選んだことに対して神に感謝してください。殉教者となった息子は神にあなたのことを取りなすことでしょう。

父よ。大学の学問を修了し、世俗の職業につくことができなかったことをおわびします。しかし、私は殉教者としての地位を神に与えられました。我々と神の敵を恐れさせる聖戦の任務が本日やって参りました。天国でお会いしましょう。


この遺書を読んで、私は驚いた。イスラエルの占領を批判するような言葉が並んでいるのかと考えていたが、実際には政治的な事柄が少なく、「(この世は) 虫の羽ほどの価値もない」と現世を否定的にとらえ、天国に行くことの素晴らしさを強調していた。自爆作戦 (=殉教作戦) とは、実行者にとっては政治的な行為というよりも、宗教的な行為だということであるということを理解した。殉教攻撃をとるハマスやイスラム聖戦などのイスラム組織は、政治組織であるから、自爆攻撃・テロも政治的な目的のためにある。しかし、イスマイルの遺書を見る限り、自爆者の意識は、政治の世界である現世よりも、来世の方に向いている。

イスマイルの両親に、息子の死をどのように受け止めているのかと質問した。父親のバシールは「息子が武装闘争にかかわっているとは全く知らなかった」と語った。夜8時ごろ、近くのモスクの拡声機が、その日午後に「殉教作戦」があったことを放送し、そこで息子の名前を聞いたという。

バシールは「神が息子を殉教者として特別に選び、栄誉を与えた」と、息子の自爆を正当化した。イスラムの教えでは「殉教者は天国に行き、さらに70人に神の慈悲を仲介することができる」とされる。母親のラウダ（51）は、自爆の3日後に息子の夢を見たという。息子が真っ白な服を着て現れ、城のような家で多くの召使いを従えていた。息子は「父と母のために神にお願いし、与えられたもの」と語ったという。両親は「自分たちも息子のおかげで天国が約束されている」と信じている。

両親も政治的な意味は語らず、「神が特別に息子を殉教者に選んだ」と納得している。または、自分を納得させているのかもしれないが、これもまた宗教的なとらえ方である。もし、自爆に向かう者に、政治的な問題意識が問われるならば、自分の行動が占領終結やパレスチナの利益になるのか、という問いが生じるはずであるが、単に宗教的な確信が問われるだけならば、目の前にある占領下の悲惨があるだけである。

ハマスでは軍事部門の仕掛け人が、自爆者を極秘のうちに選び、作戦に送り出すとされる。軍事部門や仕掛け人は当然、自爆攻撃の政治的な効果を計算するはずだが、殉教作戦の主役は「殉教者」の役を行なう若者であり、若者にとってはイスラム組織の仕掛け人は殉教の舞台を用意し、若者が殉教することを助ける演出家の役となる。

結果的には、占領の下で「この世はつまらない」という無力感や絶望にとらわれ、宗教に傾斜する若者が、組織の戦略に利用されているということになる。イスラエル軍の封鎖や分断が続くパレスチナで、将来の希望も持てない若者たちが、人生の意味を「殉教」に求めてしまうのである。

ハマス指導者のインタビュー

その時のガザの取材で、ハマスの精神的指導者、アフマド・ヤシン師にインタビューした。ヤシンは車いすの宗教者で、顔を近づけなければ聞こえないようなかすれ声で話した。

ヤシンとのやりとりは次のようなものだった。

〈――殉教作戦とは。

「抵抗の一形態である。占領下にある民衆にはあらゆる手段で抵抗する権利があるが、われわれはロケットも戦車もない。殉教作戦はイスラエル軍の攻撃を阻止するための対抗措置だ」

――背後にある思想は。

「抑圧され、日々、家族や同胞を殺されている人間が、対抗できる武器を持たない場合に、土地や民衆を守るために殉教作戦を行なう」

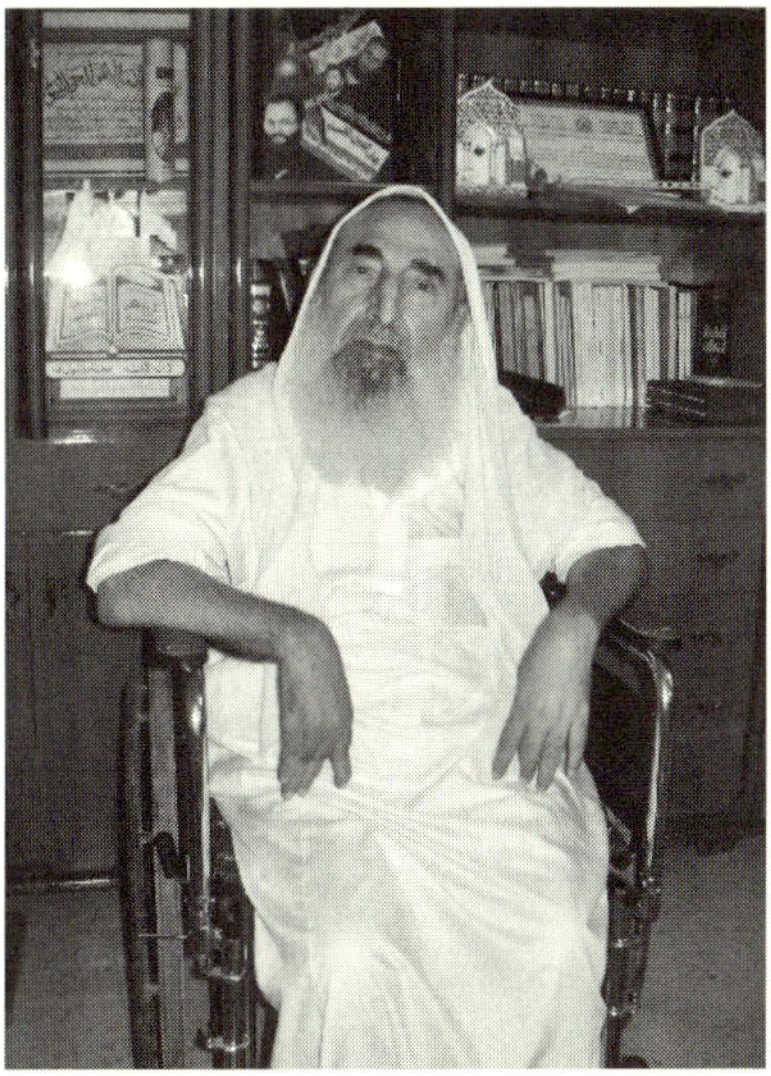

ハマスの精神的指導者アフマド・ヤシン師。2001年8月。

――宗教的な裏づけは。

「コーランの『悔い改めの章』には、神の道のために生命と財産とを投げうって戦った者は天国に行く、とある」

――イスラムは自殺を禁止しているが。

「われわれは殉教攻撃という。自殺は人生の困難から逃避する行為だが、信仰を持つ殉教者は人生の威厳を保ち、神のために自らを犠牲にする者だ」

――なぜイスラエルの民間人を殺すのか。

「われわれが標的にしているのは、イスラエル兵であり、入植者だ。無実の民間人を殺すことはイスラムが禁止している。殉教者がイスラエル兵士に近づけないために、そのような攻撃になったのではないか」

――民間人の殺害を止めようとしないのか。

「多くの民間人を殺しているのは、イスラエル軍の方だ」〉

イスラム教は自殺を禁止しており、ハマスは「自爆作戦」という言葉を使わず、「殉教作戦」という言葉を使う。私が「殉教作戦」についてこだわり、「なぜ、殉教作戦を行なうのか」と問うと、ヤシンは「私たちは、この方法をあなたたち日本人に学んだのだ」と語った。ヤシンが旧日本軍の特攻作戦について言ったことに驚いた。

この自爆攻撃を扱ったこの原稿では、自爆した若者の遺書をそのまま掲載し、ヤシンとのやりとりを入れるなど、具体的な材料を読者に提供することを眼目とした。じつはこの記事は9・11米同時多発テロの4日後の9月15日付の新聞に掲載されたものである。

もちろん、取材はテロの前に行なわれたものだったが、9・11が起こり、イスラム過激派による「自爆」

という見方が強まっていた。人間の想像力を超えたテロ事件を前に、日本の読者がイスラムの殉教について考える材料を提供することが必要と考えた記事だった。

11　暴力の連鎖で泥沼化

パレスチナ人指導者への「暗殺作戦」

2001年の9・11米同時多発テロの後、パレスチナとイスラエルの紛争はさらに激しさを増した。シャロン首相は「対テロ戦争」を掲げる米ブッシュ政権への協力を表明しつつ、「アラファトがわれわれのビンラディンだ」という論理で、パレスチナ自治区への軍事攻撃を繰り返した。イスラエルは自治区への空爆や地上部隊の侵攻についてはパレスチナのイスラム過激派によるテロへの報復としたが、実際にはイスラエルのシャロンが7月からパレスチナ人指導者への「暗殺作戦」を激化させたことが、暴力の連鎖による泥沼化の始まりであった。

イスラエルは暗殺作戦を過激派のテロを未然に防ぐためとして「先制的防衛」と位置づけている。しかし、2001年8月の時点ではパウエル米国務長官が米CNNテレビで「（暗殺作戦は）行き過ぎた反応であり、地域の緊張と暴力を増大させる」と批判的だった。それが9・11事件の後、米ブッシュ大統領が「対テロ戦争」を唱え、自衛権行使のための先制攻撃を正当化する方向へ動いていき、イスラエルの暗殺作戦を黙認する対応に変わっていった。

イスラエルの暗殺作戦で私の記憶に残っているのは、8月にヨルダン川西岸のラマラで武装ヘリから議長の執務室にミサイルを撃ちこんだパレスチナ解放人民戦線（PFLP）のアブアリ・ムスタファ議長の暗殺である。PFLPはオスロ合意を承認してはいないが、PLOではアラファト議長が率いるファタハに次ぐ反主流派の最大勢力である。私は6月にラマラの執務室でムスタファにインタビューをしていた。暗殺作戦の後、見覚えのある議長の部屋が真っ黒焦げになった写真を見て、言葉を失った。ミサイルは窓から部屋の中に飛びこんだという。窓枠は部屋の中の爆発で黒くはなっていたが、そのまま残っていた。

PFLPは、暗殺された議長の名をとった「アブアリ・ムスタファ軍団」という軍事部門をつくって報復を始め、2001年10月中旬にイスラエルの右派強硬派のゼービ観光相を宿泊中のエルサレムのホテルで暗殺した。まさに暴力の連鎖である。

米国はその年の10月上旬にアフガニスタン戦争を始め、12月7日タリバンの最後の拠点カンダハルの陥落まで、イスラエルとパレスチナの抗争は、いわば世界の裏チャンネルでの出来事だった。米国の対テロ戦争と並行して、イスラエル・パレスチナ関係は坂道を転げ落ちるように状況が悪化していた。

続く自爆テロ

12月初めにエルサレムとイスラエル北部の都市ハイファで、2日続けての爆弾テロがあった。エルサレムでは1日午後11時半ごろ、連続2件の自爆テロがあり、さらに30分後、近くで自動車に仕掛けた爆弾が爆発した。自爆者2人と通行人10人が死亡、180人以上が負傷した。翌日昼にイスラエル北部のハイファで通行中の路線バスに乗っていた男が自爆し、乗客15人が死亡、約40人が負傷した。

エルサレムの爆弾テロは、朝日新聞の支局と住居が入っているビルから歩いて5分ほどのベンエフダ通りだった。2つの重なるような爆発音が聞こえた後、私は現場に向かった。その日は土曜日の夜で、ユダヤ教徒は金曜の夕方から土曜の夕方までの安息日が明けて、多くの人が通りに繰り出し、夜遅くまでにぎやかだった。

ベンエフダ通りは全面通行止めとなり、隣接するヤッフォ通りに並んだ救急車に顔や手足から血を流した若者らが運びこまれる。爆発の近くにいたという若いカップルの女性は口がきけないほどショックを受け、男性は「近くのレストランで食事をしていたら爆発があった。通りには大勢の人が倒れている」と語った。死者よりも、負傷者の搬送が優先されたためだろうが、カバーが掛けられたままの担架が歩道わきに放置され、スニーカーの足だけが見えた。

爆発から30分後の2日午前0時前、ベンエフダ通りをのぞき込んでいると、「ドカーン」という鋭い爆発音が背後で響いた。振り返ると屋根のうえまで火の手が上がるのを見た。3発目の爆発だ。私からわずか30メートルほどの距離。警官は「退去しろ」と怒鳴り、人々を通りから排除し始めた。現場の取材を終えて、事務所に戻った。喧噪を離れて部屋に帰ると、左胸に鈍い痛みがあることに気づいた。間近で爆発に遭遇し、心臓が衝撃を受けたためだろうか、などと考えて不安になった。幸い1時間ほどで胸の違和感は消えたが、いつも爆破事件の後、ショックで病院に搬送される人がいることが理解できた。

イスラエルの閣議はこのテロを受けて、パレスチナ自治政府を「テロ支援体制」に指定し、自治区への報復攻撃を始め、ヨルダン川西岸のラマラに戦車部隊が侵攻、アラファト議長が滞在している議長府から500メートルの距離に迫った。

さらに12月半ばの夕方、西岸のナブルスに近いユダヤ人入植地に向かうバスが銃撃され、乗客ら10人が死亡、約30人が負傷する攻撃があった。ファタハの武装集団タンジームとイスラム過激派ハマスによる共同作戦と見られた。イスラエルのシャロン首相は12日深夜、緊急治安閣議で、アラファトとの「関係断絶」を決定し、自治区内での対テロ軍事作戦を実施することを宣言した。

そのころ米国は国務省特使を送り、停戦の仲介として「48時間の暴力停止」を提案した。イスラエルにも攻撃の完全停止を求めたが、イスラエルに暗殺作戦を停止させることはできなかった。一方、アラファトはパレスチナのテレビ、ラジオを通じて民衆に向けて演説し、イスラエルに対する自爆テロなどの武装闘争の禁止を宣言した。インティファーダが始まって以来、議長が民衆向けの演説で、武装闘争放棄を命じたのは初めてだった。対テロ戦争を口実としたイスラエルによるパレスチナ自治政府への軍事攻勢が続き、アラファトも追い詰められていた。

日本の時差との戦い

私は、毎日のように朝刊と夕刊に記事を送っていた。エルサレムと東京では7時間の時差のために、朝刊の最終締め切りは日本では日本時間午前1時半だが、エルサレムでは午後6時半となる。一方、午後1時半の夕刊の締め切りは午前6時半。朝刊の締め切りが終わって夕食をとって、3時間ほど寝て、夜中零時ごろ起きて、それから夕刊用の作業に入る。夕刊用の原稿は、未明の4時、5時までに出稿することになる。それから3時間ほど寝て、朝8時には、また朝刊用の作業が始まる。日本とエルサレムの間の7時間の時差と新聞の締め切りをにらみながら、仕事をする。

夕刊用として未明に記事を書くことが多かったのは、昼間に起こったことを受けて、イスラエルの閣議が夜開かれ、閣議の決定を受けて、イスラエル軍の自治区への侵攻や空爆などの軍事作戦が現地の未明の時間帯にあることが多かったためでもある。一方のパレスチナ自治政府の方も、アラファト議長が主宰する閣議が夜中に開かれることが多く、閣議の決定内容が午前零時過ぎに、パレスチナ通信のアラビア語サイトに掲示されることが珍しくなかった。

イスラエル・パレスチナ情勢が悪化していった2001年の年末から2002年の春にかけての数カ月から半年ほどは、夜3時間、早朝2、3時間と1日2回に分けて睡眠をとるという生活を続けた。中東では戦争や政変が起こると、1週間や10日間、まともに眠ることができないことは珍しくなかったが、この時は、次々と攻撃やテロが起こり、底なしのように事態は悪化した。半年近くも変則的に睡眠をとる毎日が続いたのは特異なことだった。

2001年12月中旬の「武装闘争禁止」宣言を受けて、イスラム過激派ハマスは下旬に「殉教作戦停止」と入植地への迫撃砲攻撃停止」を発表した。それによって2001年年末、年始は小康状態になった。

しかし、2002年1月9日にハマスがガザで、イスラエル軍の拠点に突撃作戦を実施し、イスラエル兵士4人を殺害した。イスラエル軍は10日にガザ自治区南部の難民キャンプに装甲車やブルドーザーを侵攻させ、キャンプ南部の民家など約70戸を破壊し、報復を始めた。年が明けて間もなくの状況悪化は、波乱の年明けを予兆させるものであった。

12 深夜のアラファト会見

議長府からの呼び出し

イスラエルが自治政府との「関係断絶宣言」の後、アラファト議長が「武装闘争禁止」の声明を出し、2001年の年末から02年の年始は久しぶりに「停戦」が続いたが、それも1月10日に崩れた。その3日後に、ヨルダン川西岸のパレスチナ自治区ラマラの議長府でアラファトにインタビューをする機会が訪れた。

1993年9月にワシントンで行なわれたオスロ合意の調印式の前日に、アラファトが在米パレスチナ人に向けて演説するのを間近に見てから、8年が過ぎていた。オスロ合意の調印の時に60代前半だったアラファトは、すでに72歳になっていた。

アラファトはゲリラ指導者だったころから、幾多の危機を乗り越えて「不死鳥」と呼ばれていた。最大の危機は1982年のイスラエル軍のベイルート侵攻で、アラファトが率いるPLOはイスラエル軍に包囲され、集中攻撃を受けた。イスラエルのシャロンが国防相としてレバノン侵攻を指揮した。その時、PLOはベイルートから退去することになるが、それから20年を経て、シャロンは首相となり、議長府から500メートルほどの距離にイスラエル軍の戦車を配置して、アラファトを実質的な自宅軟禁状態においている。イスラエル軍のラマラ包囲は、アラファト対シャロンという宿敵による、ベイルート包囲の再現となっていた。

アラファトへのインタビューの申し込みは常時出していたが、この日の朝、突然、議長府の報道担当から電話があり、ラマラのホテルへ午後1時に来るようにという連絡があった。この日、アラファトがインタビューを受ける可能性がある、ということだった。それは同時に、アラファトの気が変わったり、情勢が急変したりすれば、いつでもキャンセルされることでもある。

エルサレムとヨルダン川西岸の間にあるイスラエル軍の検問を越えて、ラマラの指定されたホテルのロビーについて、報道担当に到着を伝えた。こちらから連絡するまで待てということだった。報道担当から連絡があったのは、夕方6時で、「議長府に来い」と言う。

遅い晩餐

入り口での厳重な持ち物検査の後、議長府に入ることができて、やっとインタビューできるのか、と思ったが、議長府の廊下で待たされたまま、1時間、2時間たっても動きはない。10時ごろになって「晩餐だ」と言われた。晩餐などどうでもいいのに、と思いながら、案内された部屋に行くと、四角い大きなテーブルがあり、向こう側にアラファト議長が座っていた。手前にメディア関係者が座り、私はちょうどアラファトと向かい合う場所に座ることになった。

晩餐といっても、サンドイッチや果物のような軽食である。アラファトは軍服姿に、カフィーヤという頭巾を頭につけたいつもの出で立ちだった。にこにこしていて、果物を手に取って、私の方に差し出した。「ありがとうございます」と言って、それを受け取ったのを覚えている。アラファトは自分の周りに次々と食べ物を与えた。客や側近らは、それを恭しく受け取った。アラブ世界ではこのようなもてなしの場面は、部族長の家を訪ねた時などにある。客をもてなすのは、部族長の役割なのだが、イスラエル軍に包囲された緊迫した状況で、アラファトから部族流のもてなしを受けるのは、奇妙な気持ちだった。

食事が終わって、しばらくしてメディアのインタビューが始まった。私は2番目か3番目で、私のインタビューが始まったのは夜中の零時半を過ぎていた。

未明のインタビュー

私が執務室に入った時、アラファト議長は机に座り、書類に目を通して、書き込みをし、サインをしていた。アラファトは「睡眠時間3時間」などといわれ、夜中に会議や執務をするのはよく知られたことだった。

インタビューの時間が夜中になったのは、アラファトの執務が終わってからなのかと考えたが、まさに執務している最中にインタビューをすることが分かった。報道担当からは「インタビューは20分間」と通告された。「昼過ぎから12時間も待っているのに」という言葉が出そうになったが、議論する間もなく執務室に通された。

まず、最初に「パレスチナ独立国家」について聞いた。アラファトは「われわれはなるべく近い時期にパレスチナ独立国家の宣言をすることを望んでいる。国連総会では161カ国がパレスチナ独立国家を支持した。ブッシュ米大統領は国連総会での演説で、パレスチナ国家を明言した」と語った。次の質問に移ろうとすると、「あなたは知っているだろうが、パレスチナ独立国家はオスロ合意によればとっくに実現していることである。イスラエルはパレスチナ国家を認めたくないから、和平の進展を遅らせているのだ」とつけ加えた。

次は、本題としてテロについて切り出した。「イスラエルはパレスチナのテロを非難していますが、アラファトはテロに対してはどのような立場ですか」と質問する。アラファトは「われわれは繰り返しイスラエル側に対する（過激派の）テロに反対している。しかし、イスラエル軍によるヨルダン川西岸、ガザの占領は、国際法に違反するテロ行為だ」と言葉に力を入れた。続けて、畳みかけるように、「われわれは世界中で唯一、占領下におかれている民族だ。この事実を誰が受け入れることができるだろうか」と強調した。アラファトはゆっくりと重々しく話し始めるが、興奮すると早口になった。

イスラエルとの停戦実施について聞くと、アラファトは12月中旬に「武装闘争禁止」を宣言する演説を行ない、その後1月上旬まで平穏が続いた実績を強調した。「私が宣言したことで、24日間、暴力が止まった。それはイスラエルも認めている。それなのにシャロン首相はなぜ、停戦を実施しないのか。イスラエルが停戦を逃れる口実に使っているだけだ」と批判した。続けて、「日本政府に現地に監視団を派遣して、私がうそを言っているかどうか、停戦実施の事実を確認するように求める」と語った。

ヨルダン川西岸のラマラにあるパレスチナ自治政府議長府でインタビューに応じたアラファト議長。2002年1月13日未明。

最後にイスラエルは自治政府との「関係断絶宣言」をしたことについて聞いた。アラファトは憮然としたように人差し指を突き出して、「忘れてはいけない」と力を込めた。「私がパレスチナ民衆に選挙で選ばれたことを忘れてはいけない。選挙は日本を含む国際選挙監視団を迎えて行なわれたものだ。忘れてはいけない。私はイスラム諸国会議機構の永久副議長であり、非同盟諸国会議の副議長の1人でもある。私は世界中の指導者と握手をしているのだ」と手ぶりをつけながら言い、「シャロン首相はこれらの国際的に認知されている私の立場を『無効』と言うことはできない」と強い口調で言い切った。

最初から20分間と言われているので、私はできるだけ多くの質問をしたいと思った。アラファトは時間を気にする素振りもなく、長々と答えるという調子で、インタビューは30分以上になった。最後に報道担当が「このあたりで」と割って入ったので、終わりとなった。

アラファトはイスラエル軍に包囲され、疲労の色は隠せないが、闘争心は全く衰えていないようだった。ただし、何カ月も議長府から出ることができない状態におかれ、イスラエル軍に生殺与奪の権を握られている状況について、腹に据えかねているといった様子だった。オスロ合意の調印式の前夜に在米パレスチナ人を前に、「エルサレムを首都とするパレスチナ独立国家の樹立まで闘おう」と演説した時の、みなぎるような自信や迫力を感じることはなかった。

アラファト議長の過ちは？

私にとっては、それがアラファト議長を直に見た最後だった。アラファトを批判する声はパレスチナ人の中にもあるが、批判する人間でも多くは、「アラファトがいたからパレスチナ解放闘争が生まれた」とアラファトの功績を認める。さらに、アラファトが多くのパレスチナ人から愛されていたことも事実である。アラファトには周りを包み込むような温かさがあった。

私はジャーナリストとしてオスロ合意の締結後の議長を様々な場面で見てきた。政治指導者としての議長が、第2次インティファーダの対応にしても、もっと早く、厳しく、過激派がイスラエル市民を対象にした「テロ」の停止に政治生命をかけるほどの姿勢を明確にしていたら、「対テロ戦争」を掲げるイスラエルに追い込まれることはなかっただろうし、パレスチナ市民の犠牲もずっと少なかっただろうと考えた。オスロ合意を結びながらも、解放闘争の指導者であろうとした。和平と闘争のどちらともとれる態度をとることで、生き残ってきたのが、アラファトの生き方でもあった。しかし、アラファトのそのような優柔不断さが、パレスチナ全体を危機に陥れたように私には見える。

後日、インティファーダでのアラファトの役割について、パレスチナのシンクタンク「パレスチナ政策研究センター」所長のハリル・シカキに聞いたことがある。パレスチナの政治分析では、最も客観的で、国際的にも信用のある人物である。

ヨルダン川西岸のラマラに拠点をおき世論調査に基づく政治分析を行なうハリル・シカキ氏。

アラファトは暴力を利用したのかどうか。シカキは、「アラファトが意識的に暴力を使ったというよりも、パレスチナ側で停戦を実施するにも、アラファトにはもう暴力を止める力がなかったということだ」と語った。続けて、「インティファーダで噴出した暴力についてアラファトを責めることはできない。アラファトは自分が生き延びるために、自分の統制をはずれた武装勢力との関係を保とうとしただけだ」と言う。

その上で、シカキは「アラファトの大きな失敗は、別のところにある」と語った。「アラファトは生き延びることの天才で、優れた交渉人ではあったが、国家の創設者ではなかった。彼は、パレスチナ自治政府を、公共の利益を実現するために強力に機能する公的機関としてつくり上げようとはしなかった」と言う。「自治政府や治安機関は設置されたが、公共の利益を守るためではなく、アラファトや幹部への個人的な忠誠心に基づいて動き、腐敗が蔓延した。選挙で選ばれた議会は、基本法を採択するなど民主主義を機能させようとしたが、アラファトはそれを受け入れず、議会を無力にした。アラファトはファタハの古い幹部を中心に強権主義的な体制をつくった。パレスチナは内部分裂や、イスラエルからの圧力など、多くの問題を抱え、それに対応するためには、強力な公的な権力を必要としたのに、アラファトが求めたのは、伝統的なアラブの政治指導者と同じく、並ぶものを認めない個人的な権力だった」

ラマラでアラファトの最後までを見てきたシカキの指摘は、私がアラファトとのインタビューで感じたことと符合する。インタビューの前に晩餐の席が用意され、アラファトが見せたアラブの王や部族長が客をもてなす作法こそが、指導者としての本質であり、限界だったのである。

13　イスラエル軍の西岸大規模侵攻

過ぎ越しの祭りの夜

ユダヤ人にとって最大の祭りは、過ぎ越しの祭りである。古代エジプトの奴隷だったイスラエルの民が、モーセに導かれてカナンを目指して脱出して生き延びた故事にちなむ。２００２年は3月27日が過ぎ越しの祭りの初日となり、私はユダヤ人の知人に家庭での晩餐に招かれた。祈りの言葉を唱えながら食事をする儀式のような晩餐である。晩餐が終わって、テーブルから離れて、ソファーに座り、テレビのスイッチを入れると、あわただしく人が動く騒然とした場面が映し出された。スクリーンの中でけたたましく救急車の音が響いている。知人が「テロだ」と言った。テルアビブの北にあるネタニヤという町のホテルで行なわれていた過ぎ越しの祭りの晩餐の場で自爆テロがあったという状況が分かってきた。次々と死者数が増えて28人になった。

当時は米国の特使がイスラエルとパレスチナ自治政府の停戦の仲介をしているところだった。米国特使はイスラエルに軍事攻撃を自制させ、アラファト議長にパレスチナの武装勢力を取り締まるように求めていた。議長は「テロを行なうものを逮捕する」と約束したものの、逮捕は行なわれなかった。そこへ、過ぎ越しの祭りを狙ったテロが起きた。私は知人の家から支局に引き返して、情報収集にあたった。犯行声明がハマスの武装部門の「イッザディーン・カッサーム軍団」から出た。

この時の状況を考えれば、アラファトは1月からラマラの議長府に事実上の軟禁状態に置かれ、さらにイスラエル軍による度重なるパレスチナ警察の建物への空爆によって、アラファトには過激派を抑える力も手段もなくなっていた。自爆テロがあった同じ日に、ベイルートで行なわれていたアラブ首脳会議でサウジアラビアのアブドラ皇太子（後の国王）が「イスラエルが占領地から全面撤退すればアラブ諸国はイスラエルを承認し、包括和平を達成する」という画期的な和平構想を首脳会議に正式提案し、採択される見通しとなっていた。

アブドラ皇太子の和平提案は9・11事件の後、ブッシュ米大統領がアフガン戦争、イラク戦争へと向かう一方で、サウジに働きかけてパレスチナ和平を動かそうとする動きと見ることができた。しかし、この時の自爆テロによって、米国の停戦の仲介だけでなく、アラブ首脳会議の和平提案ともども潰れてしまった。

シャロン首相は緊急閣議を開いて、報復のための大規模な軍事作戦の実施を承認した。閣議決定の数時間後には、ヨルダン川西岸のパレスチナ自治区ラマラに戦車部隊で侵攻し、アラファトがいる議長府周辺のビルを制圧し、議長府を完全に包囲した。アラファトは議長府に監禁状態になった。夜が明けて、シャロンはアラファトを「イスラエルの敵」と宣言した。その後に、アラファトはカタールのアルジャジーラテレビとの電話インタビューで「シャロンのやっていることこそテロだ」と訴えた。

イスラエルのシャロンは3月31日にテレビを通じて国民に向けて演説し、「イスラエルは戦争下にある」と宣言し、ヨルダン川西岸地域全体への軍事作戦の拡大を決め、西岸北部のカルキリヤ自治区やベツレヘムに戦車が入った。これは9・11米同時多発テロ事件の後、ブッシュ米大統領が「米国は戦争下にある」と宣言して、アフガニスタン戦争、イラク戦争へと入ったのと同じ行動である。猛将でならしたシャロンはこのタイミングを逃さなかったということだろう。4月下旬まで約3週間続いたイスラエル軍による西岸への大規模侵攻の始まりである。

イスラエル軍侵攻下のベツレヘム

西岸への大規模侵攻には、イスラエル軍によるベツレヘムの聖誕教会包囲と、ジェニン侵攻の2つの大きな山場があった。カイロやヨーロッパの特派員がエルサレムに応援に来た。応援の記者には、夕刊への出稿や、日々のニュースを担当してもらい、私は主に解説と、現場の取材を担当することにした。この時には、長年、パレスチナ報道に携わっているフリーランスのジャーナリストで、私も以前から知っていた広河隆一さん、土井敏邦さん、古居みずえさんらも現地に入っていたので、連絡をとり、情報を交換しつつ取材した。

イスラエル軍は4月1日にベツレヘムに侵攻して、市内全域を制圧した。特に市中心部にあるキリスト教の聖地「聖誕教会」には、パレスチナの武装勢力が入り、礼拝者を人質にとって立てこもり、イスラエル軍による包囲作戦が続いていた。私はイスラエル軍侵攻の5日後にベツレヘムに入った。エルサレムからベツレヘムに入る幹線道路はイスラエル軍によって封鎖されているため、ベツレヘムのタクシー運転手と連絡をとり、抜け道を教えてもらい、エルサレムから行って、ベツレヘムに入ったところで地元のタクシーに乗り換えた。

ベツレヘムに入ったのは午前9時ごろで、翌日の朝刊に記事を入れるためには日本との時差の関係で正午までに最初の記事を送らねばならない。記事を書く時間を30分とすると、取材の時間は2時間半しかない。ベツレヘムに入ったものの、市内でどこまで取材ができるだろうか、と不安もかすめる。

中心部に近づくにつれて、「ダダダダ」と機関銃の連続音が聞こえ、車の中で思わず体がこわばった。通りには全く人影はない。運転手から「どこに行くのか」と聞かれ、「どこに行くことができるのか」と聞き返した。「聖誕教会には行くことができるのか」と重ねて聞くと、「至る所にイスラエルの狙撃兵がいる。動けば撃たれる」という。「病院に行くことはできるか」と聞くと、行けると言う。紛争地での状況を知るのには負傷者が運びこまれる病院へ行って負傷者やその家族に取材し、情報収集するのは定石である。ベツレヘムにある総合病院のキング・フセイン病院に入った。

病院に入った直後に、岩を引きずるような轟音が通りから響いた。キング・フセイン病院の前の通りを戦車が進んでいった。「見たか、再占領だ」と、パレスチナ人看護師が言った。病院から救急車が出動することも制限されている。救急車は6日正午過ぎに、市内のデヘイシャ難民キャンプから5歳の子どもの急患が出たとの連絡を受けて出動したが、キャンプ前でイスラエル軍に銃撃され引き返してきた、と言う。

「人々は傷つき、病に苦しんでいるのに、何もできない」と、ペーター・コムリ病院長が訴えた。4月1日の侵攻以来、市内で15人が死亡したとの連絡があったが、遺体を回収できたのは10人。院長によると、

2日前に病院で週3回の透析を受けていた女性が病院に来ることができずに死亡した。また、前日には市近郊の村から難産の女性がいるとの連絡があり、赤新月社（赤十字に相当）に救急車の手配を依頼したが、たどりつけず赤ちゃんは死亡したという。

聖誕教会への道

私が入った日の前日の5日午後、初めて外出禁止令が市内の一部で3時間解除された。人々は食料の買い出しなどに出かけたが、その間にも軍の銃撃があり、11人が負傷し同病院に運ばれた。キリストが生まれた地に建つ「聖誕教会」から数百メートルの所に住む陶工エリアス・カナアン（53）は2日に家に押し入ってきたイスラエル兵の銃撃で大けがをし、病院に運び込まれた。兵士十数人が「中を見せろ」と2階に上がった、と言う。エリアスが部屋に入ると兵士の1人が部屋の中に向けて自動小銃を乱射し、この時、エリアスは右の手と足を撃たれた。「一切何の警告もなく撃った」と訴えた。

エリアスは出血が止まらないまま48時間、家から出られなかったという。遺体回収のための救急車が市中心部に入るのをイスラエル軍が認めた4日、3体の遺体の間に寝て同病院に搬送された。途中でイスラエル軍が救急車を止めて中を調べた。エリアスは息を止めて死んだふりをして難を逃れた。銃撃で右手の人さし指を失った。「私は25年間、陶工として食器をつくってきた。どうすればいいのか」と嘆いた。

病院では医師の話も聞き、負傷者の話も何人も聞くが、新聞の記事は長くても1本が１２００文字程度であり、紹介できるのは1人か2人になる。限られた時間で、最も典型的な負傷者の話を、できるだけ具体的に話を聞いて紹介する必要がある。

病院で聞いた話によると、聖誕教会の中には約２５０人のパレスチナ人が立てこもり、イスラエル軍が包囲し、すでに5日になる。病院には数人の負傷者がいて、重傷者も含まれているという連絡が入っている。まず、病院の取材を中心に、町の様子を入れて原稿を書き、携帯電話から東京の外報部を呼び出した。原稿を読み上げて、それを筆記してもらった。原稿を読み上げたのは病院の外だったが、途中で、イスラエル軍の機関銃音が激しくなったので、読み上げをいったん中止して病院の中に入った。

その日の午後、聖誕教会の負傷者を救出するために欧米の平和市民グループ約20人が病院の救急車を守りながら、同教会を目指して行進するという話が入ってきた。私も同行した。救急車を取り巻くように、そろそろと教会に向かう幹線道路を進んだ。イスラエル軍は救急車に銃撃することも珍しくないので、細心の注意が必要だった。教会は高台にあり、道は坂になっている。大通りに面した商店はすべて鉄の扉を閉め、銃撃で割れたガラスが歩道に散乱している。市民グループの先頭に立っていた男性に話を聞くと、米国国籍のユダヤ人だった。「私は抑圧されてきたユダヤ人だからこそ、抑圧されている人間の側に立つ。イスラエルの占領には反対している」と語ったのが強く記憶に残った。

聖誕教会に続くメンジャー通りに入り、教会まで100メートルに迫った。その時、突然、鋭い破裂音が響き、体がこわばった。「イスラエル軍だ」とグループの中から声があがる。前方で巨大な戦車が道をふさいでいる。兵士4人が銃を構えて近づいてきた。「退去しろ」と叫ぶ。市民グループのユダヤ人が兵士たちの方に近づき、兵士と話をしている。話を終えて戻ってきた代表は「イスラエル軍は教会の中に負傷者はいないと言い、教会の人々に食料を渡すことも拒否した」と説明した。「戻るしかない」と決断した。上を見回すと、周囲の建物の窓から住民たちが顔を見せ、成り行きを見守っている。市民グループが来た道を戻り始めると道のわきのドアが開き、中年の男性が顔を出した。「2階の部屋の窓ガラスは銃撃で吹き飛んだ。妻が病気で寝ているが、薬を買いに行くこともできない」と訴えた。

日常と隣り合う戦場

中東にいると戦闘が繰り広げられている危険地取材を行なう機会は少なくないが、危険地にどのようにして近づくかが最大の課題となる。ジャーナリストといっても安全の保証は何もない。タクシーや一般の車が行かないような紛争地となれば、国連関係者や赤十字関係者など、人道支援活動をする中立的な立場の組織と一緒に行動する場合が多い。ジャーナリストは救援活動にかかわるわけではない。ジャーナリズムの役割は、紛争地で救援を求める人々がいることと、その声を世界に知らせることである。

その日、ベツレヘムの取材を終えて、午後3時ごろ、ベツレヘムを出て、エルサレムに戻った。幹線道路に戻ればベツレヘムからエルサレムまでは車で15分か20分で行くことができる距離である。エルサレムから迎えに来た車に乗って戻り始めて、10分もしないうちに、エルサレム郊外の住宅地が見え始める。道路のわきにバス停があり、ベビーカーを押した若い母親やバスを待つお年寄りの姿がある。私の中にはまだベツレヘムでの極度の緊張が残っていたが、目の前にある平和な日常とのギャップに頭がついていかない。さっきまでいたベツレヘムの町に響く銃撃音や殺気立った病院の記憶が、まるですべて白昼夢だったような錯覚にもとらわれた。

私はあの時、ベツレヘムからエルサレムに入った時の衝撃を、その後もいろいろな場面で思い出す。それにはいくつもの教訓がある。車で10分走れば、世界は全く変わるということである。安全を確保するという意味では、「今、ここ」が安全であっても、車で走れば10分もしないで、戦闘の真っただ中にいる、ということである。ジャーナリストの仕事としては、今の時代は、どこからでも情報が入ってくるが、平和の側に身をおいて、戦闘の情報だけを処理しているだけでは、紛争地の現実は見えないということである。ただし、自分のいるところから車を10分でも走らせれば、そこには戦争に囚われた人々がいる。さらにイスラエルとパレスチナの紛争のレベルでは、両者は車で数十分の距離で隣り合わせに暮らしているが、イスラエル人のほとんどは、自分たちの軍隊がパレスチナ人の占領地で何をしているのかを知らないし、占領下で暮らすパレスチナ人の困難も分からない。逆に、西岸やガザに住むパレスチナ人には、パレスチナ武装組織がイスラエル側で行なうテロの恐怖を知らない。断絶した2つの世界を行き来して、そのギャップを埋めるのはジャーナリストの仕事である。

14 ジェニンの戦いと破壊の跡

ジェニンへの侵攻

2002年春のイスラエルによるヨルダン川西岸への大規模侵攻で、世界の関心が最も集まったのは西岸北部のジェニンへの侵攻である。ここではイスラエル軍とパレスチナ武装勢力の間で最も激しい戦闘が繰り広げられた。私はこの時、2度、ジェニンへの取材を行なった。

2002年春のジェニン侵攻は、4月1日に始まり、イスラエル軍による「虐殺」としてニュースになった。イスラエルメディアが伝える数字として死者200人、パレスチナ側は500人の死者と伝えた。イスラエル軍は最終的に23人の兵士がジェニンで死に、第2次インティファーダで1カ所としては最多の死者数となった。パレスチナ側の武装戦士の死者も20人台で、戦車や装甲車を持つイスラエル軍に対してパレスチナ側が捨て身の自爆攻撃によって互角に戦ったことを示す。

イスラエルの新聞がジェニンで闘う兵士の声としてジェニンの戦闘を「悪夢」と伝えていた。「戦いが始まって以来、爆弾攻撃や銃撃が止まったことは一瞬としてない」「相手は女、子どもに隠れて攻撃してくる」「自殺攻撃をしかけてくる武装勢力がいる場所で兵士を動かす軍隊が世界中のどこにいるのか」などというものだ。

私はイスラエル軍がジェニンを制圧した11日にジェニンに入った。イスラエルからジェニンに入る幹線道路はすべてイスラエル軍によって閉鎖されている。イスラエルとヨルダン川西岸には「グリーンライン」と呼ばれる、１９４８年の第1次中東戦争の停戦ラインにそった境界線がある。今ではグリーンラインの内側にイスラエルが建設した「分離壁」があり、イスラエル国内から西岸に入ることはできないが、当時はまだ「自己責任」で行き来はできた。グリーンラインを歩いて越えて、ジェニンに近い村まで行き、そこでパレスチナのタクシーを雇って、ジェニンをめざすのである。

しかし、ジェニンへの入り口はすべての道がイスラエル軍による検問に阻まれている。戦いが繰り広げられたジェニン難民キャンプに入ることはできず、難民キャンプを見下ろす高台から、なお煙が立ちのぼるキャンプを見下ろすだけだった。まだひっきりなしに重機関銃の連続音が聞こえていた。交戦している様子はなく軍の一方的な威嚇のようだ。「あそこに学校が見えるだろう。難民キャンプで拘束された者たちが一時集められた場所だ」。パレスチナ人の案内人が眼下に広がる都市の一角を指さす。ジェニン市の西2キロにあるビルキン村の高台が難民キャンプに最も近づける場所だった。

ジェニンに入る道路にはイスラエル軍の検問所があり、兵士は報道関係者の立ち入り禁止を告げた。「戦闘はまだ終わっていない」と言う。ジェニン難民キャンプから逃れてきた住民約５００人がいる隣接する村で取材をした。

難民たちが身を寄せるモスクの前で「これを見てくれ」と男性（35）が両腕を上げた。両手首に手錠の傷跡が残っていた。「イスラエル兵が5日に家に乗り込んできて、下着だけにされ、後ろ手に手錠をかけられた。目隠しをされて4日間、水も食べ物も一切与えられなかった」と語った。別の23歳の若者は、５日のイスラエル軍の銃撃で高校生の弟と母親を失った。弟は部屋にいて壁を貫通した銃弾を肩口に受けた。母親は医者を呼ぶために表に出て銃弾を頭に受けた。弟も深夜に死亡。若者は翌朝、拘束された。「父親のことが心配だ。しかし、キャンプに戻れば、命の保証はないと軍に警告された」と語った。イスラエルは死んだのは武装勢力と発表しているが、若者は「でたらめだ」と否定した。

イスラエル軍は11日も赤新月社などの医療チームの難民キャンプの立ち入りさえ禁じている。「虐殺を隠すために工作をしているのではないか」などという疑念がパレスチナ人の間で強まっていた。

息をのむ破壊の光景

最初にジェニンを目指した1週間後に、ジェニン難民キャンプを再度目指した。同じくグリーンラインを歩いて越えて、西岸に入り、ジェニンの入り口までたどりついた。イスラエル軍の検問はまだあったが、避難していた難民キャンプの住民の出入りは許され、検問を避けて入ることもできた。外国人ジャーナリストは、イスラエル兵に見つかればパスポートを取り上げられて、二度と取材ができなくなる。1つの検問を越えても、次の検問で見つかることもある。どのようにして難民キャンプに入ろうかと考えながら、出入りする難民たちの話を聞いていた。「イスラエル兵がどこにいるかは分かっているから、私たちの間に入って一緒に来ればいい」と、10数人の家族を率いる父親から言われた。イスラエル兵が見張っている場所では家族が私の目隠しになってくれたおかげで、キャンプの中に入ることができた。

ジェニン難民キャンプの光景は、目を疑うようなものだった。人口が密集している難民キャンプの中にぽっかりと平地が出現し、大地震に襲われた直後のように、灰色の瓦礫の山となり、むき出しの鉄筋に変わっていた。イスラエル軍は激戦のあった場所の100メートル四方に軍事用ブルドーザーを入れて更地にしたのだ。

瓦礫の下では、遺体の捜索がやっと始まったばかりだった。担架の上に、掘り出された塊が次々と並べられていった。圧死なのだろうか、覆いからはみ出した、人骨や衣類が見えた。

ジェニン難民キャンプの中心部は、イスラエル軍に対するパレスチナ武装勢力の「徹底抗戦」の場だった。ここでイスラエル兵は23人が死亡した。イスラエル側は「虐殺」を否定するが、パレスチナ人の死者は、戦闘員だけではなかった。

「このビルで、朝から2体を見つけた」と遺体を捜索する作業員が言った。赤新月社の職員だった。周りに集まってきた住民が「この家には、あと3人がまだ埋まっているはずだ」と言った。ほとんど更地になってしまったビルもある。どのくらいの人間が埋まっているのかは、誰に聞いても分からなかった。

キャンプ中心部の半壊した家の前で、女性のバシラ・ダッバーヤ（46）は、地面に敷いた布団の上に座っていた。今回のイスラエル軍の侵攻の間も難民キャンプから出なかった。近所に身を寄せながら逃げ回った。「キャンプから外に出ても住む所はないから」とダッバーヤ。家はイスラエル軍のブルドーザーで崩された。逃げる途中で、近くから女性の悲鳴が聞こえた。「助けて、助けて」という声が、家が崩れる音とともに途絶えたという。ダッバーヤは前年10月に長男（22）を、この年3月に次男（17）をイスラエル軍との戦闘で失った。「息子も家も失った。もう何も失うものはない」とため息をついた。

「これが人間のすることだと思うか」。ジャミール・カーミル（46）は、イスラエル軍が侵攻して3日目に拘束され、18日、10日ぶりにキャンプに戻ってきた。完全に破壊された中心部のありさまに絶句した。「ここはキャンプの中で一番、家が込み合っている場所だった。それがなくなってしまうなんて」。カーミルの家はすぐそばにあったが、入り口が崩れただけですんだ。妻のファジーア（34）も無事だった。しかし、「これを見てくれ」と家の中に案内されると、天井と壁に直径30センチほどの穴があき、隣の部屋の壁に直径12～13センチの鉄の円筒形の物体がめりこんでいた。「侵攻の2日目の朝に、イスラエルの武装ヘリコプターが放ったミサイルです」とファジーアが言った。「まだ家族全員が家の中にいるのに、警告もなく、普通の住宅にミサイルを撃ってきた。私たちは武装集団でも何でもないのに」

問われなかった戦争犯罪

ジェニンでのイスラエル軍による軍事行動について戦争犯罪にあたる可能性があるとして、4月19日に国連安全保障理事会は、ジェニン難民キャンプでの出来事を調査する国連による調査団の派遣を歓迎する決議を可決したが、イスラエル側が受け入れに合意せず、5月2日調査団は解散した。イスラエルは大規模軍事作戦の終了を宣言し、アラファト議長が監禁状態にあったラマラの議長府も包囲を解かれた。

ジェニンでの死者数は当初パレスチナ側が主張した500人は否定され、人権団体などの調査で、パレスチナ人の死者は50人台であることも明らかになってきた。その代わりに、①軍事作戦での女性・子どもを含む民間人の死傷者、②イスラエル軍による住宅地域の大規模破壊、③救急車や人道物資の運搬の妨害――など、「戦争犯罪」の疑いは消えない。特に、ジェニン難民キャンプの大規模な破壊については、戦闘の後に行なわれたもので、制裁的な意図があることは明白だった。国連の集計によると、3月29日から始まったイスラエルの大規模侵攻によって、497人のパレスチナ人が死亡し、2800戸の建物が損傷を受け、878戸が全壊という。

形のうえでは、イスラエル軍の西岸大侵攻はジェニン国連調査団の解散と引き換えに、イスラエルが大規模侵攻を終了させ、西岸の都市部から撤退し、アラファトの監禁を解くということで決着したことになった。ジェニン国連調査団の派遣は安保理決議によるものであるから、米国としても何らかの形をつけさせる必要があったと思われる。しかし、国際社会は調査団の解散に反発し、国連は5月6日、緊急特別総会を開いて、イスラエルの自治区への攻撃を非難し、ジェニン難民キャンプに関する国連事実調査団に対するイスラエルの協力拒否を非難する決議を採択した。日本政府は棄権した。

イスラエル軍はその後も自治区の都市部からは撤退したが、周辺を固めていた。最大の激戦となったジェニンでは大規模な住宅地の破壊で5000人が家を失い、人々は絶望に陥った。実質的に3週間に及ぶイスラエル軍の大規模侵攻でオスロ合意は完全に破綻した。イスラエルの中でオスロ合意を決断した労働党は、シャロン首相との統一内閣をつくり、党首のベンエリエゼル氏は国防相となっていたのである。労働党内部には政権離脱を求める声もあったが、残留の理由としては、①和平交渉での再開への期待、②離脱すれば政権内で右翼勢力の発言力が増すことへの懸念、③戦時下で責任放棄との非難を受ける――などが上がっていた。しかし、結果的には労働党がシャロン首相の武断主義を支えることになった。

一方で、アラファトが過激派を抑える力がないことも明らかになった。イスラエル軍がパレスチナ警察の施設を破壊するなど、治安維持の手足を奪ったことも大きい。イスラエルはアラファトを「イスラエルの敵」と宣言して敵視する姿勢で議長府に監禁状態におき、議長を無力化して、自治区での軍事作戦を続けた。アラファトが政治的に生き残るためには、「テロ」放棄を直接民衆に訴えて、政治的な抵抗を行なうしかなかったが、そのような行動はなかった。アラファトはそれから2年半後の2004年10月に体調を崩して、ラマラからヘリコプターでヨルダンに運ばれ、その後、フランスに移されて死んだ。ラマラでヘリコプターに乗るアラファトをテレビで見たが、上下ジャージのような寝間着姿だった。アラファトが人前に出るのにそれまで軍服以外の服装を見たことはなかった。その時に「アラファトの時代は終わった」と感じた。実際には、イスラエルの西岸への大規模侵攻が終わった時に、アラファトの政治生命は終わっていたのだと思う。

国連安保理と国際社会の対応が問われなければならない。国連安保理はイスラエルの過剰な武力行使を戦争犯罪として告発することもできなかった。あれから10年以上たって、この時の大規模侵攻での死者が400人から500人だったことに逆に驚きを抑えることができない。2008年末から2009年1月にかけての3週間にわたるイスラエルのガザ侵攻ではパレスチナ人の死者は1300人、2014年夏の

50日間のガザ侵攻では2200人である。世界は、イスラエルの攻撃によるパレスチナ人の死に対してどれだけ麻痺しているかということである。2002年のイスラエルの大侵攻に対して、国際社会が厳しく対応し、歯止めをかけていたら、その後、エスカレートは防ぐことができたかもしれない。

外から軍事侵攻を見ている国際社会は、次第に鈍感になっていくが、軍事侵攻を受けるパレスチナでは、若者たちが未来を失っていく。私は、そのことを侵攻が終わった後に知らされることになった。

15　続く10代の自爆

自爆未遂の若者

2002年春にあったイスラエルのヨルダン川西岸への大規模侵攻は5月上旬に終わった。その1カ月後の6月5日に、イスラエル北部のメギド付近で路線バスに接近した乗用車が爆発し、バスの乗客16人が死亡し、40人以上が負傷した。自爆テロと見られ、過激派組織「イスラム聖戦」が犯行声明を出した。パレスチナ自治政府はテロを非難した。自爆犯はヨルダン川西岸のジェニンの出身とされ、イスラエル軍の戦車が即日、同自治区に侵攻した。

この事件があった2、3日後に、私はイスラエルのテレビニュースの1コマとして、自爆未遂でけがをして、イスラエル北部のアフラ総合病院で治療を受けているパレスチナの若者が登場するのを見た。ベッドに右手、右足を手錠と鎖でつながれたまま、テレビのインタビューを受けていた。短いインタビューだったが、「テロを行なったのは間違いだった」と語った。その自爆未遂事件があったのは、1カ月前の5月8日で、場所はやはりメギドのバス停だった。

私は、翌朝、軍の報道担当に電話して、私もテレビに登場した若者にインタビューをしたい、と求めた。

「本人が了解すればインタビューできる」と軍の報道担当は言う。「では、これから病院に行きます。そこで本人に聞いてみます」と答えて、支局を飛び出した。エルサレムから少年が収容されている病院があるアフラまで140キロの道のりであり、2時間半はかかる。取材はできる時にすぐ行なうというのが鉄則である。

私の名は「ジダン」

病院では軍の担当者が待っていて、少年にインタビューを受けるかどうか聞いてもらった。少年は受けるということだった。私がインタビューした時にも、テレビで見た時と同じようにベッドに右手と右足をつながれていた。病室には軍の兵士が座っていた。私が名前を聞くと、「ジダンです。有名なサッカー選手と同じ名前です」と言って若者は白い歯を見せた。フランスにジダンという有名なサッカー選手がいた。その笑顔でほっとしたのは私の方だ。若者は手錠をかけられてはいたが、リラックスしている様子だった。

ジダンは自爆決行の日の朝6時、バッグを担いでジェニンの町を出た。乗り合いタクシーでイスラエルの境界の村まで行った。歩いてイスラエル側の町に入った。たまたま通りかかったアラブ人の車に乗せてもらい、イスラエルのメギドの町のバス停で降りた。

バス停にいたのは兵士2人だけだった。「もっと人が来るまで待とう」と思った。しかし、大きなバッグを持っている彼に、兵士が不審を抱いて連絡をとったのだろう。ほどなくバス停に軍の四輪駆動車が来て、いきなり撃たれた。「気がついたら病院だった」と言う。

若者はパレスチナ自治区ジェニンの出身だった。ジェニン難民キャンプはジェニン市のはずれにある。7人きょうだいの次男。父親は電気技師。14歳で学校を辞めて職業訓練校に行き、大工仕事を覚えた。イスラエルで働いたこともあるが、2000年秋にインティファーダが始まって、イスラエルで働くことはできなくなり、ジェニンの路上で洗濯ばさみを売って稼いでいたという。

4月初めにイスラエル軍の大侵攻でジェニン難民キャンプが激戦地となった。ジダンが住む市内でも「8日間、食料も水も電気もなく、外出禁止令を敷かれて、外に出ることはできなかった。ひっきりなしに銃声が響いていた」という。軍が住民に難民キャンプへの立ち入りを初めて認めた時、食料や水をキャンプに運ぶ救援グループに参加した。「ひどい破壊だった。瓦礫の下から老いた女性の遺体が引き出されるのを見た。黒こげの遺体もあった。キャンプに入ってから2時間後にイスラエル軍が機関銃を撃ち始め、恐ろしかった」と語る。「全くの非人間的な破壊を見て、心の中に抑えきれない怒りが生まれた。人間らしく生きることができないなら、死ぬしかないと思った」とジダンは言った。2カ月前に私が見た同じ破壊の光景を見て、若者は衝撃を受けたのだった。

ジダンはジェニンで過激派の「イスラム聖戦」とつながりがあると思われていた20代前半の男に自ら近づき、町の喫茶店で話した。最後に「殉教者になりたい」と告げた。男は「3日後に必要なものを用意する」と約束した。数日後、男はある空き家で黒のバッグを見せた。中にダイナマイトのようなものが見えた。重さは15キロ。中に手を入れてスイッチを押す指示を受けた。この時は「うれしかった。これで自分の思いを遂げられると思った」と言う。

続く10代の自爆

ジダンは以前からイスラム過激派にかかわっていたわけではないが、モスクの勉強会には通っていた。「殉教者には神のもとで素晴らしい生活が約束されている。両親も天国に招くことができる」と信じていたが、それはイスラムの教えであり、誰もがそう信じている。問題は、そのために現世の生活を捨てるかどうかである。ジダンの話を1時間以上聞いた。しかし、自爆テロに走った動機は、なかなかつかめなかった。過激派から特別の訓練を受けたり、洗脳されたりしたわけではない。宗教的な信念や政治的主張を語るわけでもない。生活が追い詰められた様子もない。「自爆しようとしたあなたは、他の人々と何が違うと思うか」と聞いた。ジダンはしばらく考えて、「みんなには忍耐力がある。僕は耐えることができなかった」と答えた。

パレスチナ人の自爆についてはすでに2001年8月に自爆したガザの大学生の遺書を紹介した。遺書に政治的なメッセージがなく、「虫の羽ほどの価値もない」などと現世を無価値のように言う言葉がひっかかっていた。自爆攻撃は「殉教作戦」と言われるが、イスラム過激派の戦闘員にとっては「政治的な行動」というよりも「宗教的な行動」だと書いた。しかし、イスラエルによるヨルダン川西岸への大規模侵攻の中で、ジェニン難民キャンプの恐るべき破壊の後を見て、「生きることに耐えられなくなった」と語った若者にとっては、すでに自爆は、宗教的な行為ですらなく、単なる自殺の代わりではなかったのか、とさえ思えてくる。

この若者の記事を書いた、2002年前半には16歳から18歳の10代の若者たちの自爆が続いていた。主なものだけでも1月から6月までに7人を数えた。すべての若者に個別の事情があり、私が話を聞いたジダンという若者の例がすべてを代表するわけではないが、自爆未遂で生き残った若者の例は非常にまれなので、どのような経緯で自爆の道に入りこんでしまうのかという証言は非常に重要だと考えた。

パレスチナで自爆テロを行なう若者は、一般的には、イスラムの過激派の狂信的な信奉者とみなされるが、実際に話を聞いてみると、ジェニンの現場にいて、私も衝撃を受けた破壊の現場を見たことが、自爆に走るきっかけとなっていることが分かった。私はジャーナリストにとって最も重要な仕事は、現場に行くことと、当事者にインタビューをすることだと考えている。どちらも、それまで考えてきたことを覆されたり、見えなかったことが見えるようになったりするという意味で、重要な事実や情報の発見につながる。

余談になるが、２００７年春、東京で自爆テロを扱った「パラダイス・ナウ」という映画が封切られた。パレスチナ人のハニ・アブアサド監督の作品で、２００５年ベルリン国際映画祭、２００６年ゴールデングローブ賞などを受賞した秀作である。私は来日した監督にインタビューした時に、自爆未遂になったジダンという若者に会って話を聞いたことを話すと、監督も映画の取材の過程で、服役中のジダンにインタビューをしたということだった。ジダンは映画の主人公の人間像とは異なるが、自爆する２人の若者が決して狂信的ではない、ごく普通の若者であるところは、ジダンとつながるところがあると思えた。

自爆したガザの高校生

２００２年６月の記事では相次いだ10代の自爆の背景を探ろうとしたものだったが、５年後の２００７年10月に、ガザ自治区を支配するイスラム組織ハマスの取材をしている時に、また同じテーマで記事を書くことになった。ガザにあったユダヤ人入植地のそばで、イスラエル軍の車両に自爆攻撃を行なった17歳の高校３年生がいた。この攻撃で、兵士２人を負傷させ、自らも銃撃で死んだという事件だ。この事件があったのは、２００２年10月だったが、カラムという若者の５年目の命日に、元同級生たちが家に集まって弔いをしていた。５年たっても10人以上の若者が集まっていることに驚いた。私は、５年前に10代のパレスチナの若者が次々と自爆攻撃で命を落としたことを思い出し、まるで過去に引き戻されるような気がした。

カラムの自宅は、ガザ市に隣接するジャバリア難民キャンプにあり、集まった若者たちが、「カラムは前日も学校に来て、変わったことはなかった」「数学では満点ばかりだった」とカラムの思い出話を語った。カラムの死後、ハマスの軍事部門イッザディン・アルカッサム軍団は、カラムがカラシニコフ銃を持ち、殉教の誓いを読み上げるビデオを公表した。「若者よ、いつ何時も神が殉教の道を与えてくださるように求めよ」と訴える。父親のムハンマドは息子が軍団のメンバーだと知らなかった。ムハンマドは息子の小学校のころの成績表を持ってきて、見せた。すべて1番だった。「息子に期待をかけていた。しかし、殉教したことは誇りに思う。私たちは難民だ。イスラエルは私の家族の土地や家を奪い、占領している」。カラムの祖父ムスタファ（80）は48年の第1次中東戦争の時、20歳でガザの北にあるアシュケロン郊外の村からガザに避難してきた。以来、難民生活が続く。

創立以来の優等生

私は、若者のことをもっと知りたいと思い、翌日、ジャバリア難民キャンプのはずれに立つ母校のアフマド・シュケイリ高校を訪ねた。学校の入り口に「この学校は97年に日本の援助で建設された」と刻まれた石板が張られていた。800人の生徒の95％は難民だ。ファイズ・モフセン校長はカラムのことをよく覚えていた。「背が高くてスポーツマンで学業もトップだった。この高校の10年間でも有数の生徒だった」と語った。そして、続けた。「学業を続ければ、パレスチナを率いる優秀な人材になっただろう。私は教育者として高校生を戦闘員に使うのに反対だ」

2002年10月にガザでの自爆攻撃で死んだ高校生の5年後の命日に集まった友人たち。2007年12月。

しかし、2000年にインティファーダ（反占領闘争）が始まって以来、同校では在校生や卒業生が闘争に参加して死亡し、「殉教者の高校」として知られるようになった。開校時から心理カウンセラーとして勤務するアイード・シャリフ教諭（40）は「殉教する生徒はまじめで責任感が強いタイプが多い」と語る。誰かが死ぬと、教室での集団カウンセリングを行なうが、思い詰めている生徒は個別に呼んで話をする。「カラムが死んだ時は、学校中がしばらく異様な雰囲気に包まれた」と振り返る。「パレスチナのために戦うのは殉教だけではないと生徒に説く。だが、状況が悪くなればなるほど、生徒たちは将来に希望を失ってしまう」とシャリフは言った。

学校では、5年も前のことなのに、カラムがみんなと一緒に映っている写真が残っていた。一際目立つ生徒だった。高校創立以来の優等生といわれた若者がなぜ、自爆に走ったのかは分からない。パレスチナと自分の未来に希望を持つことができたら、死を選ぶことはなかっただろう。オスロ合意の後、日本はパレスチナ自治政府への主要な支援国として、警察官住宅の建設や学校建設、病院改修など数多くの事業を手がけた。しかし、アフマド・シュケイリ高校が日本の支援で建てられたと聞いた時に、建物だけでは足りないことも痛感した。校長は「カラムのような生徒が日本に招かれ、短期間でも日本を見ることができれば、目を開かれて別の道を歩んだかもしれない」と言った。

この話は、カラムの自爆で終わるわけではない。カラムの5年目の命日に集まった友人の中に、母校のアフマド・シュケイリ高校の同級生がいた。カラムの死後、ハマスの軍事部門に繰り返し志願し、1年後にメンバーに認められた。「カラムに続くことが自分の義務だと思った」と語った。ガザはイスラエルの経済封鎖のもとにおかれ、大規模侵攻が繰り返される。2014年夏には50日間の空爆で2200人が死亡する事態となった。人間の命が軽んじられ、現実はさらに荒廃していく。そんな中で若者たちはどんな未来を描くのだろうか。パレスチナ人の若者を自爆に誘う絶望的な状況は今も続いている。

16　イスラエルの若者の兵役拒否

イスラエル兵の胸の内

パレスチナ人の反占領闘争が始まって、ヨルダン川西岸やガザでは毎日どこかでパレスチナ人とイスラエル軍の衝突があった。パレスチナ人の中高生を含む若者たちがイスラエル軍の検問にデモをかける。若者たちの投石が始まり、イスラエル軍は催涙弾やゴム弾、プラスチック弾を撃ち始める。さらに、実弾が撃たれ、デモ隊に死傷者が出ることも珍しくない。ラマラやベツレヘム、ナブルスなど西岸にあるパレスチナの都市は自治区だが、周辺の村々はイスラエル軍の支配下にある。町はずれにはイスラエル軍の検問がある。西岸でもガザでも、占領地にユダヤ人入植地が増え続け、それをイスラエル兵が守って検問をつくる。自治区はイスラエル軍の検問に囲まれている。

紛争激化の中、収監覚悟で掲げる「占領反対」

兵役拒む10代の訴え

イスラエル、広がる波紋

ユダヤ人とアラブ人が平等に暮らす国をつくることだ。

軍良心委員会は武器のない仕事を提案したが、断った。

ヤイール・ヒイロ君

アミル・マレンキ君

兵役拒否の手紙

イスラエルで兵役を拒む若者たちの記事。
2002年3月23日付・朝日新聞朝刊。

検問で自動小銃を構えている若いイスラエル兵は、命令で動くロボットにしか見えない。しかし、２０００年9月にインティファーダが始まって11カ月で３００人以上が軍務を拒否し、17人が軍刑務所で服役したというイスラエル紙の記事を読んだ。支援する平和団体を通じて、その１人に話を聞いた。

私が話を聞いたのは、予備役の軍務につくことを拒否して、軍刑務所に収監された大学生リブネ（27）だった。テルアビブのショッピングセンターで話を聞いた。リブネはヨルダン川西岸での予備役の軍務を拒否し、指揮官に呼ばれ、56日間の服役を命じられたと言う。リブネは高校卒業後、1年9カ月の義務兵役でガザに派遣された。自治区にあるユダヤ人入植地の子どものスクールバスの行き帰りの護衛が任務だった。軍は検問所を設け、パレスチナ人の通行を監視した。民衆を抑圧する軍の実態を自ら体験した。

「イスラエル軍はパレスチナ人が働いたり、教育を受けたり、病院に通ったりするのを抑圧している。入植地も国際法上は違法だ。それに抗議する民衆を傷つける立場に自分をおきたくない」とリブネは言った。占領にかかわるイスラエル兵の複雑な胸のうちを初めて聞いた。

高校生の兵役拒否

この取材をした直後の9月に高校生62人がシャロン首相に徴兵拒否を告げる手紙を書いたという出来事があった。その時に手紙を送った高校生たちに連絡をとって話を聞いた。

手紙は「私たちはイスラエルで生まれ、育ち、間もなく兵役の招集を受けようとする若者です。私たちはイスラエルの人権侵害に反対します」と始まる。「土地の強制収用、家屋の破壊、パレスチナ自治区の封鎖、拷問、病院に行くことの妨害など、イスラエルは国際人権法を侵害しています。これは市民の安全確保という国家目標の達成にもなりません。安全はパレスチナ人との公正な和平によってのみ達成されます」とする。最後に、「私たちは良心に従って、パレスチナ人への抑圧にかかわるのを拒否します。その行為はテロ行為と呼ばれてしかるべきものです」と結ばれている。

発起人の1人のマタル（17）と会った。「インターネットなどを見て賛同者は増えている」と語った。ただし、批判も強く、右派から「裏切り者」と中傷され、普通の市民からも「憶病者」と批判されたという。

パレスチナとの和平を唱える左派の国会議員からさえ、「平和運動はいいが、軍には参加しなければならない。兵役拒否は国の大義を損なう」との電話があったという。

あらゆる場面でセキュリティが重視されるイスラエルという国での兵役拒否という決断は、就職では政府関係でも民間でも大きなハンデを背負うことになる。取材を通じて、高校の校長に軍出身者が多いということも知った。高校では在学中から軍での研修や見学などが組みこまれているという話だった。

さらに２００２年の1月、50人の予備役兵が新聞に「占領地での軍務が、われわれが育くんできたあらゆる価値を破壊している」と「兵役拒否の手紙」を発表した。賛同者は10日ほどで１７０人を超えた。「手紙」では、占領地での自治区封鎖や住居破壊、検問などの任務がパレスチナ人を抑圧し、人権を侵害していると指弾。さらに占領地の軍務が西岸とガザに１２０カ所以上あるユダヤ人入植地を警護し維持することになっているのは、「本来の国防と関係がない」と批判している。

予備役の拒否について２００２年2月にも記事を書いた。予備役の拒否者が開いているインターネットのホームページの掲示板に、一般の人々から１３００を超える意見の書き込みがある。記事では、次のような意見を紹介した。

〈――やっとイスラエルから正常な声が出てきた。占領がユダヤ人の文化を破壊しているというのは本当だ。占領を終わらせることが暴力を終わらせ治安をもたらす。あなたたちは平和を熱望するイスラエル人とパレスチナ人にとっての希望だ。

――イスラエルが占領を続けるかどうかは、国防の問題である。あなたたちは民主主義国家にいるのだから、意見は投票やデモで示すべきであり、一方的な行為は受け入れられない。このような行動は、混乱を招く。

――お前たちは国民に対する裏切り者だ。お前の好きなアラブ人が、いつかお前や家族を殺すことになるだろう。お前はユダヤ人のがんだ。
――あなたたちの勇敢な行動は暴力の悪循環を断ち切るための第一歩だ。抑圧と報復はさらなる死を招く。ぜったいに屈するな。〉

高校生の兵役拒否の半年後

イスラエルの予備役40万人以上の中で200人弱の兵役拒否は全体としては微々たるものである。しかし、私は執拗にこの問題に関心を注ぎ、関係者にインタビューし、記事を書いた。2月に予備役兵の兵役拒否を書いた後には、3月に高校生の拒否者の半年後を追った特集記事も書いた。

3月に新聞で掲載した「高校生の兵役拒否の半年後」の時点では、拒否の賛同者は62人から105人に増えていた。その時に、スポークスマン役のマタルだけでなく、別の拒否者のヒイロ、マレンキにも会った。ヒイロは兵役を拒否して軍刑務所に収監された。マレンキは裁判闘争を始めた。まだ招集が来ていないマタルは、収監を覚悟しているという。

3人とも状況も異なるし、それぞれの政治的な立場は微妙に異なっていた。ヒイロは、イスラエルがユダヤ人中心の国だからアラブ人への差別や抑圧が生まれるとして、国のあり方そのものに反対する。マレンキは「どんな軍隊であれ拒否する」という平和主義。マタルは「パレスチナ国家を認め、イスラエル国家との共存の道を探る」という立場だ。

マタルは、「首相への手紙では、みんなが賛成できる『占領反対』だけを掲げた。一緒にやろうとすれば、考え方の違いで収拾がつかなくなる」と語った。

〈ヒイロの話

私はユダヤ人が自分たちの国をつくるというシオニズム（イスラエル国家主義）に強い疑問を持っている。私が支持するのは、ユダヤ人とアラブ人が平等に暮らす1つの国をつくることだ。

私は中学生のころからアラブ人やパレスチナ人と交流する平和団体の活動に参加した。昨年夏、アラブ人の村を助ける交流キャンプでマタルらと出会い、首相ら宛に兵役拒否の手紙を送ることにした。

軍からは昨年12月初めに招集が来た。招集所の受付で兵役拒否を宣言したため、身柄を拘束され、軍の略式裁判で、軍刑務所での28日間の収監命令を言いわたされた。

刑務所では主に調理室で皿洗いをさせられた。

その後、出所したが、今年の1月下旬にまた招集がかかった。拒否したので再び収監され、2月末に出所したところだ。今は、自宅で次の呼び出しを待っている。

軍が私を「不適格者」として兵役から放免するまで拒否と収監を繰り返すしかない。

兵役拒否は、私にとって社会改革を続ける活動の始まりに過ぎないと思っている。

マレンキの話

私は軍を不要だと信じている。すべて平和的に解決されるべきで、パレスチナ問題もそうだ。
軍には、兵役拒否者の言い分を聞く「良心委員会」がある。私は平和主義を主張して、1月に委員会の聴取を受けた。
「町で誰かに襲われたらどうする」と質問されたので、「話し合う。通じなければ逃げる」と答えると、「追いかけてきたら」「お前を殺そうとしたら」と次々と質問がきた。私は、「自分の身を守るために必要最小限の力を使う」と答えた。〉
委員会は私に武器も制服もない軍の仕事を提案したが、私は断った。後日、委員会から兵役免除は認められないとする決定がきた。

2月初めに兵役招集があり、その前日に良心委員会の決定を無効とするよう裁判所に提訴した。

高校2年の時に兵役拒否の意思を両親に伝えた。空軍の少佐だった父には理解できず、初めは家の恥だと無視された。でも、話し合いを重ね、良心委員会では父は自分とは考えが違うが、私が平和主義者であることを証言してくれた。


イスラエル軍に対する一部の兵役拒否が、イスラエル軍に大きな影響を与えるわけでもないし、イスラエル世論を代表しているわけでもない。それでも、私はこの問題に強い関心を持った。この問題を通して、イスラエル社会の中の様々に異なる意見や生の声を聞くことができ、イスラエルという国と国民について、より踏み込んで知ることができたからだ。記事でも、そんなイスラエルの若者たちの肉声を日本の読者に知って欲しいと考えた。

17　イスラエルの若者の迷路

週末のダンスパーティー

イスラエルの若者たちはどのように生きているのだろうか。そんなことを考えたのは、２００2年5月にガザにあったネッツリームというユダヤ人入植地の取材をし、そこで軍務についている兵士オフェル・ビトン(21)に会ったことがきっかけだった。入植地の取材の後で、金曜日と土曜日の休暇でエルサレムに戻っているオフェルと連絡をとった。取材の待ち合わせ場所は、入植地とは天と地ほども違うエルサレムのダンスクラブだった。

イスラエル側の西エルサレムでは、金曜日の夕方からユダヤ教の安息日（シャバット）が始まり、ほとんどの商店が閉まり、通りに人影は消え、都市は死んだようになる。そんな安息日のタブーに挑戦するかのように、市南東部に90年代半ば以降、世界有数のクラブに数えられるダンスクラブ「ハオマン17」がある。週末は高校を卒業して軍に招集された若い兵士らがパーティーに集まる。

高校の体育館ほどの広さのラウンジに若者たちがひしめく。ハウスやトランスといった音楽が大音響であふれ、立ちこめるたばこの煙に無数の光の筋が乱反射しながら若者たちのうえに降り注ぐ。

オフェルは、このダンスクラブで「アンバサダー（大使）」と呼ばれる宣伝係をしている。友人や知り合いにパーティーの招待状を送り、毎回1人で150人くらいの客を呼ぶ。金曜日の深夜から土曜日の朝まで続くパーティー。体をくねらせる若者は通路まであふれる。

「踊って、酒を飲んで、そして、また踊る。目の前の現実を忘れるためにね。テロのことや、パレスチナ地区での兵役のことを」とオフェルは言う。オフェルがクラブに入ると、あちこちで呼び止められる。知り合いと次々と握手をし、キスをし、時に抱き合いながら、奥に進んだ。

「すべては運命」

「ハオマン17」で、オフェルの高校の同級生の女性リー・マオ（21）と会った。「金曜日の夜にここに来て、踊るのが数少ない楽しみかな。テロがこわいわけじゃないけれど……」と、リーは言った。いきなり「テロ」という言葉が飛び出すと驚くが、当時のイスラエルでは、テロは交通事故と同じくらい、人々の生活の一部になっていた。

彼女は高校1年生の時にエルサレム中心部のベンエフダ通りで自爆テロに遭遇した話を始めた。1997年9月のことだ。放課後、ベンエフダ通りの銀行のキャッシュコーナーに寄った。爆発は銀行の入り口、

10メートルのところで起こった。爆発の後、目の前で人が倒れていた。人々が逃げまどい、叫ぶ声が聞こえる。リーは「落ちつけ、落ちつけ、私は大丈夫だ」と自分に言い聞かせたという。胸元の違和感で何か引っかかるものが手に触れ、それを引っ張った。長さ3センチほどのくぎを2本引き抜いた。痛みは感じなかった。その直後に坂の上の方から2回目の爆発音が聞こえた。逃げなければと、坂を下り始めた。すぐに3回目の爆発音。その途端、足がすくんで動けなくなった。

刺さったくぎは爆発物に混ぜられて、周囲に飛び散ったものだ。収容された病院で、くぎを引き抜いた後の傷口を縫った。初めて涙が流れた。「すべては数分のうちに起こったことだと思う。でも、私の記憶の中ではとてつもなく長い時間として刻み込まれている」

自爆テロの記憶を語るリーの口調は感傷がつけ入る隙がないほどに乾いていた。その日、ベンエフダ通りであった3件連続の自爆テロで、リーと同年代の14歳の少女3人を含む市民5人が死んだ。「私は運がよかっただけ。同じ高校の生徒で死んだ子もいた。私が死んでいたかもしれない。テロがこわいというよりも、すべて運だ、と思うようになった」と、リーは独り言のように言った。

リーがもう1つ話してくれたことがある。インティファーダが始まった2000年9月28日に死んだ高校時代の同級生ダビッド・ビリのことだ。ダビッドはネツァリム入植地で、パレスチナ過激派が仕かけた爆弾で死んだ。ダビッドはオフェルの親友でもあった。

オフェルやダビッドは高校卒業後に兵役に入り、ダビッドは衛生兵だった。特別に講習を受け、戦闘員として従軍しつつ、けが人や病人の手当てをする。過酷な状況下で、他人の世話をする衛生兵には、特別に強い責任感が求められる。部隊で何かもめごとがあると上官が、「ダビッドの意見を聞こう」というほどに信頼されていたという。

ダビッドはネツァリム入植地に配属されていた。入植者たちの車数台をジープで護衛して入植地に戻る途中で、前方で道路に仕掛けられた爆弾が爆発した。ダビッドは安全確認のために四輪駆動車を降りた。最後尾まで歩き、戻る途中で別の仕掛け爆弾が爆発した。ダビッドは重傷を負った。オフェルはその時、同じくガザにあるクファルドロムという別の入植地に歩兵部隊に属する戦闘員として配属されていた。ダビッドがけがをしたという知らせを高校時代の友人から電話で聞いた。次の日に病院に見舞いに行こうと考えた。しかし、翌日、ダビッドは死んだ。「ダビッドは特別な男だった。高校時代からリーダーとしてのカリスマ性があった。教室でみんなの意見がまとまらない時には、先生がダビッドに意見を聞いた。彼が言えば、それで決まった」とオフェルは振り返った。

入植地の戦闘員

オフェルはダビッドが死んだ後、2001年7月にネツァリムに配属されることになった。私が「ハオマン17」で話を聞いた時は、週末はダンスクラブのアンバサダーとして働き、日曜日にネツァリム入植地に戻っていくという生活をしていた。

私は取材でガザ自治区にあるネツァリムに入った時に、そこで入植者を守る戦闘員として働くオフェルと会った。オフェルはジープで入植地をパトロールしようとしていた。完全武装した彼の顔から、「ハオマン17」で見せた柔和な表情はなかった。

入植地に行くために、イスラエルのカルニ検問所からイスラエル軍の四輪駆動車が護衛する防弾バスに乗った。「道路わきからのテロリストの銃撃は毎日のようにある」と同行した軍の広報担当が言った。その年の2月と3月に入植地に向かう道路でイスラエル製のメルカバ戦車が土中に埋められた強力爆弾で吹き飛ばされ、それぞれ乗員3人が死亡した。世界最強の「メルカバ」が破壊されたのは、パレスチナ地区ではここだけだ。それも2回も。

ネツァリム入植地の取材は軍に取材申請が必要だ。バスに乗って10分でネツァリム入植地に到着。白い壁の住宅が並ぶ。1キロ四方に約50家族、300人弱が住む。軍隊は1大隊（400人規模）がいる。住民の数より兵士が多い。

入植地は高さ3メートルの金網で囲まれている。金網沿いに四輪駆動車で走る軍のパトロールに同行した。南東の角からパレスチナ人の村「バクシ（アラブ名・ムグラカ）」が見える。兵士が機関銃を構えて24時間態勢で見張る。村との間はブルドーザーで整地され、視界をさえぎるものは何もない。「近づく者はテロリストの可能性が高い」と見張りの兵士が言う。不審な動きがあれば銃撃する。私はムダラカムラの取材をしたこともあるが、村人たちはネツァリム入植地のイスラエル軍によって家を破壊され、銃撃されると訴えた。

入植地でパトロールに同行した。護衛についたのがオフェルだった。半分ほど周回したところで、金網のそばにジープを止めると、「ここがこの前、14歳のパレスチナ人の少年3人が死んだ場所だ」と言った。少年たちはガザ市に住む中学生で前日の夜中に匍匐前進で入植地に近づこうとして、見張りの兵に発見され、銃撃された。遺体は空が明るくなるまで放置された。オフェルが翌朝のパトロールで見た時、3つの遺体はぼろ切れのようだった。オフェルは同じ年ごろの弟を思い出し、「何かが間違っている」といたたまれない気がしたという。

ネツァリムの入植者の多くは「国家宗教」勢力と呼ばれるユダヤ教右派強硬派だ。ユダヤ教強硬派とシオニズムの要素を併せ持つ。エルサレムにあるイスラム教の聖地ハラム・シャリーフへの訪問を強行してインティファーダのきっかけをつくった強硬派のシャロン・イスラエル首相の支持基盤がそのような入植者たちだ。

入植地の一角に「ダビッドの動物園」という看板があった。この地で死んだダビッドを記念して、入植者たちがつくり、山羊や馬、小鳥などを飼っている。金網で囲まれた入植地の外周をパトロールした後、オフェルはつぶやいた。「僕は入植者たちの考え方に共感することはできない。ここで軍務を果たすことが、国を守ることだとは考えられない。ダビッドが生きていたら、必ず社会の指導者になっただろう。なのに、彼はこの入植地で命を失ってしまった」

自殺した若者

ダビッドという若者の家族を訪ねて、エルサレムに住むダビッドの父親シオン(51)を訪ねた。シオンは息子の負傷を知らされて、エルサレムから車で1時間半ほど離れた病院に妻とともに駆けつけた。ダビッドは集中治療室で生命維持装置をつけていた。意識はなかった。翌日の正午すぎ、南部の軍司令官が来て家族に、「医者は回復の見込みはないと言っている。生命維持装置をはずすしかない」と宣告した。知り合いを通じてイスラエルの医学界の権威に判断を仰いだ。結論は同じだった。シオンは決断した。妻や娘とともに息子の生命維持装置をはずした。シオンは息子の死後、電気技師の仕事を辞めた。ショックから立ち直りきれない妻を支えるために家にいようと決めた。

シオンはダビッドの最期を語った後、生前のまま残っていたダビッドの部屋を見せてくれた。壁に大きなロック歌手のポスターが貼られ、自ら黒く塗った家具がある。「99年5月の総選挙で、ダビッドは(左派で和平支持の)メレッツに投票すべきだと言った。私はイラクからの移民で、アラブ諸国からきたユダヤ移民の常として、(右派で強硬派の)リクードの支持者だった。しかし、ダビッドがあまりに熱心に主張するので、私は息子の言うとおりにした。息子は平和を望んでいた」と、ダビッドの思い出を話してくれた。

ベッドの上にダビッドの写真を集めた2冊のアルバムがあった。1冊は家族がつくり、もう1冊はダビッドの一番の親友だったエラッドという若者が仲間からダビッドの写真を集めてつくって家族に贈った。ダビッドが死んで3週間後、エラッドは銃で頭を撃ち抜いて自殺した。

エラッドが残した遺書に、「ダビッドのいない世界で生きていくことはできない」という内容のことが書かれていたという。エラッドは95年1月にイスラエル中部で起こったパレスチナ過激派の自爆テロで兄のアミールを失った。ダビッドとエラッドが親友になったのはその後だという。兄を亡くし、そして信頼していた親友のダビッドを失った。

ダンスクラブで会ったリーもまた高校でダビッドやエラッドの同級生だった。当時、リーは義務兵役中で、兵士の悩みごとを聞く部署に配属されていた。しかし、ダビッドとエラッドが死んだ後、朝起きることも、夜眠ることもできなくなり、軍務を休む日が続いた。「人生で親友を失うほどつらいことはない。それも一度に2人も。もう2年たつけれど、まだ立ち直ったとは言えない。完全に立ち直ることは一生ないかもしれない」と、リーは自分に言い聞かせるような口調で言った。

遺族の会

私はエラッドの父親のロニ・ヒルシェンゾン(60)を訪ねた。エラッドとアミールという息子2人を失った後、ロニはパレスチナのテロで家族を失った「遺族の会」で活動している。「遺族の会」はイスラエル軍の占領下で家族を失ったパレスチナ側の遺族たちと交流の機会をつくる平和グループである。「アミールが死んだ後、街角で右翼がパレスチナへの復讐を訴えるポスターを見た。テロの犠牲者の写真を並べていた。その中にアミールの写真があった。それが許せなかった」とロニは語った。イスラエルとパレスチナは当時、際限のない暴力の応酬を繰り返し、双方で和平の声はますます小さくなっていく。「新たな悲劇をなくすためには、テロの遺族がパレスチナ側との和平を求める声を上げなければならない」とロニは語った。

週末はダンスクラブで夜を徹して踊るイスラエルの若者たちの周りで、戦死、爆死、自殺と、死の影が色濃く取り巻いていた。オフェルは2002年夏、3年間の義務兵役を終えた。イスラエルでは兵役を終えて1年後から年に約1カ月の予備役がある。「僕はもうパレスチナ人の土地で兵士として働くつもりはない。予備役となれば、自治区での軍務を拒否することになるだろう」と語った。

18 ジャーナリストの立場

存在しない中間的な立場

エルサレム特派員は、対立するイスラエルとパレスチナを同時に扱うことになり、常にジャーナリストとしての立場が問われる。どちらかの立場に肩入れするわけではないという意味では「中立」だが、それは両方の当事者から距離をおく、中間的な立場ということではない。中間的な立場というのは存在しないだろう。

特に私がエルサレム特派員だった2001年4月から2002年8月は、パレスチナによるインティファーダ（反占領闘争）が、テロを含む武装闘争となって激化し、イスラエルはシャロン首相のもとで軍事攻勢と強めた。特に9・11米同時多発テロ事件の後、米ブッシュ政権が進めた対テロ戦争と並行して、イスラエルによるパレスチナ自治区への大規模侵攻が繰り返されたし、パレスチナ側からのテロも続いた。

イスラエルの軍事占領で日々の生活で困難や不自由を強いられているパレスチナ人の怒りや苦しみに共感を覚え、具体的な事例や、人々の肉声を記事に書こうとした。しかし、パレスチナ人の武装組織が、報復として、イスラエル市民を標的とするテロには共感できない。

和平を探る立場

イスラエルの側であれ、パレスチナの側であれ、イスラエルの占領を終わらせる政治的な決断を求めるような動きが広がることを望んだ。私はイスラエルでの高校生の兵役拒否や予備役のオフィサーの軍務拒否についてしつこく取材した。それがイスラエル軍全体で考えれば小さな動きであっても、イスラエルの中でいつか、和平の動きが政治を動かすようになるとすれば、占領を維持するための軍務のあり方への疑問が広がる時だろうと考えた。もし、将来、イスラエルが和平を決断する時があるとするならば、軍務拒否の動きは、それを先取りするものである。さらに、イスラエルでパレスチナのテロや抗争で家族を失った家族がつくる「遺族の会」という平和運動も、自分の悲しみと憎しみを超えて、パレスチナ人との対話と平和を探ることで、悲しみと憎しみを繰り返してはいけないという理念を持った運動になる。

イスラエルのハアレツ紙の外交問題の論説委員で和平推進派ジャーナリストのアキバ・エルダールは「対立が激化してくると、双方が自分の痛みしか見えなくなる」と語った。このころのイスラエル・パレスチナ関係のように、双方で強硬な意見が主流となる時に、平和を訴える人々は、それぞれの世論を敵に回すことになる。

イスラエルではPLOとの和平を決断したラビン首相は、イスラエルの右翼の青年に暗殺された。かつてはイスラエルとの和平を決断してイスラム過激派に暗殺されたエジプトのサダト大統領の例もある。和平を訴えることは、イスラエルでもパレスチナなどアラブ世界でも、命がけである。

エルサレム特派員としては、状況の悪化の中で、毎日のように暴力的な出来事を記事として書いた。しかし、ジャーナリストが暴力に麻痺してはならないと考えた。そのためには常に平和の可能性を探り、平和の声をすくいとるしかないと思った。

第3章 イラク戦争と戦後の混乱

19 イラク戦争の開戦

ヨルダンの取材拠点

エルサレム駐在は2001年4月から2002年8月までの1年半で終わり、そのままカイロの中東アフリカ総局に異動になった。米国のブッシュ政権によるイラクのサダム・フセイン政権に対する戦争が避けられないという観測が流れ始めたためである。戦争中はイラクの隣国のヨルダンにアパートを借りて、取材拠点をおいた。

イラク戦争が始まると、日々の戦況は、ホワイトハウスやペンタゴンの会見がある米国ワシントンと、イラク情報を扱う中東のアンマンが、ニュースの発信源となる。アンマンでも常時5人から6人の記者が働いた。しかし、戦争が始まってみると、日本の新聞づくりは米国の情報が中心になってしまう。米国とイラクでは米国の方が政治的にも地理的にも近いということもあるし、戦争ではあってもついつい行動を起こす方、つまり「攻めている」方から見てしまいがちだ。朝日新聞は米国のイラク戦争開戦には反対する立場だったが、東京で新聞をつくると、「米軍が首都バグダッドまで何キロに迫る」というような全く米軍の側からの視点で見出しがついていることもある。

私はアンマンでの中東報道の責任者であったから、編集過程でファックスで送られてきた新聞紙面のコピーを見て、「この見出しは米国寄りすぎる。戦争を始めたこと自体に問題があるのだから、もっと中立的な立場で報道すべきだ」などと注文をつけることが毎日の仕事となった。米国政府の発表の情報だけでなく、イラク政府やイラク国内の動きを入れるようにも求めた。

バグダッドからの撤退

当時、イラク戦争の開戦時に新聞やテレビなど大手メディアがバグダッドにいなかった、という批判があった。開戦の時にはバグダッドに記者をおかないというのが新聞社としての判断だった。米軍が緒戦でバグダッドに大規模な空爆をすることが予測されていた。組織ジャーナリズムでは記者の活動はすべて「業務」として行なわれる。危険地域での取材も「業務命令」であり、新聞社が記者に業務として求めることになる。新聞社が「記者の安全が確保できない」として撤退を決めれば、記者はそれに従うしかない。

一方で、私個人としては、どうにかして開戦時にバグダッドに人をおくことはできないだろうか、と考えた。バグダッド郊外の住宅地に拠点を構えて様子を見ることで、空爆にあう危険を減らしてバグダッドに残る方法を探るという選択肢があるとも考えた。それでもバグダッドで市街戦が始まる可能性は否定できなかった。

私は開戦前にはアンマンにいたので、日本人のフリーランスのジャーナリストが開戦を前にバグダッドに入る動きがあるのも知っていたし、知り合いのジャーナリストがバグダッドに行くのを見送ったこともあった。私が現地の責任者として、「開戦時に誰か記者をバグダッドにおくべきだ」と新聞社に提案することも考えた。しかし、バグダッドに残った場合の安全対策について詰めきれず、結局、残留を提案することはなかった。

私が現地の報道と安全対策の責任者ではなく、1人の取材記者であったなら、個人の意見や要望として開戦時のバグダッド残留を主張しただろうと思うが、組織の中の責任と、現場に身をおくべきだと考えてきたジャーナリスト個人の信念の間で、引き裂かれる思いがした。

イラク戦争の時に、日本人のフリーランスのジャーナリストがバグダッドから報道した。そのようなフリーランスの仕事は非常に貴重なもので大いに評価すべきものである。それはジャーナリストとして勇敢か、勇敢でないか、という問題ではなく、組織に縛られず、「自己責任」で危険地に入ることができるフリーランスの自由度と、専門性の問題である。その一方で日本の組織ジャーナリズムが弱腰であるとか、臆病だ、という批判が出たが、そのような議論には違和感を持った。組織というものはもっとドライなものである。日本と直接の利害があり、読者の関心が高い地域や問題となれば、危険を伴う取材であっても、安全対策についての対応が十分でなくとも、問題の重要性が強調されるだけで、メディアの間で記者を現地に送る競争となる場合も出てくるだろうと考える。それはそれで問題なのだ。

そのように考えれば、イラク戦争の開戦の時に、バグダッドに日本の新聞やテレビの記者がいなかったことは、中東のニュースに対する日本での重要性の認識の問題であろうと考える。組織ジャーナリズムであれ、フリーランスであれ、中東報道で日本人のジャーナリストが危険を冒すことについて、残念ながら、日本ではなかなか理解も支持もえられないと感じている。私は記者として長年中東を活動の場としてきたので、同じく国際ニュースといっても、日本の安全保障にかかわる朝鮮半島や中国などのニュースと、中東のニュースの重要度のレベルが全く異なるということは日々痛切に感じてきた。

中東情勢は常に動いているため、日本の新聞やテレビでも中東のニュースが出てくる頻度は高い。しかし、同じ日に韓国や中国でニュースがあれば、中東のニュースは簡単にわきに追いやられてしまう。中東に長年かかわってきた記者としては、新聞やテレビなど報道機関のニュースの価値判断や、日本政府の対応などを含めて、日本全体が、中東をあまりに「遠い世界」と考えていると感じることは多い。

一方で欧米人にとって中東は非常に近い存在であるから、日本人のような希薄な中東観では、欧米との間で世界の理解に大きなギャップが生じてしまうとも感じる。私が中東の現場から報道しようとしてきたのは、中東の出来事にリアリティを与え、日本の読者に中東をより近い存在として伝えるためである。

20　バグダッド入りと戦後の混乱

首都陥落とバグダッド入り

イラク戦争は2003年3月20日に始まったが、21日目の4月9日にはもう米軍はイラクからの抵抗を受けることなく、バグダッドに入った。首都が陥落した後、アンマンいた記者やカメラマンのうち3人がすぐにバグダッドに向けて発った。戦争前にはアンマンからバグダッドへの車は、300ドル程度だったが、この時は2200ドルを運転手に払った。相場が跳ね上がったのである。私は一旦カイロに戻って、銀行からイラクでの取材費にあてるドルを引き出してからアンマンに戻って、第2陣としてバグダッドに入った。

イラク戦争でのサダム・フセイン体制の崩壊は突然で、あっけないものだった。4月9日の昼ごろ、米軍の戦車、装甲車がバグダッド市内に入った。抗戦はなく、あれよあれよという間に、市中心部に入り、午後には、フィルドウス広場の中央に立っていたサダム・フセイン像の引き倒しの場面がテレビで世界中に流れた。私もそうだったが、世界中のメディアが、バグダッドは首都を守る共和国防衛隊や大統領宮殿を守る大統領警護隊など精鋭部隊が守護しているため、空爆が使えない市街戦となれば、米軍は簡単には首都を攻略することはできない、とみていた。しかし、現実にはバグダッド空港の近くで激戦があっただけで、首都攻防戦はないまま、首都は陥落した。無血開城といってもいいほどだった。

見通しがはずれたわけだが、この体制崩壊の様を見て、私は二重に悔しい思いをした。単に見通しがはずれたというだけでなく、90年代に中東特派員をした経験から、「中東での勝敗は、あっという間に決まる」ということを、中東情勢を見るうえでの重要なルールとしてきた。イラク戦争でのフセイン体制の崩壊という重要な局面で、そのルールを打ち出すことができなかったことの悔しさである。

中東では「城を枕に討死する」という負け戦で潔く死ぬという発想とは全く無縁で、形勢が悪くなれば踏みとどまることなく、逃げるというのが常のことである。負ければ民族も部族も皆殺しにされ滅びてしまうような厳しい歴史を生きてきたためかもしれない。

ただし、中東での敗走は、決して終わりではない。日本人のように敗北した後に潔く恭順の意を表するというような発想もない。和平や停戦が実現しないかぎり、戦いが延々と続くことになる。米国にとっても、開戦から3週間で首都が陥落したのは予想外の早さだったが、戦後になって戦いは泥沼化し、2011年末の撤退までに4400人以上の兵士の犠牲がでることも予想はしていなかっただろう。

略奪が続くバグダッド

私がバグダッドに入ったのは、陥落からほぼ1週間後だった。バグダッド市内にはまだ燃えているビルがあった。驚いたのは、政府や軍、バース党などの幹部だけが使うことができる量販店のシャッターが破られ、袋などを抱えた人が商品を持ち出している光景が見えた。政府やバース党施設への略奪が続いていた。さらに驚いたのは、バグダッドの大通りであるサードゥン通りに入って、道の反対側を米軍の巨大な戦車が走っているのを見た時だ。つい1カ月前まで、サダム・フセインが国民に100％の支持を強制していたイラクで、すでに米軍の占領が始まっている現実に頭がついていかない気がした。

宿は第1陣が押さえていたチグリス川の東岸にある小さなホテルに入った。バグダッドの東岸の大通りであるサードゥン通りまで歩いて5分ほどの距離で、通りでは昼間は商店が営業していた。電気も電話もないが、ホテルには自家発電機があった。東京との連絡はすべて衛星電話である。しかし、夜になると、至る所で銃撃が聞こえ始める。多いのはカラシニコフ銃の乾いた音だが、時には重機関銃のような重い連続音も聞こえてくる。警察も役所もなく、全くの無政府状態だった。そのころホテルには9人の朝日新聞の記者とカメラマンがいた。戦争前から現地コーディネーターを務めているイラク人がいて、その男に、通訳と運転手の手配を頼んだ。イラク人を入れると20人を超える大所帯になった。

首都攻防戦がなかった背景

私が個人的にこだわったのは、バグダッド陥落の時に首都攻防戦がなかったことの背景を探ることである。そのためには旧軍関係者に取材しなければならないが、町を歩いて人を探すというわけにはいかない。イラク人の助手や運転手の知り合いや友人、家族の関係者という伝手を頼って、旧軍関係者とコンタクトした。

首都西部マンスール地区にいた大統領警護隊大尉のイーサ・アブドルアミル（36）は、首都陥落前日の8日午前10時半ごろ、他の士官とともに司令官の大佐に呼ばれたという。士官の1人が「米軍と戦うには対戦車砲が必要だ」と訴えた。大佐は「対戦車砲はない。戦いを続けてもよいし、やめて家に戻ってもよい」と答えた。

徹底抗戦から一転した言葉を残し、大佐はそのまま車で部隊を去った。「自分が試されているのではないか」。アブドルアミルは思ったが、部下に同じ言葉を伝え、戦死した同僚と部下の2人の遺体を車に乗せて、陣地を後にした。

別のイラク軍大尉（37）は、大統領府の命令を各部隊に伝える軍情報部に属していた。「（体制崩壊の）5、6日前から大統領府からの命令は全く来なくなった」と証言した。米軍が空港を制圧した時期だ。軍の指揮命令系統の破綻は大尉にも明らかだった。大尉は、バグダッドの西方にあるスンニ派都市ラマディ周辺の主要部族ドレイミ族の出身だった。フセイン政権で情報機関の主軸を担ったスンニ派部族である。「大統領府からの命令は来なくなった後、どうしたのか」と聞いた。「指導部の命令がないのだから、軍情報部で命令を出すことにした。『首都防衛のために持ち場を死守せよ』という防衛体制だけの命令を出した」と言う。この時点で、イラク軍の指揮命令系統は破綻していたということになる。

士気低下も進んでいた。国防省法務部に属し、首都西部の60人規模の部隊に動員されていたアベイド・シッターラ中佐（47）は、6日ごろから兵士が脱走し始めた、と話す。自らも8日午前、最後の10人とともに持ち場を離れた。「開戦当初は伝令の形で来ていた軍の命令が4月にはなくなった。米軍の砲撃が激しくなり、部隊は孤立、戦うすべもなかった」

首都北西部ハビービヤ地区にいた輸送部隊下士官のアフマド・カーミル（48）は5日正午ごろに脱走、同じ日に50人の部隊の25人が相次いで離脱した。「米軍が空港に来たと聞いて、戦争は終わりだと思った。誰も止める者はいなかった」と振り返った。

イラク南部で米軍を苦しめた民兵組織「サダム殉教者軍団」も、8日夕方までに首都から姿を消した。

旧体制が崩れて、まだ1カ月もたっていなかったが、旧軍の関係者は快く証言してくれた。軍情報部の大尉は、イラク助手の1人が、同郷で同じ部族だった。米軍は戦後、フセイン体制での情報関係者を排除し、幹部を逮捕した。姿を隠している軍情報部の関係者が外国人メディアに証言すること自体、珍しいことである。それは私が欧米人ではなく、日本人のジャーナリストだったからということもあった。みな、日本人には好意的だった。ただし、イラクにはアラビア語のイラク方言があり、私が慣れ親しんだカイロ方言や、パレスチナの方言とも異なり、最初は困難を覚え、慣れるまでは苦労した。

21 フセイン像を倒した若者たち

フセイン像引き倒しの真実

バグダッド陥落後に最も記憶に残っているのは、フィルドゥース広場のサダム・フセイン像の引き倒しの真相を探った取材である。フセイン政権の崩壊の象徴ともいえるフセイン像引き倒しについて、米軍や米国の広告代理店による〝やらせ〟という話が広がっていた。最初、イラク人の若者たちがロープをかけて引き倒そうとしたが、引き倒すことはできなかったため、米兵士が像に鎖をかけ、米軍車両が引き倒したのである。イラク人が引き倒そうとした場面ができすぎているため〝やらせ〟疑惑が出たのだろう。その検証取材をしてほしいという話が東京本社からきた。

私は取材を始めることにしたが、米軍がイラク人の若者に金を払ってやらせたのならば、像を引き倒した若者たちは、米軍が連れてきたイラク人の若者たちだろうから、バグダッドの若者たちではないだろうと考えた。米国はイラク戦争前に米国やロンドンにいる反体制組織と連携していたから、そのルートで在外イラク人を連れてきて、フセイン像引き倒しの演出をすることはありえないことではない。米軍が入ってくる前日までバグダッド市内には公安警察などの監視網は残っていたため、事前に何らかの工作をすることはできない。取材しても、フセイン像の引き倒しにかかわった若者を探し出すことはできないだろうが、その時にフィルドゥース広場にいた人々の話を聞くことで、「4月9日」を再現するルポを書くことはできると考えた。

問題は、地上電話もつながっていないし、携帯電話もない状況で、どのようにしてその日、広場にいた人間を探すかである。当時、朝日新聞はフィルドゥース広場を見下ろすパレスチナホテルに取材拠点を移していた。ホテルには多くの外国メディアも拠点を持っていて、仕事を待つタクシーも多かった。そのタクシー運転手を7人ほど朝から夕方まで雇って、4月9日に広場にいた人間を探してもらうように頼んだ。住宅地や市場やカフェなど人が集まりそうなところに行ってもらって、人探しをしてもらう。もし、9日に広場にいた人間が見つかったら、インタビューの約束をとってもらって、私が会いに行く。

若者たちの証言

3日目にライドという運転手から「フセイン像の首にロープをかけたという若者がいる」という知らせがあった。半信半疑だったが、若者はパレスチナホテルからサードゥーン通りを挟んで反対側にたつ高層アパート群の1つに住んでいるという。ライドの案内でアリという若者に会いに行った。

アリは住宅地の中にある駐車場でお茶を売っている20歳の若者だった。9日の午後4時ごろ、米軍がフィルドゥース広場に着いたというニュースを聞いて、その地区のアパートに住んでいる顔見知りの若者たち4人で一緒に広場に行ったという。アリは、その時、駐車場の守衛のハリド（30）、電気工のハイダル（27）、靴磨きのハサン（17）という3人の名前をあげた。アリからその時の話を詳しく聞いた。その後、近くに住むハイダルの家を案内してもらって、アリと同じように、一から話を聞いた。翌日、ハサンの話を聞くこともできた。残ったハリドは家を訪ねても家人から「バスラに行っていて、いない」と言われ、なかなか会うことができなかった。いつ帰ってくるかを聞き、やっと1週間後に会うことができた。

ハイダルやハリド、ハサンの3人はイスラム教シーア派で、アリは父親がスンニ派、母親はシーア派で、両親は幼いころ離婚し、母親とともに住んでいた。シーア派は中南部を中心にイラクの人口の6割以上を占める。フセイン体制はアラブ社会主義を掲げるバース党による一党支配で、宗派による差別はなかったが、人口ではフセイン大統領が出ている20%程度の少数派のスンニ派が幅を利かせ、シーア派は抑圧されていた。

アリは２０１２年秋から北部モスルに展開するイラク軍の精鋭部隊「共和国防衛隊」の新兵だった。３月初めに10日間の休暇をバグダッドで過ごした後、部隊に戻ると、部隊は基地にいなかった。戦争を前に移動したということだったが、基地の守衛も行き先を知らなかった。アリはそのままバグダッドに戻ってきた。戦争は避けられない状況になっていた。初めから米軍と戦うつもりはなかったが、部隊離脱となったため、戦争の間、警察や軍警察や秘密警察に見つからないように家から外に出なかった。米軍がバグダッドに入って来た時、「これで、もう隠れていなくてもいいと思った」と言う。

ハイダルはイラク南部の都市バスラの出身で、バスラの高校を卒業後1年半の徴兵を終えた。軍隊で電気工の技術を習得したが、バスラでは職がなく、2年前にバグダッドに移った。政府機関や市役所の雑用を探そうと求人窓口に通った

フセイン像の引き倒しに参加した若者たち。2003年7月。

が、「バース党の紹介状を持ってこい」と言われた。戦争が始まる3カ月前にやっと民間アパートの守衛の職にありついた。「バース党体制では何も希望がなかった」と語った。

ハリドはバスラ大学教育学部体育科卒業だったが、職がなかった。本来なら学校の教師になって中流の生活が約束されているはずだが、電気販売会社の倉庫の番人や駐車場の管理人をしてその日暮らしの生活をしていた。イラクは湾岸戦争までアラブ諸国でも有数の教育国だったが、湾岸戦争とその後の国連経済制裁によって教育は瓦解した。教師の給料はわずか5ドルから7ドルとなり、家庭教師をしたり、タクシー運転手をしたり、副業で稼がなければ生活できなくなった。一方で子どもを学校に通わせることができない家庭も増え、学校からドロップアウトする子どもが増え、通りにはストリート・チルドレンがあふれた。「国が荒廃し、教育も荒廃した。戦争をしかけたサダム・フセインにすべての責任があった」と語った。

最年少のハサンは96年に小学2年で小学校を辞め、路上で靴磨きを始めたドロップアウト組だった。経済制裁下の学校では父母たちが薄給の教師に毎月お金をわたすのが慣例になった。アパート管理人で6人の子どもを抱えるハサンの家は、そのお金が払えなかった。ハサンは働くしかなかった。「学校には行きたかった」と語った。

それぞれ、フセイン体制のもとで、矛盾を感じて生きてきた若者たちである。4人の話を別々に聞いて、それをジグソーパズルのように組み合わせて、9日に何が起こったかを再現することで新聞の記事を書いた。新聞記者は現場の取材とインタビューによって、何が事実か固めていく仕事である。4人の話に記憶の食い違いはあるが、誰が何をしたかを細かく聞くことで話がかみ合い、一緒に行動したことは全く疑いがないものとなった。

米国の〝やらせ〟は無理

記事の中で重要だったのは、フセイン像の首にかけられたロープと台座に立てかけられた金属製のはしごである。4人はフセイン像を倒そうとしたが、下に立ってみると、台座が3メートル以上あり、見上げるほど高い。ハリドはアリに「駐車場にあるはしごを持ってこい」と声をかけた。ハリドが守衛を務め、アリがお茶を売っている駐車場の片隅に、電気工事会社のアルミ製のはしごがあることを思い出した。アリが駐車場に走って持ってきた。ロープはハイダルとハサンが、米軍の装甲車の側面に巻いているロープを見つけて、身振り手振りでロープをくれるように頼んだ。ハサンが訴えていた米兵士は意味を理解してロープをくれた。身軽なアリがロープを持ってはしごを上り、ロープを投げて、フセイン像の肩にロープをかけることができた。

4人の若者のうち、「バスラに行っている」と言ってなかなか会うことができなかったハリドは、じつは居留守を使っていたことを打ち明けた。以前、外国人ジャーナリストが来て、「像を倒したのは米軍から金をもらったからだろう」としつこく質問されて、否定しているのに、質問を繰り返すので、嫌になったという話だった。だから私が他の若者を通じて、取材を申し込んだ時も、ハリドは取材を受けないつもりで、居留守を使ったのだという。しかし、私が若者たちに繰り返し話を聞き、度々、ハリドの消息を聞くので、若者たちが私に会うように説得してくれたのだ。ハリドに話を聞くことができて、さらに大きな収穫があった。彼の家に、9日に使ったアルミニウム製のはしごが保管されていたのだ。

フセイン像を倒したのが、米軍のやらせだとか、米国の広告代理店の演出だという話には根拠がないことが分かった。なぜなら、いくら米軍でも、公安警察やバース党の民兵が至る所で目を光らせているバグダッドの中心部に住んでいる若者たちを使って、演出ややらせを仕掛けることは不可能だからである。米軍であれ、やらせのために、それほどの危険を冒すことはありえない。やらせや演出ならば、外からイラク人の若者たちを連れてくるしかないからだ。

22　米国占領と反米攻撃の始まり

治安の回復と悪化

4月9日のバグダッド陥落の後、政府やバース党関係の事務所や高官の家などが略奪され、一時、混乱が広がった。しかし、政府はなく、米軍占領も始まっていないのに、2週間ほどで治安が徐々に回復してきた。人通りが少なかった通りや市場ににぎわいが戻ってきた。夕方以降、銃声は引き続き聞こえていたので、夜の外出はできなかったが、昼間は外での取材もできるようになった。本当の「無政府状態」なのに治安が回復するのは不思議だったが、宗教としてのイスラムが大きな働きをしていることは疑いなかった。

金曜日の昼には、スンニ派地域やシーア派地域の集団礼拝を見た。特に人が集まったのはシーア派の礼拝だ。戦争前にはサダム・シティと呼ばれ、戦後は殺害されたシーア派宗教指導者の名前をとってサドル・シティと名前が変わった北東部にあるシーア派教徒が住む貧しい地域の集団礼拝である。モスクに入れきれない人々が何千人もモスクの外に並んで礼拝した。

「略奪品を返せ」

シーア派のモスクでは金曜礼拝の説教で宗教者が、「略奪はハラーム（タブー）である。盗んだものは、返却せよ」と呼びかけた。モスクに併設する建物には、ソファーやベッドなどが次々と運びこまれ、保管されていた。シーア派の民衆が戦争の後、姿を消したバース党の幹部の家から持ってきた家具など様々な略奪品である。

毎週、金曜礼拝に集まって、宗教者の説教を聞くことが義務とされており、さらに貧しい人々や働き手を失った母子家庭の家や孤児を救済するのもイスラムの義務であった。秩序の回復は、人々の日々の生活と社会の規範として機能しているイスラムという宗教によるところが大きかった。

5月と6月はかなり治安が回復し、バグダッド市内だけでなく、周辺地域にも治安の心配なく取材をすることができた。ところが、5月27日中部ファルージャで米軍車両が銃撃を受け、米兵1人が死亡し、7人が負傷するなどの襲撃事件が起きた。

8月になると、大きな爆弾テロが続いた。まず7日にバグダッドのヨルダン大使館前で小型バスが爆発し、少なくとも14人が死亡、65人が負傷した。19日にはバグダッドの国連現地本部で爆弾テロ、デメロ事務総長特別代表ら24人が死亡、100人以上が負傷した。

米国占領体制は最初、米国防総省が戦前から設置していた「復興人道支援室」（ORHA）のガーナー室長が4月下旬にバグダッド入りして、旧反体制各組織と会合を開くなど、イラク側の暫定統治機構を設立する準備を進めていた。ところが、5月初めにブッシュ大統領は突然、イラクの米国復興事業を統括する「文民行政官」として元外交官のポール・ブレマーを任命した。ブレマーの就任でガーナーが更迭された。

首都陥落からわずか1カ月で、占領行政のトップが変わった。占領体制と方針の急な転換で、自分たちで代表を選ぼうとしていたイラク人勢力からは強い不満の声が出た。私は米国のイラクの占領政策が、ほとんど泥縄の状態だったことに驚いた。

バグダッド西方のアンバル州ラマディの中心部でパトロールする米軍車両。2003年7月。

噴き出した米軍への反発

占領政策が準備不足で迷走を続ける中、国民生活は文字通り見捨てられていた。電気供給は不安定で、1日に何時間も停電が続き、水道も断水となり、病院の薬も供給されない。私は7月に入ってバグダッドの西100キロにあるイスラム教スンニ派地域のアンバル州の州都ラマディやファルージャに行った。米軍に対する反感が強まっているという話だった。

ラマディはユーフラテス川が流れる長閑な田園地帯である。緑に囲まれた村の1つで、米兵に銃撃されて死んだ若者の葬式があるという。村人の案内で郊外のファラジュ地区に行くと、白くて長いテントがあり、そこに村人が集まっていた。死んだのはタクシー運転手だった。運転手のワリード（24）は夜9時過ぎ、帰宅途中で、幹線道路で検問をしていた米軍車両からの銃撃で頭などを撃たれて死亡した。

ワリードの父アフマド（48）は「息子は昨年兵役を終えてタクシー運転手として働き始めたばかりだ。罪のない者がなぜこんな目にあうのか」と訴えた。弔問に訪れた部族長老は「部族のメンバーの死は復讐によってはらさねばならない」と声を張り上げた。ワリードのタクシーは家の近くの空き地にあった。フロントガラスだけで15発の弾痕。シートは血で汚れていた。

この時に、取材した先々で米軍についての人々の怒りの声を聞いた。特に米軍による家宅捜索への不満は強かった。夜中にドアを蹴って家に入り、家人を全員外に出して、タンスや押し入れの中を荒らす。兵士が夫婦の寝室に押し入って、女性を身体検査することにも強い反発があった。ある地区の宗教指導者は「米国は文明国だというのに、米兵の行為は野蛮人と一緒だ。米軍が町に入るから問題は悪化する。なぜ、治安をイラク人にゆだねないのか」と非難した。

イスラムの考え方では、侵してはいけないものは「生命」と「財産」と「名誉」である。特にイラクは今でも「復讐」が社会の重要なルールとして生きており、家族のメンバーの命が奪われれば、「血の復讐」をしなければならない定めとなる。私が後に取材したことのある反米組織のメンバーは、組織をつくった理由として、友人の父親が米軍兵士の行為に怒って抗議したところ、逆に公衆の面前で足蹴にされたことから、「父の名誉を回復するために米軍に復讐しなければならない」と相談を受けたのがきっかけだったと話してくれた。

農民たちの怒り

8月にやはり米軍に対する攻撃があったバグダッド北東にあるディアラ州を訪れた。住民に米軍に対する攻撃が起った場所を訪ねて、米軍の銃撃で一度に2人の息子を亡くしたタフシン・アリ（62）と会った。ナツメヤシの林の間にオクラやトマトなどをつくる畑が点在する農村だ。長閑な風景の中で、8月のある夕方、次男ナーティク(20)と高校生の三男バーリク(17)の2人は、自宅の裏にある畑で野菜に水をやりに出ていた。付近で過激派狩りをしていた米軍が2人に向けていきなり機関銃を掃射した。「助けてくれ、殺される」というナーティクの悲鳴が外から聞こえた。長男のワーシク(22)が外に飛び出した。農道に倒れていたバーリクには息はなかった。ワーシクはナーティクの体を庭まで引きずってきたが頭を撃たれ、すでに虫の息だった。

銃撃の後、米軍部隊60人ほどが、アリの家に来た。米兵は1時間にわたって家の中を家宅捜索した。何も出てこなかった。アラビア語を話す米兵が、「あなたの息子を殺す意図はなかった。間違いだ。申し訳ない」と言ったという。アリは私の腕をとって息子たちが撃たれた場所に連れて行った。ナツメヤシの幹に無数の銃痕が残り、銃掃射のすさまじさを伝える。アリは息子たちが息絶えた場所に立ち、「あんな遠くから撃ってきた。それが間違いだったと……」と繰り返し、立ったまま泣いた。米軍は「間違い」を認めたが、その後、何の連絡もなく、アリもどこに訴えていけばいいか分からないという。

「殺しのライセンス」

このころは米軍の「対テロ戦争」の実態と、反米攻撃が激化する理由を知りたいと思って、反米攻撃が起こった地域を回って、何があったかを取材していた。9月下旬の未明にバグダッド西方50キロにあるシジャル村で起こったことは、中でも最も悲惨なものだ。

米軍武装ヘリコプターが一軒の農家に6発のミサイルを撃ち込み、農民2人が死亡し、子ども2人を含む3人が負傷した。事件の翌日、私は現場に行った。小さな農家の回りにミサイルが着弾した直径2~3メートルの5つのクレーターが残っていた。1発は農家の倉庫を直撃し、屋根に穴があいていた。隣の部屋でアリ・ハラフ(47)が死んだ。5メートルほど離れた窓の外に着弾したミサイルが破裂して、飛び散った破片を頭などに受けて死んだ。床一面に血痕が残る。この家で、米軍の攻撃を避けるために逃げこんできたハラフのいとこのサーディ（31）も死んだ。8歳と12歳の息子ら3人が負傷した。

近くにテントが張られ、村人が集まっていた。死んだアリの葬式だ。隣人が語った。「夜中に物音がして犬がほえた。アリは泥棒だと思って空に向けて2発銃を撃った。米軍のミサイル攻撃が始まったのは、その直後だ」

村人たちの証言によると、シジャル村とその周辺では前日に米軍部隊が家宅捜索をして村人4人を拘束したという。米軍の空挺師団が再度、未明に村に入ってきた。米部隊が動き回る音に驚いて外に飛び出した村人が路上で撃たれて死亡した。その後、アリが空に向けて銃を撃った。米地上部隊は武装ヘリの出動を要請し、ミサイル攻撃となった。負傷した家族に会うために、ファルージャ病院に行った。アリの息子2人と、避難してきてけがをした親戚のアベド・ムハンマド（41）が収容されていた。「われわれは武装勢力とは何の関係もない。なぜ、いきなりミサイル攻撃なのか。米軍がもたらしたのは死と破壊だけだ」と訴えた。

国際人権団体アムネスティ・インターナショナルはプレスリリースで、「一般市民の犠牲につながる占領軍の過剰な軍事力の行使は受け入れられない」と訴えた。具体例の1つとして、シジャル村の事例があがっていた。事件後にあった占領軍のサンチェス司令官の定例記者会見で欧米人の記者がシジャル村のケースについて「調査は行なわれているのか。この種の出来事はイラク社会に多くの反感を生み出している」と質問した。それに対して、サンチェス司令官は次のように答えた。「戦闘行為はあった。米軍が応戦して、イラク人を1人か2人を殺したはずだ。その時、1つの集団が連絡をとりあってその家に入った。家から米軍に対する発砲があった。その時点で彼らは米軍の敵となった。われわれは交戦規定の範囲で、敵を降伏させるか、打ち負かすか、壊滅させるまで攻撃を遂行する。これが空挺部隊の行なったことだ。

米軍への明らかな敵対行為があったのだから、武力行使は妥当だ」

サンチェス司令官の説明と、私が現場で村人から聞いた話は符合していた。米軍が武装勢力の攻撃と思った発砲は、ハラフが泥棒と思って空に向けて撃った威嚇射撃だったのだろう。米軍は武装グループが農家に集結し、立てこもっていると思ったが、それは危険を感じてアリの家に避難してきたいとこや隣人だった。村人の話を聞けば、米軍は自分たちへの敵対行為があると思い込んで、ミサイルによる「制圧行為」に出たことが、取り返しのつかない結果となった。

米軍は警告もなく、事実誤認によるミサイル攻撃をした。その妥当性について、米軍司令官は調査の余地さえないという。アムネスティ・インターナショナルは「米軍は法と秩序を回復するために緊急事態に直面しているが、それでも殺しのライセンスを正当化することはできない」と結論づけていた。

スンニ派部族の反撃

取材によって住民たちの間に反米感情が広まり、強まっているのが手にとるように分かった。欧米人のジャーナリストでは行けないような所も、日本人のジャーナリストだからこそ行くことができ、話を聞くことができた。治安状況は確実に悪化していたが、このころは、私自身が危険を感じることはなかった。私は取材していて、取材する相手や周囲で見ている人間の様子に何か不自然な様子があれば、すぐに取材を切り上げることにしていたが、そのようなことはなかった。一緒に取材に行く助手や運転手にも、周りの人々がどのような話をしているかを、耳を澄まして聞くように指示していた。

反米攻撃の激化については、イラク戦争ではバグダッドの攻防戦がなかったことと関係がある。首都を守っていた軍特殊部隊や共和国防衛隊などの精鋭部隊は、戦わずに、平服に着替えて、故郷に戻っていた。故郷というのはラマディやファルージャ、ディアラなどのスンニ派地域である。彼らはラマディのドレイミ族など有力なスンニ派部族の出身者だ。サダム・フセイン体制を守るための首都攻防戦をしなかった元将校や元兵士たちが、米軍の「対テロ戦争」が故郷の町村に及んだ時に、故郷の防衛のために戦い始めたことになる。

サンチェス司令官はその年の11月中旬の記者会見で、「60日前には1日15、16件だった米軍への攻撃は今や30件から35件になった。さらに攻撃は進化してきている。各地に指令部があることは明らかだ。全国レベルではないが、地域的な広がりを持ち始めている」と、反米勢力が次第に連携をとりつつあることを認めた。私は現場を歩いて、人々の体験を聞くことで、米軍のイラク占領が失敗した理由が、イラク人の「生命」「財産」「名誉」を侵害した、対テロ戦争の誤りであることだと実感した。

23 噴き出した「2つの抵抗」

反米武装組織への取材

イラクでは2003年7月以降、米軍に対する攻撃が激しくなる一方で、警察署や新イラク軍の登録センターに対する自爆テロや、シーア派に対する爆弾テロが始まった。米軍への攻撃が起きている地域に話を聞くと、住民が怒りを募らせていることが分かった。では、どのような組織や集団が反米攻撃をしているのか知りたいと思い、複数いるイラク人の助手に頼んで、反米武装組織との接触を試みた。もちろん、簡単にはいかないことであり、繰り返し、助手たちに頼んだ。助手たちはいろいろな伝手を使って探してくれた。

人探しをした結果、2003年9月初めに「イラク・イスラム解放軍」を名乗る武装イスラム組織の幹部アブムーサ（38）と会えた。「イラク・イスラム解放軍」はスンニ派とシーア派の計4組織が、5月

爆弾テロで破壊されたバグダッドの国連事務所。2003 年８月。

に「イスラムの地への侵略者に対する聖戦」を実施する目的だけのために結成した。人数などの規模には触れず、「米軍が撤退すれば解散する」と言う。

イラクでは、５月１日の戦闘終結宣言後、攻撃による米兵の死者は、ロイター通信によると67人を数えた。ほとんどが、ロケット砲や手投げ弾などを使う奇襲攻撃だが、アブムーサによると、奇襲攻撃は10人以下の少人数で実行され、「米軍を攻撃すれば、連絡を受けた米軍武装ヘリが７分で現場に到着する。その前に逃げる必要がある」と説明した。

また、バグダッド西方のファルージャ、ラマディで集中する米軍への攻撃を「９割が私たちの組織による」と話した。国連現地本部への爆破テロについて「われわれではない」とし、「誤った攻撃だ。イスラムでは外国施設は攻撃しない。われわれは米兵だけを狙っている」と語った。

アブムーサは経歴が異色だった。イラン・イラク戦争でイラク軍の特殊部隊に属し、イラン領に侵入してイラン軍兵士の拉致作戦などで4つの勲章を受けたという。その功労によって、91年当時は秘密組織だったサダム殉教者軍団に参加した。軍団が93年にフセイン元大統領の長男ウダイの指揮下に入った翌94年、「国益ではなく、独裁者個人の利益に奉仕する機関となったため組織を離脱し、クルド地区の北イラクに逃げた」と言う。

自身はシーア派だが、逃亡先のイラク北部でスンニ派のイスラム組織に加入した、という。シーア派からスンニ派に宗旨替えしたことになる。96年にイラン経由でアフガンにわたり、カンダハルやマザリシャリフに滞在した。「そこで訓練を受けたのか」と私が質問すると、アブムーサは「えっ」という顔をし、「私がアラブ義勇兵（アフガン・アラブ）の軍事訓練をする立場だった」と言ったのをよく覚えている。考えてみれば、イラクの特殊部隊で実戦訓練を積んだ人物なのだから、アフガン・アラブに軍事訓練をする方になるのは当然だった。

98年12月から2年間、チェチェンに移り、イスラム説教師としてイスラム武装勢力の陣地をわたり歩いた。「馬から落ちて肋骨を折り大けがをした」と語り、シャツをたくしあげて、左わき腹に走る長さ20センチほどの傷跡を見せた。アブムーサはバクダッド陥落後の4月半ばに「米軍の占領と戦うために帰国した」と言う。

アフガンではオサマ・ビンラディンが率いるアルカイダではなく、独立系のイスラム組織が集まるイスラム評議会に所属していたという。「アフガンのアラブ戦士といっても、半分以上はアルカイダではない」と言った。アルカイダとの違いについて「もし、敵に囲まれて逃げ場がなくなったら自爆もありうるが、われわれは最初から自爆の手段をとることはない」と説明した。

アブムーサを紹介してくれたのはシーア派の助手だったから、なぜ、その助手がスンニ派地域で活動する武装組織の幹部を知っているのかと思ったが、その幹部がもともとシーア派だということで、なぞがとけた。さらに「アルカイダ系ではない」と言うのも納得できた。アルカイダはサウジアラビアのイスラム厳格派ワッハーブ派から出ており、シーア派を異端として敵視する。自身はスンニ派に変わっても、家族や一族はみなシーア派なのだから、アルカイダに入るわけがないのである。

2つの暴力

スンニ派地域で取材を進めると、米軍が「対テロ戦争」という名目で続けている暴力的な作戦のせいで、人々の間に誤射や過剰防衛による犠牲が増え続けていることが明らかになった。さらにイスラムの教えやアラブの伝統を踏みにじるような米兵士の行動によって、民衆の間に米軍は「侵略軍」とし、敵視する見方が広がっていることも見えてきた。その上で、スンニ派の反米武装勢力の関係者から直接話を聞くことで、反米攻撃には、民衆の協力を得て米軍を攻撃する郷土防衛的な組織と、民衆をも犠牲にして治安を崩し、米軍占領を失敗させようとする爆弾テロの2つのタイプがあることが分かった。

郷土防衛的な反米攻撃は、私が接触したような部族や部族出身の旧イラク軍の将兵によるもので、一方の治安を撹乱する爆弾テロは、アルカイダ系組織や、フセイン体制の旧治安情報機関の仕業だった。治安情報機関は自分たちの体制に対しては、治安を維持する方向で動きつつ、敵対国などについては秘密の破棄活動などを行なって治安を撹乱しようとする。米占領当局は旧治安情報機関をすべて排除したことから、占領体制は旧治安情報機関によって治安を撹乱されることになった。

私は2003年9月に「イラクでの2つの抵抗」という記事の中で、〈秩序の撹乱を目的としたテロは、大衆を恐怖で支配してきた旧フセイン政権の治安・情報機関『ムハバラート』の手法にも通じる。イラクの元特殊部隊や治安・情報当局は多くの破壊工作の専門家を抱えていた〉と書いた。イラク戦争で、旧政権の基盤だったバグダッドと周辺地域は大規模戦闘をほぼ免れた。「ムハバラート」は体制崩壊後も市民の中に身を潜めているはずだ。潜伏する旧政権の「闇の組織」が、対米軍攻撃の動きに乗じて組織的なテロを始めたと考えた。

イラクでの米軍に対する攻撃は２００４年以降激しくなった。米兵の死者数の推移は次のとおりである。２００３年４８６人▽２００４年８４９人▽２００５年８４６人▽２００６年８２３人▽２００７年９０４人。米兵の死者は自爆テロによるものではない。手製爆弾による車両攻撃やロケット弾攻撃などゲリラ的な軍事作戦による。こうした攻撃を仕かけるのは、ほとんどの場合、イスラム過激派ではなく、各地に支持基盤を持つ武装勢力だ。米軍は「対テロ戦争」を掲げて、アルカイダのようなイスラム過激派を相手にしていたように見えるが、じつは掃討作戦の対象は、こうした各地の武装勢力だった。

米軍は民衆の間から反米闘争が起きていることを否定し続けた。しかし、米軍は２００７年以降、米軍死者の増加をおさえ、さらに米国でのイラク駐留に対する反対意見の高まりなどを受けて、イラクからの撤退に向けた戦略を探る中で、現実と向かい合わざるをえなくなった。スンニ派部族に武器と給料を与えて各地に「覚醒委員会」という非公式の治安維持組織をつくらせた。この戦略の意味するところは、米軍は敵対していたスンニ派部族に町や村の治安維持をゆだねて、自分たちは住居地帯から出て、自衛の体制を固めるということである。

実際にその戦略によって、米軍の死者は２００８年には３１４人と前年の3分の1となり、２００９年には１４９人と激減した。米軍はスンニ派部族を組織化し、アルカイダのテロに対抗させる戦略と説明したが、実際のところは、米軍に最大の損害を与えていたスンニ派部勢力を取り込んで、攻撃を止めさせたことで、米軍の犠牲が減ったということである。現場の取材は、人々の生活や社会で起こる細部が見えてくるというだけでなく、全体の構図や動きも現場の細部から見えてくるのである。

24　日本人外交官の殺害事件

日本人外交官殺害

日本にとってイラク戦争後の出来事で最初の衝撃は、２００３年11月29日にイラク北部を四輪駆動車で移動中の奥克彦・在英大使館参事官（45）、井ノ上正盛・在イラク大使館３等書記官（30）が、イラク人運転手とともに襲撃され、殺害された事件である。

私はその時、バグダッドのホテルにある取材拠点にいた。29日の夜12時ごろに、東京本社からの連絡があり、北部のティクリートに向かう途中で日本人外交官２人が襲撃され、死亡した、と知らされた。その時は米軍スポークスマンの話として、「２人は車を止めて、道路わきの売店に立ち寄った際に襲撃された」ということだった。すぐにイラク人の助手に電話して、翌朝７時に運転手と一緒にホテルに来るように指示した。バグダッドから現場までは１５０キロある。朝８時ごろ、ホテルを出発すれば、９時には現場に到着し、午前中に取材を終えて、午後の早い時間に記事を送ることができる。そのような計算だった。ホテルには朝日新聞の他の記者もいたが、治安上の問題もあるので、私が行くことにした。同行したのは、現場に一番慣れているスンニ派の助手だった。

現場に行かなくてはならない、と思ったのは、２人が殺害された状況が全く分からなかったからだった。米軍スポークスマンが言う「車を止めて、道路わきの売店に立ち寄った」という現場は、幹線道路沿いにある「ムケシファ」という場所で、サダム・フセイン大統領の出身地であるティクリートの手前であり、反米攻撃が続いている地域である。危険地帯で売店に立ち寄るような不用心なことをするはずがない、と考えた。本当に立ち寄ったのならば、何か特別な理由がなければならない。襲撃場所に行けば、立ち寄ったといわれる売店で話を聞くことや、周辺住民の話で、何が事実か分かるだろう、と考えた。

私は目立たない普通乗用車の後部座席に体を低くして乗り、野球帽を目深に被った。左右のドアには、防弾チョッキを立てかけて、気休めながら弾除けとした。幹線道路を時速120キロ以上のスピードで高速走行する。1時間ほどでムケシファに到着したが、現場らしきものはない。一度行きすぎて、引き返したがやはり分からない。降りて地元の人間に聞くわけにはいかない。聞いた相手が、武装勢力とつながっていれば、すぐに連絡されてしまうからだ。ムケシファを過ぎた所にある「ディジュレ」と呼ばれる町の警察署に入った。運がいいことに、その警察署が奥参事官らの襲撃の一報を受けて、現場に急行した最寄りの警察署だった。

警官の取材と現場

警察署に入ると、まずディジュレ地区の区長が対応した。区長は「われわれは昨日の午後零時半に1999年型の黒いランドクルーザーが銃撃され、幹線道路から農地に突っ込んだという連絡を受けた」と語った。地元の誰かが昼過ぎの12時半に車が銃撃を受けたと連絡してきたという。警察署は警部の他に4人の警官を現地に派遣した。その結果、日本国籍の2人とイラク人運転手が乗っていたことが分かった。日本人の1人はまだ息があった。我々は彼らをティクリート病院に運んだ。「3人のうち息があった日本人1人は、病院で救急措置が行なわれたが、病院に到着して5分後に息を引き取った」と語った。

区長は現場に行った警部の報告として「29発の弾丸が車に撃たれていた」と語った。その後で、現場に駆け付けた警部の話を聞いた。警部に「現場が分からなかった」と言うと、「私が案内しよう」と言ってくれた。その後、一緒に現場に向かった。来た道を7キロほど南に戻った所で、警部は「ここだ」と言う。道路からは何も見えなかったが、車をUターンさせて、右の路肩に寄せると、ティクリートの方向に北進する右側車線から右にそれて緑の農地に伸びる2本の轍の跡がはっきりと残っているのが見えた。30メートルほど伸びていた。そこに車は突っ込んだのだ。現場には車はなかったが、警察署で聞いた話と照合するように、現場でもう一度、警部に車を見つけた時の行動を再現してもらった。

車が止まった場所から道路を見ると、車が車道からはみ出した場所から20メートルほど先に、小さな売店があった。売店の主人は、前日、車が畑に突っ込むのを目撃した。「遠い所で銃撃が続くのを聞いた。その後、黒い車が走ってきて、畑に突っ込んだ。最初は居眠り運転をしているのかと思った。右にずれていくから、店に突っ込んでくるのではないかと思ったほどだ」と語った。畑に突っ込んだ車に日本人らしい2人がいるのが分かった。車が車道からはみ出す場所でもブレーキをかけた後は見られなかった。その時点で運転手は死んでいたものとみられる。米軍が「道路わきの売店に立ち寄った所で襲撃された」というのは、現場の警察から発生場所について「道路わきの売店の近く」という説明を受けて、それを誤解したと見られる。

以上のような取材によって、日本人外交官が襲撃された場所は分かった。さらに、道路から畑に一直線に突っ込んでいる様子からも、「売店に立ち寄った」という米軍の発表は間違いだと判明した。東京に帰る車の中で、携帯衛星電話で、東京に

車両で移動中の日本人外交官２人が殺害された現場で、車が突っ込んだ後を示す現地の警察官。2003年11月。

現場の様子を連絡した後で、「米軍の発表は間違い。外交官2人が道路わきの売店に立ち寄ったという事実はない。走行したまま道路わきの畑に突っ込んでいる」と大きな声で伝えたのを覚えている。

部族関係者の新証言

この話には後日談がある。イラクでの治安の悪化を受けて、朝日新聞のバグダッド支局は、2004年9月に日本人記者をバグダッドから退去させて、イラク人スタッフだけが残った。カイロからメールや電話を通じて、取材を指示して、情報を送ってもらってまとめる形となった。2005年6月ごろ、私がインターネットを通じてスンニ派の部族関係者と話をした時に、日本人外交官襲撃事件の話が出てきた。その関係者は「反米武装勢力が米情報機関と間違って銃撃したという話を聞いた」と語った。攻撃に参加したという男が話したのだという。その話は、次のようなものだ。

〈攻撃は2台のドイツ車オペル・オメガを使って、日本人外交官の四輪駆動車を挟み撃ちにして行なわれたという。1台が前を走り、1台が後ろを走った。次第に距離を縮めて、1台目の車からはサンルーフから体を半分外に出して、四輪駆動車の前方を銃撃し、2台目の車には運転手の右側の前の座席と後ろの座席に銃を持った男が乗っていて、後方から近づき、四輪駆動車の左側を追い抜きながら銃撃したという。襲撃について話した男は、2台目の車の後部座席に乗っていたという。銃撃した理由は、2台のオペルはその日、「CIA（米中央情報局）の車がその道を通過する」という情報を得て、朝から、その幹線道路を行ったり来たりしていて、米情報機関の四輪駆動車を探していたという。日本の外交官の車を見た時に、黒い四輪駆動車という点は与えられた情報と同じだったが、普段は3台くらいで武装護衛をつけて走っているので、1台で走っているのは変だと思ったという。しかし、米国の情報機関の車であることは間違いないと思って、襲撃を決行したという。

銃撃した後、車は道路からそれて畑に突っ込んだので、襲撃犯たちは確認のために車を見に行ったという。四輪駆動車に中にいたのが日本人らしきアジア人で、社内に武器がなかったため、軍事関係ではなく、民間人の車両であり、間違った標的だったことが分かったという。後で、日本人の外交官であることも分かり、襲撃した男は「日本人の外交官を殺すつもりはなかった」と悔やんでいたようだ。襲撃に参加した1台目には運転手とリーダー格の男が乗り、2台目に運転手と銃を持った2人が乗っていたという。襲撃に参加したのは計5人だが、事件から半年後の2004年春に米軍との銃撃戦などで、すでに4人は死んでいるという。〉

この話が真実かどうかの裏づけはない。そのため新聞では記事にできなかった。話をしてくれたスンニ派部族の関係者を通じて、私が実行犯の男に直接会って話を聞くことができれば、もっと具体的な情報を得ることができたただろう。しかし、2006年初めからイラクはスンニ派とシーア派の激しい抗争が始まり、ひどい内戦状態に陥り、バグダッド入りすることは全くできなくなった。

やっと2011年に情勢がいくらか落ち着いたので、バグダッドに入った。その時に、話をしてくれたスンニ派の関係者と連絡をとろうとして手を尽くしたが、居場所は分からなかった。宗派抗争が激化して、部族関係者の多くが、命を落としたり、イラクから出国したりしていた。日本人外交官襲撃事件の実行犯については、今だに分からないままである。私が聞いた話も、真相というには裏づけのない話だが、少なくとも、反米武装闘争をしていたスンニ派の関係者の間には、日本人外交官が殺害されたことを気の毒に思う気持ちがあったことは知ることができた。

25　包囲攻撃後のファルージャ入り

反米の牙城の理由

バグダッドの西にあるファルージャはイラク戦争の後、反米の牙城のようなイメージとなったが、その発端となったのは、２００４年3月31日に、米国の民間軍事会社の関係者4人が殺害され、遺体が橋の欄干に吊り下げられた事件である。その後、４月５日夕方から米軍はファルージャを包囲して、掃討作戦を始め、住民による激しい抵抗が始まった。撤退を完了する5月4日までの1カ月で住民約７００人が死んだとされた。米軍はファルージャを攻撃する理由として、国際テロ組織アルカイダとつながる組織がファルージャを支配しているとし、町をテロリストから解放する戦いと言い続けた。

しかし、包囲攻撃の間、唯一、ファルージャの中から報道を続けたカタールのアラビア語衛星放送アルジャジーラからは多くの市民が死んでいるというニュースが流れてくる。米軍が攻撃を開始した4月5日の夜、ファルージャの住宅地に対する米軍武装ヘリコプターの攻撃で、民家の下敷きになって死んだ幼い子どもたちの遺体が並ぶ痛ましい映像を流した。「市民32人が死亡した」と報じた。

イスラム党への同行依頼

私は米占領下でつくられた統治評議会に参加しているスンニ派政治組織のイスラム党と接触した。イスラム党はファルージャに仮設病院を開いて、医師を送って医療支援や、食糧の搬入などの人道支援をしていた。私はイスラム党の人道支援チームと一緒にファルージャに連れて行ってくれるように頼んだ。ファルージャとバグダッドはわずか60キロしか離れていないのに、１カ月の間、米軍の発表とアルジャジーラの現場リポートという間接的な情報によって報道するしかなかったからだ。

イスラム党の幹部は私のファルージャ入りについて協力を約束した。4日に党事務局から連絡があり、翌5日朝に党本部からファルージャに向かう車が出るから、同乗を認めるという連絡があった。ファルージャに行くピックアップトラックが調達できたという。私と助手の1人はトラックの後部座席に乗り、運転手の隣に銃を持った護衛が乗り込んだ。もう1人の助手は支局の車で続いた。バグダッドからアンマンに向かう無人の高速道路をトラックは疾走した。走り出して1時間弱で高速道路を降りてファルージャに続く一般道路に入った。

米軍とイラク保安部隊の検問ではファルージャに入る数十台の車が並んでいた。米軍撤退のニュースを聞いて、市外に避難していた人々が続々と戻っていたのだ。イスラム党の車ということで簡単なチェックだけで検問を通過できた。町の中心部には人々が通りにあふれていた。私を見て、人々が「ヤーバーニ(日本人)」、ヤーバーニ」という声が聞こえた。「ウエルカム・トゥ・ファルージャ(ようこそ、ファルージャへ)」と英語で呼びかけてくる声もある。「状況は平穏に戻った。米軍が撤退したからだ」とイスラム党の運転手が言う。

すさまじい破壊の跡

イスラム党ファルージャ支部の副支部長に「時間がないので、町を案内してほしい」と頼むと、副支部長自ら車を運転して、市内の被災箇所を回った。「あのモスクの尖塔の上に米軍の狙撃兵がいた」「このモスクは米軍の空爆を受けた」などと、走りながら、副支部長が説明してくれた。まず、市北部で激戦地となったジョラン地区に入った時、破壊のすさまじさに息をのんだ。道の両側に並ぶコンクリートづくりの一戸建てがあちらこちらで踏みつぶされて瓦礫の山になっている。まるで巨人が歩いた跡のようだ。瓦礫

米軍の包囲攻撃を受けたファルージャの破壊の跡。2004年5月。

の間で後片づけをする人々があちらこちらに見える。1カ月ぶりに戻ってきた人々だ。

米軍はジョラン地区に激しい空爆を集中させた後、地上部隊を入れたが、米軍が入ることができたのは、ジョラン地区のような周辺部だけで、市中心部に入ることはできなかった。副支部長は「地元の武装勢力の抵抗が強かったため」という。武装勢力は、自動小銃や小型ロケット砲で米軍への激しいゲリラ戦を仕掛け、米軍が市内に入ることを阻止したことになる。米軍は激しい空爆を先行させたが、犠牲になったのはほとんど民間人だった。ジョラン地区で、深さ3メートル、直径20メートルほどのクレーターのような巨大な穴も2カ所で見た。米軍が投下した大型爆弾だ。住民たちはクレーターを指さして「これが米軍の大量破壊兵器だ」と訴えた。

米軍が占拠していたという家を整理していた男性が「これを見てくれ。米軍の仕業だ」と言った。それは、切り裂かれたイスラム教の聖典コーランだった。「客室に置いていたが、戻ってきたら、庭に捨てられて、切り裂かれていた。こんなことをするのは、信じられない。野蛮で、神を侮辱する行為だ」と強い憤りを示した。イスラム教徒はコーランを神の言葉を記した書物と信じている。イスラム教徒の信仰心を踏みにじるような米軍の行為に、占領軍としてのあまりの意識の低さに驚いた。

米軍のファルージャ攻撃の間、市内に残ったアルジャジーラなどが市民の犠牲を報じていたが、CNNやAP電など欧米のメディアのファルージャからの報道は、大半が米軍へのエンベット（従軍）によるもので、市内の破壊の様子はほとんど出てこなかった。実際に住民の側から入って、初めて破壊の規模のひどさが実感できた。

犠牲になる民間人

空爆の初日に1カ所で民間人32人が死んだとアルジャジーラが報じた現場を探した。イスラム党の案内人に頼むと、ジョラン地区の西部にある住宅密集地に連れて行かれた。普通乗用車がすれ違うのが難しいほどの狭い道路が縦横に走る。近くの住民が「ここだ」と教えてくれた家の前には、火山灰をかぶったような車が止まっていた。家が崩れているわけでもなく、表のドアもあった。本当にその現場なのかといぶかしく思っていると、その家の家族だという18歳の少年がやってきて、ドアを開けてくれたので中に入った。最初の部屋を通り抜けて、奥のドアを開けると、天井が抜けていた。武装ヘリが放った小型ミサイルが命中し、屋根が崩落したのだ。奥にある3メートル四方ほどの2つの部屋に5家族42人が息を凝らしていた。いきなり地獄が天から降ってきたような阿鼻叫喚の中で、31人が死んだという。

案内してくれた少年は、その家の息子で、タクシー運転手のサード・ジャナビー（18）だった。目を負傷して、右目が見えないという。サードは空爆の様子を証言した。

「空爆があったのは4月5日午後9時ごろだった。ジョラン地区への激しい空爆が始まったために、人々は住宅密集地に住んでいる親戚を訪ねて避難してきた。我が家にも、親戚がどんどん集まってきて、寝る場所もないような状態だった。みな、道路わきの部屋では、米軍が入ってくるかもしれないと恐れて、奥にある2つの部屋に固まっていた。私は別の子どもたちと6人と一緒に風呂場にいた。空爆された時は、何が起こったか分からなかった。私は爆発の音も聞こえなかった。私はその瞬間気をうしなった」

サードは「なぜ、我が家が空爆されたのか、分からない。米軍に対する攻撃は東の方の農園で起こっていた。空爆の音も遠くだからいいと安心していたら、いきなり、撃ち込まれた。ここにはムジャヒディン（戦士）は誰もいないのに。なぜなのか」と憤りを表した。

部屋にはまだ瓦礫が数十センチ重なっていた。その上に、女性の髪の毛がこびりついた頭皮がほこりにまみれてひからびていた。瓦礫に埋もれて、叫びやうめき声が、その頭皮から聞こえてくるようだった。それにしても、上空から見れば、住宅密集地帯であることは一目瞭然なはずだ。なぜ、米軍の武装ヘリはここにミサイルを放ったのだろうか。一発のミサイルが一度に多くのイラク人の命を奪うかもしれないと、米軍ヘリのパイロットは考えただろうか。米軍は重大な戦争犯罪の疑いがある空爆について検証もしていないのである。

私は取材に応じてくれる人々の話をできるだけ具体的に聞き出し、メモをとった。新聞の記事に盛り込むことができるのはごく短い分量だが、まずは私自身が貴重な証言を漏らさずに記録し、何があったかを理解しなければならないと考えた。

墓地となっていたサッカー場

ファルージャの悲劇は、市中心部にあったサッカー場に集約されていた。

市民は市のはずれにあった公共墓地に向かう道を米軍に閉鎖されたため、死者を市中心部のサッカー場に運んで埋葬した。サッカー場の入り口には「ファルージャ殉教者墓地」という横断幕が張られていた。中に入って、息をのんだ。スタジアムの場外に平たい石を切った墓石が100以上並ぶ。ジョラン地区で死んだ31人は、長さ4メートルほどの1つの墓に埋葬されていた。「人の区別をつけることはできなかった」と墓の管理人が言った。墓石には、「殉教者何某」と記されている。「2人の子ども殉教者」と記された1枚の墓石には「ワファアとザフラア」と2人の女性の名前が書かれていた。少女だという。

ほぼ中央に「光を見なかった子ども」と記された小さな墓石もあった。「臨月にあった妊婦が、米狙撃兵に撃たれて死んだ」と管理人が説明した。「ティフル（子ども）」とだけ赤い文字で書かれた小さな墓石が、大きな墓石に寄り添うようにおかれていた。母と子を暗示するように墓石を置いたのは家族であろうか。100枚の墓石には、100家族の悲劇が刻まれているのだ。わずか1カ月の米軍の攻撃で、これだけの人間が殺されたのだ。

サッカー場に入ると、さらにグランドが掘り返されて、墓石が並んでいた。場外の場所がいっぱいになったために、グランドへと移ったのだ。中央に墓石の列は、4列から5列となっていた。墓石は150ほどを数えた。こちらの方が場外よりも新しい日付だった。場外と併せると、300近い。

埋葬された息子の墓参りに来ている父親（48）と会った。墓石には「ビラル・ムハンマド」とあった。ビラルは本人の名前、2つ目の名前は父親の名前だ。父親のムハンマドは「息子は米軍と戦って、撃たれて死んだ」と語った。ビラルは地元のアンバール大学教育学部4年生で、26歳だった。死亡したのは4月9日のことだ。「息子が死に、競技場に埋葬された、と別のムジャヒディンが知らせに来た」とムハンマド。「息子が戦いに参加しているとは知らなかった」とつけ加えた。「米軍が攻撃してくる前は息子はムジャヒディンではなかった。大学最後の年で、もうすぐ卒業だった。私の息子は、他の若者と同じように、町と宗教と、名誉を守るために、銃をとったのだ。誰もが町の防衛のために戦った」と語った。

米軍は「外国人テロリストがファルージャに拠点を持っている」と強調し、包囲作戦の最中も「武装勢力だけを正確に選別して攻撃している」と繰り返していた。しかし、住民は「運転手や床屋、技師など職能組合ごとに防衛隊を組織し、普通の市民が戦った」と証言した。包囲攻撃のころ、「住民と握手をして、敵をやっつけようと思った。しかし、行ってみるとみんな敵だった」というコメントが掃討作戦に参加している米海兵隊員の言葉としてAFP通信で流れた。この言葉は、「町をテロリストから解放する」つもりの米軍が住民たちによる激しい抵抗を受けたという米軍の対テロ戦争そのものの問題性を示していた。

26　偽造パスポートを追え

本物と区別がつかない偽造旅券

中東は戦争や宗派抗争、テロなど、荒っぽいニュースには事欠かない。しかし、事件が起こるのを待っているばかりでは、事件を処理するだけの受け身の対応になってしまう。事件が続いて忙しくしていると、たくさん仕事したような気分になるが、ジャーナリストの運動神経を使って出来事の表面ばかりなぞってニュースを送っているだけになりかねない。事件からさらに踏み込んで、その社会について取材をして、記事を書くことが必要となる。

イラク戦争後のイラクの混乱の実相を象徴したのが、偽パスポート問題だった。助手の一人から「本物と区別がつかないパスポートが出回っている」という話が入ってきた。何か裏がありそうだったから、背景を探ることにした。助手に実際にその偽造旅券をつくっている男性を探してもらった。男性は「ヨルダンに車の買い付けに行くためにつくった」という。

イラクではサダム・フセイン政権の崩壊後1年ほどは、新たなパスポートは発行されず、戦前に前政権が発行したものが通用していた。偽造旅券は、発行日を戦争前の日付にして、前政権時代に取得した体裁をとるという。旅券には、7桁の旅券番号が記され、「02」「03」「04」で始まる三種類の番号がある。番号によってデザインが異なる。最も信頼性が高いのが「03」旅券で、男性が入手した旅券は、フセイン元大統領の肖像のホログラムなど偽造防止策が取られている。

男性から入手した経緯を詳しく聞いた。旅券の手配師は最も安全な「03」旅券があると言い、「これまで数百の旅券をつくったが、誰も捕まった者はいない」と言う。代金は40万ディナール（約2万2000円）だった。これはイラク戦争後創設されたイラク警察の警官の月給にあたる。

男性はまず、偽の身分証明書を作成して、その偽の身分証明書で、偽の旅券をつくったという。イラク戦争後のイラクは偽物天国で、あらゆるものの偽物が出回り、身分証明書や住民登録票などの役所の文書は書式も簡単で、すぐにつくることができた。身分証明書というのはＩＤカードのことだが、写真さえあれば、10ドルでできた。

男性は金を用意すると手配師とともにバグダッドの郊外に車で行き、道で降ろされたという。そのまま道で待っていると、50歳前後の小柄な男が車で来た。男は「アブカリーマ」と呼ばれている。彼は道路わきで男性に旅券を必要とする理由などを聞き、偽造を請け負った。旅券は翌日、できあがった。旅券を受け取る時、男性が安全かどうか念を押すと、手配師は、アブカリーマについて次のように話した。「フセイン政権の総合治安部管轄下の旅券事務所で発行担当をしていた。今年4月の体制崩壊時に旅券事務所の建物に入り、発券用の道具、未使用の台紙、スタンプ、印紙など一式を盗んで、戦後、自宅で偽造旅券の発行を始めた」

手配師は男性に「いつもポケットに入れておけ。使い込んだ感じになる」と忠告したという。偽造旅券の発行日はイラク戦争が始まる前の２００３年2月27日で、有効期間は8年間。旧政権下で外国に行く者が必ず取得しなければならなかった本物の出国許可証のシールまで貼られていた。

旧政権の担当者がつくる

男性の話が本当ならば、台紙も、判子も印紙も本物で、前政権で発行していた人間がつくっているのだから、「真正の偽装旅券」ということになる。しかし、男性の話だけでは、裏づけにはならない。その偽造旅券を戦後に創設されたバグダッド旅券事務所に持って行って確認することにした。

旅券事務所で「偽造旅券問題で話を聞きたい」と言うと、アブドルサラム・ハンマディ所長が対応してくれた。まずは偽造旅券の問題について所長に質問すると、所長は十数冊の偽造旅券を机の上に並べて、「これは写真を張り替えている」「署名の書き方がおかしい」「印紙が偽物」などと説明した。私は所長の話を聞いたうえで「最近、私も偽造旅券を入手しました」と言って、男性の偽造旅券を所長の前に置いた。所長は旅券を手にとって仔細に見ていたが、「これは旧政権の旅券発行の担当者がつくったもので、本物と区別がつかない」と言い切った。

所長によると、旧政権で旅券を発行していた情報機関の担当者が、旅券の材料だけでなく、旅券の台帳にあたるCDやコンピューターまで持ち去ったため、戦後の旅券事務所は、記録の照会による真偽の鑑定ができなくなっているという。ハンマディ所長らは偽造旅券を締め出すために、元旅券担当官に記録や機材の返還を求めたが、「復職できないかぎり、返還するつもりはない」と拒否されたことを明かした。

所長自身は、戦前は内務省管轄の身分証明書課に属していた。男性が最初につくった偽の身分証明書を見せたところ、「台紙も判子も印紙もすべて本物だが、偽物であることは私が見れば分かる」と言い、判子の数字と台紙に書かれた数字が異なるなど、不自然な点を次々と指摘した。「戦後の混乱で政府機関から流出した素材や判子が使われても、必ず不自然な点がある。見破るのは簡単だ」と語った。

米英占領当局は旧政権の治安機関で働いていた全員について「人権抑圧にかかわった」という理由で復職を認めず、旅券業務の担当者まで追放された。所長らは偽造対策のため、2003年9月初めに米占領当局に旅券事務所の旧政権担当者を復職させるように求めたが拒否された。「占領当局は、現在の治安を実質的に改善するための措置を理解しようとしない」と所長のハンマディは占領当局の頑なさを批判した。

金を出せば本物と区別がつかない偽造旅券が入手できるとすれば、サダム・フセイン政権の高官やバース党幹部、政治犯の処刑などにかかわった秘密警察の幹部などが別人になりすまして、イラク国外に出国できたことになる。さらにアラブ諸国のテロ組織の関係者の偽の旅券をバグダッドでつくることもできる。米国によるイラク戦争が「対テロ戦争」の名目で行なわれたが、実際にはイラクの治安を破綻させ、それが現在のイスラム過激派組織「イスラム国」の前身にあたる「イラク・アルカイダ」をイラクに呼び込む結果にもなった。「真正の偽造旅券」の取材ではそのような治安の混乱の背景を垣間見ることができた。

27　旧治安情報関係者との接触

なぞだらけの首都陥落

イラク戦争後にサダム・フセイン政権時代の治安情報関係者に話を聞こうと思った。旧体制下では全く不可能だったし、アラブ世界の他の国でも治安情報関係者との接触はできない。中東では治安情報機関が体制維持や政治工作で果たす役割は大きいが、影の存在で、どのような働きをしているかは全く秘密のベールに包まれている。イラク戦争後に体制が崩れた後に、イラクの治安情報関係者はすべて米軍の占領当局によって新体制から排除されたことで、接触できる可能性が出てきた。

スンニ派の助手に旧政権の治安情報関係者に話が聞きたいと頼んだ結果、2004年春に軍情報部中佐のアブミーナと会うことができた。彼は当時43歳。フセイン元大統領の次男で精鋭部隊の共和国防衛隊を指揮するクサイ直属の7人の連絡将校の1人だった。大統領府と共和国防衛隊の間の連絡将校である。当時は職を解かれて、浪人状態であり、日本人のジャーナリストなら会ってもよい、ということで、一緒に食事をした。

「アブミーナ」というのは「ミーナの父」という意味のニックネームである。「イラク戦争での首都陥落は今になっても分からないことばかりだ」と語った。なぜ、フセイン大統領は予備役や退役将校を動員しなかったのか、なぜ、首都に至る幹線道路の守りを固めなかったのか、なぜ、大統領宮殿を簡単に捨てたのかなどと疑問をあげた。それはまさに私自身が抱いていた疑問だった。アブミーナは「フセインは初めから戦争する気はなく、自分が助かるために首都を米軍に明けわたした」という見方を示した。フセイン大統領に裏切られたとの思いは、元軍幹部の多くが持っているのだという。

アブミーナは「イラク戦争の開戦2カ月前の2003年1月には戦争は避けられない状況になったが、イラク軍には緊張感がなかった」と言う。将校の退役が希望通り認められ、戦時には不可欠の予備役招集もない。「大統領は戦争をする気があるのか」と、いぶかしく思った。

アブミーナは不安になって首都の軍の配置を調べた。軍が守りについていたのは、北と南の計4地区だけ。「守りはほとんど空っぽだった」と言う。自ら、首都防衛の必要性を25ページの報告書にまとめて、クサイに提出した。だが、防衛強化は実施されなかった。4月4日、米軍はバグダッド国際空港に到達した。6日には市街地に進軍を始めた。

アブミーナは4月3日に「米軍戦車がいる」という情報を得て、バグダッドの西方にタクシーで向かった。間違いなく4両の戦車が見えた。イラク戦争開戦から2週間しかたっていないのに、首都近くに米軍の戦車がいるのは「夢を見ているようだった」と言った。

首都陥落後

首都陥落の9日、アブミーナは私服を着て車で中心部に向かったという。首都西部のヤルムークで米戦車が道路をふさいでいた。車を止めて外に出た。偶然、知っている顔に出会った。大統領宮殿の敷地内に住むクサイの側近だった。「何が起こったんだ」と問うと、「米軍が宮殿に入った。もうだめだ」と言う。「クサイとサダムは?」と聞くと、側近は「2人がわれわれを破滅させた」とののしった。側近はアブミーナを見て「なぜ、泣くのか」と聞いた。「なぜ、君は笑っているのか」と聞き返した。「こうなることは予想できたじゃないか」と側近は言った。アブミーナはそんなエピソードを話してくれた。

アブミーナは2004年6月に新しく組織された治安情報機関に採用されて、仕事に復帰した。採用には米軍による審査があったという。審査でポリグラフ(うそ発見器)にかけられた。「フセインを好きか?」「いいえ」。本心だった。「戦争に負けて悲しいか?」「いいえ」。本心ではなかった。

結果は不合格だった。しかし、彼の知り合いのイラク内務省幹部の働きかけで採用が決まった。米軍は元バース党幹部から反体制組織のリーダーとなったイヤド・アラウィを暫定首相に指名した。アラウィにとってテロリストや武装勢力の攻撃に対抗するために、治安を確立することが最大の課題だった。

アブミーナは復職にあたって首相にテロ対策の提案を送ったという。「周辺国から来る外国人の入国を制限し、国内で厳しく監視する」という内容だった。秘密警察が目を光らせた旧政権の手法に通じる発想だ。アラウィ暫定政権は2005年1月末の総選挙までの暫定的なもので、総選挙の結果、シーア派宗教勢力が半数近い議席を得て、政権を主導するようになった。スンニ派・シーア派の宗教抗争が始まり、治安が泥沼化するのはその後である。

2枚の身分証明書戦後の転身

アラブ諸国には「ムハバラート（総合情報部）」と呼ばれる国内で政治犯を取り締まる秘密警察と対外情報機関を併せた機能を持つ情報機関がある。ムハバラートの関係者の話を聞きたいと思って伝手を探していたところ、当時、30歳だったアブバラと会った。戦前、ムハバラートの大尉で「M6（第6局）」と呼ばれた内部情報局で働いていた。

アブバラによるとイラクのムハバラートは28局あり、1万人以上の職員を抱えていたという。旧フセイン政権最大の情報機関として政権の強権体制を支えた。M6は、内部の綱紀粛正や腐敗取り締まりが任務だ。「ムハバラートの中のムハバラート」の異名をとった。アブバラが、この部署に配属されたのは、フセイン元大統領と同じ部族だったからだという。アブバラは職員の使い込みから、本人や妻のスキャンダルなどを処理するのも仕事だった。職員の妻が不倫しているのを発見して、止めさせたこともあるという。「組織に腐敗、スキャンダルがあれば、外国の情報機関が問題を抱える職員や家族につけこんで、こちらの情報機関に浸透してくる。組織をきれいにしておくのが私たちの任務だ」とアブバラは言った。「イラクはイラン、トルコ、シリア、ヨルダン、クウェート、サウジアラビアに囲まれている。周辺国すべてが脅威だ。われわれがすきを見せたらすぐに国内の治安を乱されてしまう」とつけ加えた。

アブバラは93年に警察大学を卒業し、1年間の研修を受けて、ムハバラートに配属された。私服で、常に偽の身分証明書を携帯し、親類にも正体を隠した。戦後、故郷に戻って警察に職を得ることができたのは、誰も彼がムハバラートで働いていたことを知らなかったからだ。「ムハバラートは自分がムハバラートであることを周囲に知られてはならない。家族にさえ隠している。自分がムハバラートだと触れ回る者がいたら、それこそ我々の調査の対象になっただろう」と言う。

アブバラは97年から2年間、キューバのイラク大使館で勤務した経験があった。外国にあるイラク大使館の外交官には必ず情報部門から人が来ていたという。アブバラはスペイン語はその時に独学で習得した。

イラク戦争の間はバグダッド南郊で住民の間の情報収集にあたる任務を命じられた。ところが4月初めに本部との連絡がつかなくなった。米軍が国際空港に到着した時、「すべて終わった」と思った。バグダッド陥落の翌10日に故郷に戻った。

アブバラは2003年夏に米軍監督下で始まったイラク警察の再編で、州警察警部の職を得た。ムハバラートは解体されたが、アブバラの正体は誰も知らなかった。故郷は米軍攻撃が続く同国中部のスンニ派三角地帯にある州だ。英語を話し、その州に駐留した米軍司令官と現地警察の連絡役になった。警察再編担当の米司令官はヒスパニック系米国人だった。スペイン語を話すアブバラは、米司令官の信頼を得た。1カ月ほどして司令官が聞いた。「君はただの警官ではないな」。アブバラは「ムハバラートでした」と答えた。

司令官はアブバラの答えに、「そうか」と言ったきりで、その後は何も触れなかったという。その後、占領当局が任命したイラク人の州知事が米司令官と警察幹部を招いて治安を協議する会合を持った。米司令官はアブバラにスペイン語で通訳するよう求めた。会合の後、知事から「私の通訳にならないか」と誘われ、受けた。後に知事にも素性を問われ、経歴を明かした。「トップと信頼関係をつくれば、同僚に秘密を知られることを恐れる必要はなくなる」という計算があったと言う。

アブバラは州、市レベルで地方自治体の復興を推進する米国のリサーチ・トライアングル研究所（RTI）でも働くようになった。RTIでは地方の議会にあたる評議会をつくるために奔走した。どのようにして評議会メンバーを選んだらよいか、誰が本当に地元の人々とつながりを持っているのかを探って、実際に地元民から信頼される評議会をつくる任務だ。「必要なのは、イラク社会のことを理解し、誠実な人物を捜し出して、必要な情報を集めることだ。本当の情報を集めることを知らない人間は、口先だけでいいことを言う人間ばかり集めたり、住民から遊離して、自分の利益しか考えない人間を選んだりする」と語った。

体制支える「闇の機関」

ムハバラートは政治犯の弾圧や反体制派の暗殺などを実施した闇の機関だ。「ムハバラードを擁護するつもりはない。しかし、多くの職員は大統領のためではなく、国の安全のために骨の折れる任務にあたっていた。米国の誤りは、すべての治安情報機関を排除したことだ」とアブバラは言う。「私はサダム・フセインに恩義はない」とも言う。「戦後、米国はイラクの情報機関を一掃したために、治安を撹乱する国内外の動きを監視する機関がなくなった。アルカイダであれ、外国の情報機関であれ、今のようなイラクでは好き勝手に入り放題だ」と語った。

私が会った2004年3月、アブバラはイラク警察とRTIの2枚の身分証明書を見せた。昼間はRTIで働き、夕方から州知事の通訳を務めていた。「難しい状況だから、社会を知り、人の扱い方を知って、慎重に物事を進めねばならない。私の古い人生は終わり、新しい人生が始まった。どちらも国と社会の安定のために裏方として働くのは同じだ」と、アブバラは語った。〈「今はイラクの復興のために働きづめだ」〉と、アブバラは言った。

アブバラの話は、情報任務に携わっていた人間が、戦後の混乱期にも傑出した役割を担うことができるという実例でもあろう。もちろん彼の言うようなきれいごとばかりではないはずだ。強権体制の手足となって政治犯弾圧や人権侵害にかかわった部署や幹部がいることは確かだ。ムハバラートの取り調べ室では、政治犯に対する拷問が行なわれていた。彼が匿名であれ、外国人の新聞記者である私にムハバラート時代の自分の職務について語ることができたことは、一般市民に対する監視ではなく、たまたま「M6」という内部への監視を担当していたためだろう。

アブミーナにしてもアブバラにしても、イラク戦争後の混乱の中だったからこそ、情報関係者の話を直接聞くことができた。これも私が日本人のジャーナリストだったから話をしてくれたということもあっただろう。中東では表の話だけでは何も見えてこない。それはイラクだけでなく、中東の権力について理解するうえで重要な体験だった。

28 追われるガジャル

イラクのジプシー

イラク戦争後の混乱の中で、私が強い興味を抱いたのはイラクのジプシーたちの運命である。ヨーロッパで「ロマ人」と呼ばれる人々と同じ系列だが、中東のジプシーはロマ人とは呼ばない。イラクでは一般的に「ケウリア」と呼ばれるが、その言葉には強い差別の意味がある。彼らには自分たちの言葉があるが、アラビア語でジプシーをさす「ガジャル」という言葉を使っていたので、ガジャルと呼ぼう。

イラクでガジャルと会ったのは、２００３年９月に、バグダッドの北70キロにあるディアラ州に反米武装組織の取材に行った時だった。空爆で廃虚になった警察施設跡地にガジャルの家族が住んでいた。サダム・フセイン政権下ではバグダッド東部のカマリヤ地区と、西部のアブグレイブ地区にそれぞれ約５００家族が住んでいたが、イラク戦争でフセイン体制が崩壊した後、周辺のアラブ系住民の攻撃を受けて逃げ

イラク戦争の直後にバグダッドの家を追われてテントで暮らすイラクのガジャル（ジプシー）の人々。2004年9月。

ていたという。

警察署の廃墟の中に、10メートル四方ほどの煉瓦づくりの建物に老若男女20人ほどが集まっていた。若い女性も2、3人混じっていた。

「アッサラーム・アライクム（あなたたちの上に平穏があるように）」と、あいさつし、一番年長の男性にアラビア語であいさつし、握手した。年長の男性は、モフセン・ヒンディ（64）といった。「あなたたちがどうしてここに住むようになったのか、話を聞かせてほしい」と頼んだ。モフセンは話し始めた。

彼は戦前はバグダッドの東郊にあるカマリヤ地区に住んでいた。結婚式や男の子の割礼式などのお祝いに呼ばれて、ベリーダンスや歌を披露するのが彼らの生業だった。しかし、一般のイラク人はガジャルに対して強い差別意識を持っていた。首都陥落前後にバグダッドでは市民が暴徒化して略奪が横行し、官公庁や公共施設、バース党や軍関連施設、商店などが襲われた。バグダッドでカマリヤと南西部のアブグレイブにあったガジャルが住んでいた地域も周辺住民によって襲撃された。

カマリヤのモフセンの家では、米軍によるバグダッド陥落から2、3日後の夜9時ごろ、銃を持った5、6人の男が家に押し入って来た。男たちは家族の目の前で、金目のものを物色し、電気製品や家財道具を運び始めた。「目の前で起こっていることが信じられなかった」と娘のメイスーン(22)は語った。1時間半後、男たちが「朝までに出ていけ」と言い残して立ち去った。家の外ではなお略奪が続いていた。モフセンらは午前1時ごろ家族全員でカマリヤの家を出た。この時、カマリヤ地区に住んでいたガジャル約500世帯が逃げ出した。モフセンはバグダッド市内を転々とした後、8月初めにイラク戦争中に空爆され廃墟になった交通警察の跡地にたどり着いた。ディアラ県にいた親戚らも合流し、4家族になっていた。

大統領から与えられた市民権と家

モフセンによると、ガジャルはかつてテントで暮らす流浪の民だった。それもそれほど昔のことではない。年齢60代半ばのモフセンの半生は、テント生活だったという。テントで移動しつつ、イラクの各地に勢力を張る部族の族長のところに行って、部族の支配地域にとどまることを許されれば、数週間から数カ月とどまる。その間に結婚式や男の子の割礼式などに呼ばれて、踊りや歌を披露して、生計をたててきた。時期が来たら、また別の場所に移る。ガジャルの放浪生活を変えたのが、1979年に大統領に就任したサダム・フセインだった。

フセイン大統領は、ガジャルに市民権を与え、家を所有することを認めた。81年に政府がアブグレイブにある土地と家をガジャルに与えた。旧政権では国民に与えられるものはすべて「大統領からの贈り物」

とされた。アブグレイブのガジャル地区の土地も、フセイン大統領からガジャルへのプレゼントとして、ガジャル自身にも、周辺の住民にも受け止められていた。旧政権はガジャルに市民権を与える一方で徴兵の義務を課した。強権で多民族国家を束ねるのが、フセイン政権の手法だ。ガジャルたちは、大統領の誕生日などの国家的な祭典に動員され、テレビの前で大統領をたたえる踊りを披露するなど、翼賛体制の中で積極的な役割を演じた。イラクの一般の人々には、ガジャルはフセインのもとで特別に庇護されていると映っていた。メイスーンは挑むような口調で言った。「フセイン大統領のもとでは私たちを攻撃すれば警察が許さなかった。私たちを人間として扱ってくれたのはフセインだけだった」

市民権を持ち、身分証明書を持っても、人々の間の強い差別意識は変わらなかった。教育を受ける権利があっても、一般の学校はガジャルの子どもを受け入れようとはしなかった。社会的にはガジャルは完全に孤立した存在だった。彼らが社会で生きる唯一の道が「ハフラ(パーティー)」だった。結婚式や割礼式などに呼ばれて、ガジャルの女性がダンスや歌を披露し、男たちが楽器を演奏する。ガジャルの娘は12歳になるとダンサーとして人前で踊るようになる。メイスーンの場合もそうだった。テレビの芸能番組やドラマや映画にエキストラとして動員される機会も増え、俳優となったガジャルもいる。「今は乞食をするしかない」とメイスーンは自嘲気味に言った。ガジャルの世界では、女性が稼ぎ手だ。男性はバンドとして働いても、踊り子の10分の1の稼ぎしかない。

追われる弱者

イラクはクルド人やアッシリア人などのように多民族国家であるが、ガジャルはイラク社会の中でも独立した民族とは認められていない。独自の言語や文化を持つとは全く考えられていない。祭りの場に限定された芸能集団という領域だけで社会と接点を持っているのが、イラクのガジャルの特異な点だ。

この取材の後、戦争前のガジャルが住んでいたカマリヤ地区とアブグレイブを訪ねた。カマリヤでは戦後の建物は残っていたが、ガジャルが住んでいた家はいずれも不法占拠した人々が住みついていた。アルグレイブではガジャルが住んでいた地区に行ってみると、住宅に囲まれた500メートル四方ほどの場所が、そっくり瓦礫の山になっていた。周辺の住民から襲撃されてガジャルが追われただけでなく、住民たちは無人になったガジャル地区にブルドーザーを入れて、家を破壊しつくしたという。顔を出した住民が、「金持ちが夜な夜な、ガジャルやお客を呼んで酒宴を催していた。ガジャルがそばに住んでいるせいで、地域の評判はさんざんだ。あいつらが2度と戻って来ないようにした」と言った。その横で、「サダムが終わったのだから、ガジャルの時代も終わりだ」と憮然として言ったのはその地区の小学校の校長だった。

ガジャルの話を聞いていると、あまりのひどさに、同情を通り越して、怒りを感じた。フセインに人権意識があったわけではないが、その体制が崩れた時に、シーア派、スンニ派、クルド人の抗争が始まり、ガジャルのような少数派は居場所がなくなった。場所を追われたのはガジャルだけではなく、イラクにいたキリスト教徒も、攻撃にさらされ、イラク戦争の後、多くのキリスト教徒が国外に脱出した。ガジャルの取材で見えてきたのは、弱者の居場所を奪った戦争の愚かさである。

29　自衛隊のサマワ駐留

大きな期待と食い違い

イラク南部のムサンナ州サマワに陸上自衛隊が2004年1月から駐留を開始した。人口4万人、周辺地区を合わせて20万人の地方都市だ。最初はサマワがどこにあるかも知らなかったので、サマワという町と土地柄、人々について理解するために、州知事や議会議長、政治組織の指導者たち、有力宗教者たち、有力部族長たちや商人組合の代表など次々と地元の有力者を訪ねて、インタビューをした。すべてのインタビューをアラビア語でしていたので、そのうち、アラビア語を話す日本人のジャーナリストがいるということを聞きつけて、私の助手のところに「私も日本の新聞に言いたいことがある」と政党の指導者から招待が来たこともあった。地元の人々と、毎日、インタビューをして分かってきたのは、日本の援助に対するほとんど現実離れした期待だった。「日本が支援に来ることで、イラクの復興はサマワから始まる」と本気で考えていた。

1月末に州知事のムハンマド・ハッサーニと会見した。知事は会合などで、「われわれは日本を迎えたことを他の人々から羨望の眼差しを向けられることになろう」と州民衆に語っていた。知事は会見で、自衛隊がサマワに到着して以来、州側が日本に実施を求めている民生関係の事業の優先順位について話を詰めているとしつつ、「われわれが自衛隊に期待する事業の中で最優先なのは失業問題の解決である。プロジェクトとしては、上下水道事業、健康医療事業、学校建設、道路舗装などである」と語った。

サマワへの陸上自衛隊派遣の基礎となるイラク特別措置法では、2つの活動の柱がある。人道復興支援と安全確保支援であり、人道復興支援では、医療、生活関連物資の配布、施設の復旧や整備などが主な業務とされる。しかし、サマワ市及びムサンナ州は、イラク戦争で受けた被害は大きくなく、抱えている問題は、イスラム教シーア派地域で旧政権時代に冷遇され、社会基盤の多くが70年代、80年代前半のもので、公共施設の多くが老朽化しているということだった。戦後復興の緊急支援を第一の任務として派遣された自衛隊ができることと、住民の要望の食い違いは大きかった。

私は知事に「何か、緊急支援の対象はないのか」と質問すると、知事は「緊急、緊急ねぇ」と答えあぐむように繰り返した。「われわれは何年も待ってきた。将来に続くプロジェクトがほしい。われわれは下水道整備や道路の舗装などを求めている。それが1年でできるとは思っていない。われわれは自衛隊が日本の大企業とは違うことは分かっている。しかし、同じ日本人だ。これがイラクの復興の第一歩になることを期待している」と語った。

「自衛隊を守れ」

私が2月初めにインタビューしたサマワのイスラム教シーア派宗教指導者マアド・アルワーイリ師はその年、2月2日朝に予定されていたイスラム教の大祭「犠牲祭」の礼拝で、自衛隊の防衛を信者に求めるファトワ（宗教見解）を出すことを明らかにした。ファトワは「日本人を尊重せよ」という表題で、「サマワ市民にとって自衛隊を防衛することはイスラムの宗教的義務である。自衛隊は、すべてのイラク人とイスラム教徒の要求であるイラクの再建と復興のために来ている」という内容。アルワーイリは自衛隊について「自衛隊は米軍やオランダ軍のような占領軍ではないと考える」と断ったうえで、「自衛隊がサマワで病院や橋を建設するなどの復興支援を行ない、それによってサマワの失業問題が解決されることを人々は望んでいる。自衛隊を守ることはイスラムの教えが重視する『公共の利益』に合致する」と語った。

陸上自衛隊本隊の先発隊第一陣は2月8日、到着し、先遣隊と合流した。自衛隊の医官4人が、サマワ郊外のハダルの町の公立病院を訪れた。医療支援は自衛隊の活動の大きな柱である。ラギブ・カディル院長は内科、外科、小児科、婦人科と案内した後、16種類の機器要望リストを示した。超音波診断装置、集中治療用モニター、X線撮影装置……。自衛隊の医官は「われわれには機器の提供はできない。日本政府に伝えよう」と答えた。「緊急に必要なものはないか」と尋ねると、院長は首を振った。「すぐには分からない」と答えた。もちろん医薬品なども十分とはいえないが、暫定政府のもとで徐々に必要な物資の供給は始まっている。カディル院長は、「我々の設備は古く、90年代の経済制裁下で壊れたものもある。必要なのは新しい設備や機器。日本に期待するのは緊急支援ではなく、将来につながるプロジェクトだ」と

サマワに派遣された陸上自衛隊の車両。2004年2月。

語った。

イラク側の要求と自衛隊の間の食い違いについて、自衛隊や外務省からは具体的な話が発表されることはなかった。日本人記者に対する自衛隊の説明は毎朝開かれたが、その日の予定を発表する程度でほとんど内容がなかった。私は自衛隊とイラク側の会議の様子や、やり取りなどはすべてイラク側から取材した。

部族長の怒り

サマワでの地元対応の難しさを予感させる出来事があった。イスラムの犠牲祭に合わせて自衛隊が地元の部族長にヒツジを贈ったところ、別の部族長が「なぜ、私にはないのか」と怒っているという話が助手を通じて入ってきた。サマワでは大きな話題になっているというので、部族長を取材した。新聞では「ヒツジ『私には?』、別の族長怒る　サマワの自衛隊が贈る」という見出しで記事になった。

「イスラム教の犠牲祭にちなんで自衛隊が地域の部族長に贈ったヒツジが、別の部族長の反発を呼んでいる」という話である。自衛隊は工事中の宿営地を所有するアルザイヤード部族のカードム族長にヒツジ10匹を贈った。ところが同じ部族内で別の族長であるアジール族長は「私とカードムは政府から同等の扱いを受けてきた。カードムだけに贈り物をしたのは、私を侮辱する行為だ」と訴え、強い不満を表明した。

アジールに会いに行った。「フセイン旧政権は、カードム族長とアジール族長を『Aランク』とし、犠牲祭などに際して、2人に全く同額の援助金を与え、他のBランクの族長と差をつけた。今回の自衛隊の行為は、これまでのルールを無視している」と言うのだ。

アジールはアルザイヤード部族の全族長が署名した「部族憲章」の文書を取り出した。左端にカードム族長、右端にアジール族長が署名し、他の族長がその間に署名しているのを見せ、「私たちは対等なのだ」と語った。さらに1920年に英占領軍に対するイラクでの大暴動を扱った歴史書を見せ、当時のドラウシャ族の族長だった自らの祖父がサマワでの反英暴動を指導したという記述を示した。「われわれは昔からこの地で尊敬を集めてきた」と強調した。

自衛隊先遣隊筋は部族にヒツジを贈ったことは認めたが、特定の族長だけにわたしたのではないという。カードムも自衛隊員がヒツジを贈る際、「アルザイヤード部族のために」と言ったことも認めた。しかし、10匹のヒツジを、部族全体に配るわけにもいかず、犠牲祭の間は多くの客が来ることから、手元におくことにしたという。自衛隊はイスラムの大祭を尊重して、部族への贈り物をしたつもりが、逆に族長間のライバル意識を刺激して、反発を買うことになった。

イラクは部族社会であり、部族は地域を支配し、それぞれ武装している。私もバグダッド周辺でイラクの部族については様々に取材したが、サマワでは自衛隊の派遣との関係でより踏み込んだ取材をすることになった。

30 サマワでの世論調査

世論調査の実施

私はイラク戦争後、米軍に対するイラク人の反発が強くなり、攻撃も激化しているのを見てきたので、日本の自衛隊が米軍の占領を支援するためにイラクに駐留するのは反対だった。しかし、自衛隊がサマワに来た以上は、自衛隊がサマワで何ができるのかを現場から見ようと考えた。私はサマワの人々がどのように自衛隊を見ているかを客観的に知りたいと思い、サマワで世論調査を実施することを考えた。

世論調査は駆け出しの記者のころ、地方支局の時に、選挙情勢調査などで担当したことがあった。東京本社の世論調査を行なう部署の協力を得て、調査票や質問項目や実施方法などについてアドバイスを受けて、実施することになった。調査は「アルサマワ」という地元紙との共催という形をとったが、すべての作業は朝日新聞が行なった。アルサマワの編集長には4日間の調査実施で、調査本部に来て立ち会ってもらった。調査結果は地元紙と同時に掲載するということでデータを提供した。

調査員はすべて女性

調査の主眼は、人々が自衛隊をどのように見ているか、どのような事業を期待しているのかなど自衛隊関連だったが、支持する政治組織や首相になって欲しい人物など一般的な政治意識についても聞いた。1000サンプルを集めれば、世論調査としての有効性が出てくるということだった。世論調査はアンケート調査とは異なり、調査に答える人は無作為抽出でなければならない。そのために東京本社の世論調査担当部署のアドバイスで、通りを選び、その通りで、番地の1番から奇数なり偶数なりで等間隔で家を訪ねて、その家で調査日に誕生日が一番近い人を回答者に面接して回答を得るという方法をとった。

調査員20人を雇って、1人が1日10件から15件行なえば、4日で1000人に達するという計算だった。本格的な世論調査だったので、アラビア語で調査票を作成し、調査員を集め、調査を実施し、集計するという一連の作業は大仕事だった。

調査員については、初めは男性調査員を集めようと考えていたが、男性調査委員が知らない家を訪ねた場合、女性は顔を出さないのではないか、という考えが頭をよぎった。サマワもムサンナ州も、非常に伝統的なイスラム社会だから、世論調査をしても女性の回答を得ることができないのではないかと不安になった。そこで調査員を全員女性にしたらどうだろうと考えた。

女性ならば、知らない家でも、男性とも、女性とも会って、話をすることができる。伝統的なシーア派社会でも、小学校には女性の教員がいるから、女性教員を調査員として雇おうと考えて、助手を通じて、女性教員を集めた。女性教員は地域ではインテリでもあり、尊敬されている。女性教員たちは非常に意識が高く、世論調査という初めての試みに強い関心と意欲を見せた。安全面の考慮もあって、すべての調査員に男性の運転手と車をつけた。この試みは大成功で、調査はトラブルもなく順調に行なわれた。

自衛隊駐留に85%の支持

世論調査の記事は「自衛隊駐留に賛成する回答は85%と高かった。一方、米軍などの駐留軍が居続けることには70%が反対し、明確な対比を見せた。自衛隊の活動については『ほとんど見ていない』『全然見ていない』が計68%となり、存在感の薄さも浮かび上がった」という内容だった。

19～22日の4日間、サマワなど3市で戸別訪問による面接方式で調べた。有効回答数は1189。

自衛隊駐留について「大いに賛成」は64％、「おおむね賛成」は21％。一方、否定的意見は「おおむね反対」8％、「全く反対」5％だった。

世論調査はあくまで客観的にサマワの人々の意識を知りたいと思って実施したものである。自衛隊派遣についての議論は日本では様々にあり、日本の世論調査では自衛隊のイラク派遣については反対する意見の方が多かった。さらに朝日新聞は社説などで自衛隊のイラク派遣については批判的な論調だった。

そのような情報がサマワにも伝わるのか、2回目にハッサーニ知事に会った時にいきなり「おまえのところは自衛隊に反対する新聞だな」と言われて驚いたこともある。しかし、私はイラクのサマワに来た自衛隊の駐留を現場で取材して、その活動に関係することを日本に伝えるのが役目であり、唯一重要なのは、サマワでの事実であって、日本での議論や自衛隊派遣についての社説の立場などは、私が記事を書くうえでは全く影響されたり縛られることはなかった。

31　自衛隊撤退後の検証

読者の声が追い風

自衛隊は2006年7月に2年半の駐留を終えてサマワから撤退した。その時、私は東京に戻って編集委員をしていた。自衛隊がサマワで何を残したかの検証をするために、私がサマワに入って検証取材をすることを認めるよう提案した。当時、イラクはスンニ派とシーア派の激しい宗派抗争が起こり、バグダッド周辺は最悪の状態だった。2004年秋にイラクから撤退して以来、初めてのイラク入りとなったが、クウェートからサマワまで陸路350キロの移動や、サマワ市内での取材など、安全対策をとっても、100％の安全を確保できるわけではなかった。

サマワ取材については編集局長も出席して、取材の狙いやサマワ入りのルート、安全対策、サマワでの取材態勢についての検討会議が開かれた。その結果、例外ということで取材許可が出た。それは自衛隊の活動を現地で検証することが、取材のリスクを考えても価値があると評価されたからである。さらに、社外の読者に委託する紙面モニターからも「自衛隊派遣の検証」取材を求める声があったということを取材から戻って来た後で知った。そのような読者の声があったからこそ、取材が認められたということである。

サマワでの検証取材

サマワには地元の助手たちが残っていた。私のサマワ入りにあたって、もう一度世論調査を実施することを決めて、助手たちに準備するよう指示した。世論調査の結果は「陸上自衛隊が約2年半にわたり駐留したサマワなどムサンナ州で、朝日新聞は地元紙ウルクと共同で世論調査を実施した。71％が駐留を『よかった』と評価した。その復興支援活動を『役に立った』としたのは67％で、約3割は不満を表明。『医療援助』『学校改修』などは7割以上が評価したが『道路改修』への評価は4割台で、事業によってばらつきがでた」

自衛隊駐留について7割が「よかった」と答えているのは、人々が自衛隊に悪感情を持っていないことを示すもので、イラク戦争後に駐留した外国部隊としては稀有で、例外的なことである。それは自衛隊が、駐留の間、イラク人に対して一度も銃撃をせず、1人のイラク人を殺すことも、傷つけることもなかったおかげである。自衛隊は、戦わなかったことで、隊員にも1人の犠牲者を出すことなく、サマワから出ることができた。すでに書いたようにサマワの部族は決しておとなしい部族ではないし、かつて対英暴動が始まった場所である。復讐社会のイラクでは、1つ間違えば、泥沼になりかねない危うさがあったはずだ。そのような場所で自衛隊がどのように住民対策や部族対策を行なったのかという具体的な報告は出ていないが、それは想像を絶するものだったと考える。

自衛隊の困難を象徴していたのは、私がサマワで自衛隊の宿営地に入ったイラク軍の司令官から聞いた自衛隊の撤退時の様子である。3平方キロを超える広大な敷地に100のテントが並ぶ。イラク軍のサマワ駐留司令官のフセイン・ズウェイド准将は、7月の自衛隊撤収の模様をこう語った。

「われわれが宿営地へ行くと、地主たちや、地主と同じ部族の関係者が武器を持って集まっていた。自衛隊は、引き継ぎ式もなく裏門から逃げるように出ていった。土地の明けわたし先について話がついていなかったのだ」

宿営地の管理を引き継いだ後、准将は地主から「自衛隊と同じ処遇をしろ」と詰め寄られた。彼らの話を聞いて驚いた。ある地主は自衛隊と合意したとする年額約3000万円の土地謝礼の協定書を見せた。別の地主は「宿営地に砂利を納入して30万ドル（約3500万円）を得た」と訴えた。

地主はみなアルザイヤード族の一員だった。サマワのあるムサンナ州で最も力を持つ部族だ。自衛隊は金を使って部族長に様々な便宜と事業契約を与えた。ザイヤード族から運転手、護衛、清掃作業員も雇っていた。その代わりに安全を得ていた。

目立つ手抜き工事

私は2008年3月の「イラク開戦5年」という節目に、再度、サマワ入りした。

その時は自衛隊と外務省による復興事業の跡を見て回った。駐留中に自衛隊と外務省が発注した様々な復興支援事業では、地元業者によるずさんな工事が目立っていた。多額の事業が現地の腐敗を助長したとの指摘もあった。

「アスファルトは薄い。その下の砂利もひどい品質だ」。州議会の腐敗追放委員会のハーキム・ハッシャン委員長は、サマワの北東8キロのクワシ地区の道路わきにあいた穴を指さした。冬の雨で路肩が流れたのだ。厚さ10センチもないアスファルトの下がえぐれている。自衛隊宿営地に事務所があった外務省サマワ連絡事務所が発注した道路舗装工事だ。ハッシャンは続けた。「舗装道路なのに2、3年でだめになる。業者が工事費を浮かすために手抜き工事をしたのだ。日本の監督が甘かったのも原因だ」

同地区に住む農業を営むタメル・ナエマ（47）は「日本には感謝している」と語る。「道路改修のおかげで、雨の日でも車で病人を運ぶことができる。しかし、施工はひどい。地固めが不十分で、道路は穴だらけだ」

自衛隊と外務省はムサンナ州で、給水、医療支援、道路改修、公共施設・学校補修を、復興支援事業の4本柱とした。道路や学校の補修は、地元業者に委託した。学校改修でも、壁にひびが入り、天井のしっくいがはがれて落ちるような工事がある。ハッシャンは「私が見た学校改修事例の半分以上が欠陥工事だ」と言った。

道路改修事業は軒並み評判が悪い。サマワ南部のサワ・マフディ道路は、25キロの舗装を20キロまでで業者が放棄した。北東部のムサイダ道路は11キロを日本が改修したが、今年初めに州政府が再改修を始めた。地域の教諭アブドルザフラ・フセイン（39）は「1年でだめになる粗悪な道路を日本の事業として残したのは、日本にとって恥ではないか」と語った。

サマワ南郊のアトシャーン地区に、イラクの旗と日の丸が描かれた1万リットルの貯水タンクがある。自衛隊と外務省が配った飲料水用タンク約５００基の１つ。請負業者がコンクリートの土台をつくってタンクを置いたが、最初の注水で土台にひびが入り、使われていない。地元の住民は「せっかくの日本の贈り物が台なしだ。悪いのはイラクの業者だが、自衛隊はなぜやり直させなかったのか」

事業費は「3割以上割高」

撤退から1年半を過ぎて、自衛隊と外務省が行なった事業が、至る所で無残な姿をさらしているのは、私自身、驚いた。事業に携わった業者にも取材した。「自衛隊はイラクでの事業の相場を知らなかったのではないか。日本の事業は3割以上の割高だった」とサマワの道路工事業者が語った。道路改修の多くは政府の途上国援助（ＯＤＡ）として実施され、自衛隊宿営地にあった外務省サマワ連絡事務所が実施した。クワシ道路（2・3キロ）やサワ・マフディ道路（25キロ）は、それぞれ２０００万円、2億２０００万円の事業費だった。１キロあたりの舗装は８８０万円前後。業者はイラクの相場は７００万円以下と言う。「普段は正規の工事で1割のもうけが出ればいいところを、日本の事業は4割以上のもうけになった」

このため、経験のないにわか業者が日本の事業に群がった。州議会腐敗追放委員会のハッシャン委員長は「指名を得るため州政府の幹部にわいろを出し、自衛隊の通訳を買収するなどして、結果的に粗悪な工事で不正なもうけを得る無責任な業者が横行した」

宿営地で働くイラク人通訳の弊害が指摘されていた。「自衛隊は通訳なしでは何もできなかった。通訳は入札価格を業者に流し、もうけの20％を受け取るのはあたりまえ。時には半分が通訳に渡った」と、請負業者は証言した。それでも利益があったということになる。

複数の元通訳にも会った。「宿営地でも問題になっていたことだ。業者との癒着で追放された通訳もいた。自衛隊撤収後に会社を設立したり、商売を始めたりする元通訳が現れ、誰が不正を働いていたか判明した」と、ある元通訳は語った。甘い汁を吸ったのは事業の発注を行なう部門の通訳であり、すべての通訳ではないという。「金持ちになった通訳は3割程度だ」ともつけ加えた。宿営地で働いていた通訳の３割が「金持ちになって事業を始めた」というのは、尋常なことではない。

相場よりずっと高い事業費を費やしながら、事業は手抜き工事だった。つまり、金は業者や、部族長や役人、さらには口利き料として通訳にも回っていたのだ。手抜き工事が横行した理由として、「自衛隊にも外務省にも、土木工事や建築のことが分かる人間がいなかった。業者の選定や工事の監督をする能力がなかった」と語るのは別のイラク人元通訳だ。自衛隊は途中で専門家を入れたという。別の請負業者は、サマワに駐留したオランダ軍には「土木工事のことが分かる人間が宿営地にいて、ごまかしはできなかった」と語った。

感謝された日本の援助は？

私はイラク戦争から10年後の２０１３年にもサマワで自衛隊の駐留がどのような形で残っているのかを調べた。その時は私自身がサマワに行くことはできなかったので、サマワで自衛隊の担当をしていたイラク人の助手に頼んで、質問を用意して、自衛隊の事業にかかわった関係者にインタビューをしてもらった。この総括は、当時私が編集人を務めていた朝日新聞のデジタルサイト「中東マガジン」に掲載した。

特に、「自衛隊を守れ」という宗教見解を出した宗教者のワーイリ師が語ったことは、次の３点だが、イラク人の声を集約したものだった。

①日本が支援したサマワ病院と火力発電所について、サマワやムサンナ州の住民は高く評価している。特にサマワ病院への評価は高い。

②自衛隊などが行なった復興支援活動については、様々な事業の質の悪さから「失敗」という評価であるが、自衛隊が駐留したことにサマワの住民は恩義を感じている。

③経済では人々の間に大きな格差が生まれている。その格差が生まれた背景として、復興支援活動に膨大な資金を使った自衛隊の駐留が関係している。

復興支援事業が「質が悪く失敗」というのは、この時のインタビューでも強く出てきた。私にとって新しい情報は、サマワの人々が2013年の時点でも日本に感謝していた支援があったことだ。それはサマワ病院への支援である。ムサンナ州議会で農業員会委員長のアフマド・サラール議員（51）は「日本はサマワ病院に様々な高度な医療機器を提供し、さらに医師を日本で研修させ、さらにエジプトやヨルダンでの研修の機会を与えた。このような日本の支援は、今は実を結び、サマワ病院では難しい手術もできるようになっている」と評価した。

ムサンナ州健康局のフセイン・アリ・ムーサ局長は「自衛隊の医療班と外務省による病院支援事業で、サマワ病院に様々な最新機器を提供し、さらに医師に対する研修を実施したことで、今、サマワ病院はイラクの南部地域でも最高のレベルとして、国にも評価され、住民にも喜ばれている」と語った。ムーサはサマワ病院について「大いに繁盛している」と語った。「消毒・殺菌について、われわれは知らなかったことだったが、日本による指導を受け、今では、我々が他の州の病院に教える立場になっている。サマワ病院には評判を聞いて、他の州から治療を受けに来る患者も多い」と、サマワ病院が他の州からも注目されている様子を説明した。

人の命を救う医療の分野で、人々や医師たちが自衛隊派遣に伴う日本の支援に感謝していると分かったことは、サマワにかかわった私としてもうれしい情報だった。今安保法制改定の動きが進み、自衛隊の海外での活動がさらに危険な任務に踏み込む方向に向かっている。イラク戦争後の自衛隊のサマワ駐留から教訓を得るとすれば、自衛隊が一度も争いに巻き込まれなかったことが、米軍のように泥沼にはまらなくてすんだ理由だということは肝に銘じておかねばならないはずだ。

第4章　米国の中東民主化の挫折と深まる危機

32　リヤドの爆弾テロ

現場で見つけた学用品

イラク戦争によるバグダッド陥落（2003年4月9日）から約1カ月後の5月12日深夜にサウジアラビアの首都リヤドの外国人居住地3カ所で連続爆発があり、計39人が死亡し、150人以上が負傷した。爆弾を積んだ車による爆弾テロである。イスラム過激派組織アルカイダによる犯行という見方が出た。イラク戦争の後で、厳格なイスラム体制のサウジアラビアで、このような大規模なテロが起きたことは中東・イスラム世界に負のエネルギーがたまっていることを感じさせた。アルカイダはもともと「サウジアラビア発」の過激派組織であり、そのテロ実行犯もサウジアラビア人であるのはほぼ間違いなかった。

大規模なテロが起きても、外国人ジャーナリストへの入国ビザは簡単に出なかった。ビザが出たのはテロ発生からさらに1カ月後の6月半ばだった。サウジアラビアでは情報省の外国メディア部門に取材希望を出して、調整してもらうことになっている。希望は「爆弾テロがあった外国人住宅地での取材」である。許可が出るかどうかは分からない。1カ月たっても外国メディアには現場の立ち入りを認めてはいなかったから現場での取材に大きな期待は持っていなかった。

入国して数日後に、情報省からテロがあった外国人住宅地に入る許可が出たという連絡があった。テロがあった外国人住宅地のうちで12人の犠牲者を出したアルハムラ住宅地を訪ねた。入り口には守衛が立つ門があり、住宅地は高いコンクリートの塀で囲まれている。情報省の役人の案内で、爆発があった場所に行った。思わず息をのむ光景だ。道路に黒こげの乗用車が放置され、周りに立ち並ぶ瀟洒なアパートはすべて壁や窓が吹き飛んでいた。

私は常にジャーナリストにとっては現場での〝発見〟が重要だと思っている。①目を凝らして観察し、現場でなければ見えないことを発見する。②そこにいる人々に事件が起こった時の様子をできるだけ具体的に聞き出す。③現場にいる人に連絡先を聞いて、次の取材につなげる——という3つのことを心掛ける。

現場近くで、テロで死んだ友人の車を引き取りに来たという若者に会って、電話番号を聞いた。さらに爆心地からすぐ近くの住宅の下の道路に、家財道具や紙、子どものおもちゃなどが散乱しているのを見つけた。紙の間に「毎日10分間は本を読もう」と書かれたプリントや「ブリティッシュ・スクール」と書かれた英語の書き取り練習帳も見つけた。ノートの端に「3年C組・ゼイナ」とあった。私は状況をメモして、写真を撮った。テロの現場で子どもの学用品が散らばる光景は痛ましいものだった。住宅地の警備責任者は「8歳のヨルダン人の少女と弟が死んだ」と語った。私は「その女の子はゼイナという名前ではないか」と聞いたが、警備責任者は「名前は知らないが、笑顔のかわいい女の子だった」と語った。その住宅地だけで100人近くは負傷しているので、負傷した子どものものかもしれないとも思った。いずれにせよ、ブリティッシュ・スクールに行ってゼイナという女の子について聞いてみようと思った。

住宅地から出た後で、ブリティッシュ・スクールに電話した。女性の校長は「何も答えられない」と言うだけだった。ヨルダンのアンマンにいる知り合いにリヤドの爆弾テロでヨルダン人の姉弟が亡くなったはずだが、名前が分からないかどうか調べてもらった。すると、女の子は「ゼイナ」で間違いなかった。テロで負傷した父親がアンマンに戻っているという。父親の連絡先を調べてもらって、リヤドからアンマンに向かった。

アンマンで両親と会う

2004年のリヤドの自爆テロで死んだヨルダン人のゼイナとヤザンの姉弟。

負傷してヨルダンに戻ったゼイナの父親と連絡がつき、家を訪ねることになった。アンマンの郊外にあるアパートだった。ゼイナはリヤド・ブリティッシュ・スクールの3年生で、医療機器会社に勤務するヨルダン人技師、モンゼル・アッバーシ（38）の長女だった。モンゼルが話をしてくれた。物静かで利発な子だったという。算数が得意だった。昨年の校内算数大会で「年間チャンピオン」となっている。亡くなる前の週には、校内で優秀な成績を収めた子が選ばれる「今週のスター」に輝いた。

テロ当日、母サファア（37）は自分の母親が病気になったため、アンマンに帰って不在だった。夜、ゼイナと弟のヤザン

（5）は2階の寝室でベッドに入り、モンゼルに本を読んでもらいながら、一緒に眠りについた。
午後11時過ぎ、モンゼルは外の銃声に気づきベッドから起き上がった。自爆犯グループが警備員を銃撃し、住宅地の入り口を突破した時だった。グループは住宅地に300メートルほど侵入し、爆薬を積んだ車ごと自爆した。アッバーシ家の前だった。

強烈な爆風とともに、ベッドの上に家の壁が崩れ落ちた。すぐ近くにいたモンゼルも気を失った。意識が戻って子どもたちを捜したが、ベッドがあった場所には何もなく、外が丸見えになっていた。

モンゼルは救急車で病院に運ばれた。爆弾の破片などで全身に300カ所の傷を負っていた。手術後、2人の子どもが死んだことを知らされた。モンゼルは遺体をアンマンに運び、埋葬した。

ソフト・ターゲット

私がアンマンの自宅を訪ねた時、モンゼルはなお右足にギプスをつけ、松葉づえをついていた。サファアは遺体を見ていないと言った。「生きていた時の、きれいな姿だけを心にとどめておきたいのです」と語った。

モンゼルは、自分の子どもが巻き込まれたのに、マスコミが事件を「対米テロ」と報じたことに違和感を覚えると語った。「外国人といっても、住宅地の住民の半数以上はアラブ人だ。米国人もいたが、学校の先生などの民間人だった」

疲れ切った表情のサファアが、声を絞り出すように言った。「もし米国へのジハード（聖戦）だというのなら、米兵がたくさんいるイラクに行けばいい。大使館なり、米国の施設を狙うべきだ。なぜ私の家族を破壊したのか」

「なぜ、私の子どもが犠牲になったのか」というサファアの憤りは、一市民として当然だった。しかし、米大使館や米軍施設は厳重に警備されている。一方、外国人住宅地は、塀で囲まれてはいても、入り口の警備員は武器さえ持っていなかった。イラク戦争以降、反米エネルギーが高まっているイスラム過激派は、より防備の手薄な「やわらかい」標的に照準を合わせ始めた。ゼイナ姉弟はその犠牲になった。

私はテロの現場で、「ゼイナ」と名前が書かれたノートを発見した時に、ノートの持ち主であるゼイナの物語を書こうと思った。その後、ゼイナは犠牲になった8歳の少女だと分かった。ゼイナを描くことによって、テロが標的とする「ソフト・ターゲット（やわらかい標的）」とは何かを読者に知らせなければと思った。ゼイナとヤザンという幼い姉弟は、テロで失われた命の象徴である。

中東はテロであふれている。テロで30人以上死んだと書いても、すさまじい爆発現場の破壊を写真を見せても、日本では「また中東でテロ」と思われるだけで、テロの悲惨さを伝えることはできない。父親の仕事でサウジに住んでいた幼い姉弟の命が奪われる。そんなテロの犠牲者に顔と物語を与えて、読者に届けることは、ジャーナリストの仕事でなければならない。

ゼイナの実家を訪れた時、胸を突かれた出来事があった。モンゼルは松葉づえをつき、母親のサファアは目をはらしていた。つらくて子どもの遺体も見ていないという両親が、テロで死んだ2人の子どもについて日本人ジャーナリストの取材を受けようとするのは、テロで子どもを奪われた親の悔しい思いを伝えねばならないという使命感からだろうと思った。

最初はモンゼルだけが話し、サファアは憔悴し切って隣で聞いているだけだった。2人の話を聞いた後、私はテロ現場で写した写真をカメラの液晶で見せた。ゼイナの名前が入ったノートやヤザンのものと思われる車のおもちゃが写った映像だ。サファアが液晶をのぞきこんで、私が現場で写した写真を1つひとつ確認した。「これはゼイナのノートです。これはヤザンのおもちゃの車……」

サファアはすぐに立ち上がって、携帯電話を取り出して電話をした。サウジにいる友人に電話しているようだった。「家の前の通りにゼイナのノートや、ヤザンのおもちゃが散らばっている。すぐにそれを集めてちょうだい」と電話に向かって話すのが聞こえた。その時の母親の必死な表情が忘れられない。２人の遺品が母親の元に届くことを心から祈った。

33　エジプトでの政権批判の始まり

イラク戦争中、アラブ世界の民衆は「反戦反米」で盛り上がった。２００３年3月20日の開戦直後は、エジプトのタハリール広場でも反米デモがあった。ところが、4月9日にバグダッドが簡単に陥落して、サダム・フセイン以下、政権幹部たちは雲隠れして、政権があっけなく崩壊した。ブッシュ米大統領は5月初めの「戦争勝利演説」で、「イラクの独裁者が倒れ、イラクは解放された」と宣言した。当時、アラブ世界で反米を叫んでいた野党勢力は、しばらくの間、全くの脱力状態に陥った。イラクでは米軍による対テロ戦争が続き、２００３年12月、米軍は穴の中に隠れていたサダム・フセインを発見し、拘束した。かつての最強の独裁者が髪もあごひげも伸び放題の浮浪者のような姿で現れたことが、アラブの民衆に衝撃を与えた。

キファーヤ（もうたくさんだ）運動

私は拘束直後にエジプトのイスラム系雑誌「マナール・ジャディド」のガマル・スルタン編集長にインタビューをした。スルタン編集長は開口一番、フセイン拘束について「二重の感慨がある」と言った。「フセインのような非道な独裁者が、英雄として死んだのではなく、拘束されて辱めを受けたことは歓迎すべきことだ。しかし、フセインに辱めを与えたのは、イラクの民衆ではなく、米国だった。フセインを拘束

エジプト・カイロでイラク戦争後に始まった政府批判の「キファーヤ運動」のデモを取り巻いた治安部隊。デモ隊の男性が掲げた紙には「ムバラクにノー」とある。2005年3月。

したのがイラク人であったらどんなによかったかと思う」と語った。スルタン編集長はフセインを礼賛するようなアラブ民族主義ではないが、それでも「アラブの指導者が米国の辱めを受けるのは見たくなかった」というのが率直な思いだった。それは、ほとんどすべてのアラブ人の思いを代弁するものだと思った。捕まるくらいなら「英雄として」戦って死んでほしかったということだろう。

中東情勢が分かりにくいのは、公式情報が権力、それもかなり少数者に支配されていて、政府に不満を持つ民衆の意識など権力に都合の悪い情報が表に出ないためである。デモや反乱などの動きが顕在化した時には、すでに制御不能の深刻な事態になっているということが起きる。

私が、イラク戦争後にアラブ世界で起こったことで、サウジアラビアのリヤドでの大規模なテロとともに、大きな衝撃を受けたのは、2005年3月、タハリール広場の近くの人民議会の前で「キファーヤ（もうたくさんだ）運動」のデモを取材した時である。「ムバラクにノー」というカードを胸につけた数十人の人々が、カイロの中心部の人民議会前の通りで「イスクト・ムバラク（倒せ、ムバラク）！」と叫んでいた。「イスクト」とはアラビア語「倒す」の命令形。長い間、大統領個人への批判はタブーだった国の街頭で、「倒せ、ムバラク」の掛け声を聞くとは信じられなかった。キファーヤ運動はその年の秋に行なわれる大統領選挙でのムバラク5選に反対するために、アラブ民族主義者やイスラム主義者らが中心になって2004年9月に結成された政治グループだ。デモ隊を治安警察が取り巻いていたが、取材をしながら、いつ治安部隊がデモ隊に襲いかかるのかと考えると胸がどきどきした。

「イスクト（倒せ）」という言葉は、イラク戦争でバグダッド陥落の日、サダム・フセインの銅像を取り囲んだ若者たちが叫んだ「イスクト・サッダム（倒せ、サダム）！」という言葉を思い起こさせた。キファーヤ運動の出現は、イラク戦争でのサダム・フセイン体制の崩壊によって、体制は倒れないというアラブ世界を縛っていた神話が、民衆の間で崩れたことを意味する。サダム・フセイン体制の崩壊によって、アラブ世界の民衆と権力の関係に変化が生じていることを知った。

中東のねじれ

強権批判の動きは、イラク戦争後の2003年11月にブッシュ政権が「中東での自由化戦略に向けた新政策」として「中東民主化」政策を打ち出したことが契機となっている。ブッシュは2004年6月のG8サミットで「拡大中東構想」を提唱した。米政権にとっては、アフガン戦争、イラク戦争の継続という中東軍事戦略と両輪となる中東政治政策である。

後にキファーヤ運動を始めるイスラム主義者やナセル主義（中東における国家を超えたアラブ民族の連

帯をめざすアラブ民族主義運動）者は、６月の米国の「拡大中東構想」を受けて、翌7月に「国民への声明」を発表した。「われわれを取り巻く脅威は、米国によるイラク攻撃と占領、パレスチナ民衆に対するイスラエルの攻撃、アラブの地図を変更しようとする陰謀であり、そして、最新の脅威が拡大中東構想である」と規定していた。「この危機から脱出するためには、与党による権力の独占を終わらせる政治改革を直ちに開始することが必要であり、20年以上にわたる非常事態を終わらせ、自由を縛っている多くの緊急法規を撤廃しなければならない」と訴えている。

ブッシュ政権の「拡大中東構想」は中東に民主主義をもたらそうというものだから、キファーヤ運動をしているような政府批判勢力にとっては歓迎すべき動きのはずなのに、実際には、米国の動きに反発する勢力が「強権打倒」を唱えるキファーヤ運動を始める。中東では常に様々な〃ねじれ〃が出てくるが、その〃ねじれ〃の意味を考えなければ、現実は見えてこない。

米国の中東民主化に対するエジプトの野党勢力が示した反発というねじれを解く鍵は、ガマル・スルタンが語った「中東の指導者の辱め」であろう。米国は圧倒的な軍事力でサダム・フセイン政権を打倒し、その後、フセイン大統領を拘束して、哀れな姿をメディアにさらして辱めた。米国は中東を支配しようとしている、と人々は感じ、「中東民主化」とは、その手段だと考えたのである。

当時のアラブ世界の空気を思い出してほしい。米軍は２００３年春に圧倒的な軍事力によって３週間でフセイン政権を倒し、イラクを占領した。それが米国一極時代の絶頂である。その年の11月にはカダフィ大佐が支配するリビアが、核開発を行なったことを公表して核放棄を宣言し、国際原子力機関（ＩＡＥＡ）の査察を受け入れることを確認した。このようにアラブの独裁者が恐れに駆られて屈従すれば生き残ることができる。そのような動きの中で、「民主化」は米国がアラブの独裁者を服従させるための政治的なトリックだと考えたのである。

34　米国による中東民主化政策

中東民主化の破綻

米国の中東民主化が破綻するのは、２００６年1月のパレスチナ自治評議会選挙でオスロ合意に反対するイスラム組織のハマスが勝利した時だった。イスラエルはハマスの参加に反対したにもかかわらず、米国はアラファト議長の後を継いだアッバス議長にハマス参加による選挙を実施させた。その結果、ハマスが過半数の議席を押さえて、勝利し、単独で内閣を発足させた。米国は一転して、イスラエルの存在を認めないハマス政権は認められないという立場をとった。その後、米国は「中東民主化」をぱったりといわなくなった。

米国の中東民主化構想に対抗して始まったエジプトのキファーヤ運動は、政府が統制するテレビでニュースに出ることも、政府系の主要新聞で報じられることもなく、そのメッセージは一般国民には届かなかった。ただし、ブッシュ政権が民主化を打ち出して、アラブの政治に関与しようとしたことが、アラブの民衆を政治に目覚めさせ、自ら民主化に向けて立ち上がるきっかけになったことは間違いない。そのメッセージを国民自身が唱えるのは、7年後の２０１１年1月にタハリール広場に数十万人のデモ隊が集まって、「ムバラク、出て行け」「体制打倒」と叫んだ時である。

ブッシュ演説の背景

米国はイラク戦争での勝利の後、２００３年11月に中東の民主化を求める新中東政策を打ち出した。ブッシュ大統領は「米国は中東での自由化戦略に向けた新しい政策を始める」と宣言した。「欧米が中東における自由の欠如を許し、受け入れてきた60年間は、何らわれわれを安全にしてはいない。なぜなら、長期的に見れば、安定は自由を代償にしてはあがなえないものだからだ。中東が自由の栄えない場所であるかぎり、そこは沈滞と、恨みと、暴力を輸出する場所であり続ける。武器の拡散によって、我が国や我が友邦に破滅的な損害を与えることも可能であり、中東を現状のままを受け入れることは無謀なことである」

米国は中東情勢に大きな影響力を持つ。米国が中東をどのように見て、どのように働きかけようとしているのかを読むことは、中東情勢を読むうえで重要である。ブッシュ演説によれば、9・11事件が起きたのは、アラブ世界に自由も民主主義もなく、沈滞と恨みが渦巻く状況になっていて、「暴力を輸出する場所になっている」ためだということになる。これは「自由と民主主義の国」米国の理想を掲げたとみえるかもしれないが、当時の米国には理想を掲げるような余裕はない。9・11事件の再発を防ぎ、米国がテロの標的となる脅威を取り除くのに必死だった。では、なぜ、中東民主化となるのか。

そのためには90年、91年の湾岸危機、湾岸戦争で始まる90年代の中東を振り返る必要がある。

エジプトやサウジアラビアなどアラブ諸国が、米軍と協力して、同胞のイラクと戦ったことで、90年代前半は、アラブ世界で政府に対する国民の不満が噴き出した。それを抑えるために中東で言論への弾圧が急激に強まった。

サウジアラビアでは湾岸戦争後にいくつかの建白書や覚書が提出された。イスラム宗教指導者が中心となって米軍の駐留や対米関係で政府を批判し、イスラム化の徹底を求める覚書もあった。サウジ政府は、宗教指導者らの職や地位を解いたり、投獄したりして抑え込んだ。94年には宗教者が率いるデモが弾圧された。

エジプトでは湾岸戦争後の92年には政府とイスラム過激派集団との全面対決が始まった。イスラム集団は観光客襲撃、要人暗殺などを行ない、一時はエジプト南部やカイロの貧困地区で影響力を強めるなど政府に対抗した。エジプト南部では治安部隊による激しい過激派掃討作戦が続き、95年にはエチオピア訪問中のムバラクを狙った暗殺未遂事件が起きた。96年ごろまでにエジプト政府は国内でのイスラム集団やジハード団を制圧した。一方で、選挙を通して政治参加を求めるイスラム穏健派のムスリム同胞団に対する弾圧も強まり、95年には同胞団幹部を軍事法廷にかけて、国際的な非難を浴びた。

一方、アルジェリアでは80年代にイスラム勢力の影響力が強まり、90年に実施された総選挙で、イスラム救国戦線（ＦＩＳ）が勝利したが、軍は選挙を無効とし、イスラム勢力の弾圧に乗り出す。その後、アルジェリアでは1年に1万人が犠牲になるような治安部隊とイスラム過激派の抗争が始まった。イスラム過激派では「アフガン帰り」も参加していたとされる。しかし、90年代半ばまでに、各国政府は容赦ない力の行使でイスラム勢力を抑え込んだ。

「近い敵」より「遠い敵」

アルカイダのビンラディンはサウジアラビアを追われた後、スーダンに身を寄せていたが、そこでも米国の強い圧力を受けたため、96年にスーダンから出て、アフガニスタンに戻り、「二聖都の地を占領する米国に対するジハード宣言」を発表した。この中でビンラディンは「イスラム法が無視され、イスラムの2つの聖都を抱える国であるサウジに米軍の駐留を許し、敬虔な宗教者が投獄されている」と批判した。さらに、宗教者が国王に嘆願書や請願を送ったことについて触れて、「１９９1年に４００人の署名入りの嘆願書を国王に提出し、国王に抑圧をやめ、正しいことを実践するよう要求したが、国王は無視した」としていた。

１９９６年は中東政治の転換点である。湾岸戦争で米国に協力したアラブ諸国の親米政権に対するイスラム勢力は、過激派も穏健派も、90年代前半で抑えこまれてしまう。イスラム過激派は軍事的に制圧され、イスラム穏健派は治安対策で封じ込められてしまった。つまり、イスラム過激派は掃討作戦で殺されるか、外国に逃げるかという選択になり、穏健派は刑務所に入れられることになる。

ブッシュ演説でいう「暴力の輸出」が始まるのは、アラブ世界の各国で、体制が反対派を抑え込んでしまった結果ともいえる。アルカイダの理論的指導者だったエジプト人のアイマン・ザワヒリは、エジプトのジハード団の本来の考え方であるイスラムの敵を「近い敵（エジプト）」と「遠い敵（イスラエル、米国）」に分けて、まず「近い敵」と戦うという従来の理論を逆転させて「遠い敵」と戦うことを優先することを唱えた。それが9・11事件につながるのは、96年にビンラディンが出した「対米ジハード宣言」である。アルカイダのイデオローグとされたザワヒリはビンラディンに次ぐナンバー2だった。なぜ、「遠い敵=米国」へと標的を転換したのかといえば、エジプトなどアラブ世界で批判勢力が封じ込められて、過激派も穏健派も自分の国でも居場所がなくなってしまったからである。特にムスリム同胞団のような民衆とつながる穏健派を政治から排除したことで、政治はますます強権化と硬直化を強めた。

米国が9・11事件の再発を防ぐためには、アラブ・イスラム世界の中で、イスラム過激派を取り締まりながらも、イスラム穏健派に政治参加の機会を与え、政治的に活動できるようにするしかない。つまり、アラブ諸国で90年代に行なわれた「過激派は軍事的に制圧し、穏健派は治安対応で取り締まる」という2段階を、それぞれ1段階緩和して、「過激派は治安対応で取り締まり、穏健派は政治的に対応する」と転換しなければならない。ムスリム同胞団のような選挙参加を求めるイスラム穏健派の政治参加を認めて、政府が政治的に対応すれば、同胞団の穏健政策に失望して過激派に移る若者も少なくなるだろうし、過激派が海外に逃れて、「暴力を輸出する」こともなくなる。要するに、エジプトやサウジ、ヨルダンなど親米アラブ国家に「国内の批判勢力と政治レベルで対応して、もっと汗をかけ」というのが、ブッシュ政権が唱えた「拡大中東構想」についての私の理解である。

私はブッシュ政権が対テロ戦争と並行して、中東の民主化が必要だと考えたことは間違ってはいなかったと思う。米国にいる中東地域の研究者の賢明な提案を受け入れてつくった新中東政策だったのだろう。しかし、米国が民主化で中東の民意をコントロールできると考えたのは、全くの幻想だっただろう。

ムスリム同胞団の躍進と選挙参加

私は米国の中東民主化構想によって、２００５年11月に始まったエジプト総選挙で予想もしない光景に出会うことになった。イスラム穏健派のムスリム同胞団が、ムスリム同胞団の名前と、剣とコーランを合わせたロゴ、さらに「イスラムこそ解決策」というスローガンを表に出して、選挙運動をしたことである。同胞団は50年代から70年代のナセル時代に非合法化、弾圧されたが、ナセルの死で後継者となったサダト大統領の下で非合法ながら活動を認められた。80年代には他の野党とともに選挙に出て、実質的な野党第一党となったこともある。しかし、90年代には弾圧されていた。それが選挙で、公然と選挙運動をしたのである。

同胞団は第2次投票が終わった段階で70議席を超え、最終の第3次投票が終われば「１１０議席」になるのではないかという予測も出た。改選前は15議席だから大躍進である。その上、同胞団は初めから候補を絞って出していて、当選率は7割にもなった。私は様々な取材を通じて同胞団の支持層は15％程度と考えていたが、この時の選挙を見て、同胞団の実力はもっと高いのかもしれないと考えた。

２０００年以降、銀行家、実業家だったムバラクの次男のガマルが、父である大統領の影響力を笠に着て、自分の周りに有力な実業家を集めて、自由経済政策を始めた時、エジプトの経済成長は順調に進んだ。しかし、一般の人々の生活はよくならず、失業率は逆に上がり、人々の不満が強まっていた。腐敗は激しくなり、格差が政治権力と結びついて拡大したのである。一方で、貧困救済や母子家庭の救済など草の根的な社会運動、慈善運動をする同胞団への支持が広がっていることが分かった。

しかし、この時の選挙での同胞団の躍進も、第2次投票までで、第3次投票では政府は同胞団系の勢力が強い選挙区の投票所に治安部隊を出動させ、いきなり激しい弾圧に乗り出した。同胞団支持者と衝突し、同胞団支持者8人が死亡した。私にとっても、予想を超える同胞団の躍進だったのだから、与党国民民主党の危機感の大きさがうかがわれる。第1回、第2回投票と第3回投票では全く別の国のような選挙だった。

選挙結果について当時、私が話を聞いたカイロアメリカン大学のハッサン・ラガブ教授（政治学）は「政府は同胞団を参加させて、国内外に民主化を宣伝しようとした。しかし、予想以上に同胞団が議席をとったために、弾圧策に戻った。政府は欧米に民主化をアピールすることもできず、国民の間にも失望を広げてしまった」と語った。

この時の政府の対応の大きな変化には、国民民主党の指導部内の対立があるといわれていた。与党で選挙参謀だったのは、大統領の次男で党政策委員のガマルで、党内古参勢力の反対を押し切って、米国の中東民主化政策を受け入れて同胞団の選挙参加を認めたといわれていた。ところが、第1次、第2次での同胞団の躍進を目にして、古参勢力の声が強まり、従来の同胞団弾圧に舵を切ったという話である。

すでに触れたように、パレスチナ自治評議会選挙で、ハマスが勝利したことは米国にとっては誤算だったが、エジプト総選挙でもその兆しはあったということである。

米国の中東民主化は失敗するべくして失敗したが、この時のエジプトのムスリム同胞団の躍進を見ていたから、2011年のエジプト革命後の自由選挙で、同胞団系の政党が第一党になったのを見ても、全く驚くことはなかった。欧米の多くの研究者やジャーナリスト、日本の一部の研究者やジャーナリストの間に、世俗派の若者たちが始めた「アラブの春」は、「イスラム勢力によって盗まれた」という発言があったが、中東情勢を理解していない見方としか思えなかった。

35　イスラム社会の「今」を追って

イスラムの連載

私は２００６年４月にカイロ勤務を終えて、東京に戻って中東担当の編集委員になった。私は２００７年４月から「イスラムは、今」という夕刊連載を始めた。９・11米同時多発テロやイラク戦争とその後の混乱、中東和平の混迷などの状況の下で、イスラム社会で何が起こっているのかということに焦点をあてようと考えた。連載１回は１週間で５本（後に４本）の記事で構成されていた。各連載は、１カ所または一国とし、それぞれ一つのテーマに絞ろうと考えた。

「イスラムは、今」は、次のようなタイトルと場所で、連載を続けた。

①「隣のムスリム」　日本　２００４年４月
②「社会のかなめ」　エジプト　２００７年５月
③「同胞団の挑戦」　エジプト　２００７年６月
④「変化のなかの女性」　ヨルダン　２００７年８月
⑤「ハマス支配」　パレスチナ自治区ガザ　２００７年10月
⑥「政教分離の国で」　トルコ　２００７年12月
⑦「９・１１のあとで」　サウジアラビア　２００８年３月
⑧「シーア派の聖都」　イラク・ナジャフ　２０１０年１月

⑨「スンニ派の権威　アズハルから」　エジプト　２０１０年3月
⑩「聖地エルサレムから」　イスラエル・パレスチナ　２０１０年6月
⑪「バーレーン報告」　バーレーン　２０１０年11月
⑫「ムスリム同胞団は今」　エジプト　２０１１年7月

12のテーマで、計58本となる。取材期間はそれぞれ2週間で、サウジアラビアだけは連載以外の取材もあり3週間だった。第1回目は、まずは身近なイスラムからということで、日本に住むパキスタン人、バングラディシュ人、インド人、インドネシア人などの外国人のイスラム教徒を扱い、「隣のムスリム」というタイトルにした。私自身、日本に住むイスラム教徒の事情を取材するのは初めてだったので、発見が多かった。私はイスラム教徒ではないが、取材に対して外国人イスラム教徒たちは非常に協力的だった。みんなで寄付を集めて、建物を買い取って独立したモスク（イスラム礼拝所）で、信者たちは土曜日から日曜日にかけて、モスクに泊まり込んで、日曜日の日の出の礼拝をするのが恒例となっていた。私も日本国内の3カ所のモスクで泊めてもらって取材をした。

愛知県安城市では企業研修生として来日しているインドネシア人が多く集まるモスクに泊めてもらった時は、「職場で礼拝する場所がない」と訴える声が結構あった。宗教を職場に持ち込まないのが日本流だが、1日5回の礼拝をするイスラム教徒にとっては、昼、午後、夕方の3回は、就業時間中に礼拝の時間がやってくる。「礼拝をしないと、生活が乱れているような気がする」という研修生もいた。

私が特派員としてカイロやバグダッドにいた時も、現地の助手たちは礼拝の時間になると、事務所の隅で礼拝を始める。日本でも、イスラム教徒を企業研修生として受け入れる以上、礼拝場所を確保し、礼拝時間を与えるのは当然のことだと思うが、日本では企業はそのような理解に至っていない、という思いをこめて書いた。

日本の外国人ムスリムの後は、すべて中東での取材である。2週間の取材で5本の原稿をつくるというのは、期間的にはぎりぎりだった。取材で現地入りするまで、何をテーマにするか考えるが、日本から事前にインタビューの約束をとったことはない。例えば、第4回のヨルダンでは、イスラム社会の女性の地位に焦点をあてようと思った。ヨルダンでは結婚外の異性関係を持った女性が、父親や兄弟に「家の恥」として殺される事件が起こることで知られる。それは「名誉殺人」と呼ばれる。その他に、離婚された女性や、女性の政治家、働く女性などとは会わなければならないと取材に思いを巡らせる。取材目標だけを考えて、現地入りすることになる。

「私の話」を掘り起こす

私の関心事は、当事者から話を聞くことである。つまり、どのようなテーマであれ、当事者から「私自身の話」を聞かねばならない。「離婚した女性」の話であれば、離婚問題を扱う弁護士や女性団体の担当者に取材して、イスラム社会で離婚した女性の法律上の問題点などを聞くが、それはあくまで弁護士にとっては「彼女たちの話」であって、離婚した女性自身による「私の話」にはならない。5本の記事を書くということは、ヨルダンの女性という枠で、さらに5つのテーマを設定し、それぞれに当事者としての体験談を話してくれる人物を探すことになる。5つのテーマといっても、狙ったとおり5本とも記事の取材ができるとも限らないので最初は7つから8つのテーマをたてて取材を始める。イスラム社会では男性だけで女性に会うことは難しいこともあり、取材には女性のコーディネーターを頼んだ。

ヨルダンでの取材では、名誉殺人と女性の離婚は欠かせないと考えていたので、それが記事にできれば、あと3つのテーマを取材しながら探せばよいと考えた。取材はすべて同時進行で進めることになる。

欠かせないテーマといっても、取材先を探すことから始まる。離婚した女性と会うのは難しいことではないだろうと思って、まず、離婚問題を扱う弁護士2人に会った。イスラム社会での女性の離婚については話を聞くことができたので、離婚した女性に直接話を聞きたいから紹介してほしいと頼んだ。ところが、1週間が過ぎても、離婚した女性と会う機会は訪れなかった。女性のコーディネーターが取材した弁護士に問い合わせをしても、はかばかしい答えがない。コーディネーターは見かねて、「私の知り合いで離婚した人がいるから話をしてくれるかどうか聞いてみる」と言って電話で連絡をとった。ところが、その直後に、その知人の父親から「家の恥をさらそうとしているのか」と恐ろしい剣幕で電話がかかってきて、コーディネーターは怯えてしまった。

アンマンは外見は西洋風のビルが並ぶ近代的な街並みだが、首都を出ると、厳格なイスラムと部族の伝統が生きている伝統社会なのだ。娘の離婚を家の恥ととらえる意識が家族の間にあることに気付いた。女性コーディネーターに知人の女性と連絡をとることをやめさせた。弁護士が紹介してくれない理由も分かった。これでは離婚した女性の話を聞くことはできない。しかし、会う方法が1つあると思いついた。イスラム教徒が多い国では、離婚の裁判はイスラム法裁判所で行なわれる。

イスラム法廷の前で

アンマンにもイスラム法裁判所があるはずだから、そこに行って、離婚裁判に来る女性に話を聞けばいいのだ。さっそく女性コーディネーターと一緒にアンマンのイスラム法裁判所に行った。裁判所の前で待ち構えて、コーディネーターと一緒に出てくる女性たちに次々と声をかけた。その中に、離婚した後、子どもの養育費を巡って裁判をしているガーダ（32）という女性がいた。裁判所前の路上で長話をするのも目立つので、翌日、ホテルのロビーに来てもらって話を聞くことにした。翌日、約束に時間に来なかったため、やはりだめかと思って問い合わせたら、「今日は忙しくなったから、明日行く」と言って、その翌日、話を聞くことができた。

ガーダは、9年前に離婚した夫に対して9歳の息子の養育費の支払いを請求したという。2回目の審理で裁判所が認めた養育費の月額は45ディナール（約８０００円）。「子どもの靴しか買えない」と裁判官に訴えた。離婚の原因は夫の不倫だった。妊娠して実家に帰っていて、自宅に戻ると家に見知らぬ女性がいた。実家に舞い戻った。夫は復縁を求めたが、裁判を起こして離婚した。ガーダはデザイナーとして働いていた。

息子が生まれ、「アフマド」と名前をつけた。ガーダが養育しているが、出生届を出すのは父親の権限だ。夫は「アティーヤ」という名前を届けた。ガーダは息子をアフマドと呼んだが、小学校に通い始めて、学校の先生が在籍簿にある「アティーヤ」という名前で呼んだ。息子は泣いて家に戻ってきた。ガーダは改名させようとしたが、母親にはその権利はないことが分かった。

夏休みにガーダは息子を連れて欧州に遊びに行こうとした。夫の許可がないと息子のパスポートはつくることができなかった。さらに息子が海外に出る時には、その度ごとに夫が渡航を認める文書が必要だ。「私が育てているのに、母親の権限は制限されている」とガーダはため息をついた。

名誉殺人の脅威

もっと大変だったのは、名誉殺人の脅威を受けている女性の取材だった。名誉殺人を取材している女性ジャーナリストや女性の権利を守る人権活動家にも話を聞いた。未婚の女性が男性関係の噂を立てられるだけで、不名誉なこととして名誉殺人の犠牲者になりかねない。取材をすると、アンマン郊外にある女性刑務所には、名誉殺人から女性を保護するための部屋があるという話だった。さらに女性の権利を守るＮＧＯが「家族和解の家」という女性の保護施設を持っていることも分かった。

警察を通じて、女性刑務所での取材を申請した。1週間で取材許可が下り、刑務所を訪ねた。刑務所の所長も職員もすべて女性である。所長が対応し、名誉殺人の被害者を守る部屋について話を聞かせてほしいと頼んだ。その上で、保護されている女性に匿名で話を聞かせてもらえればいいと考えた。ところが、所長は「そんな部屋はない」と言うのだ。警察への申請書にも、趣旨を明確に書いて、その上で取材許可が出たと思ったのに、取材許可の話をしても、所長は「知らない」という一点張り。そのまま帰ることになった。それで貴重な1日が無駄になった。

その後、アンマンの北にあるザルカ市で活動するNGOの「家族和解の家」から取材許可が出た。行ってみると、4階建てのビルだったが、周囲は高い鉄の柵で囲われている。中に入って責任者に会うと、その時保護しているのは17歳の少女だという。ここでは女性たちが恐れるから男性記者の取材はだめだという。話を聞くのは女性コーディネーターでもいいが、私が横で立ち会うことはできないか、と頼んだが、「少女がこわがるといけないから」と断られた。女性コーディネーターに少女への質問を託して送り出し、私は待合室で待っていた。しばらくして、パジャマ姿の少女が私が座っている待合室に入ってきて、「あなたが日本人のジャーナリストなの」と聞いた。「そうだ」と答えて、私は「ここの生活はどうですか」と質問した。少女は「ハムドリッラー（神様のおかげで）」と言って、そのまま部屋を出て行った。少女に会わせてくれたのは所長のはからいなのだろうと思った。

17歳の少女はある若者を好きになり、彼は家に結婚の申し込みに来たが、父親が拒否した。若者と結婚したいと言ったら父親からたたかれ、少女は家を飛び出し若者の元に走った。1週間後、政府の相談窓口に電話し「和解の家」に来た。入所時に検査を受けて処女と判定された。少女は「結果をお父さんも喜んでくれると思う」と、うれしそうだったと言う。「未婚なのに処女でなかったら受け入れられない。ここにいるのは『罪のない女性』たちだけだから」と、職員は答えた。イスラムでは結婚していない男女の性交渉は「姦淫《かんいん》」と見なされる。

「和解の家」には約20人の女性がいた。Tシャツに短パンやネグリジェなどくつろいだ姿の女性たちが廊下を歩く。外の守衛以外に男性職員は1人もいない。「当初は夫の暴力を受ける妻たちを保護することを想定していたが、未婚の女性が異性関係などで父親や兄弟の暴力を受ける事例が次々と持ちこまれた」と相談員のナフラ・クルアンは語った。

アラブ世界では未婚の女性の純潔や妻の貞操は父親や兄弟、夫にとって「名誉の問題」とされる。娘や妻の行動が問題となれば、家族は殺すことで家の名誉を守るという考え方が生まれる。そのような「名誉の殺人」は、ヨルダンでは年に20件ほど起きていた。

5本の記事を、2週間の取材期間で、すべて当事者の話を中心にしてそろえるのは、いつも綱わたりをするような作業だった。すべての連載で、必ず2、3回は行き詰まったが、取材するうちに、偶然や、人の親切によって最後には取材はうまくいった。何事も予定どおりにはいかないが、もがいているうちに道が開けるというのはいかにも中東らしいと思う。

36　ガザのハマス支配

ハマス支配下のガザ取材

イスラム連載の一環として、2007年10月にパレスチナ自治区ガザに入った。その6月にイスラム政治組織ハマスがガザのファタハを排除してガザを支配し、イスラエルはガザ自治区への経済封鎖を実施していた。イスラム組織であるハマスによる支配とは何か、人的、資金的に何がハマスを支えているのか、民衆とはどのような関係なのかなどを見極めたいと思った。取材期間は例によって2週間だったが、その

パレスチナ自治区のガザを支配するイスラム組織ハマスの軍事部門による夜のパトロール。2007 年 10 月。

間にハマスの軍事部門と接触することを取材の目標と決めた。

続くイスラエルの封鎖

ハマスという組織は、２００６年春の自治政府の選挙に出て勝利したような政治にかかわる政治部門と、イスラエルに対する武力闘争を行なう軍事部門と、教育や医療、貧困救済などを行なう社会部門の３つの部門によって成り立つ。１つの組織でありながら、それぞれが独立して動いている。私が取材を通じて理解しているのは、政治部門は軍事の決定にはかかわらず、軍事部門は政治の決定にはかかわらず、双方が、それぞれの部門の決定の結果を受け止めて行動する、ということである。取材では政治部門ではハマスのスポークスマンやガザの自治政府の幹部などに会った。彼らが強調したのは、

「封鎖があっても財政的には問題ない」ということである。

人口150万を抱えるガザで、8万人いる自治政府職員は数少ない稼ぎ手だ。ただし、パレスチナ自治政府のヨルダン川西岸を支配するアッバス政権が給料を払うのは6万6000人。ハマス政権下で採用された職員など1万4000人は「ハマス支持者」と見なされて払われていないため、ハマス政権が補っている。私が会ったガザ財務省のイスマイル・マフフーズ次官は、給料の補充に400万ドル（約4億6000万円）が必要という。ガザの税収は250万ドル。150万ドル足りない計算だ。ところが、ハマス政権は（2007年）9月に始まった公立学校の授業料の無料化を決定し、断食月が始まった9月に失業者に100ドルを支給するなど、住民支援策を実施した。マフフーズは「米欧の援助がなくても、アラブ・イスラム世界の支援で十分だ。問題はその支援をどうやってガザに持ち込むかだけだ」と語った。

お金を運んだ人物

アラブ世界からの支援を集めて、ガザに戻ってきた人物に会おうと思った。ハマスの政治部門の何人かの幹部に「実際にアラブ世界の支援のお金を持ってガザに入った人物の話を聞きたい」と要求した。私にハマスの特別のコネがあるわけではないので、「私がお金を集めて戻ってきた」という人物の証言を得たいというのは最初は相手にされなかった。しかし、「ハマスが本当にアラブ世界で支持されているというなら、実際に金集めをした人物に話を聞かせてくれ」と粘った。

この話は10日ほどたっても、証言は得られず、だめかと思っていたが、とうとう広報担当自身が自分の話として「2006年に資金集めをした」と語った。中東で政治組織の広報担当といえば、意思決定にかかわっている人物で、組織の外に向けて、声明などを出す役割の人物のことである。

広報担当のサミ・アブズフリは、ハマス政権成立後の06年5月にアラブ3カ国を回った経験を語った。

「各地で集会に招かれ、その場で人々の支援金が集まった。ハマスに対するイスラム世界の支持の強さを実感した」。2週間で100万ドル（1億1400万円）を集め、カバンに入れてガザ南端のラファ検問所から入った。現金は財務省に納めたという。

アメリカやヨーロッパ、日本、そしてアラブ諸国がハマス政権の孤立化政策に歩調を合わせる。ガザへの銀行送金は厳しく監視されるが、そのような状況で、ハマス支配が続いている理由が知りたいと思った。さらに別のハマスの中堅幹部が「9月にアラブ諸国で200万ドル以上を集めてガザに戻った」と証言した。「自分で持って国境を通ったわけではない。ガザに持ち込んだ方法は極秘で、じつは私自身も知らない」と語った。

当事者の証言を得ることは、いつも簡単ではないが、実現すれば当事者しか分からない事実を聞くことができる。その場合、「オフレコ」となり、記事に書くことができないことも出てくるが、何が起こっているかを自分で知ることが重要である。

ハマス軍事部門の若者

この時のハマスの取材では、軍事部門の取材にかなりのエネルギーを割いた。ガザにいる助手の努力もあり、軍事部門の若者に会うことができた。ガザ市内で通称アブハムザ（21）と会った。カバンからカラシニコフ銃、短銃の他、「ハマス」と刻印された手投げ弾を取り出して見せた。ガザでつくられている手投げ弾だという。

03年6月、高校2年生の時にハマスの通常メンバーから軍事部門に入った。軍事部門への参加を求める7通の手紙を書き、3カ月後に受け入れられたという。「いとこ3人がイスラエル軍に殺されていた。同じ高校の先輩が何人もイスラム戦士になって、イスラエル軍に攻撃をしかけて殉教した。自分も戦わねばならないと思った」と言った。

最初に軍事訓練が3カ月あった。夜中から未明にかけて連日野外で行なわれた。40人ほどが参加。起伏のある丘に張ったロープをわたる訓練では、1人が10メートル以上の高さから落ちて、骨折して病院に運ばれた。

3、4日おきに繰り返されたのは、上半身裸で石ころがごろごろした急斜面を匍匐《ほふく》前進ではい上がったり、はい下りたりする訓練だ。上半身は血だらけになった。「イスラエル軍の監視をかいくぐって奇襲を仕かけるには、200メートルも300メートルも腹ばいで進まねばならない」。その話にはリアリティがあった。戦士になってからも年に2、3回、1カ月程度の夜間訓練がある。

ガザ北部にある六つの旅団（1旅団は600～700人）は、それぞれが五つの連隊に分かれているという。各戦士は5、6人の班で行動し、夜間のイスラエル軍の侵攻に備えて、徹夜で前線に立つ任務が週1回程度回ってくる。

彼らが「殉教作戦」と呼ぶ自爆作戦や突撃作戦など捨て身の攻撃が、同軍団の戦術だ。「殉教攻撃は志願した者が選ばれる。私は戦士になって14回、殉教志願の手紙を地域の司令官に出した。指令が下れば、今日でも赴く覚悟だ」と語った。

ハマスの軍事部門のメンバーは、家族にも自分が軍事部門のメンバーだとはいわないのだから、話を聞くのは簡単ではない。このインタビューで私が興味深いと思ったのは、軍事部門の訓練で繰り返し匍匐前進を繰り返すということだ。ガザは周囲をコンクリート塀で囲まれ、塀の上に、イスラエル軍の見張り台がある。塀までの200メートルから300メートルの樹木はすべて排除され、平らにされている。ハマスの戦士は夜、イスラエル軍の見張り台や基地に近づいて、軍事作戦を行なうことはよく知られている。その秘密を解く鍵が、腹や胸が血だらけになるほどの匍匐前進訓練の繰り返しというわけだ。

夜間パトロール

この時のガザ取材では夜間パトロールを行なう軍事部門のメンバーと夜、ガザ北部のベイトラヒヤで会った。

闇の中で話を聞いていると男たちが「ヘリコプターの音だ」と、リーダーが夜空を見上げて警戒した。4人はカラシニコフ銃を抱え、1人は対戦車ロケット砲を担ぐ。イスラエル領が目と鼻の先のベイトラヒヤで、徹夜の警戒態勢をとるハマスの軍事部門イッザディン・アルカッサム軍団の戦闘グループである。

夜間に起こるイスラエル軍侵攻に備えるという。「イスラエルの戦車がガザの中に入っている」とリーダーは言った。24時間、交代で持ち場につく。同軍団は秘密組織。ガザで3万〜4万人の規模といわれ、ガザ北部には600〜700人規模の旅団が六つあるという。私がベイトラヒヤ郊外で接触した5人のグループは、全員20代。昼間の職業を聞くと、2人が「土木技師」「運転手」と答えた。軍団に入っていることは家族にも秘密だという。

この取材は非常に緊張した。パトロールといっても実戦中のハマスの軍事部門のメンバーに取材するのだから、何が起こるか分からない。しかし、自分で見て、話を聞いてみないと分からないことばかりだ。一組何人なのか、どのような武器を持っているのか、目出し帽のメンバーに直接話を聞き、例えば、昼間の仕事を聞いて、どのような口調で返答が帰ってくるのか。やりとりは、昼間は市民として働いている普通の人々と話をしている感じだったのは、いかにも大衆組織の部隊の雰囲気だったからだ。これが専従の戦闘員ともなれば、もっと硬い雰囲気になるだろう。

ハマスの軍事部門を取材して、ガザを支配しているハマスの支配が、予想外に多くの民衆の支持を得ていることが理解できた。その理由の1つは、数万人いると思われるハマスの軍事部門のメンバーが週1回は行なっている夜間パトロールである。これはガザの特殊性を理解しなければならない。ガザは周囲をイスラエルに囲まれ、常に軍事的な脅威におかれている。イスラエルの特殊部隊が夜、ガザに潜入して、破壊工作を仕かけることは、現実に起こりうることである。そのようなイスラエル軍の侵入からガザを守っているのがハマスということになる。パレスチナ人の多くが、ハマスのイスラム的支配を積極的に支持しているとは思わないが、一般のパレスチナ人にとっても、イスラエルの脅威に対抗するためにハマスが果たす役割には間違いなく強い支持がある。

社会部門の幅広い活動

この政治部門や軍事部門とは別にあるハマスの社会部門がどのような関係にあるのかも取材のテーマだった。

ガザにはハマス系のイスラム慈善組織が、イスラム協会、イスラム集合協会、サラーハ協会と3つある。ガザ北部のジャバリア難民キャンプにあるイスラム協会ジャバリア支部を訪ねた。「12万人の難民キャンプで1200の母子家庭と貧困家庭450世帯を支援している」とムニール・アブルジドヤン代表は言った。その年9月の断食月に協会は、貧困家庭への食料詰め合わせや、孤児への服や靴の贈り物などで20万ドル（約2300万円）を使った。9月に110組の集団結婚式を実施し、それぞれ300ドルを贈った。「湾岸のある国の慈善団体からの支援だった。だが、2回送金してもらって2回とも銀行で止められた。その分赤字になっている」と語った。

送金停止は6月にハマスがガザを武力制圧した後、ヨルダン川西岸のアッバス自治政府議長が、ガザのハマス系組織への送金を禁止したためだ。「援助金はすべて民衆救済に使われている。ハマスが政権をとる前に3年間、自治政府の会計監査を受けて何の問題もなかったはずだ」と訴えた。協会は七つの幼稚園に1000人の園児を抱える。診療所の他、パン屋や雑貨店も経営する。「去年の総事業費は支部だけで100万ドル（約1億1500万円）。今年は経済状況が厳しいから受益者が増加し、事業費も増えそうだ」と語った。

イスラム協会に頼んで、支援を受けている家族の家を訪ねた。ジャバリア難民キャンプのナジュワ・ファラハト（49）は6年前に夫が病死した。6男4女を抱え、一番末は生後5カ月だった。夫はファタハのメンバーだったが、知人に教えられてハマス系の慈善組織「イスラム協会」に援助を申請した。イスラムでは母親がいても父親がいなければ、孤児と見なされる。援助はすぐに認められた。協会を通して、子どもたちはクウェートやヨルダンの団体から月々400シェケル（約1万2000円）の援助を受けた。

協会からは9月の新学年には学用品や制服が贈られ、断食月には小麦や米、食用油、砂糖など30キロの食料配給がある。協会は診療所も経営し、孤児は無料で診てくれる。「イスラム協会のおかげで何も困らなかった。ハマスの強引なやり方はいやだが、協会にはハマスもファタハもない」とナジュワは語った。

さらに別の組織のサラーハ協会は1万2000人の孤児を支援し、孤児を無料で受け入れる小中高一貫校を運営する。イスラム集合協会も1万世帯の貧困家庭を支援する。もともとはイスラム宗教者で社会運動家だった故アフマド・ヤシン師が70年代、モスクに併設して始めた慈善事業が発端だ。ハマスは反イスラエル抵抗組織として87年末に結成されたが、社会運動にはそれより15年も古い歴史と経験がある。

孤児の支援には、イスラム教徒の義務である「喜捨」が使われる。それだけに審査は厳しい。孤児を証明する書類と子どもの写真をそえてアラブ諸国のイスラム系慈善団体に援助申請し、個別の子どもの名前で援助がくる。

ハマスの社会運動の支援をしているのは、クウェートやサウジアラビアなどの湾岸諸国にあるイスラム慈善組織である。いずれの組織もまず、「われわれはハマス傘下ではない」と強調する。もちろんそれは、米欧やアラブ諸国の各政権が警戒する過激派組織ハマスと一線を画す建前である。

民衆と結びつく

ハマスには、軍事、政治、社会の3つの部門で、主役は軍事と政治の両部門に見える。しかし、イスラムの教えを社会で実現しようとするイスラム運動としては、慈善を担う社会部門が民衆と深く結びついている。さらにその活動は、ハマス支持者だけではなく、対抗するファタハの支持者にも広がっている。ハマスの社会部門の関係者に話を聞くと、「自分たちの活動はハマスという組織の枠を超えている」と言う。

私は漠然と、湾岸諸国などからハマスの社会部門に集まってくる資金が、軍事部門にも流れているのだろうと考えていたが、それは社会部門によって、明確に否定された。「慈善に使うお金は、貧しい人々の生活を支えるためのお金であり、イスラムのルールによって、それ以外の目的に使うことはできない」と言う。彼らが「イスラム」を掲げて、何かを主張する限り、その言葉は信じることができると考えている。そこで嘘をつくならば、イスラムを裏切っていることになり、自分の足場を失うことになる。もちろん政治部門や軍事部門は独自の資金源を持っている。軍事部門は秘密組織だが、表に出ている政治部門は、独自に湾岸諸国を回って支援を求め、カバンに詰めて持ってくることになる。

ハマスという政治組織とハマス系とみなされる慈善運動の関係については、いろいろな人物に繰り返し質問したが、ある組織で「パレスチナが解放されたら、解放組織のハマスは必要がなくなる。しかし、慈善の仕事は、社会がある限り続く」という声を聞いた。それが慈善にかかわる人間の自負であろう。そのように考えると、ハマスの活動の中で、イスラムの教えを担っている運動の主流は社会部門であって、政治部門や軍事部門は、占領という特殊な状態に対応している限定的なものだという、イスラムの文脈での大きな意味づけも見えてくる。

37　変わるサウジアラビアの取材

２００８年春にサウジアラビアに取材で３週間入った。90年代には取材のビザを申請してもほとんど出なかった。例外的に、日本の首相や大臣がサウジアラビアを訪問する時にだけ、同行としてのビザが出ることがあった。しかし、08年のビザは、全くの取材ビザであり、何をテーマにしてもよかった。私は夕刊連載「イスラムは、今」で、９・11事件後のサウジアラビアの変化を追うことにした。

サウジアラビアに入る前に、取材対象について考えた。▽駐留米軍と戦うためイラク入りする若者、▽アフガニスタンから戻った元戦士、▽リヤドの貧困地区とイスラム慈善運動、▽シーア派地域、▽女性実業家、▽離婚した女性、▽若者たちの就職問題――というような取材目標のリストをつくった。入国前に事前にインタビューの約束はとっていない。

内務省でかけ合う

サウジアラビアにつくと、まず情報省に行き、外国メディア担当に会って、取材の申請をする。取材テーマに合わせて内務省のテロ担当や女性の就業問題での社会問題省への取材を申請した。情報省がアレンジした取材では、情報省の役人が案内人兼通訳として同行する。役人同行では話を聞けない取材相手もいるから、それは自分で取材相手を探して、会いに行くしかない。サダム・フセイン時代のイラクやシリアは、どこに行っても秘密警察が監視していたので、情報省を通さないで取材をするということはできなかったが、サウジアラビアは宗教的には厳格ではあるが、会いに行けば話を聞くことができる。もちろん、電話による取材の申し込みや、インタビューも、自分でそれもアラビア語でしなければならない。

情報省に出した内務省の取材についてなかなか連絡が来ないので、内務省の広報担当には直接電話してみた。「日本の新聞社の記者です」と述べると、いきなり「今日の12時だ」と広報担当の男性秘書から言われた。あまり時間がない。すぐにタクシーをつかまえて、内務省に行き、広報担当を訪ねた。すると、秘書が「お前は誰だ」と言った。約束した日本の新聞記者だというと、「もう、先に来ているぞ」と言う。

じつは同じ日に別の日本の新聞記者が広報担当と会う約束をしていた。秘書は、私の電話を受けて、すでに約束が入っている新聞記者の確認の電話だと勘違いしたようだった。秘書は間違いに気づいたようだが、別の新聞社が終わった後、「待っていろ」と言って中に入った。出てきて、内務省治安担当報道官のマンスール・トルキ少将の部屋に通された。

私はトルキ少将にサウジアラビアがテロとの戦いで、どのような政策をとっているかを日本に伝えたい、と言った。そのために、①イラクとの国境に行って、国境警備隊がどのように警護しているのかを知りたい。②米国と戦うためにイラクに行くサウジアラビアの若者たちに対して、刑務所の中でイスラム宗教者による再教育プログラムがあると聞くが、それを受けた若者に会わせてほしい――という2つの取材ができるように求めた。私は20分間ほど、テーマの重要性についてアラビア語で説明した。トルキ少将は話を聞いたうえで、「準備ができたら連絡する」と言った。しっかりと取材の趣旨を説明したが、サウジアラビア政府が日本人のジャーナリストのために、取材の便宜を図ることはまずない、と考えていた。

出所イラク人の取材許可イラク行きを決意

3日後にトルキ少将の秘書から、刑務所の再教育プログラムを受けて、出所した男性の電話番号を知らせると私の携帯電話に連絡があった。その電話に連絡をすると、若者がホテルにやってきた。運輸省勤務のムハンマド・ファウザン（35）だった。シリア経由でイラクに入ろうとして、イラク国境の手前で1カ月待っていたが、国境周辺の状況が緊迫していて、イラクに入ることができずに、戻ってきたところで、サウジアラビア国境で捕まったという。なぜ、イラクに行こうと思ったのかと質問すると、「米兵がモスクでイラク人を殺す映像を見て、1週間眠れなかった。イラクに救援に行くしかないと思った」と話した。ファウザンが衝撃を受けたのは、2004年秋、米軍がイラク中部ファルージャに侵攻した時の映像だった。

過激派との仲介人を見つけて東部のデリゾールまでバスで行き、イラク入りを狙った。1カ月待ったが国境警備が厳しく、断念。帰国したところをサウジアラビアの国境警察に逮捕され、禁固2年7カ月の判決を受けた。

サウジアラビアは04年、過激派の若者を対象に刑務所で再教育プログラムを始めた。ファウザンも入所3カ月目に参加した。宗教者と4回対話を持った。最初は「イラクの同胞を助けるのは信者の義務だ」と主張した。宗教者たちは説いた。「ジハード（聖戦）を宣言するのは個人ではなく、統治者だ」「ジハードは武力だけでなく政治的な解決が重要だ」。ファウザンは刑期を終え、運輸省に復職した。ファウザンは「イラクを守るのはイラク人の義務だ。私はサウジアラビアでイスラムの務めをしっかり果たす」と言った。

イラク戦争開戦後、3000～40000人のサウジアラビア人が「参戦」したといわれる。再教育プログラムには宗教者100人、心理学者150人が参加。これまでに対話した受刑者は3200人にのぼる。イスラム過激派は、「ジハードは神の道」という宗教的な確信で動いている。宗教者に「正しいイスラムではない」と論破されると、改心する者も多い。責任者の内務省次官顧問のアブドルラフマン・ハドラクは「対話で8割が過激思想を放棄する」と語った。

ファウザンの取材ではリヤドで連絡先の電話番号だけを持って、バスでダマスカスに行き、そこから国

延々と土塁が伸びるサウジアラビアとイラクの国境。

境に行くまでの具体的な話が興味深く、貴重な情報だった。新聞では書くことができる字数は非常に短いために、細かなエピソードまで書き込むことはできなかった。ジャーナリストとして当事者に会うのは、当事者しか知りえないディテールを聞くことができるのが何物にも代え難いことである。ファウザンは記事で名前を出すことも、写真を出すことも構わないということだった。

国境取材の許可

さらに5日ほどすると、また内務省の秘書から電話があり、サウジアラビア北部ジュディダのイラクとの国境の国境警備隊の取材受け入れが決まったという連絡を受け、現地の報道担当の電話番号を教えられた。さっそく、国境警備隊と連絡をとり、飛行機で現地に行った。担当のオフィサーが空港まで迎えに来ていて、そのまま国境に行くと、現地司令官のインタビューから、国境パトロールへの同行など、プログラムが組まれていた。サウジアラビアとイラクの国境は土砂漠であったが、車が越境してくるのを阻止するために、高さ5メートルほどの土塁が延々と連なっている風景は、壮観だった。そこに、電気式のフェンスをつくる予定だという話を聞いた。その国境の写真は1面に掲載し、「土塁1000キロ、テロは通さぬ　サウジアラビアのイラク国境ルポ」という記事を書いた。

かつてサウジアラビアは外国のメディアが取材するのは中東の中で最も難しい国だった。もし、日本の記者がこのような国境取材をしたとなれば、サウジアラビアを知っている人間なら、何か特別のコネを持ち、さらに周到な準備をした結果だと思っただろう。ところが、実際にはすでに書いたように、全く違っていた。私にとっては治安が絡む問題で、サウジアラビアの内務省が日本のメディアの取材申請を受け入れて迅速に動いたのは信じられないようなことだった。

国境警備でがんばっているという報道は、サウジアラビアの利益になるのだから、そのために動くのは当然のことだと思うかもしれないが、それでも動こうとしないのが中東の政府であり、特にサウジアラビアという国だった。なのに、事前に申請していたわけでもなく、突然、初対面の報道担当に国境取材を申請して、1週間で実現するのは、中東の他の国でもありえない話である。私はサウジアラビアの中で外国メディアに対する対応をよりオープンにしようとする意思があるのを感じた。それは当然、9・11事件後に国際社会、特に米国からかかる圧力を受けて、国際社会に対して説明責任を果たしていこうとする姿勢の変化を反映していると感じた。

アフガンから戻った元戦士

アフガニスタン（アフガン）から戻った元戦士との接触は、個人的なルートを通じて接触した。電話番号を入手し、直接連絡して、リヤド市内のカフェで会った。2003年5月にリヤドであった連続爆弾テロの後、その人物も当局に拘束されたが、取り調べの結果、事件との関係がなかったということで釈放されたという。

「9・11事件の時、カンダハルのキャンプにいた」と言った。その2カ月前にアフガンへ。イスラム法学部の大学生だった。「イスラム世界から米軍を追い出すというビンラディン師の戦いに参加しようと思った」と言う。キャンプで2カ月の軍事訓練を受けた。98キロあった体重が75キロになった。8月末の午後、ビンラディン容疑者がキャンプに来た。「我々の兄弟はすでに敵地に入った。間もなくよい知らせが届くだろう」と演説した後で、「あれが9・11事件の予告だったと思った」と言う。

アフガン戦争が始まり、カンダハルの陥落直前にパキスタンに逃れ、サウジアラビアに戻った。リヤドの爆弾テロで拘束された時は、リヤドの爆破テロとは「無関係」と主張した。「自国でテロを行なうのは間違い。民衆の支持を得られない」と批判した。一方で9・11事件については「あの日、カンダハルの市場でタリバーンの警官が私を抱きしめた」と誇らしげに語った。この若者は当然、新聞で名前を明かすことはできないが、記事に書いた以外にも多くの情報を得た。

リヤドの貧困地区の取材

取材の目標に入っていたサウジアラビアの貧困地帯とそこでのイスラム慈善運動というのは、貧困者を取材すると、その社会が見えてくるからである。首都リヤドにシュメイシと呼ばれるスラム化した貧困地域があることは情報としては知っていたが行ったことはなかった。行ってみると、ほとんどカイロの下町のような光景だった。そこの住民に「近くにジャマイーヤ・ハイレイヤ（慈善組織）はないか」と聞くと、「ベル協会」という慈善組織を教えてくれた。

地区にあるベル協会の事務所に行くと、「本部に取材の許可をとってくれ」と言う。インターネットで調べてみると当時のサルマン・リヤド知事（現国王）が主宰する全国組織の慈善協会だった。リヤドの本部に行って、広報の担当者に取材したいと伝えた。すると、しばらく待たされた後、幹部の部屋に通された。「イスラムの社会活動について日本に知らせたい」と取材の趣旨を説明した。その幹部は「取材には上部の承認が必要だ」と語り、承認が出たら連絡すると言われた。連絡は10日過ぎても来ず、やはりだめかと思ったが、2回ほど、協会を訪れて取材許可が出たかどうかを聞いた。すると2週間ほどして取材を受けつけるという連絡がきた。これも驚きだった。

シュメイシのベル協会支部の入り口で出会った男性（46）は、協会から月2回配給される食料の箱を自家用車で受け取りに来た。「2年前から失業している。子どもは5人。協会のおかげで暮らせている」と言った。毎月2500リヤル（約7万円）の現金が銀行の口座に振り込まれる。年間30万円の家賃や電気代も全額出る。ぜいたくはできないが、十分食べていけると語った。

協会には、リヤド市内だけで10カ所の支部があり、シュメイシ支部は1400家族を援助していた。ハジュリー支部長は「高齢者や失業者、夫と死別した女性、離婚された女性らの家族を支えている」と語った。夫が服役中の家族も対象だ。

食料の箱には、小麦粉、米、食用油、砂糖、ミルク、紅茶などが入っている。時には金持ちから寄付される衣服や食料などが配布される。例年に比べて寒かった2008年の冬には、当時のアブドラ国王から毛布が配布された。「協会の運営はすべて金持ちの喜捨による。貧しい人々を助けるのはイスラムの教えに基づく」と支部長は説明した。

サウジアラビアは基本法で「コーランが憲法」と定める厳格なイスラムの国だ。イスラム慈善組織による貧困救済は、石油収入を押さえる有力王族が、イスラムを実践していることを示す宣伝色が強い。しかし、サウド王家はイスラムを使って正統性を訴えるだけではない。政府の不正や王族の腐敗を批判する勢力もまたイスラムの実施を求めている。イスラムをめぐる争いである。

政府批判派の取材慈善と弾圧

王家と政府が、国内の厳しい批判にさらされたのは、90～91年の湾岸危機・戦争の時だった。米軍の駐留を認めた政府に、「イスラムの聖地に異教徒の軍隊を入れた」と宗教勢力の批判が噴き出した。政府の親米路線とイスラム守護者の立場が、鋭くぶつかった。

戦争後、イスラム保守勢力による建白書や意見書が国王に向けて次々と出された。その仕かけ人の１人が、元大学教師のムハンマド・ホディフ（47）だった。94年に英国で反政府組織「法的権利擁護委員会」の設立にかかわり、帰国後、治安を乱した罪で６年間、服役した経験を持つ。ホディフは「政府が我々の改革を拒否したことで平和的改革の機会を失い、若者は過激派に流れてしまった」と力説した。

国際テロ組織アルカイダが唱えたのは「聖地からの米軍排除」だった。２００１年の９・11米同時多発テロ事件は、サウジアラビア政府の足場を揺さぶった。宗教省は事件後、モスクで地域住民が選ぶ説教者を再審査した。06年までに１３００人の強硬な宗教者を罷免。一方で、04年に初の独立系の人権団体を認可し、05年には地方選挙の実施など次々と改革を実施した。

リヤドには開放的な空気が流れていた。しかし、その街角で「親類の19歳の大学1年生が姿を消した」と、ホディフは語った。両親の元に息子から5カ月後に電話があり、秘密警察に拘束されていることを知った。「学生はアフガニスタンで米軍と戦うという話を友人にした。それが秘密警察に知れたらしい。過激派の疑いで警察に拘束された若者は９０００人いる」とホディフは語った。

湾岸戦争の後に高まった王族への批判は、国のあり方を問う理念的な批判だった。その時の政府批判勢力の有力者の１人であり、６年服役した元大学教授と実名でインタビューができたことは、意外なことだった。

元大学教授とはリヤド市内の喫茶店で会ったが、政府批判も含むかなりきわどい話を、声を潜める風でもなく話すので、私の方がドキドキした。それだけ政府批判についても締め付けが緩やかになっているということだろう。中東でジャーナリストとして現場に行き、人に会うという仕事をすることで、その国や地域の状況を肌で感じることになる。外国人ジャーナリストが取材できること自体が、肯定的な要素であると私は考えている。

シーア派の町カティーフ

この時のサウジアラビア取材では、東部のペルシャ湾岸のシーア派の中心都市カティーフに行こうと思っていた。狙いは2つあった。1つはサウジアラビアの少数派の状況を知り、彼らから見たサウジアラビアはどのように見えるのかというサウジアラビア取材の一環である。もう1つは、イラク戦争後のイラクにシーア派主導の政権が生まれ、シーア派勢力が影響力を持ち始めたことが、湾岸のシーア派にどのような影響を与えているかを知りたいと思った。しかし、サウジアラビアに入る前に、カティーフのシーア派関係者の連絡先が分かっていたわけではなかったし、情報省を通して取材するわけにはいかなかった。それは情報省から拒否されるから、というのではなく、たとえ認められても、情報省の役人を同行してシーア派の人々の話を聞くわけにはいかなかったからである。

リヤドに入ってからカティーフでの連絡先を入手して、電話した。電話番号の主が誰かも知らないが、相手が出た時に、「日本のジャーナリストだが、そちらの様子を知りたい」とだけ伝えた。間違い電話なら、切られるだけである。ところが、電話の相手は「分かった。連絡を待て」と言って切れた。すぐに別の人間から電話が入り、「いつ、こちらに来るのか」と電話があった。「明日の朝、車でこちらを出て、昼前につく。どこに行けばいいのか」と言うと、相手はカティーフにあるビルの名前を告げた。

それだけのやりとりで、翌日、リヤドから遠距離のタクシーに乗って、600キロ離れたアルホバルという東部の町まで行った。そこで現地のタクシーを拾って、カティーフの電話番号に「アルホバルに着いた。これから向かう」と連絡し、指定されたビルの前に着いた。ビルの前について再度、連絡すると、すぐに車の迎えが来て、相手が用意した最初の取材先に向かった。

カティーフに行ったのは金曜日でイスラムの休日だったこともあり、取材はスムーズに進み、昼過ぎには、シーア派の金曜礼拝の様子も見ることができた。シーア派からサウジ体制に対する不満は様々に出たが、アブドラ国王になって国民対話が進み、シーア派との関係もかなり緊張が緩んでいることが感じられた。さらに、イラクのシーア派聖地のナジャフへの訪問が年々増えるなど、イラクのシーア派の影響力が急速に回復していることがうかがわれた。もともとはシーア派の中心地はイランではなく、ナジャフだが、1979年にサダム・フセインが大統領になり、80年にイラン・イラク戦争が始まり、シーア派宗教界への弾圧が始まって、多くの宗教指導者がイランのコムに逃げ出したことで、シーア派の中心地はナジャフからコムに移った。しかし、カティーフで最も影響力のある宗教者はナジャフで学んでいた。イラクにシーア派政権ができて、ナジャフの影響力が回復してくると、カティーフからもナジャフ詣でが増えているということだった。

「この数年、スンニ派の宗教教師が学校で表立ってシーア派を非難することはなくなった」とカティーフの小学校教師（40）は言った。サウジアラビアの宗教界は、スンニ派でも厳格な解釈を行なうワッハーブ派が支配的だ。シーア派を「異端」視する。宗教教師は全員スンニ派で、かつてシーア派を露骨に非難する強硬派がいた。01年の9・11米同時多発テロ事件後は、政府が強硬な宗教者を排除し、学校の雰囲気も和らいだという。

地方評議会選挙

一番の変化は、05年春に初めて実施された地方評議会選挙だった。カティーフでも10人の市評議員が誕生した。半数の５人が公選で、残り５人は政府の任命。公選の５人は全員シーア派が占め、任命議員はスンニ派４人、シーア派１人。全体ではシーア派が多数となった。市行政は道路補修やゴミ収集、商業地域の管理などで住民生活に密着する。初代議長だったジャアファル・シャイブ（43）は「評議会は住民の声を集める場所になった」と語る。市内70地区で集会を開いてから、市長に勧告する方法をとった。

サウジアラビアでは79年のイラン革命以降、国内シーア派への圧力が強まった。シーア派モスクの建設は認められず、出版や独自の宗教行事も禁止された。それが９・11事件によって、政府もシーア派に融和策をとり始めた。シャイブは「政府が宗教強硬派の危険性に気づき、改革派やシーア派を含めた幅広い国民合意が必要だと認識したためだ」と語った。03年６月にはアブドラ皇太子（当時、後に国王）の主導で国民対話集会が各地で始まり、シーア派宗教者も参加した。シーア派が初めてサウジアラビアの公式の場で認知されたことを意味した。

カティーフでのシーア派の宗教活動も盛んだ。国が認可するモスクは10カ所以下だが、１００以上の無認可の礼拝所があり、金曜日の集団礼拝などはどこも満員だった。宗教者が開く独自の宗教学院も５カ所ほどある。その１つを運営する宗教者のファウジ・サイフ師（49）は「学院のことを政府は知っているが黙認している」。午前中は70人の宗教者、午後は一般学生や市民約50人が学ぶ。

サイフは71年、13歳でイラク中部ナジャフの学院で学んだ。当時はナジャフがシーア派教学の中心だった。しかし、サダム・フセインがイラク大統領に就任し、80年にイランと戦争を始めると、イラクのシーア派勢力は弾圧され、有名な宗教者の多くはイランに逃れた。カティーフの留学生もイランに移った。サイフは「将来、イラクの治安が回復すれば、再びイラクがシーア派の学問の中心になるだろう」と予測した。

民衆はいち早くイラクとの関係を強めていた。イラクのナジャフやカルバラへの訪問である。2008年の2月下旬、「アルバイン」と呼ばれる宗教行事があった。サウジアラビア政府はイラク行きの許可を出さないが、旅行仲介人が直接イラクのビザを手配する。その年はサウジアラビア東部からバーレーンやドバイ経由で空路1万人が参加したという。アリという仲介人に会った。「去年は140人手配した。今年は200人。毎年増えている」と語った。

サウジアラビアのシーア派といえば抑圧されているというイメージが強かったが、実際に行ってみると、9・11事件の後、かなり政府から融和に向けた動きがあることが分かった。シーア派の町カティーフの取材を終え、サウジアラビアの女性の取材も含めて、最初にあげたすべての取材目標を達成できた。サウジアラビアでは民主主義の問題も、女性の地位の問題でも、多くの課題があるし、そのことも記事で指摘したが、サウジアラビアがよりオープンな方向へと変化しているということを感じることができたことは成果だった。

サウジアラビアも含めて中東での取材はほとんどの場合は出たとこ勝負なので、取材がうまくいくと運がよかったと思う。中東やアラブ世界といえば、とっつきが悪く、融通が利かなさそうにみえるかもしれないが、実際に会ってみると意外に柔軟なところがあるというのが、私の経験である。

38 「パレスチナ60年」の記憶

パレスチナ問題は1948年の第1次中東戦争によってイスラエルが独立し、それに伴って70万人のパレスチナ難民が出たことに始まる。パレスチナ人は戦争によって故郷を追われたことを「ナクバ（大破局）」と呼ぶ。２００８年がパレスチナ人にとって「ナクバ60周年」ということになる。私は60年のパレスチナ人の歩みを振り返る連載を始めた。まずはレバノンの首都ベイルートにあるシャティーラ・パレスチナ難民キャンプに入った。

国連が１９４９年にベイルート郊外の１・５平方キロメートルの土地を99年間借りて、パレスチナ難民キャンプをつくった。そこでは１９４８年にパレスチナの故郷を追われた難民第1世代から60年目で20代になっている第4世代まで、世代ごとに話を聞いた。記憶と経験を掘り起こすことによって、難民の60年を描こうと思った。「シャティーラの記憶」というタイトル１一回ずつは比較的短い記事を15回連載した。

シャティーラの記憶

第1世代で故郷を覚えているのは70歳以上だったが、その記憶はまるで昨日のことのように鮮明だった。悲惨だったのは１９７５年に始まるレバノン内戦で、82年夏、イスラエルがＰＬＯを排除するためにレバノンに侵攻した後の9月に起きたキリスト教右派民兵によるパレスチナ人虐殺事件だ。その虐殺で家族を殺され、奇跡的に生き延びたシャヒーラ・アブルデイナ（49）の話を聞いた。

82年9月14日、イスラエル軍がベイルートのシャティーラ難民キャンプと、隣接するサブラ地区を包囲した。キャンプの外側の通りに面したシャヒーラの家には、父親や妹夫婦ら16人が避難してきていた。夜8時ごろ、銃撃が激しくなった。17歳の妹が「外の様子を見てくる」と家を出た。戻って来なかった。父親が「娘を探してくる」と言って出たが、やはり戻らなかった。窓から緑色の戦闘服を着たレバノンのキリスト教右派民兵の姿が見えた。父と妹は殺されたに違いない、と思った。

残った家族は逃げることもできなくなった。6月に始まったイスラエル軍のレバノン侵攻とベイルート包囲攻撃で、家は窓ガラスが吹っ飛び、入り口のドアもない。壁と床に体を寄せて民兵から身を隠した。

シャヒーラは半月前に出産したばかりだった。3歳の長女と1歳半の長男もいた。赤ん坊は一晩中ぐずった。銃声はひっきりなしにはじけ、時折、照明弾が外を照らした。そして、夜が明けた。シャヒーラはまんじりともせず、82年9月16日の朝を迎えた。一晩中、窓から銃撃音や悲鳴が聞こえた。残った14人が一部屋に固まっていた。シャヒーラの夫や兄、いとこ、親類の年配夫婦とその娘夫婦もいた。娘は18歳で妊娠していた。

翌日午前5時ごろ、10人ほどの民兵が銃を構えてドアから押し入ってきた。「外に出ろ」と怒鳴った。家の前で男たちは妻や子どもから引き離された。シャヒーラは赤ん坊を抱き、子ども2人を引き寄せた。男たちが壁の前に一列に並ばされた。自動小銃の一斉掃射。夫も兄もあっという間に崩れ落ちた。民兵はナイフや手斧《ておの》をかざして夫らの上に襲いかかり、とどめを刺した。妊婦の18歳の娘が、叫び声をあげて父と夫の所に倒れ込み、そのまま一緒に殺された。

「次は自分たちか」と、シャヒーラがそう思ったとき、民兵の幹部らしい男がやって来た。「女と子どもは連れて行け」と命じて、殺りくを止めた。虐殺は女性、子ども、赤ん坊まで無差別だった。シャヒーラが子どもとともに助かったのは例外だった。それでも家族7人が殺された。シャヒーラは時々言葉を詰まらせながら1982年の虐殺の記憶を語ったが、話は細部まで鮮明だった。

若者たちの困難

シャティーラ難民キャンプといえば、虐殺で知られることになったが、内戦が終わって、レバノンに平和が戻っても、パレスチナ人の困難は続いた。私は若者たちの絶望も重要なテーマとした。たまたまキャンプを歩いていて壁に貼られている様々なビラが目に留まった。「イマード・ハエクは06年9月26日、トルコで死亡し、埋葬された」という若者の写真がついたビラだった。その若者の家を訪ねた。父親のアッバス（56）はキャンプのそばの自動車修理店にいて話を聞いた。

イマードは6人兄弟の三男で、小学5年生で学校を辞め、車の塗装の仕事をしていた。ある日、アッバスに「トルコに働きに行く」と言った。アッバスは息子をベイルートの港まで車で送ったという。「優しい子だったから、その後のことは何も言わなかった」。じつはイマードはトルコから密航船でギリシャに渡り、北欧を目指していた。しばらくして、トルコ西岸のイズミールの警察からイマードが死んだという知らせが届いた。イマードは小船で数キロ離れたギリシャ領の島にわたった密航者40人の1人だった。トルコ側は「ギリシャの沿岸警備隊が捕まえて海に突き落とした」と発表した。アラブ系やアフリカ系の13人が死んだうちの1人がイマードだった。

アッバスは妻とイズミールまで行き、警察で死亡時の写真を見せられ、確認した。墓に案内された。墓には3番という数字だけが記されていた。小さな墓石を買って息子の名前を刻んだ。アッバスは息子がめざしたエーゲ海の島を見た。「こんなところまで来て、命を落とした息子のことを考えると涙が止まらなかった」と言った。

しばらくして2000ドルが送られてきた。イマードが払った金を斡旋《あっせん》業者が戻してきたのだという。アッバスは「息子を駆り立てたのは絶望だ」と言った。「好きな女性がいたらしい。このままでは結婚できないと考えたのだろう」。過去の戦争や内戦も痛ましいが、今の若者たちの絶望も、難民たちの困難さを象徴している。

パレスチナの故郷へ行く

この連載の第2弾は、クウェートなどの湾岸諸国で60年代、70年代に働いていたパレスチナ人の話を聞くためにヨルダンを舞台にした。第3弾は、イスラエルに残ったパレスチナ人（＝アラブ系イスラエル人）を取り上げた。じつは、シャティーラ難民キャンプで、追われたパレスチナの故郷の語り部となっている雑貨店主のサーリム・カーイド（73）はイスラエル北部の村に7万平方メートルの農地と、１１００本のオリーブ畑を持つ地主の息子だったと語った。さらにサーリムは２００７年春に里帰りしたという。93年のオスロ合意の後、イスラエルに残った親族の招待で訪問ができるようになった。サーリムも親族を通じてやっと訪問がかなった、という。家族の農場を訪ねたら、家も村も崩れていた。「荒れ放題で涙が出てきた。私を帰してくれれば、土地を生き返らせることができるのに」と話した。

私はサーリムからイスラエルのハイファにいるいとこのカミラ（76）の連絡先を聞いていた。ハイファでカミラの家を訪ねた。私はカミラに会った。カミラもサーリムと同じ村の出身だったが、48年に16歳の時、イスラエルの独立で村を追われた。両親と2人の兄はレバノンに逃げた。カミラは夫が「故郷にとどまる」と言ったため、イスラエルに残った。「でも、村に戻ることは認められなかった。海辺のテントで生活した後、2年近く転々として、ハイファに借家を見つけた」と言う。

カミラの家族はシャティーラ難民キャンプに住んでいた。しかし、80年代半ば、カミラの2人の兄は包囲攻撃で死んだ。今ではサーリムがシャティーラに住む唯一の親類だ。数カ月に1回、電話で連絡をとっているという。カミラに村の場所を聞いてみた。「もう村はないよ。村があった場所に私が案内しましょう」と、つえを手に立ち上がった。

村はユダヤ人の町となっていた。町に入った。「もう何もかも変わってしまった」。案内してくれたカミラはため息をついた。町はずれの山が迫る場所に来た時、「あっ、村はあのあたりだよ」とカミラが声を上げた。よく見ると、山の斜面に瓦礫が並んでいる。密生するサボテンの緑が見える。民家の境や庭に生えていたサボテンは住居跡の目印だ。「あそこに洞穴が見える。サーリムの家は、あのあたりだよ」。

村の学校は現在も校舎として利用されている。「私はこの学校に6年間通った」と、同行したカミラが

（上）パレスチナ難民が暮らすレバノンのシャティーラ難民キャンプ。
（左）「パレスチナ難民60年」の年に、レバノンのシャティーラ難民キャンプで話を聞いた難民１世のサーリム・カーイド。

言った。イスラム教のモスクは今、ユダヤ教礼拝所のシナゴークとして使われている。かつての村長の家は警察署となっていた。大理石を積み上げた立派なアラブ式の建物は、元のあるじのアラブ人が去って60年たっても、ユダヤ人の町に残り、利用されているのだ。ベイルートの難民キャンプにいるサーリム家は、村の大きな地主だった、とカミラは言う。広い農地と多くのオリーブの木を持っていた。3軒の屋敷とビルも持っていた。それはサーリムが語った話と一致した。

食い違う話

私はサーリムが故郷を再訪した時の話を聞こうとした。そこで、異変が起こった。サーリムは、1年半前にイスラエルに来てティーレ村の跡を訪れたと語った。「家は破壊され、オリーブの木はずいぶん減っていた」とも言った。村の変わりようを見て衝撃を受けたことだろう。

ところが、カミラにサーリムの帰郷について聞くと、意外そうな口調で「48年以来、彼とは一度も会っていない」と言った。ベイルートの取材で撮影したサーリムの写真を見せた。「おお、本当にサーリムだ」と言って、写真にキスをした。サーリムは本当に故郷を訪れたのだろうか。疑問がわいてきた。

もう一度、事実を確認するためにヨルダンに戻って、再度、ベイルートのシャティーラ難民キャンプでサーリムに会って確認しなければならないと思った。イスラエルとレバノンは隣り合っているが、今だに国交はなく、国境は閉ざされ、直行便もない。一度、ヨルダンに出て、アンマンからベイルートに入った。

サーリムはいつものように、シャティーラ難民キャンプの中にある雑貨店にいた。

店先で、ティーレ村の跡地で撮った写真を一枚一枚見せた。村があった場所に残る瓦礫。今も使われている学校。村長の家……。サーリムは写真を食い入るように見た。いとこのカミラの写真もあった。サーリムに「カミラはあなたと会っていないといっていました」と切り出した。

「カミラは本当のことをいっていない。私は06年12月末にヨルダンからイスラエルに入って、ハイファに行った。4日間、カミラの家に泊まったんだ。ちょうどサダム・フセインが処刑された時だ」

サーリムはそう答えた。確かに、その年の12月30日、イラクでフセイン元大統領が処刑された。

「カミラは、私を家に泊めたことをイスラエル当局に知られたくないから隠したのだろう」とも言った。

2人の言い分は全く食い違う。サーリムの自宅は難民キャンプの外にある。奥さんもティーレ村の出身だった。サーリムが店にいる間に、彼の自宅を訪ねて、家族に会うことにした。

サーリムの自宅では、結婚してデンマークにいる五女のマリアナ（35）が、子どもを連れて里帰りしていた。妻のファトマ（66）は孫たちに囲まれてうれしそうだった。ファトマに故郷のティーレ村で撮った写真を見せた。マリアナが「祖父や父から村の話を繰り返し聞いた。でも見たことはない。私の子どもにも見せたい」と喜んだ。

ファトマに「サーリムはティーレ村を再訪したといっています。本当ですか」と単刀直入に聞いた。返ってきたのは「夫は行っていません」という答えだった。「夫はいつも故郷の村のことばかり話すのです。時には自分が今、村にいるかのように。家のこと、農園のこと、オリーブの木のこと。まるで、自分の想像の世界と現実の区別がつかないようになってしまう」

サーリムは「06年12月末」にヨルダンからイスラエルに入ったと言い張っていた。マリアナは「父は確かに、ヨルダンにいる姉のところに行き、イスラエルに入ろうとした。結局、できなかった」と明かした。そして、「父が生きている間に夢をかなえさせてあげたい」とつけ加えた。

サーリムは長年サウジアラビアで働いたが、94年に心臓の手術をし、今も薬を飲み続けている。そういえば、「ティーレ村に行った」という話の時に、こうも語った。「家が崩れているのを見た時、医者から心臓にさわるから興奮してはいけないと注意されているのに、涙があふれてきて胸が苦しくなった」。結局、その言葉も事実ではなかった。その経緯は、すべてパレスチナ60年の新聞連載で、そのまま書いた。

サーリムが見てきたように語った村の様子は、実際に再訪した人から聞いたのだろう。それを、胸に痛みを感じるほどに、自分の体験だと信じこんでいた。強い望郷の念がいつしか帰郷の幻想に変わっていた。月一回、ハイファにいるいとこのカミラと電話で話をして頭に入っていたのだろう。長年、ジャーナリストをして、数えきれないほどのインタビューをして、このような経験は初めてだった。パレスチナの村から難民として出た老人の話をたどってその故郷を訪ねたことで帰郷したという話が、細部まで作りこまれた幻だと分かった。本人もそれを現実のことと信じ込んでいた。事実を知ったことで、故郷を奪われたパレスチナ人の深い悲哀を見た思いがした。

39 シーア派聖地ナジャフ

2009年10月からエジプト第二の都市アレクサンドリアに拠点をおいて、中東駐在の編集委員になった。その第1弾として取材したのがイラクのシーア派の聖地ナジャフだった。イラク戦争の後、シーア派がイラク政治を主導するようになり、ナジャフの重要性は大きくなっていた。

ナジャフがシーア派の聖地とみなされるのは、シーア派の祖ともいえるアリの聖廟があるからだ。アリはイスラムの預言者ムハンマドのいとこで、一人娘ファテイマの婿であり、第4代カリフとなった。アリは暗殺され、その後でカリフ位を継いだメッカの名家のムアウィヤに対して、預言者の血を引くアリの血統を正統としてアリの息子や孫をイスラムの正統な後継者とする人々がシーア派をつくることになった。

ナジャフは1970年代までシーア派宗教研究の中心として栄え、イランやペルシャ湾岸のアラブ諸国、レバノンなどのシーア派地域から聖地訪問や留学生を集めていた。しかし、フセイン政権によって

イラクのフセイン政権が倒れた後、シーア派が政治の主導権を握り、シーア派の聖地ナジャフ市街は活気があった。2009年11月。

Hotel
& Rest.

シーア派宗教勢力は抑圧され、特に1980年にイラン・イラク戦争が始まってからは、イランと通じる勢力とみなされて弾圧が激化した。多くの宗教指導者がイランの宗教都市コムに移り、シーア派教学の中心もコムに移った。

影響力を回復するシーア派聖地

ところが、イラク戦争後にイラクで選挙によってシーア派主導の政権が生まれてから、ナジャフはシーア派の本拠地として急速に影響力を取り戻してきた。2008年にナジャフ国際空港が開業し、イラン、バーレーン、アラブ首長国連邦（UAE）、クウェート、レバノン、シリアとの定期便が次々と開通した。私は、勢いに乗っているナジャフを見てみたいと思った。2006年春に始まったスンニ派とシーア派の抗争がまだ後を引いていたが、ナジャフの治安はかなり改善しているとの情報を得た。

私はバーレーンの首都マナマからナジャフ行きのガルフ・エアーに乗った。飛行機がナジャフ国際空港に着陸した瞬間、乗客の1人が甲高く叫んだ。「イマーム・アリを敬愛し、ムハンマドとその一族に祈りを捧げる」。すると、満席の機内で一斉に「ムハンマド……」と唱和する声が上がる。機内にあふれた歓喜の声で聖地到着を知らされた。

ナジャフ空港はイラク戦争後に建設された最初の空港だった。それも州事業として06年に着工され、政府や駐留米軍の支援を得て、08年11月に開業した。アリ廟がある旧市街地は聖地訪問のグループでにぎわっていた。ナジャフ市内に入ってみると、ナジャフの復興は想像以上だった。前政権時代にさびれていたホテルの多くが改修され、ほとんどが満杯状況だ。1カ月半前にオープンしたナジャフ国際ホテルは一泊175ドル（約1万5000円）。宿泊客の多くは、サウジアラビアやバーレーン、クウェートなど豊かな湾岸アラブ諸国のシーア派教徒たちだ。ジャアファリ社長は「ナジャフの復活は観光や投資に大きな可能性を開く」と期待をかけていた。

ナジャフを訪れたいと思った理由の第1は、戦後のイラクで政治に大きな影響力を持ったシーア派宗教者、特に最高権威の大アヤトラ、シスターニ師の存在を支えているものは何かを探りたかったということである。シスターニの名前が世界に知れわたったのは、2003年春のイラク戦争の時だ。クウェートから米英軍が侵攻してきた時に民衆に向けて、「平静を保て」と戦争に介入しないように忠告する見解を示した。旧フセイン政権が求めた「米軍への徹底抗戦」の否定だった。その結果、シーア派の一般市民による抵抗はほとんどなかった。

大アヤトラの事務所で

戦後、米占領当局が任命した統治評議会が国家基本法を起草した際には「憲法はイラク人が選挙で選んだ議会が起草すべきだ」と批判したため、シーア派地域で選挙の実施を求める民衆デモが広がった。05年12月の総選挙では、民主的な選挙の実施とシーア派民衆に選挙への参加を求めた。シスターニのおかげで、イラクの人口の半数を占めるシーア派民衆が選挙に参加し、戦後の民主プロセスが維持されたことになる。シスターニは「イスラム法学者の統治」論を掲げてイラン革命を指導したホメイニ師とは異なり、宗教者の政治介入に消極的な立場をとる。しかし、師の発言は政治を動かす大きな力を持った。私はナジャフでシスターニの事務所を訪れた。

シスターニの事務所は霊廟から数十メートルの距離にある。人々が集まっていた。バグダッドから来たムハンマド（36）が、650万イラクディナール（ID、50万円）の領収書を見せた。「シスターニ師にフムスを払った」と言う。フムスとは「5分の1」の意味で、シーア派教徒が宗教指導者に支払う収入の20％の宗教税のことだ。イラクでは信者が家や土地、車などを買った時に代金の20％を、大アヤトラに支払う。

ムハンマドは4年前に家と車を計7580万ID(580万円)で買った。シスターニ事務所が発行した証明書にはフムスの額は1516万ID(116万円)とある。事務所はその半分弱を受けとった。「残りは自分で貧しい家族に与えなさい、と教えを受けた」と語った。

大アヤトラは「マルジャア・タクリード(模倣の源泉)」とも呼ばれる。シーア派は誰もが自分が従う宗教指導者を選び、フムスを払う。それが宗教指導者の財政基盤となり、影響力の源泉となる。シスターニはナジャフに4人いる大アヤトラの筆頭であり、信者の支持は圧倒的だ。フムスのかなりの部分が師に集まる。イラクだけでなく、イランなど国外のシーア派からも集まる。シスターニは巨額な資金を使って、シーア派世界で貧民救済や慈善活動を行なう。さらにナジャフやイランの宗教都市コムに集まる宗教学生の支援もしている。

学問の町

ナジャフは町全体が「ハウザ」と呼ばれる宗教研究の学院である。旧市街ではモスクや集会所で頭にターバンを巻いた宗教学生が講義を受ける光景をあちこちで目にする。

午前8時ごろ、ある集会所からイスラム法を説く声が響く。教科書を使わない上級課程の講義で、30代から年配者まで100人以上の学生が真剣にノートをとっていた。

私が見学した講義の講師はアルワーニ師(61)で、大学なら教授にあたるアヤトラと呼ばれる高位の宗教者だ。18歳でハウザに入り、教科書を使う初級課程を6年、上級課程を15年で終えて、信者に法解釈を示すことができるムジュタヒドになったという。ハウザでも科目ごとに試験があるが、決まった修業期間はなく、達成は学生の努力と能力による。「学問を成就するのは学生100人のうち10人ほどだ」とアルワーニは語った。

1970年代は5000人以上の学生が国内外から集まっていたという。ナジャフの学院には留学生が寝起きする小さな部屋がある。私が訪れた別の学院では、現在、レバノンのシーア派組織「ヒズボラ」を率いるナスララ師が79年まで学んでいたという部屋があった。80年代以降、フセイン政権下で抑圧され、減少した。2003年のイラク戦争で旧政権が崩壊した後、外国人学生が増え始めた。

ナジャフの大アヤトラ筆頭のシスターニはイラン生まれで、他にはパキスタンとアフガニスタンの出身者である。イラク出身者はハキーム師の1人だけだ。ハウザの学問に国籍の違いはなく、学問の研鑽をつみ、宗教者たちから認められた者が法学者の階梯を上っていくことになる。

大アヤトラからの質問

私はぜひ、シスターニ師に会いたいと思って様々なルートをたどってインタビューを申し込んだが、シスターニはメディアのインタビューは受けないということだった。ハキーム師とナジャフィ師の2人の大アヤトラとは面会することができた。それぞれの事務所に入っていくと、ともに厳重なボディチェックを受け、カメラもレコーダーさえも持つことはできなかった。周りをぐるりと弟子たちに取り囲まれて、大アヤトラと向かい合った。

私がイラク情勢について質問した後、大アヤトラから私に質問があった。ハキームの時も、ナジャフィの時もそうだった。ナジャフィからは「日本は工業が発展し、物質的には発展していると聞いている。しかし、精神的な面では満たされているのか」という質問だった。そんな抽象的で難しい質問を、それも宗教権威に対してアラビア語で答える準備などしていない。その上、周りには弟子たちが取り囲んで注視している。私は頭が真っ白になりながらも、「日本は表面上は西洋化して見えるが、日本人は人間関係の調和を重視したり、伝統や文化を尊重する精神を保持している」というようなことを答えた。何十年も学問をしている大アヤトラの質問に答えるなどおこがましいと思ったが、このように問いを発して問答をするのは、シーア派の流儀なのだろう、と感じた。

ナジャフは宗教観光の町である。アリの聖廟に詣でるために、世界中のシーア派地域から訪問客が来ていた。私が訪ねた時には、サウジアラビア東部のシーア派の町カティーフから５００人近い団体客が入り、バーレーン航空４便が増便になったという話を聞いた。ナジャフが影響力を増して、サウジアラビアのシーア派とナジャフの行き来が増えていることは、サウジアラビアを取り上げた前章でも触れたが、そのことをナジャフの現地で確認することができた。

40　失敗国家、破綻国家イラクの現実

２０１１年は9・11事件から10年目にあたることから、イラク戦争を検証しようということになり、私がイラクを担当することになった。イラク戦争から8年後のイラクの状況を総括することになった。バグダッド市内の治安はまだ完全には回復しておらず、中心部にあるコンクリートブロックに囲まれたコンパウンドに部屋を借りた。そこには米衛星テレビ「ＣＮＮ」や中国の「中央電視台（ＣＣＴＶ）」のバグダッド支局も入っていた。取材でコンパウンドを出る時は、武装護衛をつけた。

10日間の取材で、できる限り多くの人物と会おうと思って、40人以上とインタビューした。軍将校、兵士、人権活動家、政府関係者、医者、学校教諭、工場主、商人、エコノミスト、大学教授、部族長、シーア派宗教者、スンニ派宗教者、政党関係者、無職青年、工場労働者、タクシー運転手、ジャーナリスト、女性活動家など様々だ。

イラク戦争から8年たっているのにバグダッド中心部の住宅地を訪ねると、1日4時間から5時間しか公共の電気がこないという実態だった。残る時間は発電機を持つ業者から1アンペアを15ドルから20ドルで買うという。私が訪ねた家族は貧しく、3アンペア月50ドルしか買っていない。3アンペアでは照明と扇風機と冷蔵庫を稼働させる程度である。夏の間は気温は40度を超えるが、冷房は動かせないという。

外国の支援も、政府の出費も、電気事業の改善のために膨大につぎこんだ。それでも改善しないのは、電気省の役人と請負業者が費用を着服し、事業にお金がいかないためという。外国から買った大型発電機が設置されなかったり、発電所の改善事業の資金が足りなくて事業が遅れたりした例は珍しくない。元電気相が汚職の疑いで、捜査の対象となったこともあった。

電気供給が回復しないことは、産業にも大きな影響が出た。かつてバグダッドの銀座通りとも言うべきラシッド通り沿いにひしめいていた縫製や革加工の家内工業は、戦後、2、3年ですべて閉鎖した。かつて60人の従業員を使っていたサアド・アリ（48）は、今は工場を閉め、小型の車で荷物の配送をしていた。工場を閉めた一番の理由は電力不足だが、それ以外に、外国製品に関税がないため、中国製品やトルコ製品が安い値段で入ってきて、太刀打ちできない。「旧政権では国内の工場は優先的に電気が回ってきたし、国内製品を保護するための海外製品への関税も、国内製品への政府の援助もあった。今は保護も、支援もない」と語った。

バグダッド大学経済学部のマフムード・ダーギル教授は「国内の工業だけでなく、農業もひどい状況だ」と語った。「電気がないからポンプによる灌漑ができない。八百屋に行っても野菜や果物はトルコ、シリア、イラン産など外国産ばかりだ。チグリス・ユーフラテスという2つの大河を持ちながら、国内農業は死に絶えている」と話した。

幽霊兵士

さらに別の形の腐敗もあった。タクシー運転手をしている若者（26）にインタビューをした。イラク軍の機械化部隊の兵士だと言って、軍の身分証明書を見せた。毎年、兵士の給料80万ディナール（約7万円）の半分を軍から受け取っているが、軍務にはつかない。入隊後半年で、上司や司令官との話し合いで、軍務にはつかないで給料の半分を支払うことを了承したという。その若者は「どの部隊でも兵士の10％から20％は私のような幽霊兵士だ」と語った。軍務につかない兵士の給料の半分は、幹部で分配する仕組みだ。

このような「幽霊職員」は軍だけでなく、警察や省庁でも広がっているという。「幽霊兵士、幽霊職員」がいるという話はいろいろと出てきたが、この若者は「私が幽霊兵士」という当事者の証言である。伝聞ではなく、当事者自身の証言を集めるというのは、日本であれ、中東であれ、ジャーナリズムの基本的なルールである。

なぜ、このようなことが起こるのかを考えれば、イラクは政府歳入の95％を原油が占めるという原油依存の極端に高い国ということにいきつく。つまり、誰もが現金で入ってくる石油収入をぶんどることしか考えていないということだ。電気は、生活や産業を営むための血液のようなものなのに、戦争から8年たっても、電気事業が改善しておらず、その原因が腐敗によって電源開発事業が進まないからだというのは、誰も国や国民の利益を考えていないということであろう。廃業した家内工業の経営者が、旧政権（サダム・フセイン政権）では国内企業に保護や支援があったというのは、サダム・フセインが私欲よりも国民の利益を優先させていたということではなく、独裁者の「私欲＝富国強兵策」となっていたためだ。独裁者がいなくなって、政治にかかわる者たちが、自分たちの利益に走り、国のことを考える者がいなくなった。

このような状況から見えてくるのは「失敗国家、破綻国家」という言葉であった。それほど、腐敗は政府機関を深く蝕んでいた。

横行するわいろ

政府が石油収入を握るイラクでは、公務員が最大で最良の就職先となる。しかし、省庁はすべて政党や政治組織が押さえている。大臣ポストを握る政治組織の支持者、幹部の縁故採用が主で「コネ」がなければ任用は難しい。さらに公務員任用で幅を利かせているのが、わいろだ。どのような部署でも、役人に数百ドルから2000ドル、3000ドルのわいろをわたさねば採用されなかった。

両親も教員で、自らも教員養成学校に通うアリ（21）の家族はスンニ派だった。バグダッド市内でシーア派武装組織マフディ軍に脅迫されて、家を追われてバグダッド西方のスンニ派州のアンバル州に移った。母親は地元で教職に復帰するのに文部省の役人に2000ドルをわたした。父親は5回出願したが、採用されずに、最後は同じく2000ドルのわいろをわたして教職を得た。

イラクで政治改革を求める大規模なデモが始まった2011年2月25日にちなんで「2・25の青年たち」という若者グループに参加するアミール（27）は「これは政治家や役人が権力や権限を独占して、自分たちの利益しか考えていないからだ。若者の多くは大学を出ても、コネやわいろによってしか動かない社会に絶望している」と語った。

イラク戦争後のイラクでは、権力や権限を独占している政治家や役人は、政治を主導するシーア派が圧倒的に多かった。そのためにスンニ派の若者たちの失業はシーア派の倍ほどにもなり、強い不満がたまっていた。

「失敗国家、破綻国家」につきものなのは、治安の悪化である。この時に私はイラク政府で「対テロ戦」の情報収集を行なっているフセイン・カマル内務省情報局長にインタビューした。「かつてアルカイダはアラブ諸国からの送金に支えられていたが、今でも地元の商人や企業関係者を脅して資金を集めたり、北部のニナワ州で勝手に検問所をおいて、通行税を徴収するなど国内調達型になっている」と語った。当時、すでに「イラク・イスラム国」を名乗っていたアルカイダ系組織は、かなり土着化していたのである。「イラク・イスラム国」は、この後、シリア内戦に参画して、２０１３年には「イラク・シリア・イスラム国（ＩＳＩＳ）」となり、２０１４年６月にはニナワ州の州都モスルを制圧して、「イスラム国（ＩＳ）」を名乗る。

イラク第２の都市のモスルが、あっという間に「イスラム国」に制圧された背景として、イラク軍に「幽霊兵士」がいて軍の態勢も士気も乱れていたというニュースや、絶望したスンニ派の若者たちが「イスラム国」に参入する流れを加速させたという指摘も出てきたが、２０１１年にすでにそれを予測させるような「失敗国家、破綻国家」の実態は見えていたのである。

イラクの核汚染

この時のイラク入りで、私は個人的に気になるテーマがあった。それはイラク戦争直後の混乱で、旧政権時代の核開発施設であるバグダッド南部にあるツワイサ原子力研究センターに、周辺住民が入って核汚染物質を入れた容器を持ち出し、水タンクなどにつかっていたという出来事が、その後、どうなったかという検証である。場所はバグダッド中心部から40キロほど南の地域で、スンニ派とシーア派が隣接して住む場所で、その2年ほど前まで宗派抗争が起こっていたという。

元原子力研究センターの周辺地区はシーア派のアルワルディィエ村であり、バグダッドにいるシーア派のイラク人助手に頼んで、現地の人々の話を聞いてもらった。すると、いくつかの家族にあたってもらっただけでも、がん患者が増えているという話がでてきた。その村から一番近い総合病院にも助手に行ってもらい、がんの治療にあたるルアイ・アブドルファッタフ外科医と連絡をとった。その医師は、週2回、バグダッドの総合病院で勤務しているというので話を聞いた。新聞に掲載したアブドルファッタフの話は次のようなものである。

「私は1995年以来、マダイン病院の外科医として、ツワイサ原子力研究センターの周辺にあるアルワルディエ、サルマンパク、ザファラニヤなどの地区から来るがん患者の手術をしている。私が日々、扱っているだけでも、5年前ごろからがん患者が増え始め、この2、3年は顕著な増加になっている。

肝がんや白血病のような特別ながんは、イラク戦争前は年に1件扱うかどうかだった。今は毎週のようにある。悪性黒色腫のような皮膚がんは10年間で1例ほどしか扱ったことがなかった。しかし、この2、3年は毎月のように患者が出てくる。昔なら子どもの首にしこりがあったら結核性のリンパ節炎を疑った。今はまず悪性リンパ腫を疑う。私だけでも月に2、3件の悪性リンパ腫を扱う。

乳がんに至っては悲惨な状況だ。以前は6カ月に1件程度だった。この2年ほどは毎週2、3件新しい患者が出ている。単に患者数の増加だけでなく、低年齢化している。かつては乳がんは40歳以上がほとんどだったが、今では10代の少女ががんになっている。

がんが増加している背景には、イラク戦争での体制崩壊時に起きた核汚染との関連が疑われる。しかし、戦後の混乱の中で、放射能汚染と病気との関係を探る検証作業はなされてはいない。早急に調査をし、対応策をとる必要がある」

この医師の話を聞いて、私は問題の深刻さに驚いた。インターネットを調べても、イラク戦争直後に住民が放射能に汚染された容器を持ち出したという出来事がニュースとしてあるだけで、その後のニュースは全くなかった。2003年当時、米軍や国連が対応することになっていたが、反米攻撃の激化と、その後の宗派抗争の蔓延で、何も進んでいないようで、世界中のメディアからも忘れ去られていた。

汚染の村の現地入り

私は助手に指示して、家族からがん患者を出している3家族の3人を、バグダッドで私が宿泊している施設まで連れてきてもらって詳細なインタビューをした。病院の診断書などすべての資料も持ってきてもらった。人々の証言は、アブドルファッタフ医師の話を裏づけるものだった。現地に行くには、まだ危険があるが、重大な事例であり、記者が現地に行かないまま、記事を書くわけにはいかないと思った。ただし、現地に行くために、どのように安全策をとるかである。助手に頼んで、地域の安全状況を聞いてもらったが、地域では1年ほど衝突は起こっていないということだった。

しかし、よそ者の車が入ってきたことが分かった時に、武装勢力にマークされることもある。外に出る時に護衛を頼んでいたセキュリティ会社と打ち合わせをして、目立たないように四輪駆動車は使わず、普通車2台で行くことにした。訪れる家族を決めて、村の中を歩き回るようなことはせず、村の中での取材時間をできるだけ短くすることを心がけるしかない。この時の取材は、私としても非常な緊張を伴うものだった。

ツワイサ原子力研究センターは、バグダッド中心部から南に向かう幹線道路を車で約30分、道路の右手の広大な敷地の中にあった。村はセンターの南東にある。数軒の商店が並ぶ中心部をのぞけば、耕地と農家が点在する人口1800人の農村である。

センターの外壁から50メートルと離れていないマギド家では、客間でやせた少年が布団に横たわっていた。ファデル（15）は、昨年4月、バグダッドの病院で白血病と診断された。

母親トルキヤ（52）が「私は1日中、息子のそばで座っています。息子に『この薬でいつまで生きていられるのか』と聞かれるのがつらい」と語った。

さらに奥の部屋に昨年10月に乳がんを手術した長女バイダ（30）がいた。がんはすぐに再発。2カ月後、

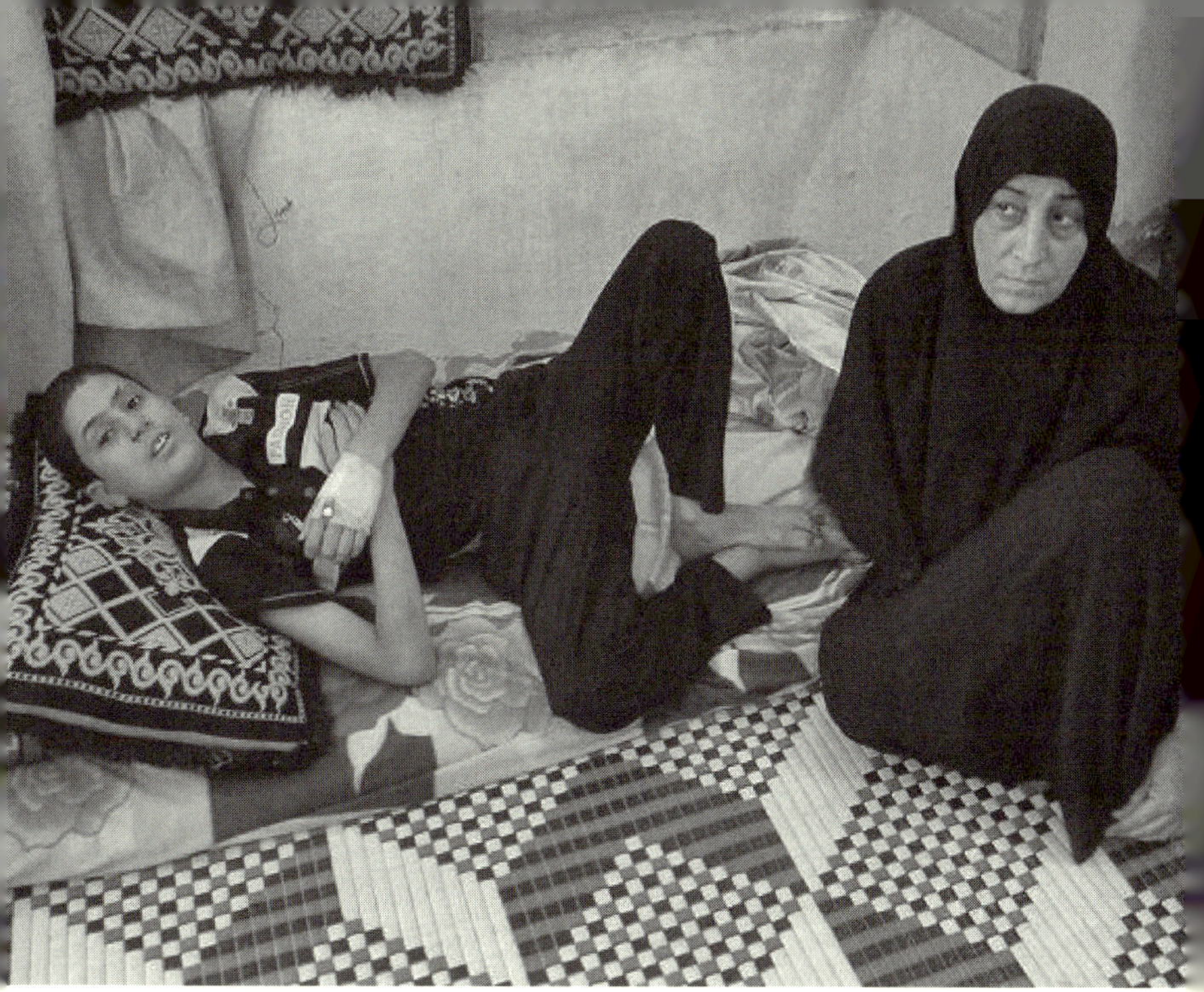
旧フセイン政権下のバグダッド南部のアルワリディエ村にある核施設の近くでがん患者が増え、放射能汚染が疑われるが、政府の対応はなかった。2011年6月。

手術が難しい背骨に腫瘍が見つかり、放射線治療を受け、現在自宅にいる。

バイダは全身を覆う黒いアバヤを着て壁にもたれていた。娘と息子が寄り添う。手術をした医師はバイダがセンター近くの住民だと知ると、「放射能の影響だ」と言ったという。

イラク戦争でフセイン政権が崩壊した時、センターを警護していたイラク軍は姿を消した。アルワルディエ村の周辺の住民たちが敷地に入り、家具や電気製品を略奪した。「イエローケーキ」と呼ばれる放射性物質が入ったプラスチック製タンクやドラム缶などの容器も持ち出した。当時、水道は頻繁に断水し、水を貯めるのに必要だった。

住民は中のイエローケーキを捨て、貯水用に使った。2、3カ月後に米軍が容器を回収しようとしたが、処罰を恐れて応じなかった住民もいた。その後、国連が全戸に新しい貯水タンクを配布し、持ち出した容器は回収された。

住民たちの証言によると、03年半ばに米軍の医師が測定器を持って各戸を訪問したという。家具や家畜などにも測定器をあて、「このアヒルは食べるな」と通訳を介して指示された村人もいる。その後、村に4台のバスが来て、村人100人以上を乗せて、近くのマダイン病院で採血したという。米軍か国連による人体への放射能の影響調査と見られるが、結果は発表されていない。その後、住民に対する健康診断は一度も実施されていない。

病院の検査に参加したムハンマド・カラム(20)は医者から「5年から10年後に健康に異変が出るかもしれない」と言われたという。家では容器3つをセンターから持ち出して使っていた。ムハンマドの父カラムは3年後の06年から血尿が出るようになり、膀胱がんと診断された。手術をしたが、2007年11月に死亡した。

アルワルディエ村で私が会ったがん患者や、がんで家族を失った人々は、いずれもツワイサ原子力研究センターから数百メートルの距離に住んでいた。そんな狭い範囲で、これほどのがん患者が出ていることには驚かざるをえない。この村はバグダッド州のマダイン郡に属する。郡の人口は33万人。この村全体、さらには周辺の町村について、実態調査を行なって対策をとる必要があるはずだった。

見捨てられた人々

放射性物質の略奪は2003年4月に世界的なニュースとなった。ところがそれ以降、国際社会からも国内でも忘れ去られた。住民の集団検診も、がん予防の対策や生活指導も、発生しているがんの医学調査も、何もなされていない。住民は健康調査など様々な要求や請願を地元役所や国に出したが、実現しなかった。人々は「私たちは全く見捨てられている」と語る。話を聞いただけでも、病状が悪化してバグダッドの専門病院に行った時には「手遅れ」と診断されるケースが多い。予防対策が必要だが、「ミネラル水を飲め」という忠告さえ、がんの多発に気づいた医師が個人的に患者家族に伝えるという状態である。

これまで対策がとられなかった理由はいくつかあった。まずイラク戦争後にイラクを占領した米軍は、放射性物質の略奪による影響を警告した国際原子力機関（IAEA）などの調査に協力的ではなかった。

次に05年以降、テロが激化し、06～07年はイスラム教シーア派とスンニ派の抗争が始まった。特にマダイン郡では国際テロ組織アルカイダ系組織の勢力が強く、政府やNGOの立ち入りも困難だった。

08年以降、治安は安定に向かい始めたが、昨年3月の総選挙後に政権発足に9カ月かかるなど、政治の空転も要因になった。センターを管理する科学技術省に核施設の問題で取材を申し込んだが、「この問題には一切対応できない」という回答だった。

記事には、先に紹介したアブドルファッタフ医師のコメントをつけた。アルワルディエ村の悲劇は、イラク戦争によって引き起こされたものであり、さらに新生イラクの混乱の象徴でもあった。その記事を書いてから1カ月後に、記事で取り上げた15歳の白血病のファディルが亡くなった、という連絡が入った。

私は、この村に日本から救援ができないかと考えて、イラクの救援にかかわっている日本のNGOの関係者に連絡してみたが、当時、日本の関心は東日本大震災に向けられていて、とてもイラクの村まで手が回らない状態だった。私はその後、バグダッドに取材で入る機会があり、アブドルファッタフ医師と連絡をとったところ、理由は分からないが協力が得られず、住民たちの、その後の健康状態についての追跡はできなかった。この問題は、今も続いている問題であり、今後も訴えていかねばならないと考えている。

第5章 「アラブの春」とエジプト革命

41　若者たちの反乱

２０１１年1月14日にチュニジアでベンアリ大統領が政権を放棄して空港から出国した。前年の12月から続いていた若者たちのデモが首都チュニスでも広がっていた。その時、私はエジプトの地中海沿岸にあるアレクサンドリアを拠点とする中東駐在の編集委員だった。ベンアリの出国は「ジャスミン革命」と呼ばれたが、それがエジプトを含めてアラブ世界の大規模な民主化運動につながるかどうかは予測できなかった。

私がいたアレクサンドリアは人口４３０万人でエジプトではカイロに次ぐ第2の都市である。カイロとの距離は２５０キロであり、砂漠を突っ切る自動車専用道路で、３時間で行くことができる。エジプトで最初の大規模デモが起こったのはチュニジア革命から11日後の1月25日である。このデモの始まった日にちなんで、エジプト革命は現地で「1月25日革命」と呼ばれている。デモが始まったこと自体が、歴史的なことだった。

終わりの始まり

アレクサンドリアでは1月25日に、私のアパートがある海岸通りから1本内陸に入った通りでデモが

エジプト第２の都市アレクサンドリアの海岸通りで行なわれた反ムバラクデモ。2011年２月。

اغتالتهم أيدى النظام

あった。私がアパートの守衛に話を聞いて通りに行った時にはデモはすでに通り過ぎた後だった。沿道の若者が携帯電話でデモ隊が通りを埋めた動画を見せてくれた。道路を埋め尽くす規模だった。その日はアレクサンドリアでもカイロでもデモ隊と警官・治安部隊の大規模な衝突はなかった。しかし、アルジャジーラやＢＢＣテレビで見たカイロの中心部のタハリール広場で行なわれた大規模な反政府デモの映像は、衝撃的だった。デモの参加者が携帯電話片手に歩きながら話す様子も流れた。警察で国民を抑えてきた強権体制に対して若者たちが大規模なデモを始めたことについて、私が編集していた朝日新聞のインターネットサイトの「中東マガジン」で、〈政権にとっては今回の大規模なデモは「終わりの始まり」になるだろう。問題は、どのような形で政権が終わりを迎えるかである〉と書いた。

1月25日は火曜日で、その後の金曜日の28日の昼過ぎにはイスラムの集団礼拝があり、人々は近くのモスクに集まって礼拝をする。27日にはフェイスブックを通じて、28日の金曜礼拝の後に「１００万人集会」の呼びかけも流れていた。ところが、27日深夜の28日午前零時を回ったところで、インターネットが止まり、メールもできなくなった。朝になって私が加入しているプロバイダーの顧客サービス部門に電話したところ、「中央通信局の指令で全てのインターネットサービスは深夜から停止している。復旧の見通しは分からない」と言われた。金曜礼拝が始まる直前の昼前には携帯電話も通じなくなった。政府がインターネットと携帯という情報発信手段を切断するという強硬措置をとったことは明らかだった。

金曜礼拝後のデモ

モスクからスピーカーで金曜礼拝の始まりと礼拝への参加を呼びかける声が響き始めた。礼拝の後、海岸通りをデモ隊が通った。整然としたデモで、衝突は見なかった。しかし、金曜礼拝後のデモ隊のかけ声は、「フッリーヤ（自由）」「サウラ（革命）」とともに、「われわれは政権崩壊を求める」「大統領は出て行け」など、明確にムバラク大統領の退陣を求めるかけ声になっていた。ハンドマイクなどを持っている訳ではないので、政党や労働組合などが仕切っているのではなさそうだが、モスクごとに礼拝が終わった後、海岸通りなどに繰り出して、反政府デモに合流した。

午後4時ごろ、アレクサンドリア図書館の近くまで歩いて行くと、衝突があった後だった。治安部隊の車両3両がデモ隊に焼き討ちされていた。近づくと、周辺にたちこめる催涙ガスのために目が開けていられなくなった。現場ではまだ警察車両のタイヤが燃えていた。焼かれたのは、輸送車2台と、パトロール車1台だ。あたりには煙がたち込めている。デモに参加した市民はなお現場を遠巻きにし、時々、「アッラー、アクバル（神は偉大なり）」と叫ぶなど興奮に満ちていた。治安部隊は催涙ガス弾やゴム弾をデモ隊に向けて撃ったという。

家に戻って、カイロのタハリール広場での大規模な衝突をテレビで見た。ナイル川をわたって広場に入るタハリール橋はデモ隊で埋まり、広場側から治安部隊が放水をしながら排除しようとした。夕方、カイロでの衝突が激しくなるのをテレビで見ていると、いきなり窓の外の海岸通りから、「ガッ、ガッ、ガッ、ガッ」という連続の轟音が響き始めた。時間は午後7時前だった。30両ほどの装甲車が並んで走り去った。都市のメイン通りをキャタピラの装甲車が走るのを見たのは、イラク戦争の後、バグダッドに入った米軍の装甲車を見て以来だ。

すぐに「政府は警察の撤退と軍の出動を命じた」とニュースが流れた。この夜、カイロ、アレクサンドリア、スエズに夜間外出禁止令が発令された。政府がインターネットやメールや携帯電話を止めたのは、若者たちのデモを抑え込むためだった。しかし、状況のさらなる悪化を考えれば、国民の怒りに火をつけ、団結させる方向に働いたことは明らかだった。その結果が、夜間外出禁止令の発令と、軍の出動につながったといえるだろう。

通りから警察が消えた

一日明けて、29日の午前中、アレクサンドリアの町を車で回った。通りから警察は姿を消していた。普段は交差点など交通の要所、銀行、政府機関、スポーツクラブなどの重要施設の前には警察の詰め所がある。詰め所はどこも無人だった。交通整理の警官もいない。アレクサンドリア図書館の裏の交差点ではジーンズ姿の若者が交通整理をしていた。近くの警察署も焼き討ちされて真っ黒になり、昨夜の暴動の激しさを物語っていた。ダウンタウンに行くと、通りには若者たちの「自警団」が検問をしていた。手に棒切れや長い刃物を持っていたが、危険な感じではなかった。人々の間には緊張はなく、解放感さえ漂う。軍は29日、「武力行使をしない」と発表した。アレクサンドリア図書館の前の海岸道路には1両の戦車が止まっていて、その前で若者たちが携帯電話で記念撮影をしていた。

30日も、アレクサンドリアの町を回って、若者たちの話を聞いた。

自警団をつくった若者の1人は、「警察はわれわれが追い出したから、後は自分たちでこの地区の安全を守っている」と言った。夜警は昨日11時から始まり、朝7時に交代したという。「ギャングが民家に押し入ったりしないように、地区で話し合って、朝、昼、夜の交代制にしたのだ」と言う。若者を監督するリーダー役で技師のアフマド（52）によると、29日に地域のモスクで礼拝に来た住民たちが、自警団をつくることを話し合い、大学生に呼びかけた。検問がつくられ、住民のパトロールが始まった。集まっている若者は、アレクサンドリア大学の学生や、私立のアブキール学院の学生などだ。

アブキール学院コンピューター科3年生のマンスール（22）は「卒業しても職がない。就職できるのは伝手がある人間ばかりだ。今のムバラクの体制を変えなければ、未来はない」と語った。警察については、「警察は政治を変えようとする人間を捕まえ、今の体制を守ってきた。もう、ムバラクを守る警察はいない。ムバラクが辞めるまで、治安は民衆が守る」と言った。

アレクサンドリアを見る限り、警察が姿を消した後、幅広い範囲で、住民たちによる自主的な治安維持が行なわれている。カイロの住宅地区に住んでいるエジプト人の知人に聞いても同様だという。アレクサンドリアにいるキリスト教徒の友人は、この時のことを思い出して、「本当に大変なことになったと思ったのは、住んでいる地区の警察がみないなくなった時だ」と語った。通りの一本一本にまで警察、または警察の協力者が住民を監視していたが、逆に、それで治安も保たれていた。警察がいなくなった後、人々の治安は丸裸になった。エジプト全土で28日の夜、自警団がつくられたのである。全土に大小13万カ所あるモスクからもスピーカーで、住民に対する警戒を呼びかける言葉が流れた。

30日午後1時前、エジプトの政治危機を報じていたアラビア語の衛星放送アルジャジーラの画面が真っ暗になった。あわてて、ＢＢＣの英語放送に切り替えた。しばらくして、ＢＢＣが「エジプト政府はアルジャジーラの放送を禁止した」と報じた。この場に及んで、ムバラク政権はまだ報道規制をしようとしていることにあきれてしまった。どこまでも国民に情報を与えないことで、国を支配できると考えているのである。

カイロに向かう

ムバラク大統領は29日、退役将軍のシャフィークを新しい首相に任命して危機対応内閣を発足させた。一方、大統領の退陣を求める民衆デモは、2月1日に１００万人集会、さらに3日の木曜日に大統領府への行進を、それぞれ呼びかけている。これから数日が天王山となる。その次にはまた金曜日が来る。政府が革命の流れを金曜日までに変えることができるかどうかにかかるが、それまで3日間しかない。私は2月1日にアレクサンドリアから自分で車を運転して、カイロに向かった。２日にタハリール広場で予定されている100万人集会を見るためである。

道路は自動車専用の「砂漠道路」であり、入り口に料金所がある。しかし、料金所には誰もいなかった。車はまばらに動いているが、料金所を越えたところで、道路の中央に石がおかれていた。道路の路肩はあいている。私は、石をよけて200キロ先にあるカイロまで続く高速道路に入った。いつも使っている自動車道路だが、未知の世界に入っていくような気持ちだった。

高速道路はまばらではあるが、カイロに向かう車はいくらかあった。途中は何ら障害もなくすいすい進み、カイロまで40キロという標識が見えた。数キロ先は、高速道路の出口となる。ところが、そこに軍の検問があり、すべての車がUターンしていた。私が先頭になった。「ここで通行止めだ」と軍のオフィサーが言った。「日本のジャーナリストだ」と情報省の記者証を見せたが、通用しなかった。仕方なく、Uターンした。軍が首都カイロを封鎖しているのは明らかだった。しかし、このままアレクサンドリアに帰るわけにはいかない。しばらくして高速道路から一般道路に入る道を見つけてそこに入った。しばらく行くと、やはり軍の検問があった。

私は検問のところで車を止めて、「アッサラーム・アライクム（あなたたちのうえに平穏がありますように）」とイスラムのあいさつをして、その検問で一番偉そうなオフィサーと握手し、「治安維持のお務めご苦労さまです」と言った。「今日のカイロの様子はどうですか」と聞く。オフィサーは「治安は軍が維持している」と言う。「軍には国民の信頼がありますからね。私は日本人のジャーナリストで、今アレクサンドリアからカイロに戻るところですが、戻っても大丈夫ですか」と記者証を見せながら言った。オフィサーは「大丈夫だ。この道をまっすぐ行け」と言った。私は礼をいい、緊張が高まるカイロに向かう一般道路を進んだ。

42　タハリール広場の戦い

空気が一転した

私はカイロに入ってすぐに中心部のタハリール広場に向かった。群衆で埋まった広場の雰囲気はまるで若者たちの解放区のようだった。お祭り気分といってもよかった。「ムバラク、去れ」と声を張り挙げていた。私はデジャブの思いにとらわれた。イラク戦争の後に「キファーヤ（もう、たくさんだ）運動」の活動家たちが国民議会の前で、治安部隊に囲まれながら叫んでいた光景であった。その時はせいぜい100人程度の人数だったが、それから7年が経過し、タハリール広場を埋め尽くしている。

平和な空気が一転したのは翌2日だった。昼前に車でカイロ市内を回ってみると、タハリール広場の周りのあちこちでムバラク支持を唱えるデモが始まっていた。ムバラク支持派のデモを見たのは反対派のデモが始まって初めてだった。それぞれ100人ほどの規模で、トラックに乗ったグループもあれば行進しているグループもあった。タブラと呼ばれる筒状のドラムやタンバリンを持った男たちもいた。それはムバラク体制下の選挙の時、与党の国民民主党に雇われて選挙運動をするグループと雰囲気がそっくりだった。富裕層の中にムバラク支持派がいることは確かだが、町に繰り出している者たちは、富裕層そのものではなく、富裕層から金で雇われた者たちであることは一目瞭然だった。

私はカイロのダウンタウンの繁華街で、ムバラク支持者たちの一団と会った。その中の中年女性に「なぜ、ムバラクを支持しているのか」と質問した。女性は声を張りあげて「ムバラクは偉大な指導者だ」「ムバラクのために我々は戦う」と叫んだ。これはインタビューにならないと思って、インタビューを打ち切って道路わきに駐車していた車に戻ったが、女性は追ってきて、「なぜ、お前たちは私の言うことを聞かないのか」と言って、車の窓ガラスをばんばんとたたき始めた。私は車を発進させて、その場から逃げた。ムバラク支持者らの異様な興奮が伝わってきた。カイロには危険な空気が広がっていた。

広場の投石合戦

昼過ぎに、ムバラク支持のデモ隊がタハリール広場に押し入ろうとして、広場の中にいたデモ隊との間で「衝突が始まった」というニュースが流れた。私はあわててタハリール広場に戻った。衝突があったのは、エジプト博物館のわきの入り口で、私がナイル川の方から広場に入ると、広場のデモ隊とムバラク支持者の間で投石合戦となっていた。石つぶてを頭や顔に受けて、血だらけになった負傷者が、数人の男たちに担がれてきた。投石合戦の前線に立つ者たちの背後では、デモ隊が歩道のコンクリートタイルをはがして砕き、石つぶてにして、前線に運ぶ作業が始まった。さらに、背後から「カンカン」という鉄をたたく音が鳴り始めた。広場にある車道と歩道を区切っている鉄柵などを、デモに参加している女性たちが石でたたいて、音を出しているのだった。

エジプト革命の舞台となったカイロのタハリール広場での投石合戦で傷ついた若者を運ぶ反体制派の人々。2011年2月。

リーダー的な男たちが、後ろで傍観している若者たちに、「前に出るんだ。応援に行け」「何をおそれている。おそれるものはない」と石投げに加わるように呼びかけた。タハリール広場にいた男性（52）は「投石を始めて状況を悪化させたのは、向こうの方だ。われわれは女や子どもを連れて平和的に民主化を求めていた。ムバラク支持派は秘密警察や与党に金で集められたバルタギー（ギャング）たちだ」と叫んだ。民主化要求デモ隊の中で、投石合戦の中心になっているのは明らかにムスリム同胞団の若者たちである。同胞団の関係者は「これは体制との戦いなのだ。同胞団から参加している者たちは、ここに死ぬつもりで来ている。ムバラク支持派といっても政府から金をもらってかき集められた人間たちに屈するわけがない」と語った。

次々と前線から頭から血を流す若者が担がれて運ばれてくる状況は、衝撃的だった。同胞団が主力となっている民主化デモの前線に対抗するムバラク支持派の方も、普通に動員された人間ではなく、猛者が集まっている様子だった。それをアラビア語では「バルタギー」と呼ぶ。日本でいえば「やくざ」のような存在だ。２０１０年11月の人民議会選挙で、ムスリム同胞団の支持が強い場所では、治安部隊が出て投票所を封鎖した。治安部隊までは出ないが、警察が投票所の出入りを制限しているような投票所で、こん棒を持って投票所の入り口に立ち、人々を威嚇しているグループがいた。それは与党から雇われたバルタギーだといわれていた。同胞団の候補や支持者を殴るなど荒っぽいことをしていたのである。

「新しい歴史の始まり」

その衝突の日は「ラクダの日」と呼ばれている。投石合戦が始まる前に、ギザのピラミッドにいる観光ラクダの業者たちがムバラク支持デモに参加し、その一部がタハリール広場に乱入し、広場のデモ隊に抑えられたことから、そのように呼ばれた。エジプト革命の決戦の日だった。この衝突によって、世論は強硬策をとるムバラク体制への非難を強めた。３日はタハリール広場には大勢の群衆が集まった。その翌日の4日は金曜日である。大規模衝突があった1月28日から1週間となる。どのような金曜日になるのか、またムバラク支持派の巻き返しがあるかもしれない。不安がいっぱいだった。4日の金曜日に、私はタハリール広場に行った。そこで、「ムバラク辞めろ」と叫ぶ、それまで見たこともない大群衆を目にした。

私はこの日の広場を見て、「新しい歴史の始まり　タハリール広場から」という記事を「中東マガジン」に書いた。

〈今、私は、カイロのタハリール広場から戻ってきて、この記事を書いている。私が今日、広場で見たことは、新しい歴史の始まりというしかない。タハリール広場は、民主化を求める群衆で埋め尽くされた。100万人を超える規模であり、さらに参加者は増えている。広場の中では、「ムバラク出て行け」「体制崩壊」のかけ声が嵐のように響く。タハリール広場はお祭りのような雰囲気で、誰の顔にも笑顔が戻った。これほど明確に民衆の意思が表明された後では、政治はこの民意に合わせるしかないだろう。〉

3日までタハリール広場に入るタハリール橋は大統領支持派が押さえていたが、4日には支持派は1人もいなかった。金曜日の朝、タハリール広場の軍の司令官はデモ隊に向けて、「われわれはあなたたちに銃を向けることはない。われわれはあなたたちの安全を守る。安心してほしい」と声明を出した。それはテレビでも流れた。しかし、衝突さえ危惧された広場で、これほど大規模な民衆の動きが出るとは、驚きだった。

12時半に金曜礼拝が終わった後、続々と広場に集まり始めた。入り口では、両側にデモ隊が並んで、入ってくる人々に「お帰り、お帰り」と拍手をしながら声をかける。デモ参加者の中からは、「ようこそ、ようこそ、英雄たちの列にあなたも加わりなさい」というかけ声も響いた。

広場の西の入り口近くで、「1月25日革命」とマジックインキで書いたTシャツを掲げている若者ホサーム（32）がいた。デモ初日の1月25日にツイッターやフェイスブックで情報を交換してタハリール広場に集まった若者の1人だった。「今日は新しい歴史の始まりだ」と語った。しかし、「25日に集まった時には、これが民衆の革命につながるとは思っていなかった。28日に金曜礼拝の後、人々がムバラク退陣を求める運動に参加したことで、全てが変わり始めた」と話した。

2月11日の金曜日を前に、10日夕方にはムバラク大統領が辞任を発表する演説があるというニュースがBBCやCNNなどに一斉に流れた。その情報は人々にも広がり、タハリール広場には「革命成就」を喜ぼうという人々が押し寄せているということだった。ところが、ムバラクは「秋の選挙まで国政を見守る」と語り、自分が国を憂うナショナリストであるかのような演説を行なった。私はその日、夜遅くタハリール広場に行った。人々は帰り始めていた。「今日、辞めると聞いて、祝うつもりで来たのに」と私が話を聞いた若者は言った。市民には落胆の色が強かったが、広場を出たところで、1人の若者が両腕を突き上げて、「明日も来るぞ」と叫んだのが印象的だった。

歓喜の民衆

翌11日にまた金曜日がめぐってきた。私は昼前からタハリール広場に行き、人々の話を聞き、写真をとった。入り口では若者たちによる検問があり、身分証明書の提示が求められた。自主的な治安対策である。中に入ると、頬や顔にエジプトの旗をペイントをしているコーナーや紙に好みのスローガンを書いてくれるコーナーもあった。やぐらで組まれたメインステージの他に、いくつもの人の集まりがあった。若者たちが反ムバラクの演説やスローガンを唱える集まりや、有名な詩人を囲んでいる集まり、集会とは直接関係なく子どもたちに描かせる文化グループなどもあった。解放感があふれていた。その時のタハリール広場の様子を撮影して、「市民フェスティバル」といって上映しても違和感はなかっただろう。

そして夕方、午後7時を過ぎて、テレビでムバラクの大統領辞任が発表された。広場には大きな歓声が上がった。すぐに、「アッラー・アクバル（神は偉大なり）」という叫び声が上がる。神を讃える言葉であるが、同時に神の定めの下で起こった出来事を讃える言葉でもある。さらに「フッリーヤ（自由）」の大合唱が広がった。それに続いて、誰かが「イルファア・ラアサク・フォオ・インタ・マスリー」と叫び、その言葉があちこちで繰り返された。「頭を上げよ、あなたはエジプト人だ」というエジプト人であることの誇りを唱える文句。まさにその時、タハリール広場にいた人々の思いだった。

エジプト革命ではジャーナリストとして現場にいることの意味を実感した。現場というのは、エジプト革命でのタハリール広場というニュースの中心というだけでなく、広い意味での「通り」「街」という意味である。今のような高度な情報化の時代には、一日ニュースが動き始めると、ジャーナリストは刻々と情報を更新しなければならなくなり、ついテレビやインターネットで「情報」の進展や変化を追うことになり、現場の動きさえも、テレビ画面越しに見るということになりかねない。しかし、街に出て、通りを歩き、人々を観察し、話をすることでこそ、生の状況の変化を感じることができる。情報だけが飛び交っていても、人々のエネルギーが高まっていなければ、情報によって社会が動くことはない。

さらに状況は1日で変わることを実感した。何かの出来事がきっかけとなって、社会状況が急激に変わることもある。緩慢な状況の変化の中で、人々の意識が徐々に変わって、いきなり劇的な展開になることもある。エジプト革命は、長年、強権体制のもとで沈黙していた民衆が、一斉に通りに出て声を上げたことで始まった。現場で日々の進展を追いながら、歴史が動く瞬間を目撃する貴重な経験となった。

43　革命の検証　若者たちはなぜ動いたか

デモ呼びかけの会合

事件の現場では、常に多くの疑問に出会う。その疑問を解く鍵もまた、現場にある。ジャーナリストは、事件がなぜ、起こるのか、どのような人々がその事件の主人公なのかなど、様々な疑問を持つ。ジャーナリスト自身の問題意識や理解の深さ、記述の力点の置き方によって、同じ出来事でも様々な書き方が可能であり、時には全く別の意味づけやストーリーが見えてくることもある。

私は若者たちがデモを始めて、ムバラク退陣が発表されるまでずっと現場の動きを見たが、見えているのは表面の動きだけだった。革命の背後でどのような動きがあったのかは、その後に検証取材をすることによって多くの事実と出会うことになった。

私はデモが始まった1月25日に向けてデモの呼びかけをした若者リーダーたちに会って話を聞いた。1月14日にチュニジア革命が起こった後、4、5日の間に、若者たちのグループがカイロでデモを起こすための秘密の会合を持ったことが分かった。リベラル派の「4月6日運動」の他、２００５年のムバラク大統領5選阻止のために結成された「キファーヤ運動」やアラブ民族主義のナセル大統領の思想を受け継ぐナセル主義の「カラマ」、エジプトの大統領への立候補の意向を唱えている元国際原子力機関（ＩＡＥＡ）事務局長のムハンマド・エルバラダイ氏を担ぎ出そうとするリベラル派グループや、２０１０年に若者中心に結成された「公正自由運動」などである。

1月25日は「警察記念日」であり、警察の横暴に抗議するデモをタハリール広場で実施することが計画されていた。チュニジアのジャスミン革命に続くデモとしてインターネットのフェイスブックサイト

「クッリナー、ハレド・サイード（「われわれはみな、ハレド・サイードだ」の意味）」に掲示された。「ハレド・サイード」は、２０１０年６月にアレクサンドリアのインターネットカフェにいたところを、私服警察に暴行を受けて、死んだ若者の名前である。若者は何ら政治運動にかかわっていなかった。このサイトは、政治とは関係ない一般の若者たちが参加し、警察による人権侵害に対する抗議運動として広がっていった。サイトには70万人がアクセスしていたとされる。４月６日運動など政治組織のメンバーもサイトのチャットなどで参加していた。

４月６日運動リーダーのターリク・フーリー（25）によると、「ハレド・サイード」サイトの管理者のメールアドレスを入手して、連絡を始めたという。後にサイトの管理者の１人がドバイ在住のエジプト人でグーグル社員のワエル・ゴネイムであることが明らかになるが、フーリーも４月６日運動の連絡役も、ワエル・ゴネイムについては何も知らないまま、メールだけでやりとりをしたという。

ゴネイムを含めて、「ハレド・サイード」サイトの複数の管理者には、政治運動の関係者はいなかった。政治組織が集まる準備会合で決まった１月25日のデモの具体的な実施内容をメールで「ハレド・サイード」管理者に送り、サイトに掲示するという協力関係ができた。

「パンと自由と尊厳を」

１月24日までに３回の秘密会合が持たれ、24日の会合には11の組織が参加した。最後の会合にはイスラム組織のムスリム同胞団の若者リーダーも招かれた。その時の話し合いの結果として「ハレド・サイード」サイトに掲示された25日のデモの実施要項は次のようなものだ。

デモの目標は、①最低賃金を上げる、②１９８１年から続く非常事態令の廃止、③アドリ内相の解任、④現在は無制限となっている大統領任期の制限——など。政治改革が主な要求で、「ムバラク辞任」は要求には上がっていなかった。最大の要求は、内相解任と非常事態宣言の廃止だった。若者たちには政治批判を取り締まる国家治安捜査機関（公安警察）による人権侵害への怒りが強かった。１９８１年のイスラム過激派によるサダト大統領暗殺事件の時に出た非常事態令が、そのまま30年間続き、憲法では保障されている政治や結社の自由が制限されていた。

呼びかけ文では、デモの集合場所が全国各県で指定された。カイロではカイロ大学前や最高裁判所前など6カ所。目標はタハリール広場だが、できるだけ警察隊の力を分散させる狙いで、タハリール広場に向かうための集合場所を分散させることを狙ったという。

デモ参加の注意事項としては、次の4点があがっていた。

①平和的なデモ。われわれは平和を唱え、暴力は唱えない。
②デモは決められた場所で、決められた時間に行なう。
③家から出る時は、クレジットカードや銀行カードなどは持ってこない。ただ、身分証明書（ＩＤ）と、必要な時のためのお金をいくらか持ってくること。水の補給のためにペットボトルを持参する。
④エジプト国旗を持参すること。特定政党や組織の標語や旗は掲げない。

デモで叫ぶ標語も決まった。


「エジプトよ、永遠に。パンと自由と人間の尊厳を」

「自由はどこにある。非常事態令が私たちと自由を遠ざける」

「声をあげよ、われわれは不正を許さない」

「エジプト人よ、目覚めよ。自由のドアは開いている」

「民衆よ、恐怖を乗り越え、世界を目覚めさせよ」

24日には人権弁護士のハーリド・アリ弁護士も参加して、逮捕された時に黙秘権を行使するなど、対処法について話した。アリ弁護士は会合の熱気を感じながらも、「数千人集まれば上出来」と思ったと言う。過去の警察記念日での参加は数十人からせいぜい数百人程度だった。

秘密のデモの起点

24日の準備会合では公安警察の監視から逃れるために「ハレド・サイード」サイトに出さない秘密のデモの起点を決めていたことも分かった。その1つがカイロの人口密集地ブラクダクルール地区のナヒヤ通りだった。ブラクダクルール地区はカイロのナイル川西岸で富裕層やミドルクラスが住むドッキーやムハンデシィーンの西隣にあり、高架の陸橋でつながる。ホテルやレストラン、カフェが並ぶムハンデシィーンから陸橋を越えると世界が変わる。ブラクダクルール側は、道路は狭く、舗装もされず、ゴミは道路に散乱し、狭い道をトクトクと呼ばれる客を乗せる三輪車が行き交う。ここは「アシュワイーヤ（無秩序）」と呼ばれ、政府による都市計画や道路整備からは全く無視されて広がってきた貧困地域である。ナヒヤ通りには、狭い道路に車や路線バスが押し寄せ、クラクションが鳴り響き、全く身動きがとれなくなるほどの喧噪と混沌がうずを巻いている。

関係者の取材をすることで、1月25日のデモは、若者たちによって周到に準備されたものであることが分かった。「ハレド・サイード」サイトとの連携もできていた。しかし、誰も予想していなかったのはデモの規模である。デモを呼びかけた活動家の若者たちが望んだ数千人の若者どころか、数万人の若者たちがデモに参加したのである。

予想を裏切られたのは活動家の若者たちだけでなく、公安警察も同様だった。公安警察は25日のデモの前に、同国最大のイスラム政治組織のムスリム同胞団の各県の代表を呼び出して、「メンバーをデモに参加させるな。参加させたら、幹部はすべて逮捕する」と脅しをかけていた。カイロのナイル川西岸のギザ県の代表にインタビューをした時に、そのように証言した。さらに24日の準備会合に招かれたムスリム同胞団の2人の若者リーダーにも話を聞いた。その1人のムハンマド・アッサースは、会合の後、同胞団本部のメンバーに連絡をとり、25日のデモに対する指導部の立場を聞いたという。「団としての呼びかけはしないが、参加は自由だ」という答えだったようだ。同胞団は全国規模で、中央指導部から各県指導部、さらに市町村の指導部までピラミッド的な組織を持ち、動員によって動く組織である。25日のデモには組織としての動員はなかったため、同胞団メンバーの参加は、非常に限定的なものとなった。

ノンポリの若者たちの反乱

では誰が参加して、数万人の規模に膨れ上がったのだろうか。革命後に、ある同胞団の50代の幹部に話を聞いた時に、25日のデモの様子を初めてテレビで見た時の印象について、「デモに参加したのは、ほとんどは素人たちだ」と語った。「なぜなら」と彼は続けた。「エジプトで政治活動をする者は、デモに行く時に携帯電話など持っていかない。警察に捕まったら自分の連絡先がすべて分かってしまう。身分証明書も持たず、小銭だけをポケットに入れていく。なのに、25日にデモに参加した若者たちはデモに参加して、携帯で写真や動画を撮って、それをインターネットにあげた。考えられないことだ」と語った。

デモに実際に参加した若者たちに話を聞いても、過去に政治活動に参加したり、デモに参加したりしたことがないという若者が多かった。私は90年代半ばから知っている野党系政治指導者の20代の2人の息子に話を聞いた。長男は大学法学部に入り、弁護士になって、父親とともに政治活動に入った。一方、弟の方は「父のようにいつも警察に呼ばれ、たびたび、刑務所に入るような生活はいやだ」と思って、政治とは関係ない生活をし、コンピューターや音楽に没頭した。25日のデモに参加したのは、政治青年の兄ではなく、ノンポリの弟の方だった。友人たちに誘われて参加したのである。兄は「25日のデモで何かが変わるとは思えなかった」と語った。

25日のデモの後の最初の金曜日である1月28日には、同胞団も含めてすべての政治勢力がデモに参加し、金曜礼拝の後に、カイロではタハリール広場を目指して数十万人のデモになった。そのデモで治安部隊による攻撃で800人以上の死者が出た。その後、デモ隊はタハリール広場になだれ込み、ムバラクの辞任を求めて広場を占拠した。広場には28日の衝突で命を落とした若者たちの肖像が飾られた。その中でひときわ大きい肖像の若者がムスリム同胞団メンバーであることが分かった。その若者はデモ隊の先頭に立ち、装甲車の上から撃たれた散弾によって命を落とすことになった。じつは、その若者も25日のデモには参加していなかったのである。

エジプト革命について考える時、第1の問いは、なぜ、1月25日のデモが起こったのか、である。エジプト革命から2年ほどして、私は日本に戻った時、日本の中東研究者と話をした際に、研究者の間の議論は「若者たちはどのようにして強権体制の恐怖を乗り越えたのか」だったという。しかし、現場でエジプト革命を見た私の理解は、1月25日にデモに参加した若者たちの多くが、政治に参加したことがなく、公安警察の尋問や拷問など強権体制の恐怖とは遠いところにいた若者たちだった、ということである。

私はイラク戦争後に米国が中東民主化を掲げた理由について、90年代に中東の強権体制のもとで、穏健派も過激派も反体制派が政治から排除され、その結果、過激派は欧米に追われて、欧米を「敵」とすることで9・11米同時多発テロが起きたと分析した。つまり、90年代後半には、中東、特にアラブ世界では、政府批判勢力は排除されてしまい、過激派はもちろん、選挙に参加する穏健派でさえ弾圧されて、政治活動の場はなくなっていた。2011年に20代前後になった若者たちは1990年前後に生まれ、90年代前半の政治的な混乱は知らず、政治が国民から遠い存在となった時代に育った。つまり、権力による政治の独占が進み、若者たちの多くがノンポリとなって、秘密警察の恐ろしささえ知らないという段階に達した時に「アラブの春」は起こったのである。

それは若者たちに政府や社会に不満がなかったということを意味しない。エジプトは権力とつながるコネを持たねば、ビジネスも、就職もできない。政府官僚や外交官、裁判官などの政府の上級職への道もコネ次第となった。グローバル化に伴う世界的な格差の拡大は、アラブの強権体制では、単に経済や社会の問題ではなく、権力と深く結びついていた。若者たちの間には、政府や警察への不満は強かったが、それは特定の政治組織や政治思想とは結びついていなかった。まさに、エジプトで1月25日に噴き出したデモは、特定の政治組的背景は持たないが、現実に不満を募らせていた若者たちが始めた反乱であった。

44　歴史的な一日の検証

金曜礼拝の説教師

私はエジプト革命の検証のために、1月25日の最初のデモに続いて「怒りの金曜日」と名づけられた1月28日に何があったかについて関係者のインタビューを重ねた。カイロではモスクで午後1時ごろ集団礼拝が終わり、その後、デモ隊がタハリール広場に向けて行進を始めた。ナイル川西岸のギザやムハンデシーン、東岸のショブラなどから礼拝を終えた人々のデモ隊がタハリール広場を目指した。「シルミーヤ（平和的に）」と繰り返すデモ隊に対して治安部隊は放水を浴びせ、催涙弾を撃ち、散弾銃を発射した。最後は実弾による狙撃があった。夕方までに800人以上の死者が出た。その後、タハリール広場はデモ隊に占拠され、警官・治安部隊には撤退命令が出た。私は、この日、何があったかを、日本の読者に伝えるために、当事者の体験を集めて、詳細な再現リポートをつくろうと思った。

私はタハリール広場に向けて進んだデモ隊の起点の1つだったハンデシーンのアラブ連盟通りに面した「ムスタファ・マフムードモスク」に焦点をあてて取材した。金曜礼拝の前には、「フトバ」と呼ばれる説教がある。説教をする説教師は、ハティーブと呼ばれ、イスラムに通じた人物が宗教や宗教にかかわる社会問題について講話をする。28日の金曜礼拝の説教師はカイロ大学でイスラム研究を行なうダールルウルーム学部のイスラム法教授のムハンマド・マンシー（52）だった。

25日のデモの直後の金曜日が、運命の日になることは、誰の目にも明らかだった。政府は28日未明に、インターネットと携帯電話を停止したのである。マンシーに会って、彼のその日1日の動きを、説教原稿の草稿の段階から詳細に聞いた。マンシーは金曜礼拝の説教で若者たちのデモを扱うべきかどうか、扱うとすればどのように扱うべきかに頭を悩ませたと語った。28歳の彼の息子がムスタファ・マフムードモスクを集合場所に指定しているフェイスブックの掲示を見せて、「お父さん、危ないから行かない方がいい」と言った。妻も心配して行くなと言う。しかし、「私は説教師なのに、家にいるわけにはいかない」と答えた。友人の一人は、「説教では、今の政治状況には触れない方がいい」という忠告があったという。しかし、そんなわけにもいかない、とマンシーは考えた。

マンシーは説教の後半の宗教の話題では「神への信仰」を扱うことにした。問題は時の社会問題などを扱う前半部分であり、民主化デモが始まった状況を扱うしかないと決めた。マンシーは民主的な改革を擁護する立場である。しかし、一方的に若者の動きを支持するわけにもいかない。さらに若者のデモを抑えようとする警察の存在にも配慮しなければならない、と思った。説教原稿を書き始めたのは、説教前日の27日の午後10時ごろで、2時間以上かけてA4の紙に5枚の原稿を書いた。すでに日付は深夜を回って28日となっていた。翌朝、原稿を読み直して、手を入れた。マンシーに、その時の説教の原稿を見せてもらった。原稿には、一度書いて消したり、赤字で書き加えたりした跡が至る所にあった。

マンシーの自宅はピラミッドに近いギザ地区にあった。いつもの金曜日は自家用車のフランス車プジョーを自ら運転してモスクに行く。しかし、この日は、説教の後に何があるか分からないと思って、タクシーでモスクに向かった。さらにマンシーのことを心配して息子と甥が同行した。自宅を出たのは午前11時。11時半にはモスクに着いた。この日、金曜礼拝が始まるのは午後零時8分からだった。礼拝までには30分以上ある。モスクの拡声機で、「礼拝に来たれ」「神は偉大なり」と、アラビア語で礼拝を呼び掛けるアザーンが始まっていた。

すでにモスクの前の通りには5000人ほどの群衆が集まっている。ジーンズ姿の若者や、礼拝をするのにベールさえしていない若い女性たちも多かった。よい身なりの若者たちだ、とマンシーは思った。モスクの裏手に回ると、ヘルメットと警棒を持った黒い制服の治安警官隊が通りを埋めて隊列を組んでいた。「デモに集まった若者」と「デモを抑えようとする警官隊」。それはまさにマンシーが3日間、説教の原稿を考えながら思い描いていたものだ。その光景を目の前にして、マンシーは、「恐怖を感じた」という。「それは自分で制御できないほどの強い恐怖だった。私は神の名を唱え、私が冷静で落ちついて、私のメッセージを人々に伝えることができるように力添えしてください、と祈った」と語った。私はマンシーの話を細かいディテールに踏み込んで聞きながら、歴史の転換点で、人々に神の言葉を伝えるイスラム説教師の経験を追体験しようとした。

「若者たちの選択を尊重する」

マンシーは説教の後半で、若者たちについて語り始めた。「私は多くの人々と同じように、若者たちがインターネットを通じて、デモを呼びかけ、時間を決め、デモを始める集合場所を決めているのには驚いています」と率直に語った。「あなたたちは、今起こっていることをどのように見ますか？　第1に、私たちが経験したことがない新たな時代を前にしていることを認めなければなりません。若者たちから起こっていることは、民主主義を構築しようとする動きの一部であり、そのためには人々の諸要求が実現されなければなりません。民主主義の要求の中の最も重要なものは、表現・言論の自由であり、世界の民主主義国家で行なわれているようにデモをする権利なのです。私たちは、新しいものを前にしていることを認めなければなりません。すべての新しいものに対応するためには、忍耐と理解と発見が必要です」

マンシーの説教はこのように始まった。説教の内容はモスクの外に設置されたスピーカーでも流された。モスクの背後に控える警察隊や警察幹部を十分に意識したものであるが、まずは若者に対する理解と忍耐を求めている。さらに、説教は、このように続く。

「このこと（＝若者たちがデモを始めたこと）は私たちに何を示すのでしょう？　それは、若者たちがこの国で起こっていることに怒り、彼らは私たちを驚かすような方法や手法をとりました。しかし、私は、そんな若者たちの選択を尊重するしかありません。彼らは何もしないくだらない生活や、麻薬に手をつけて社会を害する粗野な生活を送っているわけではなく、または私たちの国に敵対する国に行って害をもたらしているわけでもありません。若者たちは国を愛し、国にとってよいことをしようと考えているのです」

マンシーが説教の中で「若者の選択を尊重する」と語った時に、モスクの内外で若者たちから拍手が上がった。マンシーは拍手に驚いたという。モスクでの説教は神妙に聞くものであって、共感したからといって拍手することはない。拍手したのは、金曜礼拝では拍手はしないという常識さえ知らない者たちということを示していた。

マンシーは、「私は若者たちに対して強調しておきたい」と若者たちに呼びかけた。「若者は平和的なデモによって意見を主張しなければならない。私は若者たちに言いたい。あなたたちのイメージを傷つけようとする者たちがいることをしっかり意識しておかねばなりません。中には、あなたたちに混じって暴力を振るおうとする者もいるでしょう。どうか、あなたたちの努力を台無しにするような行為を許さないように。警官隊との間で、暴力的な衝突にならないように。警官は、あなたたちの父親であり、兄弟であり、友達なのです。彼らは誰もが自分の職務を遂行するように、職務を果たしているのです。それが彼ら警官隊の仕事なのだから」

その後、マンシーは「その一方で、私は言わねばならない」と前置きして、警官隊に呼び掛けた。「私たちは若者たちを国の財産と考えねばなりません。彼らは私たちの子どもたちであり、あなたの息子たちなのです。私たちは彼らにその意見を言う機会を与えねばなりません。彼らは私たちの民主主義の重要な構成要素の一部なのですから。私たちの子どもたちは、家でも、学校でも、大学でも、時には私たちに刃向かうものです。私たちは彼らと理解し合えるまで粘り強くかかわらねばなりません」

マンシーは「最後に、私たちイスラム教徒は」と声を強めた。「私たちは冷静であり、自制を利かせなければなりません。よく考えられるように。よく話ができるように。そして、問題に対して適切に対応できるように。そうすれば、危険を自分から遠ざけることができるでしょう」

マンシーは「私たちは神から次のように警告された人々のようであってはなりません」と述べて、イスラムの教典コーランの「集合の章」にある次のような章句を唱えた。「彼らは自分の手と、信仰者の手で、自分たちの家を破壊した。おお、見る目を持つ賢い者たちよ、それを教訓とするがよい」

説教は33分間だった。その後に、イスラムの礼拝があった。礼拝の最後に座った状態で「アッサラーム・アライクム（平和があなたの上にありますように）」と唱える。その言葉が終わるか終わらないかのうちに、モスクの外で礼拝をしていた若者たちは一斉に立ち上がり、「ヤヒヤー・マスル（エジプト、万歳）」と雄叫びを上げた。

タハリール広場に貼られた「最初の殉教者」ムスタファ・サウィの顔を入れた横断幕。2011年2月。

「最初の殉教者」

若者たちは手に手にエジプトの国旗を掲げて、タハリール広場に向けて歩き始めた。治安部隊から若者に対する制圧の動きはなかった。マンシーはモスクの中にいた礼拝者が無事に外に出てしまうのを確認して、「アルハムド・リッラー（神に称賛あれ）」と唱えて、神に感謝し、胸をなで下ろした。

このムスタファ・マフムードモスクで礼拝した若者の1人に、ムスタファ・サウィ（26）がいた。サウィはこの日午後、タハリール広場の手前にかかっているタハリール橋で、治安部隊が撃った散弾を上半身に受けて死んだ。その後、ムバラク辞任までデモが続いたタハリール広場の一角にサウィの巨大な肖像が飾られ、「最初の殉教者」と呼ばれた。私はデモ参加者を浮き彫りにするためにサウィに焦点をあqてようと思い、デモでサウィと一緒にいた友人やサウィの家族らに話を聞いた。

ナイル川西岸のアグーザにあるサウィの実家を訪ねて、母親ファイザ（55）の話を聞いた。ファイザはデモの前日の夜にサウィと交わした会話について話してくれた。サウィは1月27日が26歳の誕生日だった。友人と一緒に誕生パーティをして、その後でファイザに「僕は明日のデモに参加する」と語り、「僕は殉教するかもしれないよ」と言ったという。ファイザは、その言葉を本気にはとらなかった。「デモに行くんじゃないよ。死ぬんじゃないよ」と言うと、サウィは笑った。その夜、サウィは寝ないで朝まで礼拝を続けた。翌朝の朝食はとらず、食を断った。イスラム教徒はラマダンの断食月だけでなく、心に期すものがある時には日の出から日の入りまでの断食を行なうことが珍しくない。サウィは昼前に友人のムスタファ・アブドルラジク（31）と連れだって、マンシーが説教をしたムスタファ・マフムードモスクの金曜礼拝に参加し、そのままデモに加わった。

サウィの家族はイスラム組織ムスリム同胞団のメンバーだった。アグーザはカイロの中でも高級住宅街と見なされるが、その地区にも貧しい人々は住んでいる。サウィの家族は貧しい階層に属する。サウィはカイロ大学商学部を前年秋卒業し、学生時代から働いていた空調設備会社にそのまま就職した。声が美しいことからモスクでコーランを唱える役をした。さらに英語が得意で、様々な社会活動や教育活動をする同胞団のメンバーとして、地域の子どもたちに英語を教えるボランティアをしていた。カイロのアメリカン大学の英語コースにも通っていた。サウィの兄のイハーブ（32）が、サウィの遺品として、サウィが子どもたちに教える時に使う手づくりのパネルの束を見せてくれた。

サウィの最期を語ったのはアブドルラジクで、サウィと並んでデモの先頭に立っていた。タハリール橋に入ったところで警察の装甲車両が突っ込んできた。車両の上には散弾銃を持った警官。サウィが車両の前に立って、両手を広げて訴えようとした時、車の屋根に立った警官が下に向けて散弾銃を撃った。サウィは膝から崩れ落ちるように倒れた。首、胸にかけて、鉛の散弾を浴びて、血だらけだった。アブドルラジクはサウィの体を抱え、揺すって、「神と神の使徒を唱えよ」と呼びかけた。サウィは「アッラーの他に神はなし、ムハンマドは神の使徒である」と唱えて、意識を失ったという。この言葉は、アラビア語で「シャハーダ」（信仰告白）と呼ばれ、礼拝や断食月の断食、メッカへの巡礼などと並んで、イスラム教徒の5つの義務の1つである。死の前に信仰告白を唱えることは、イスラム教徒にとっては尊ばれることとされる。

アブドルラジクはサウィを抱えて、橋のたもとに戻り、待機していた救急車に「一番近い病院に運んでくれ」と頼んだ。病院はナイル川の中洲のザマレク地区にあるアングロ・アメリカン病院だった。アブドルラジクは救急車の中で、サウィの胸を押し、心臓マッサージを続けた。救急車はすぐに病院につき、サウィは中に運ばれ、蘇生措置を受けたが、まもなく死んだ。夜遅く、サウィの家族が病院を訪ねてきた。霊安室でサウィの遺体を見た姉は気を失い、父親は頭を抱え込んだまま、気分がわるくなり、脳出血の疑いがあると診断されて、カイロ大学付属カスルアイニ病院に救急車で搬送された。母親のファイザは気丈だった。冷たくなった息子のほほにキスをし、いとおしげに何度も顔をなでた。息子の遺体を見た時のことについて、ファイザは「ムスタファは穏やかな表情だった」と語った。兄のイハーブはサウィの遺品を見せながら、「ムスタファが殉教したと知った時、誰もが納得した。他人に優しく、誰からも愛されたムスタファを、神は殉教者に選ばれたのだから」と語った。

サウィの死を間近で目撃したアブドルラジクは「警官がデモ隊を殺そうとするなんて考えられなかった」と語った。警官隊によってこん棒で殴られ、放水をされ、催涙弾を撃たれても、デモ隊は前に進んだ。タハリール広場を目前に控えたタハリール橋の東詰近くに最後の防衛線を張った警察隊に対して、サウィやアブドルラジクは警官に「私たちは敵ではない」と呼びかけていたのだ。ところが、警察は散弾銃の水平撃ちや短銃による銃撃や、さらにはライフルによる狙撃によって、デモ隊を殺しにかかった。

4月下旬に政府のエジプト革命事実調査委員会が発表した革命中の市民の死者は846人。9割方は28日に集中している。それも28日の午後遅くの数時間である。デモに参加した若者に話を聞くと必ず、「平和的なデモ隊に銃撃するような体制が存続できるはずがない」と言葉が出てきた。

「最初の殉教者」と呼ばれるサウィは、童顔で、華奢な体つきで、誰にでも愛されるような若者だった。それは強権体制に対して立ち上がったごく普通の若者たちを象徴する。殉教者とは、イスラムでは「神に選ばれた者たち」である。殉教者は神に殉教者として受け入れられなければならない。つまり、彼らが命をかけて参加した戦いは、神の正義を実現するという意味でジハード（聖戦）であり、神が殉教者として認めるということは、その戦いの対象である体制や為政者は、神の正義に反する抑圧者だということになる。イスラムでは抑圧に対する戦いは、最良のジハードだといわれている。殉教者の存在は、戦いに参加するイスラム教徒のモラルを支えたのである。

救急医師の証言

私は1月28日に警官隊による武力行使で、多くの若者が死んだ背景を知りたいと思って、死傷者が運びこまれたカイロ大学医学部付属カスルアイニ病院の救急部長アイマン・サラフ（51）を訪ねた。サラフは28日は非番だったので、やはりムスタファ・マフドードモスクの金曜礼拝に行ったという。サラフは20代の娘の情報で、このモスクがデモの集合場所になっていることを知った。500人でいっぱいになるようなモスクだが、5000人ほどが集まり、モスクの前の道路や公園にまで礼拝者が並んでいた。「モスクの説教師は民主化デモを激励するような調子だった」とサラフは振り返った。礼拝の後、人々はタハリール広場に向けて行進を始めた。

両側に高いマンションが立ち並ぶバタル・アブドルアジーズ通りではマンションから人々が下を見ていた。人々は「エンジル（降りてこい）、エンジル」と声を合わせて、沿道の人々に呼びかけた。その声に促されて、デモに加わる人々も多かった。さらに脇道から合流する人々もいて、タハリール広場に通じるタハリール通りに入った時には、広い通りが数万人という群衆で埋まった。モスクを囲んでいた治安部隊はデモ隊がタハリール広場に向けて動き始めると、先回りするように群衆のわきを走って駆け出し、やはり、タハリール広場に向かった。デモ隊は警官隊との間が縮まると、「シルミーヤ（平和的）、シルミーヤ」と繰り返して、平和的なデモであることを訴えた。サラフは「デモ隊は身なりもよく、整然としていた。衝突が起こるとはとても思えなかった」と語る。

ところが1時間ほどたって、デモ隊がナイル側の西岸にたつナイル・ヒルトンホテルの前のガラア広場に到達したところで、事態が急変した。手前で、警官隊が整列して、デモ隊をブロックし、催涙弾を撃ち始めたのだ。しかし、デモ隊は逃げるのではなく、警官隊に向かって行った。ガラア広場からタハリール広場まではナイル側にある中洲のゲジラ島があるだけで、距離にして1キロもない。警官隊はデモ隊がタハリール広場に入るのを阻止しようとしているのは明らかだった。デモ隊は警官隊の間を突破しようとした。サラフはデモの先頭から100メートルほど後ろにいたが、「これは大変なことになる」と思ったという。家族を帰宅させて、自らは歩いて広場から南に2キロの距離のカスルアイニ病院に行った。

サラフが病院に到着したのは午後3時ごろである。けが人は数人しか来ていなかった。それから午後5時までの2時間の間に病院に運ばれてくる負傷者は、催涙弾によって喉や目を痛めたり、やけどをしたりした人々で、ほとんどは軽傷だった。その後、「時間を追って搬送者の状況は悪化した」とサラフは語る。午後5時ごろから足を負傷した人々が運ばれてきた。警官隊がデモ隊の足元に散弾銃を撃っているのだ。ところが、次第に、散弾銃で腹部や胸や頭を負傷する患者が増えてきた。本来は地面に撃って、デモ隊の足元を狙って、デモを退散させるために使う散弾銃がだんだんと水平撃ちになっていることを示していた。

本当の修羅場は午後7時を過ぎてからだった。実弾で頭や胸、腹を撃たれた重傷者が次々と運び込まれてきた。普通は救急部門には3つの手術室しかないが、「手術室を開けろ」と指示し、18カ所の手術室を救急用に開いた。普段、病院にいる外科医は5~6人だが、この日は39人の若い外科医が病院に駆けつけた。それでも、午後5時から午後10時までの5時間で302人の救急搬送を受け入れるという異常事態には全く対応できなかった。特に、午後9時以降搬送された負傷者はすべてライフル銃の実弾によるものだった。頭やのどを一発の銃弾で打ち抜かれる犠牲者が目立った。スナイパー（狙撃兵）によるものであることは明らかだった。

普段なら銃弾を受けた重傷者が運ばれてきたら1人の患者に6人の外科医がつく。ところが、この日、病院は野戦病院のようになり、重傷者を1人か2人の医師が担当した。サラフは手術をのぞきこみながら、必要ならば指示を与えて、すぐに次の手術室へと飛び回った。夜中を過ぎても、重症患者は次々と運ばれてきた。

すべての手術が終わったのは翌29日午後である。医師も看護師も一睡もせず、時間を忘れたように、次々と負傷者に対応していった。その間に21人が死んだ。9人が病院には入ったが、受付で死んだ。4人が手術を始める前に死んだ。そして、8人が手術後に死んだ。一晩で21人が死ぬということは、全く想像できないような事態である。

4月下旬に政府のエジプト革命事実調査委員会が発表した革命中の市民の死者846人の多くが28日に集中していた。しかし、警官隊は28日午後6時には撤退し、衝突は終わったことになっていた。それは、サラフの経験とは全く食い違っていた。事実調査委員会でも証言した。「夕方に警官隊が撤退して、弾圧が終わったわけではない。狙撃によって頭を打ち抜かれた負傷者は、その後で次々と搬送されてきた」ということだ。その銃撃が続いたために、サラフの病院は、午後7時以降、野戦病院のようになったのだから、動かしようのない事実である。

エジプト革命の力の源にあったのは、若者たちの命を、ムバラク体制が警察力を使って冷酷に抹殺したことに対する国民の深い怒りである。28日の金曜礼拝までは、若者たちの要求は政治改革であって、大統領辞任ではなかった。それがなぜ、革命まで進展したのかは、28日に起こったことを、それぞれ異なる立場の人々の体験として検証していくことで見えてきた。私は激動の中東の中で、常に人間にこだわって話を聞いてきた。それも普通の市民の体験談である。親であり、子どもであり、夫であり、妻であるような人々の話を通して、中東の出来事を日本に伝えたいと思ったためだ。

45　ムスリム同胞団の台頭

エジプト革命の後、イスラム政治組織「ムスリム同胞団」は強権体制が倒れた後の民主的な選挙で第1党となった。欧米や日本では、同胞団が世俗派の若者たちが始めた革命を横取りしたという見方がある。しかし、現場での革命を見ていると、同胞団は伝統的な価値であるイスラムを掲げた保守的な組織であり、革命後の混乱を収拾する役割を担わされたという側面も見えてきた。

チュニジアのジャスミン革命やエジプト革命などの「アラブの春」は若者たちの反乱である。「4月6日運動」が欧米メディアに盛んに取り上げられたが、彼らの組織力や動員力は通常なら数百で、最大に見積もっても数千人の規模であり、とても革命を主導できるような実力はない。ムバラク時代にも「4月6日運動」や「キファーヤ運動」が少ない人数で勇敢にも街頭デモを行なったことは確かだが、残念ながら、治安部隊に取り囲まれてしまうだけだった。

エジプトでは強権下の政治勢力で政権を脅かす組織力があったのはムスリム同胞団だけである。イラク戦争後に米国が掲げた中東民主化のもとで行なわれた２００５年の議会選挙で、同胞団は全４４４議席中の88議席をとったことはすでに書いた。その同じ選挙では、▽リベラル派の新ワフド党６議席、▽国民進歩統一党２議席、▽リベラル派のガッド党１議席と、他の野党の議席は散々だった。既成政党は民衆への影響力を失っていた。その同胞団も２０１０年11月から12月にかけて行なわれた議会選挙では、同胞団の有力候補が立候補している選挙区の投票所で治安部隊が入り口を封鎖しているのを見た。政府による露骨な選挙干渉で、同胞団は議席を失い、途中で選挙から撤退した。

エジプト革命は、２０１０年選挙の２カ月後に起こった。ムスリム同胞団さえ完全に抑え込まれた状況で、11年１月25日に、世俗派でも、イスラム派でもない、ほとんどは政治とは全く関係なかった若者たちが街頭に繰り出したことで、政治が動いたのである。しかし、革命に向けた動きがタハリール広場で進む中で、その動きを支えたのは、やはりムスリム同胞団だった。デモでは「自由と公正」がスローガンとなり、イスラム的なスローガンは全く表に出てこなかった。同胞団指導部のメンバーがタハリール広場に行くことはなく、広場にいた同胞団の若者リーダーは広場では同胞団の旗やスローガンを使わないように指示を受けていた。広場のデモで同胞団色が出ないように指導部は細心の注意を払っていた。それはムバラク政権にデモ掃討の口実を与えるのを恐れたためである。

広場の革命を支えた同胞団

しかし、連日、大規模なデモが続いていたタハリール広場で取材をすれば、至る所に同胞団がいるのが分かった。広場には５カ所から６カ所の出入り口があったが、すべての入り口で三重に若者たちが並び、すべての入場者の手荷物検査やボディチェックが行なわれた。広場内で暴力事件やテロが起こらないように、外から危険物が持ち込まれないように、徹底した安全対策がとられていた。デモ隊の若者たちが自然に始めたように見えたかもしれないが、それを組織的に行なっていたのは同胞団のメンバーだった。同胞団メンバーは自分たちの集会をする時に、秘密警察が潜入しないように、セキュリティ対策をとるように訓練されていた。さらに広場の中の路地裏やモスクの中に仮設病院をつくり、交代しながら24時間態勢で詰めていた医者たちの多くは同胞団メンバーだったし、パンや水の配布をしていたのも、やはり同胞団だった。タハリール広場で、決選の日となった2月1日の「ラクダの日」に投石合戦の前線に立った若者たちの多くが同胞団のメンバーだったことは、「4月6日運動」のリーダーたちも認めていたことである。

エジプト革命のデモは同胞団が仕掛けたものでも、主導したものでもないが、群衆がタハリール広場を占拠した後、同胞団はそれを縁の下で支えた。同胞団の支えがなければ、タハリール広場のデモは公安警察に切り崩されてしまっただろう。広場では同胞団は目立たないように動いていたため、最初は私も気づかなかったが、90年代以降、私が取材したことがある同胞団系の慈善組織や医師組合などの関係者から話を聞き、広場で実際に話を聞いて、確認することができた。同胞団はカイロの周辺地域から地域ごとにミニバスを出してタハリール広場に人員を運び、動員態勢がとられた。何もない時でもタハリール広場に集まった参加者の3割から4割が同胞団メンバーだと私は推測している。特に「ラクダの日」の投石合戦の時には同胞団メンバーが7割から8割を占めていたはずである。

タハリール広場のデモは、同胞団の若者たちにとっても新しい経験だった。革命の前は、同胞団は「ウスラ（家族）」と呼ばれる5人から7人の細胞を最小単位として活動しそれが、村や町ごとに組織化され、さらに各県ごとの指導部があり、その上に中央評議会がある。最高指導者は団長（ムルシド）であり、その事務所が中央指導部である。同胞団は秘密警察に監視されているため、秘密組織であり、私も、ウスラなど同胞団の組織について同胞団メンバーから直接話を聞いたのは、エジプト革命の後だった。それだけ閉鎖的な組織であり、普通のメンバーが他の野党勢力と一緒に行動することはほとんどなかった。

それだけに同胞団のメンバーには「強権政府に対抗しているのは自分たちだけだ」という思いが強く、信じられるの同胞団メンバーだけという思い込みも強かった。それが、タハリール広場で幅広い市民とともに「ムバラク打倒」「自由と公正」などのスローガンを唱えて、一緒に戦うことになった。若い同胞団メンバーが「初めて同胞団以外の若者と政治の話をした」と語った。さらに後に同胞団の選挙運動について取材をしていた時に、30代前半のメンバーがタハリール広場の「ラクダの日」に前線に立ち、5時間にわたって石を投げ続け、その後、しばらく腕が上がらなくなったと話をした。私は、その時に広場の中にいた女性たちが歩道の鉄柵を石でたたいて、カンカンと音を響かせたことを思い出した。その男性も、その音のことをよく覚えていた。「あの音が後ろから聞こえてきた時に、広場のみんなが激励してくれている、と思って、力が湧いてきた」と語ったのが印象的だった。あの時、同胞団のメンバーは組織としての同胞団のためではなく、広場に集まった民衆を感じながら、力を振り絞ったのである。

エジプト革命の時に、カイロ発の欧米や日本の報道の中に、ムスリム同胞団は世俗派の若者たちがムバラク体制を倒した後で、組織力を使って選挙を制し、革命を乗っ取ったというような説明をする者があった。そう書いているジャーナリストには、革命の現場となったタハリール広場で多くの同胞団の若者たちが同胞団と名のらずに様々に革命を支えていたのがみえなかったのだろう。広場の一角で微笑する顔がついた横断幕が一際目立った「最初の殉教者」ムスタファ・サウィについても、同胞団の文字は一言もなかった。友人や家族を探して取材をして初めて彼が熱心な同胞団メンバーだったことが分かったのである。ジャーナリストにとって現場を取材することが基本であっても、一度の取材で手にできるのは現実というジグソーパズルのせいぜい一片か二片である。貴重な断片であるが、断片でしかないということもまた厳然とした事実である。

同胞団の若者への影響

タハリール広場で同胞団メンバーを率いていた若者リーダーたちが同胞団の枠を越えて、市民に働きかけようとする試みとして「エジプト潮流」という政党を組織した。同胞団本部は自由公正党という独自の政党を組織したので、その若者リーダーたちの動きを分派活動としてかかわったリーダーを除名した。その1人が、1月25日のデモに向けた若者グループによる秘密の準備会合に同胞団から参加していたムハンマド・アッサースだった。アッサースには繰り返し話を聞いた。

1月25日のデモについては、同胞団指導部は警察の圧力で組織としては不参加を決めたが、アッサースが本部のメンバーに連絡し、「個人としての参加は認める」という答えを得た。アッサースは25日、4月6日運動やキファーヤ運動などの若者たち200人とともにカイロの貧困地域のブラクダクルール地区のナヒヤ通りに立った。「エジプト万歳」「自由と公正を」と叫んでデモを始めた。通りの左右にある商店の店員など地域の若者たちが次々とデモに合流した。ナヒヤ通りを過ぎて、集合場所のムハンデシーンに入った時には、数千人のデモに膨れていた。合流場所では周辺からデモ隊が集まり、数万の規模になり、大通りを群衆が埋めた。それまでエジプトで反対派のデモはせいぜい数百人の参加にとどまり、治安部隊に蹴散らされていたことを考えると、25日のデモは警察も若者も予想しない規模となった。

私はアッサースらが革命後に「同胞団の改革」を求める独自の会合を持ち始めた時からその動きを追っていた。アッサースらが新党「エジプト潮流」を創設したのは、「一般市民の力を集めたい」という思いからだった。同胞団に残っていたら、アッサースは幹部の道を歩んだはずだ。しかし、「ナヒヤ通りで民衆が動いたことを実感した経験が、その後の私の政治活動の出発点になった。選挙では民衆と出会って多くのことを学んだ。後悔はしていない」と言い切った。

エジプト革命後、カイロ郊外で行なわれた議会選挙に初めて勝利したイスラム組織ムスリム同胞団の選挙集会。2011 年 11 月。

ムスリム同胞団は革命勢力ではなかった。アッサースなど若者グループが飛び出したのも、同胞団が年功序列で、上意下達の権威主義的な組織で、若者たちの意見が反映されにくい体質だったからだ。同胞団はムバラク体制の腐敗や富裕層優先の政策を批判したが、考え方は保守的だった。女性についても、男性に従うというような旧来の思考が強かった。さらに同胞団はイスラム的な社会づくりをめざすエリートの運動だった。指導的立場にあるのは、大学教授や医師、実業家、地主など、社会の指導的な人々である。イスラムの理念に基づいて、貧困家庭や母子家庭を支援し、選挙などでも貧困者の票を集めることができた。草の根的な社会運動の中核を担ったのは、女性活動家たちだった。

私は同胞団の草の根の活動の実態を知るために、カイロのピラミッドに近い貧しい地域で貧困救済の活動をしてきたグループを2005年ごろから度々訪れていた。40代の女性活動家アッザ・ガルフが率いるイスラム家族支援協会である。同じ場所を訪ねることで、その場所の変化や社会の変化を感じることができる。ガルフは学生時代から同胞団系の社会運動にかかわってきた活動家で、私が協会の予算的なことを聞いても、言葉を濁してごまかすことはせず、できるかぎりオープンに話をしてくれた。協会は当時、貧困家族500から700家族を支援し、毎月50ポンド（700円）から100ポンドの支援金を支給していた。さらに新学期には子どもたちに学用品や服を支給し、ラマダン（断食月）の食糧配布や、犠牲祭での肉の配布もある。父親がいない母子家庭に対して、母親が働くことができるように、市場や道路わきに露店を出すお金を貸しつけるなどの事業も行なっていた。

エジプト革命前は、同胞団は非合法組織であり、所属するだけで、警察の逮捕理由となった。取材でもガルフは「同胞団とは関係ない」ということで話をしてくれた。それが革命の後、ガルフは「同胞団のメンバーであることを支援者にも公表した」と語った。そのガルフが2011年11月の議会選挙に同胞団が創設した自由公正党の候補として立候補し、当選した。議会全体で10人しかいない女性議員の1人となった。

私はガルフが登場した選挙演説会を取材したことがある。野外の会場に男女2000人ほどが集まっていた。司会者が「アッザ・ガルフが女性の役割について話します」と紹介した。ガルフは「私は女性に向けて話すわけではありません。私はすべての人々にとっての候補です」と切り出した。エジプト人がきちんとした生活をするためには3つのことが必要ですと言い、①すべてのエジプト人に及ぶ医療保険の導入、②誰もが受けられる医療サービスの実施、③公教育の拡充――をあげた。

ガルフは午前中、女性だけの集会を開いた。300人ほどが集まり、次々と質問が上がった。「女性は要求や質問が細かくて具体的だ。男性は一般論でいいが、女性は簡単には納得しない」と語った。集会は4時間に及んだ。

同胞団の女性メンバーはガルフのように全国で草の根的な慈善活動を行なっている。選挙時には集票マシンになる。結果的に同胞団が革命後初の議会選挙で43%の議席をとって圧勝した。

頼りにされた同胞団

エジプト革命が起こった時、エジプトの人口の年齢中央値は24歳。20代、30代で人口の半分以上を占める若い国である。アラブ世界のほとんどが年齢中央値は20代である。これは日本や欧米でいえば、1960年代にあたる。まさにアラブ世界は年齢的には同じく「若者の反乱」の時期を迎えている。1月25日にデモを始めた若者たちは、全国でとりつかれたように毎日デモを行なった。イスラムに基づく伝統意識が強く、家庭でも父親の権威が強いエジプトで、子どもたちは親の言うことを聞かず、デモに参加した。私は両親が制止するのを振り切ってタハリール広場のデモに参加した女子大学生の話を聞いたこともある。

すでに書いたようにエジプト革命で普通の人々が深刻な事態になったと初めて実感したのは、1月28日の大規模衝突の後、若者たちによって100カ所以上の警察署が焼き討ちされ、警察官がすべて通りから姿を消した時だった。国民を監視しつつも、一方で治安を維持していた警察国家が1日で崩れてしまった。治安崩壊が現実となったのである。カイロでも、アレクサンドリアでも、人々は通りごとに自警団を組織した。人々にとっては、どのようにして治安を維持するかが、最大の関心事となった。ムバラク時代には、地域の顔役として警察や与党国民民主党とつながっていた人間は、表に出ることができなくなった。その代わりに頼りにされたのが、ムスリム同胞団のメンバーだった。

無秩序を象徴したのは、宗教的な対立の噴出だった。2011年の5月にカイロのインババにあるキリスト教のコプト教会にイスラム厳格派のサラフィー派の若者たちが押しかけて衝突し、双方で15人が死ぬ事件があった。私は衝突があったマルミナ教会を訪ねた。司教のアバノブ・アルカリーム（66）が「衝突の後、イスラム教徒との間で賢人会議ができた。ムスリム同胞団がまとめた」と言った。

同胞団のインババ副支部長のアイマン・サーディク（40）によると、衝突が起こって、ギザ県知事から事態収拾に動くように要請があったと語った。サーディクはすぐに同胞団の若者たちを現場に送り、コプト教徒とサラフィー派を引きはなした。一方で軍や警察、内務省、ギザ県と連絡をとり、再発防止と相互理解のために賢人会議を開いた。会議ではインババの14のコプト教会とサラフィー派側の協会、さらに40ほどの主要家族の代表を招き、初会合をギザ県知事公舎で開いた。「最初は双方が、相手が攻撃してきたと非難した。冷静に協議を進めるよう求めた」とサーディクは言う。会合を重ねて、その年の11月にコプト教会ごとに教会側とムスリム代表、地域住民による委員会を設けることで合意し、問題が起これはすぐに集まって対応策をとることが決まった。

ムバラク体制の下では、コプト教徒はムスリム同胞団を敵視してきた。しかし、強権体制が崩れた後、イスラム厳格派とキリスト教徒との軋轢が噴き出した時、同胞団しか頼りになるものがなかった。イスラムは社会に秩序を与えるルールである。無軌道に走りがちな若者たちの反乱を抑えるためにも、イスラムが拠り所となる。強権体制が崩れた後、ムスリム同胞団が選挙で圧勝したが、ムバラク時代のような不正や票の操作によるものではない。デモに繰り出した若者たちが同胞団を支持したわけでもない。同胞団に期待をかけたのは、若者たちの反乱で崩れた秩序を、イスラムを実現することで回復しようと願った普通の人々の〝民意〟だったと考えるしかない。

46　同胞団政権の誤り

エジプト革命は若者たちのデモ（２０１１年1月25日）が引き金となって、大規模な民衆の反体制デモ（1月28日）が始まってタハリール広場を占拠し、2月11日にムバラク大統領が辞任するというストーリーである。30年間、エジプトを支配した軍出身の独裁者が若者のデモに押されて辞任するのは「革命」と呼ぶ以外にはないものだった。

政治的な混乱は独裁が倒れてから始まった。軍はムバラク辞任の後、民主的な選挙に基づく民政移管が実現するまでの間全権を委ねられた。一方、ムバラク体制のもとで形成された官僚制や経済界、言論界などがすべて、そのまま残った。革命後には、革命を起こした若者たちと、強権下で抑えられていたムスリム同胞団という2つの力が表に出てきた。エジプト革命後に政治を動かしたのは、①軍、②革命的若者たち、③ムスリム同胞団、④旧政権勢力――という四つの勢力である。

旧政権勢力とはムバラク体制を支え、利益を得ていた政府の上級公務員や旧政権とつながって事業を行なっていた実業家や旧政権を称揚した言論人やジャーナリストなどである。革命ではムバラクとその家族や側近の一部が排除されただけで、旧政権勢力は、ほとんどそのまま残った。たとえば、政府の公務員は少数の上級公務員と多数の下級公務員では、給料の桁が一桁、二桁も違っていた。下級公務員について革命後に月７００ポンド（約1万円）の最低賃金制を導入しようという要求が出た。多くの下級公務員はそれよりも少なかったということである。一方で「（上級公務員に）最高賃金の限度を導入すべきだ」という議論もあった。政府の省庁の幹部や、知事、国営企業の幹部、政府系の新聞や雑誌の編集長など政府が任命する幹部職員は月給１００万円や２００万円以上になるなど破格の待遇だったためだ。さらに問題だったのは、公務員の上級職の任用は有力者のコネがなければ難しかった。外交官や裁判官らは特権化していた。

かつて王政時代は外交官などの政府上級職、軍将校や裁判官など特権的な富裕階層が独占していた。それは1952年のナセルらによる青年将校団の革命で崩れた。ナセルは郵便局員の息子で、ナセルを継いだサダトはカイロの北部にあるムヌフェイヤ県の貧しい農家の息子だった。しかし、それから60年近くたち、独裁体制下で特権階層が生まれていた。特にムヌフェイヤ県は、ナセル時代以降、軍人や裁判官を排出する県となり、ムバラクも、現在のシーシ大統領の家族もムヌフェイヤ県の出身という狭い世界ができあがっていた。

民間の企業でも権力とつながっている業者だけが政府の許認可をとり、政府の事業を請け負うことができた。学生でも国内の銀行など優良企業に職を得ようとすれば、やはりコネが必要だった。今や欧米や日本でも問題になっている「格差」は中東の独裁体制のもとでは、単に経済的、社会的な問題ではなく、政治権力と結びついている。「アラブの春」で若者たちが「自由と公正」を求めて街頭に繰り出したのは、就職や所得格差に対する強い不満があったからだ。「格差」が権力とつながっていたために、その是正を求める若者たちの動きが、体制打倒へとつながった。国民の間に張りめぐらされた秘密警察の監視網は、ムバラク体制の維持だけではなく、権力の周辺の特権階層の権益も一緒に守っていた。ムバラク辞任後も、エジプトでは至る所で労働者や従業員、職員によるストや座り込みが頻発した。

図書館のストライキ

私が編集委員だった当時、エジプトのアレクサンドリアに住んでいたが、市内にあるアレクサンドリア図書館は、2011年10月下旬からしばらくの間、職員のストのため閉館していた。図書館の入り口は封鎖され、敷地内では時折、図書館員が列を組んでデモを行なっていた。「イルハル（出て行け）、イルハル」と声が上がる。かつてムバラク大統領の退陣を求めて叫ばれた言葉が、イスマイル・サラゲッディン館長に向けて叫ばれていた。図書館の前にある横断幕には「出て行け、エジプトの副王、サラゲッディン」とあった。建物にぺたぺたと貼られたポスターやビラを見ていると、「アレクサンドリア図書館革命青年連合」という組織が主導していた。

アレクサンドリア図書館は、古代のアレクサンドリアにあった図書館を現代に再現する試みとして、ユネスコが援助して建設し、2002年にオープンした。サラゲッディンは前世界銀行副総裁。前ムバラク大統領の要請を受けて、館長に招かれた大物である。

革命青年連合のメンバーは図書館での賃金格差について訴えた。「大学を出た図書館員の初任給が1200エジプトポンド（1万7000円）なのに対して、サラゲッディンの月給はその100倍の12万ポンド（170万円）だ。部長クラスも4万5000ポンド（63万円）だ。このような格差が許されていいのか」と言う。さらに、「職員の突然の解雇があり、昇進は公正ではなく、腐敗がある」と訴える。

一般職員とトップの給料の大きな差は、アレクサンドリア図書館に限らず、エジプトの政府や政府系機関に共通する問題である。ムバラク時代には、政府機関の幹部は特別待遇を与えられ、それぞれ大統領を支える体制をつくっていたということである。ムバラク体制は崩れ、ムバラクは汚職とデモ隊への銃撃の関連で、裁判にかけられた。しかし、政府でも、政府関係機関でも、ムバラク時代に任命された幹部が残り、同様に高給を受けている。そのような幹部の多くは、権力とのコネで奉職し、ムバラク支持だった人々である。ムバラク大統領は去っても、各職場の「ムバラク体制」は残っている。様々な政府系の機関で、「トップは退陣せよ」「給料を上げろ」と訴える一般職員のストが続いている。

「革命の継続・貫徹」を掲げる若者たちは、次第に「軍政」批判を強めていった。2011年秋に、軍最高評議会が出した民政移管方針が軍の特権を保持しようとする内容だったことから、若者たちが反発した。同年11月中旬、タハリール広場で大規模な「軍政反対デモ」が起こった。特に広場から内務省につながるムハンマド・マフムード通りで治安部隊と若者たちの激しい衝突があり、双方で数十人の死傷者が出た。若者たちはこれを「第2革命」と唱えた。しかし、ムスリム同胞団はこの時のデモに参加しなかった。同胞団はその直後に始まる国民議会選挙に備える態勢をとっていた。

同胞団はイスラムを掲げる保守勢力であって、現実派であり、「革命継続」を唱える若者たちとは決定的な違いがあった。同胞団は「秩序回復」を第1とし、軍とも旧政権勢力とも衝突しないで、まずは民主的な選挙のもとで議会を抑えて、徐々に実権を押さえていく戦略のようだった。「革命継続」を唱える若者との立場の差が明らかになったのが、ムハンマド・マフムード事件だった。同胞団がタハリール広場のデモに参加しないと決定したことは、広場の若者たちからは「同胞団は若者を見捨てた」という批判となった。しかし、秩序回復を求める一般の人々には概ね好意的に受け止められていた。その直後に、私は「中東マガジン」で次のように書いた。

〈国民の間には、強権体制は倒れ、国民を監視していた公安警察もいなくなって革命は達成されたのだから、早く政府も民間も、秩序回復に向かい、経済や観光を正常化させるべきだという現実論が強まっている。そのような人々の期待を担うのは、今のところ同胞団しかない、という状況である。同胞団は宗教組織ではなく、大学の医学部や工学部、法学部などを出たエリートがイスラムの実現を掲げて世直しをする組織である。医師組合や技師組合の運営を主導して実績を上げてきたことも人々の支持を集める理由となっているだろう。〉

シナリオ54

私は国民議会選挙の第1回投票日に、同胞団本部に取材に行った。報道担当のマフムード・グズランに会って、選挙についての同胞団の方針を聞いた時に、なぜ、同胞団は「軍政反対」を唱える若者たちと一線を画したのかと質問した。その時、彼は「シナリオ54」について語った。ナセル時代に同胞団の弾圧が始まった1954年が繰り返されることへの懸念である。ナセルが率いた自由将校団は1952年に王制打倒クーデターを成功させた。ナギブ将軍を議長とする革命評議会が実権を掌握し、革命を主導したナセルは副首相となった。同胞団は当初、軍を支持する立場だった。ナギブは早期の民政復帰を主張し、ナセルは軍による革命継続の立場で、2人の対立が強まった。同胞団はナギブ支持の立場から、52年に大規模デモを起した。その後、54年に同胞団によるナセル暗殺未遂事件が起こり、同胞団は非合法化され、同胞団の支持を受けていたナギブは解任された。

グズランはその時の同胞団弾圧の始まりを分析しながら、「今回、タハリール広場で治安部隊と若者の衝突がいきなり起こったのを見ていて、同胞団を引きずりこんで、選挙も民政復帰も潰そうとするような陰謀があるのではないか、と疑った。54年の出来事はわれわれの教訓になっている」と語った。同胞団は衝突が始まった直後に本部で、バディゥ団長ら幹部が集まって、「タハリール広場の抗議運動に同胞団は参加しない」と決定した。

この時、いきなり60年前の話が出てきて面食らったが、同胞団が軍との関係で大規模な弾圧を受けたナセル時代の出来事を念頭において戦略を練っていたことが分かった。実質的な権力闘争が軍と同胞団の間で行なわれていることは明白だった。同胞団が軍と対抗するためには、民衆の支持を得て、選挙で勝利して、国政の主導権を握ることだった。国民議会選挙では同胞団は勝利したが、選挙実施の問題点を問われて、憲法裁判所から違憲判決が出て、軍最高評議会は議会に解散を命じた。それまで大統領選挙には候補を出さないとしていた同胞団は、危機感を強め、大統領選挙に候補を出すことを決めた。

２０１２年の大統領選挙はまさに「軍対同胞団」の構図だった。第1回投票で上位となった同胞団幹部のムルシと、元将軍のシャフィークによる決選投票となった。５１００万人の登録有権者のうち投票率は48％で、ムルシが１３００万票、シャフィークが１２００万票。わずか１００万票差でムルシは勝利した。シャフィークは２０１１年1月末に若者のデモが始まった後で、ムバラクが危機に対応するために新内閣をつくった時の首相である。まさに軍出身でムバラクや旧政権とつながる人物が、大統領選挙に出てきたのである。

私は目立った選挙運動をしているわけでもないシャフィークが１０００万票を超える得票をしたことに驚いた。選挙はムードで動くわけではない。エジプトでは強権体制が倒れた後の自由選挙で民意が高揚しても、選挙の投票率はせいぜい50％で、国民全体の政治意識は低い。その中で、シャフィークの得票は、同胞団が政権をとることに反対する旧政権勢力が水面下で大動員をかけた結果と見るしかなかった。一方の同胞団はムバラク体制下で常に警察の監視下に置かれていたため、閉鎖的な組織であり、国民の間には「同胞団は怖い」という見方も強かった。私は国民議会選挙の結果などから、同胞団の組織票はせいぜい８００万票と推測していた。それが１３００万票と、５００万票を上乗せしたのは、シャフィークが当選して、軍主導の強権体制に逆戻りすることを嫌う若者層がムルシ支持に回ったからだと分析した。

ムルシ政権の過ち

ムルシ政権の過ちとは、大統領選挙で、リベラル派、世俗派を含む若者たちの幅広い支持を得て当選できたことを忘れて、イスラムを強調する独善的な政権運営をして、若者たちを敵に回したことである。幅広い国民の意見を取りこんで国政を運営することをしないで、同胞団の人材と、同胞団を支持する人材だけで、同胞団が持つイスラムの理想を実現するための政権運営をした。最大の課題であった新憲法の起草では、イスラム厳格派の「ヌール（光）党」と協働して、イスラム色の強い草案を起草した。

左派や世俗派、キリスト教徒などの委員は反発して、起草委員会から離脱した。憲法案起草後、大統領のムルシは、２０１２年11月に「憲法草案の是非を問う国民投票まで大統領令に裁判所の権限は及ばない」とする大統領権限の強化を狙った大統領令を出した。新憲法案を守るためだったとされるが、この大統領令に対して若者たちは「強権」の再来と強く反発した。

ムルシ政権は、親団体のムスリム同胞団に依存した政権だった。ムルシ自身が、同胞団の中で、同胞団だけを頼りにした組織重視派だった。一方で、同胞団には80年代に大学学生運動から同胞団に参加し、卒業後は医師組合、技師組合、法律家組合などの職能組合の理事会選挙を制して、同胞団以外の社会組織や労働運動とつながりがあった社会運動派がいた。その流れを代表するのが、同胞団から飛び出して、大統領選挙に立候補した医師アブドルメナム・アブフトゥーフである。学生時代はカイロ大医学部の議長から全国学生運動議長を務め、医師組合の事務局長などを務めた。

アブフトゥーフは同胞団組織として権力をとるのではなく、民衆との連携で政治をつくることの重要性を説いた。同胞団が当初、大統領選挙に候補を出さないという方針を決めたことを批判して、同胞団を離れて、大統領に立候補した。その後、同胞団も当初の方針を変更して、ムルシを立候補させることに決めた。第１回投票で、第１位だったムルシが５８０万票だったのに対し、同胞団を離れたアブフトゥーフは４位で４１０万票を集めた。同胞団の中でもアブフトゥーフにはカリスマ的な人気があった。アブフトゥーフが集めた４００万票のうちの半分程度は、同胞団メンバーや支持者だったはずだが、同胞団以外からもかなり得票した。

選挙の前に現在のエジプトを代表する作家である世俗派のガマール・ギターニにインタビューした時

に、「私が支持できるのはイスラム主義者だが、リベラルな見方を持つアブフトゥーフだ」と語ったのを聞いて、改めてアブフトゥーフの幅広い人気を再認識した。

歴史には「イフ（もしも）」はないが、もし、ムルシではなく、アブフトゥーフが同胞団の支持を得て大統領になっていたら、1年後に国民が「ムルシ対反ムルシ」で分裂して、軍の介入を招くこともなかったのではないかと思わざるをえない。

ムルシ政権のもとで起草されたイスラム色の強い憲法草案は、2012年12月にあった国民投票は、64％の賛成、36％の反対で承認された。しかし、投票率は33％と低かった。有権者5000万人のうち、賛成は1000万人強。つまり、有権者の2割しか賛成していない。ムスリム同胞団が動員をかけて、組織票の800万票を集めたとすれば、残り200万票は、議会選挙でも25％の議席をとったサラフィー政党である。この結果は、ムルシ政権が左派、リベラル派、世俗派の支持を完全に失ったことを意味する。

私は、この時、中東マガジンで次のような分析を書いた。

〈多くのエジプト人の中には、ムルシ大統領の目標は、「同胞団国家」をつくることだという見方が強い。国民の利益を達成するのではなく、同胞団の利益を達成することが目標だという強い疑念である。指導部の号令一下で動く同胞団という組織が、それだけ閉鎖的ということも、一般のエジプト人の中の同胞団への不信感を生み出している。もし、ムルシ大統領が同胞団を大動員して力で民衆を抑え込むことができると錯覚すれば、次に打倒されるのは「同胞団支配」ということになるだろう。〉

この時に書いた同胞団に対する民衆の反乱は、半年後の2013年6月に現実となるのである。

47 リビア革命の背後で

リビア革命の始まり

「アラブの春」でリビアは内戦の末に、カダフィ独裁体制が倒れた。まず東の主要都市ベンガジで反政府デモが起こって、3月中旬にはほぼ反体制派が解放したが、カダフィがいた西のトリポリは簡単には崩れなかった。反体制派のトリポリ大攻勢は8月下旬に始まり、あっという間にトリポリを制圧、カダフィ体制は崩壊した。内戦はその後、中部に移り、最後は10月下旬にカダフィは反政府勢力に拘束され、殺害された。私は翌年6月に東京を出発して、リビアで革命後初の選挙である憲法制定議会選挙に合わせて取材に入った。

この時は、カダフィ体制下で秘密活動をしていたリビアのムスリム同胞団の関係者の取材をしようと思った。カダフィ体制は社会のどこでも秘密警察の協力者が潜んでいるような監視社会であり、同胞団は何回かの大規模な弾圧によって根絶されたともいわれ、その実態は表に出ていなかった。

リビアのムスリム同胞団

革命後にはリビアのムスリム同胞団は「公正建設党」という政党を結成し、選挙運動に参加していた。その関係者を通じて、2011年2月にトリポリで反政府デモが始まった時の同胞団の役割を知るために、かつての指導部にインタビューを申し込んだ。インタビューができることになり、トリポリのホテルで同胞団のメンバーに会い、車でトリポリから西に向かう幹線道路を20キロほど走った。そのまま農道に入ってしばらく行くと、広大な農場の中の一軒家に着いた。同胞団のメンバーは「2011年2月4日朝、指導部メンバー8人が極秘に集まって会議を開いた場所だ」と言った。リビアの西隣のチュニジアでは1月中旬に政権が倒れ、東隣のエジプトでも1月下旬にデモが始まった。この時の会合で「次はリビアだ」ということで意見は一致した。会議では「リビアでデモが始まったら参加する」と決めた。

リビアのムスリム同胞団は、本家のエジプトの同胞団の理念や活動方針を受け入れて、49年に創設された。同胞団はイスラム的な理念に基づく貧困救済や教育活動などの社会運動を通じて、社会に働きかけることを運動理念として掲げている。しかし、69年に始まるカダフィ体制では、厳しい弾圧を受け、組織を維持するだけで、社会活動はできなかったという。同胞団にとっての最大の危機は、1998年6月に幹部約250人が一斉逮捕されて、壊滅的な打撃を受けた時だ。その時に、100人以上が陸路または海路で、国外に逃走したという。この大規模摘発は、国際的にはニュースにもなっていない。

リビア国内の同胞団の実態は、イスラムの研究者にとっても全く知られていなかった。それも200人もの幹部が摘発されたこと自体、リビア当局にとっては驚きだったことだろう。しかし、さらに驚くべきことは、9カ月後の1999年3月に、全く新しいメンバーによって指導部が発足したことだ。旧指導部にも知られていないメンバーである。この時に指導部入りしたアデル・アブグレイン（50）は「9カ月の間、外国に逃亡したメンバーの妻子を、夫や父親のもとに逃がすための秘密作戦を行なった。それが終わった後での、新指導部発足になった」と語った。

デモから武装闘争への転換

2011年2月4日に人里離れた農家に集まったのは、アブグレインら99年に発足した新指導部のメンバーである。それまで、組織の存続だけに全力を挙げていたリビアの同胞団が、「アラブの春」を契機として、リビアで実際にデモが始まる2週間前の秘密の会合で、社会との共同行動に動くことを決めたことになる。一軒家の家主で薬剤師のジャアファル・アターブ（57）は「その時は平和的にカダフィ体制を倒すことができると考えていた」と苦笑しながら振り返った。

リビアの革命は「2月17日革命」と呼ばれる。まず東部のベンガジでデモが始まり、反政府勢力が数日のうちに町を制圧した。しかし、首都トリポリでは治安部隊がデモ隊に銃撃し、1週間の間に数百人の死者が出た。1週間後に同胞団は「平和闘争を停止し、武装闘争を始める」という決定を下した。その決定を受けて、同胞団は長年、武器闘争の経験があるイスラム戦闘集団と連絡をとった。「なぜ、過激派と連絡をとったのか」と私が問うと、アターブが「われわれ同胞団は非暴力路線をとっていたから、武装闘争をするといっても、その経験がなかったためだ」と答えた。同胞団関係者の家に秘密裏に購入したカラシニコフ銃や弾薬、爆薬などを集め、さらに戦闘員を集めた。志願者は１２００人から１３００人となった。アターブも「うちでもダイナマイトを持ち込んで隠していたんだ。いつ、警察に踏み込まれるかと気が気ではなかった」と当時を振り返った。

リビアの同胞団はロンドンに海外組織を持っていた。１９９８年の大規模弾圧で脱出したメンバーも海外組織に参加した。しかし、海外組はリビア国内の同胞団組織については、誰が中心メンバーかも知らなかったという。身内にさえ正体を知らせないほどの厳重な秘密保持をしていたからこそ、カダフィ体制下で地下活動ができたということだ。選挙ではマフムード・ジブリール元リビア暫定国民評議会（ＮＴＣ）首相が率いる「国民勢力連合」が39議席（得票率48・8％）を獲得して第1党となり、ムスリム同胞団の政党「公正建設党」は17議席（同21・3％）で第2党となった。

武装過激派から治安トップへ

リビアのムスリム同胞団については最初から取材しようと思っていたが、インターネットでもほとんど情報がなかったので、リビアに入ってから関係者にあたるしかなかった。選挙に参加している同胞団でさえ、情報が欠如していたわけで、リビアにはほとんど白紙で取材に入った。同胞団の関係者の取材をしながら、一方でリビア革命にまつわる実話を持つ人物を探した。偶然にも、カダフィ体制下での2人の元服役囚に会うことができた。

1人はトリポリ郊外にあるアブサリムという政治犯刑務所が公開されているのを見に行った時に出会った。アブサリム刑務所では1996年に1200人以上の囚人が中庭に集められて、上から銃撃されて死んだとされた。刑務所での虐殺の話は欧米の人権団体にも情報が届き、米国に拠点をおくヒューマン・ライツ・ウォッチ（HRW）がカダフィ体制に真相究明を求めたが、結局、真実は明らかにならなかった。私がリビアに入った時、初めて刑務所内で虐殺された人々の追悼集会が行われ、刑務所が一般公開された。

私はアブサリム刑務所で独房が並ぶ棟で、入ってくる人物に話を聞いていた。そこで独房の中に入っている中年男性と会った。ドアの内側に「2011／5／15」と書かれている。男性は「これは私が昨年（2011年）に刑務所に入った時に書いたものだ」と私に説明した。彼は、ハリド・シャリフ（47）と名乗った。彼は独房を見た後、1996年に虐殺があった中庭に向かった。虐殺で死んだ人々の写真が並ぶ前で、刑務所の秩序維持にあたっている国家警備隊の兵士から説明を受けていた。彼はアラブ風の長衣を着ていたので、一般人だろうと思ったが、数人の取り巻きがいた。私は、その男性に「日を改めて話を聞きたい」と言って、携帯電話の番号をもらった。

翌日、電話で連絡をとった時に、シャリフから「国家警備隊に来てくれ」と言われた。行ってみると、彼は大きな部屋の奥にある机に座り、制服を着ていた。彼は、国家警備隊のトリポリ司令官だった。驚いたのは、彼の経歴だった。カダフィ時代に武装闘争を行なったイスラム戦闘集団のナンバー2だった。ムスリム同胞団が武装闘争を始めようとして、連絡をとった組織である。

彼の経歴を聞いた。トリポリ大学農学部の学生時代の1986年にカダフィ政権に対する武力闘争を行なうイスラム戦闘集団に参加した。「この政権は力で倒すしかない」と考えたという。集団は80年代に手榴弾によるカダフィ暗殺を試みたが失敗した。当局による弾圧が激しくなり、シャリフは88年に仲間とともにアフガニスタンに渡った。90年代はアフガンで過ごし、2003年にペシャワールで拘束され、カブールの米軍刑務所に入れられた。2005年には米軍からリビアに移送された。この米軍からの移送はリビアが2003年末に核兵器開発計画を放棄した後、米国との間で対テロ戦争に治安協力していたことを示す。

アフガンにいるアラブ人イスラム戦士といえば、誰もがアルカイダを思い浮かべる。しかし、シャリフは反論する。「私たちはカダフィ政権の打倒を目指したが、政権に追われてアフガンに逃げただけだ。アルカイダのように欧米に戦争を仕かけたり、民間人を無差別に殺害したりするような攻撃をわれわれは否定する。しかし、米軍は私たちの立場を理解しなかった」

シャリフはリビア移送後、アブサリム刑務所の軍事法廷で終身刑となったものの、2010年3月に恩赦で釈放された。釈放されても当局の厳しい監視は続いた。11年2月に始まった反政府デモが政権の武力弾圧を受けて武装闘争に転換すると、シャリフが副代表を務めていたイスラム戦闘集団も加わった。「昔はわれわれだけが武装闘争をしたが、誰もが武装闘争に参加した」と言った。アブサリム刑務所のドアにシャリフ自身が記したように「5月15日」に再拘束され、8月のアブサリム刑務所の解放の日まで独房に収監された。

しかし、なぜ、シャリフは国家警備隊の司令官になったのか。彼によると、トリポリ陥落とカダフィ政権崩壊の後、イスラム戦闘集団は「我々の使命は終わった」として組織の「解散」を決定した。シャリフは、メンバーを率いて反政府勢力がつくる「革命軍事委員会」に参加した。首都の治安維持のために、反体制勢力の若者たちとともに、国家警備隊を創設し、トリポリ司令官となった。今年3月には警備隊は暫定政府の国防省に正式に編入されたという。シャリフは、「私たちは武力でイスラム国家を樹立しようとは考えていない。だから組織は解体した。選挙を通じての市民による民主政治を支持する。それを守るのが私の任務だ」と語った。

シャリフと会ったのは、偶然ではあったが、アブサリム刑務所で人々の話を聞いてカダフィ時代に政治活動をしていた元政治犯たちの話をずっと聞いていたからこそ出会うことができた。それが単に政治犯ではなく、アフガニスタンから移送された元過激派で、さらに革命後にトリポリの国家警備隊司令官になっているというのは、想像を超えたストーリーだった。

元特殊部隊のスナイパー

もう1人の元服役者は、たまたま雇ったタクシー運転手だった。タクシー運転手は半日、または1日単位で雇い、一緒に昼食をとるなどして、地元の事情などの話を聞くことになる。タクシー運転手は現地について多くの情報を持っているからだ。雇った若い運転手に、アブサリム刑務所に行ってもらった時、「私はここにいたことがある」と言った。刑務所の取材を終えて、改めて運転手の話を聞いた。「なぜ、刑務所に入れられたのか」と聞くと、「デモ隊を撃つことを拒否したからだ」と語った。若者は24歳で、カダフィ体制下で、対テロ特殊部隊の元狙撃手だったという。

元狙撃手の話はこうだった。工業高校を卒業後、公安警察に志願した。父も同じ職だった。公安警察は、親戚に1人でも政治犯がいれば採用されない。彼は奉職し、最初の訓練で射撃の才能を見い出され、狙撃の特別訓練を受けて、テロ対策の特殊部隊に配属された。11年2月に反政府デモが始まった。カダフィ大佐が「治安を乱すのはアルカイダだ」と演説した時、その言葉を疑わなかった。しかし、3月に内戦が始まると、彼の知り合いが次々と反政府勢力に入っていくのを見て、考えが揺らいできた。

8月12日に元狙撃兵にも「鎮圧部隊に入れ」という命令が下った。カダフィ大佐の身内が率いるエリート部隊である。しかし、彼は命令を無視して帰宅した。3日後、軍警察が自宅に来て「命令違反」で逮捕された。アブサリム刑務所に連行された。尋問官から命令拒否の理由を問われ、「国民を撃つことはできない」と述べた。「お前は反政府分子か」と聞かれ、「私は愛国者だ。今も政府を支持している」と答えたという。取り調べは簡単に終わり、独房に入れられた。数日後、看守から「お前は死刑だ」と教えられた。裁判もない。信じられなかった。

元狙撃手はトリポリ解放後に「自由リビア」軍に刑務所から解放された。刑務所の司令官室で自分の書類を探した。1枚の新しい文書が出てきた。「命令に従わなかった以下の者を死刑とする」として、75人の名前が並んでいた。34番目に自分の名前があった。「トリポリが解放されなかったら、私は処刑されていただろう」と語った。

話は具体的だった。公安警察で働いていたことを示す証拠はないか、と聞くと、携帯電話のボタンを操作して、保存している写真を見せた。青い迷彩服に防弾チョッキ。黒い革の長靴に銃を持った自分の写真を見せた。カダフィ政権での公安警察特殊部隊員の服装。その写真を接写しようとすると、「カダフィ派の残党に顔が知られると、裏切り者として仕返しされかねないから、顔と名前は出さないでくれ」と言って、写真の顔を親指で覆った。

元狙撃手は任務拒否で死刑宣告を受けていたために、革命後に新たに編成された治安警察に復職した。そして、警察官として働きながら、非番の時にタクシー運転手をし、たまたま私が雇ったというわけだ。元狙撃手は、今でもカダフィ時代に批判的ではなかった。逆に「国の治安が維持されていたのはカダフィの功績だ」などと擁護する言葉を口にした。ただし、「私にとっては、国のために働くのは、前政権も今も変わらない。ただし、国民が殺し合うのだけは御免だ」と語った。

この時のリビアの元服役囚の２人だけでなく、中東で取材していると、驚くような経験をした人々と会うことは珍しくない。まるで、語り部が次々と自分の数奇な物語を語るアラビアンナイトの世界が今も続いているかのようである。

48　台頭したサラフィー主義の台頭

私はエジプト革命から2年近くたった２０１２年11月にカイロのタハリール広場を埋めた「サラフィー主義者」といわれるイスラム厳格派の大規模集会を取材した。その時の驚きは忘れない。私は当時、朝日新聞で東京を拠点とする「機動特派員」という職務にあり、２０１１年春の「アラブの春」で強権体制が崩壊した後に、エジプト、チュニジア、リビアなどで台頭してきた「サラフィー主義」に焦点をあてて中東の取材をしていた。

私がタハリール広場で出会ったのはサラフィー主義者らが広場を埋めて「イスラム法の実施」を要求する大規模集会だった。「サラフィー」とは、「サラフ（先祖）」から派生したアラビア語で、イスラム教徒が模範的な統治が行われた初期イスラム時代を「サラフ」と考えて、その教えに立ち返ろうとする考え方である。

イスラム法の実施

「イスラム法の実施」は、サラフィー主義の基本的な主張である。イスラムの預言者ムハンマドが受けた神の啓示を集めたコーランや、ムハンマドの言行録である「ハディース」をもとに、政治、社会、経済、

エジプト革命の後で、イスラム厳格派が台頭し、タハリール広場を埋めた「イスラム法実施」を求める大規模集会。2012 年 11 月。

刑法などあらゆる人間活動をイスラムの教えに基づいて律しようとするものである。

イスラム世界の多くの国で、現代でも離婚、結婚はイスラム法によって規定されているが、民法や商法、刑法には幅広く欧米の近代法が導入されている。一方で、サウジアラビアやイランなどのイスラム体制の国ではイスラム法は刑法でも実施され、斬首処刑も行なわれている。

エジプトでは12年6月にイスラム穏健派の「ムスリム同胞団」出身のムルシ氏が大統領選挙で軍人出身の候補者を破り、大統領となった。ムルシ政権は憲法起草委員会を設置し、革命後初の憲法草案作業を始めた。私がタハリール広場で取材した大規模集会は起草作業が大詰めを迎えた11月にサラフィー主義者たちが圧力をかけようとして示威行動に出たものである。

タハリール広場に行って驚いたのは、群衆の多さだった。数万人規模である。今では「イスラム国」の象徴となっている黒旗が、タハリール広場のあちこちで翻っていた。黒地に「神は偉大なり。ムハンマドは神の使者」と、イスラムの信仰告白の言葉が白抜きで書かれている。「ジハード（聖戦）旗」とも呼ばれるものだ。

サラフィー主義者といえば、男性は長いあごひげをはやし、女性は目だけを出したヌカーブというのが代表的な外見であり、イスラムに厳格であり、気難しい印象を持っていた。サラフィー主義者の群衆の中に入って写真を撮ったり、話をしたりするのに不安があった。

まず、入り口の方にいるサラフィー主義者に「アッサラーム・アライクム（あなたたちの上に平穏を）」とイスラム式のあいさつをし、握手をする。「私は日本人のジャーナリストですが、今日は何の集まりですか」とアラビア語で話しかける。そこにいる人間と話をすれば、その場の雰囲気は分かるものである。サラフィー主義者と次々とあいさつと言葉を交わしながら、少しずつ先に進む。外国人ジャーナリストは常に「よそ者」であり、どのような場所でも、その場の雰囲気を感じながら取材をする必要がある。相手の反応に反発や拒否をする様子があれば、無理をしないで、できるだけすみやかに、その場を離れるようにしている。

イスラム厳格派の大規模集会

このサラフィー主義の集会には、イスラム組織に詳しいエジプト人の新聞記者と一緒だった。話を聞いても、参加者の反応は非常に好意的だった。集会の中心部にある3メートルほどの高さのステージの真下にたどり着いた。演説を聞いている人々の写真や、壇上から演説しているリーダーたちの写真を撮った。

偶然にも、数日前にインタビューをしたサラフィー主義のリーダーの1人が、壇上に立って演説を始めた。私もステージの上から群衆の写真を撮りたいと思った。櫓の裏に回って、壇上に上がる梯子の下で、上がり降りを仕切っている若者にカメラを見せて、「日本人のジャーナリストです。壇上から写真を撮りたいから上がらせてほしい」と頼んだ。「ヤーバーニ（日本人）か」と、長いあごひげの若者が確認するようにいい、ちょっと待てという合図をして、周りの人間と言葉を交わした後、「上がってもいいぞ」と許可が出た。ありがたいことに、中東ではサラフィー主義者でも、「ヤーバーニ（日本人）」と言えば、よい印象を持ってくれている。

ステージに上がって、群衆の写真を撮った。遠くまで見渡すことができ、改めて集まっている群衆の規模に驚いた。下から見たリーダーにもあいさつをした。そのリーダーはカイロのダウンタウンにある商店主だったが、白髪交じりの立派なあごひげを蓄えていた。

数日前のインタビューで、商店主はシリアのアサド政権と戦うために内戦に参加したいという若者にシリア行きの支援をしていると話した。本当か嘘か分からない話だと思いつつも、もし、シリア内戦に行く若者がいたら直接話を聞きたいから紹介してくれるように頼んだ。店でインタビューをしている時に、目だけを出したベールで顔を覆った女性が店に入ってきた。真っ黒な長服を全身にまとい、まるで黒い影が店に入ってきたようだった。商店主は女性と言葉を交わした後、私の方に向き直って、「彼女は以前、キリスト教徒だったのだ」と言った。

サラフィー主義者の間では、エジプトにいるキリスト教の一派のコプト教徒をイスラム教に改宗させる活動をし、それをイスラムの勝利として喧伝しているという話を聞いたことがある。サラフィー主義者が「コプト教徒が改宗した女性を連れ戻して、教会に監禁している」と言って、カイロ市内のコプト教会まで追いかけ、衝突が起こったこともあった。偶然だったが、キリスト教徒からイスラム教に改宗した女性と、改宗させたサラフィー主義者が目の前にいた。この商店主がシリアに戦いに行こうとする若者に支援をしているというのも本当だろう、と思った。

イスラム厳格派の伸長

私が２０１２年11月の中東取材で、「サラフィー主義の台頭」に取材の焦点を絞った理由は、「アラブの春」と呼ばれる若者たちのデモによって始まる一連の政治的激動の中で、サラフィー主義の台頭が最も衝撃的であり、最も理解しにくい出来事だったからだ。若者たちが強権体制に対して「自由と公正」を求めて立ち上がったことは、世界中の共感を呼んだ。強権体制が倒れた後で、チュニジアでもエジプトでもリビアでも自由選挙が行なわれたことも、新しい時代の幕開けを実感させた。ところが、エジプトでは革命後初の議会選挙で、４９８議席のうちイスラム穏健派組織のムスリム同胞団が創設した「自由公正党」が２１３議席（43％）の議席をとり、圧倒的な第1党となった。それに続く第2勢力は、サラフィー主義の「ヌール（光）党」や、元過激派の「イスラム集団」がつくった政党「建設発展党」などがつくる「イスラムブロック」で、25％の議席をとった。

ムスリム同胞団が強権体制が倒れた後の自由選挙で勝利したことは、自然な成り行きでもあった。一方、サラフィー主義者は、男性は長いあごひげを蓄え、女性は目だけを出すヌカーブといわれるベールが代表的な外見であり、国民性も宗教的にも穏健なエジプトではごく少数という印象だった。ムバラク時代には、サラフィー主義の政党はなく、選挙参加の経験もなかったのだから、選挙での影響力は限られていると考えていた。ところが、ふたをあけてみると「イスラムブロック」が4分の1の議席をとるという予想もしない結果になった。

「イスラムブロック」の中ではヌール党が１００議席をとって一躍大政党となった。同じブロックの建設発展党は13議席だったが、この議席数はリベラル派や左派、ナセル主義者ら、どの既存の世俗派政党よりも数が大きかった。建設発展党の母体であるイスラム集団は、1990年代後半に武装闘争を放棄したとはいえ、97年にルクソールで日本人10人を含む外国人観光客61人を無差別に殺害したテロ事件の実行組織である。イスラム集団が選挙という形で政治の表舞台に出てきて、二桁の議席を得たことだけを見ても、「アラブの春」でのサラフィー主義の台頭は、中東政治の新しい面を見せる出来事だった。

タハリール広場での「イスラム法の実施」を求めるサラフィー主義者の大規模なデモを取材したのは、その台頭ぶりを実感する出来事だった。当時、ムスリム同胞団出身のムルシ政権による憲法起草プロセスが最終段階にあり、起草委員会では同胞団と、サラフィー主義のヌール党が多数を占め、イスラム色の強い憲法を起草しようとしていた。数にものを言わせた起草作業に反発してリベラル派や左派系の委員たちが委員会から離脱した。

広場に集まったサラフィー主義者たちは、さらに厳格なイスラム法の実施を求め、同胞団政権に批判的だった。タハリール広場での「イスラム法の実現」を求める集会には、議会で7割以上の議席を占める同胞団とヌール党は参加していなかった。それでも広場を埋める群衆が集まったのである。2011年1月に若者たちが「自由と公正」を叫んで街頭に繰り出し、ムバラク大統領に辞任を求めてタハリール広場に集まってから2年もたたないのに、同じ広場でジハードを訴える「黒旗」が波打ったことに私は衝撃を受けた。

ステージの上からスピーカーの大音声が広場に響く。「われわれは次のことを要求する」と声が上がった。要求は「イスラム法の実施」「革命の犠牲者への補償」「革命活動家や政治犯の即時釈放」「旧政権関係者の追放」などである。

サラフィー主義者の大規模集会では、「革命の遂行」「旧体制の清算」など欧米も支持する民衆革命の遂行の要求と、「イスラム法の実施」という欧米の世俗主義に反する主張が混ざっている。欧米や日本人の目からみれば、革命とは相反する主張に思えるだろう。

革命とイスラムの実施

２０１２年11月にタハリール広場であったサラフィー主義の大規模集会で参加した若者たちに話を聞いた。カイロから３７０キロ南にあるアシュート大学の医学部の大学院・大学病院で学び、この集会に参加するためにカイロにやってきたという32歳の若者がいた。「サラフィー主義に関心を持ったのは10年前のイラク戦争（２００３年）がきっかけだ」と語った。「米軍によるイラク戦争と、イラク占領に衝撃を受けて、いろいろな宗教者の話を聞くようになり、真のイスラムに戻ることが困難を克服する方法だと思うようになった」と答えた。

その医学生は「特定のサラフィー主義の組織に所属しているわけではない」と語った。５人ほどの若者に話を聞いたが、誰もが同様に特定の組織には参加していないのは同じだった。組織よりも、「ムハンマド・ハッサーン」「ハーゼム・サラーフ・アブイスマイル」というサラフィー主義の宗教者への傾倒を語る。さらに「イスラムを実現することが社会問題の解決になる」という言葉は共通していた。

イラク戦争で衝撃を受けて、イスラム厳格主義に足を踏み入れたという若者の話は、アラブ世界では珍しいことではない。穏健なイスラム教徒のアラブ人の多くも、イラクを占領した米軍を「侵略軍」と考え、イラクでの反米闘争を「聖戦（ジハード）」だと考えている。穏健派か、過激派かの違いは、見方の問題ではなく、実際に対米ジハードに参加するかどうかという行動の問題となる。

「イスラム法の実施」を求めるサラフィー主義といえば、欧米の感覚では古めかしい印象かもしれない。それがなぜ、「アラブの春」の後、若者たちに広がったのだろうか。１つはイスラムの正義や教えに基づいて黒白をつける「勧善懲悪」を唱える分かりやすさである。

私はエジプト革命で若者たちがタハリール広場に集まった時に、毎日のように広場に行き、若者たちの話を聞いた。チュニジア、エジプトと若者たちが強権体制をデモで打倒したが、当時から指摘されていたように、若者たちの運動には指導者も、政治的なプログラムもなかった。ムスリム同胞団のように組織化されていた若者たちもいたが、多くはツイッターやフェイスブックで集まったばらばらの非政治的な若者たちの集まりだった。

「アラブの春」での若者たちの政治的な未熟さは、何十年も民衆の政治的な自由を奪っていた強権体制の弊害やつけというべきものだった。エジプトではムバラク体制だけでも30年続き、ムスリム同胞団以外の野党勢力はいずれも無力化されていた。同胞団も公安警察によって抑え込まれ、新聞もテレビも政府の統制下にあった。

エジプトでも社会主義は政治潮流の主流だった時代があったが、ソ連の崩壊とともに、社会主義の時代は終わっていた。アラブ民族主義もまた過去のものだった。欧米的な民主主義については、ほとんどの若者は理解していなかった。むしろ、強権体制は長い間、不正だらけの選挙を実施し、民主主義を形骸化させており、若者たちは投票自体に不信感を抱いていた。

社会の公正とイスラム

政治から隔離させられていた若者たちがいきなり、タハリール広場に集まって、政治について考え、話すことになった。私が広場で話を聞くと、若者たちは熱っぽく「革命の貫徹」を主張したが、その革命がめざすものについて聞くと、出てくる答えは、社会的な公正の実現や、腐敗の一掃、貧困問題の解決など漠然としたものであり、結局、「イスラムの教えの実現」だった。

イスラムは、貧困者や孤児、病人の救済を信者の義務としており、「社会的な公正」を実現することが、為政者の使命となる。宗教でありながらも、現世的な政治や社会のルールをも含んでいる。

長年、政治についての自由な議論が制約されていても、イスラムの教えや理想は人々の間に浸透している。だからこそ、社会的な公正を大きな柱とする「イスラムの実現」は、エジプト革命でタハリール広場を埋めた若者たちにとっても、誰もが主張するスローガンとなった。サラフィー主義は、それをより明確に、力強く、厳格に唱えるものであり、格差と腐敗、不公正が広がっている社会を根底から変えようとする「革命性」を体現するものだった。

「アラブの春」では若者たちが「強権からの自由」を掲げたことから、欧米や日本でも世俗的なリベラルの考えに基づいた運動だと見る傾向が強かった。しかし、サラフィー主義者にとっては、「自由」の要求や「革命の遂行」と「イスラム法の実施」の要求は矛盾しないのである。彼らは、決して少数派ではなく、むしろ「アラブの春」の主流の1つである。サラフィー主義者の大群衆を目の当たりにすると、欧米や日本人は「アラブの春」を見る時に、自分たちの価値観をアラブの若者たちに投影しただけで、実像は全く異なるのではないか、という疑問を抱かざるをえない。

「アラブの春」で自由を叫んで、強権体制に対してデモを起こした若者たちと、過激派組織「イスラム国」に集まる若者たちは、欧米や日本から見れば、全く別のものと見えるだろう。しかし、「アラブの春」の1つの要素が、サラフィー主義者の台頭であることを知れば、「イスラム国」は、「アラブの春」とつながる若者の運動であるという流れも見えてくる。

「アラブの春」発祥の地

2012年11月に「アラブの春」の発祥の地であるチュニジア地方都市シディブジドを訪ねた時にも、

サラフィー主義の台頭を実感した。シディブジド2010年12月に、野菜の行商をしていた若者が警官に侮辱されて焼身自殺をした。その死に抗議する若者たちのデモが首都チュニスにまで広がり、ベンアリ大統領は恐れをなして出国した。「ジャスミン革命」ともいわれるチュニジアでの政変だ。

私がシディブジドを訪ねると、町で一番有名なホテルでは、サラフィー主義者数十人が押し掛けてきて、ホテルのバーにあったアルコールの瓶をすべて壊したという話を聞いた。イスラムでは飲酒は禁止されているが、観光地でもあるチュニジアではベンアリ時代に親欧米策をとり、アルコール販売も認められていた。しかし、革命後にサラフィー主義者の集団が酒追放運動を始めたという。町で、最後まで酒を出していたのが、そのホテルだった。

さらに、若者が焼身自殺した場所に近い市場では、革命後に毎週土曜日に数十人のサラフィー主義者がパトロールをするようになった。このような話を聞くと、「アラブの春」発祥の町は、イスラム厳格派に乗っ取られてしまったような印象だった。

パトロールに参加しているサラフィー主義者の1人で商店主（36）と会った。「パトロールは革命によって治安が乱れたために、盗みなどの悪行を防ぐために始まった。我々はボランティアで市場を守っている」と語った。パトロールに携わるサラフィー主義者は400人から500人いるという。毎日、病院の夜の警備もしているという。

サラフィー主義者の集団がホテルに押しかけて酒瓶をすべて割ったことについて、「住民たちから酒を販売することへの反発が上がったので、我々は民衆の意志を受けて、酒の排除に乗り出したのだ。公共の利益のために行なっている」と正当化した。

「アラブの春」によってチュニジア、エジプト、リビアと続いて強権体制が崩れたが、それは民衆を監視する公安警察や秘密警察の支配が崩れて、無秩序状態が広がることを意味した。それに対して、イスラム社会で善悪の基準であるイスラムのルールを実現することで秩序を回復する、という考えや動きが出てくるのは、自然なことでもある。その流れの中で、サラフィー主義が力を得てきた。

チュニジアでアルコール販売などを取り締まるサラフィー主義の動きが出ているのを聞くと、サウジアラビアでの宗教警察を思い浮かべた。宗教警察は一般的には「ムタワ」と呼ばれるが、正式名称は「勧善懲悪委員会」である。イスラム法に照らして「勧善懲悪」を行なうのは、サラフィー主義の重要な考え方である。シディブジドでサラフィー主義者が行なっているのもまた「勧善懲悪」という主張である。

じつはエジプトでも革命後に「勧善懲悪委員会」や「勧善懲悪団」を騙《かた》る集団が出てきた。エジプトのスエズ市では2012年6月に婚約者と町のベンチに座っていた若者が長いひげを生やした3人のサラフィー主義の男たちに太ももを刃物で切られ、出血多量で死亡した。男たちは「勧善懲悪委員会」を名乗った。

スエズ市で婦人服店を営む被害者の父親に話を聞いた。「革命の後、過激な宗教者に従う若者たちが、イスラムを名乗って、暴力をふるっている。実際にはイスラムとは関係のないならず者だ。警察も取り締まることができない」とため息をついた。婚約者の女性とベンチで座っていた若者が、イスラム的な「勧善懲悪」を掲げる集団にいきなり切りつけられるという暴力的な行為については、恐怖を感じた。その後に出てくる「イスラム国」の暴力性とつながっていると感じた。

第6章

噴き出した暴力・「アラブの春」その後

49 エジプトの軍のクーデターとデモ弾圧

反ムルシデモ

私は2013年6月に再度カイロ駐在となった。この時は14年9月までの1年3カ月と短い赴任期間だったが、その間に、エジプトでは軍のクーデターでムスリム同胞団出身のムルシ大統領が排除された。赴任後すぐの6月30日にムルシ政権に反対する大規模なデモがタハリール広場であった。私はインターネットの「ツイッター」でも情報を発信し始めていた。ツイッターの1回の「ツイート（つぶやき）」は最大140字なので、詳しい説明はできない。その時々のメモのようなものである。

反ムルシデモの前日の6月29日のツイートは次のようなもの。

〈カイロは明日の反政権デモを前に息を凝らしている。街角にはムルシ大統領に×点をつけた反対派ポスターや「通りに出ろ」という標語が目立つ。しかし、人々に「反ムルシ」の空気が盛り上がっていると

も思えない。荒れないことを祈る思いが強いだろう。〉

富裕層が表に出る

30日にタハリール広場の反ムルシ集会を見た後のツイートは次のとおり。

〈タハリール広場を見てきました。人は集まってきています。最終的には10万人になる勢い。「政権打倒」を唱えていますが、警察や治安部隊と対峙しているわけではないので平和な市民集会という感じ。今のところ緊張感はなし。政府批判デモに警察や軍が出なければ体制が危機に陥ることもないでしょう。〉

〈今日のタハリール広場で「民衆は体制崩壊を求める」という標語が叫ばれていましたが、デモ隊を制圧する警官がいなくて、政府批判が自由にできれば、デモ隊がいくら大規模に集まっても、それが体制崩壊にはつながらない、ということでしょう。ムルシ政権への批判はあるが、エジプトも変わったと思う。〉

30日の反ムルシ政権デモデは大規模ではあったが、２０１１年1月末以来に様々な節目で繰り返されてきた大規模デモの1つという印象で、政変につながるような切迫感はなかった。夜のタハリール広場では盛んに花火が打ち上げられて、まるでお祭り気分だった。

タハリール広場のデモを見ていて、それまでのデモとは異なる2つのことに気付いた。1つは会場に若者たちが演説するステージがなかったことである。昼間に広場に行った時に、「広報担当」を名乗る若者に、「なぜ、ステージがないのか」と聞いたところ、「みな、ムルシの退陣を求めていることでは同じなので演説する必要はないのだ」と説明した。もちろん、そのような説明には何ら説得力はない。２０１１年の反ムバラクデモも、ムバラク辞任を求めるという主張は共通していたが、ステージの上では、様々なグループや指導者が、それぞれの主張を、ある者は論理的に、ある者は熱狂的に、ある者は宗教者として主張したのである。ステージがないということは、後から考えれば、個々の主張を排除するという統制の動きだったように思える。

もう1つの特徴は、広場で明らかに富裕層と分かる人々が陣取っていたことである。サングラスをかけ、スマートフォンを持ち、いかにもヨーロッパのブランド物の服を着た人々である。そんな人々が広場に出ている屋台のカフェの前に並んだ持ち込まれた折りたたみ椅子に座っていた。ムスリム同胞団系のムルシを排除しようとするデモであるから、旧ムバラク政権時代に優遇されていた富裕層が大挙してデモに参加するのは当然のことではあった。しかし、２０１１年2月のムバラク辞任の後、2年半にして初めて、旧政権系の人々が表に出たという印象だった。

軍のクーデター

タハリール広場での6月30日の反ムルシ政権デモは、平穏に行なわれたが、エジプト軍は7月1日に声明を発表し、「政府が48時間以内に国民の要求に応えなければ、秩序回復のため介入する」と通告した。私はその後で、こうツイートした。

〈エジプトの政治危機と言っても、今のところ政権に不満を持っている人々が平和的なデモをしているだけなのに、軍が48時間の期限をつけて、政治の世界に介入してくるというのが、理解に苦しむ。〉

軍が介入してきたことで、状況は一変した。ムルシは軍の声明を受けて、7月2日深夜にテレビで演説をし、「正統性」を強調した。正統性の根拠は民主的な選挙と、民衆が受け入れた憲法だとし、「民衆の意思に基づく正統性に反するいかなる決定も拒否する」と語り、軍が提案すると伝えられる憲法の停止や諮問議会の解散を拒否する内容だった。ムルシは演説の中で「正当性を維持するためには、流血の代償さえいとわない。私は自らを犠牲にする用意がある」と強い調子で述べ、軍に警告した。

ムルシは45分間の演説で「シャライーヤ（正当性、合法性）」という言葉を何十回も使った。自らは民主的な選挙で選ばれた最初の大統領であり、国にとっても最も重要な正当性を担っているというのは民主主義国家であれば当然の主張であった。

6月30日以来、カイロではタハリール広場の反政権派のデモと、ナスルシティのムルシ支持デモが続いていた。7月3日深夜、シーシ国防相（現大統領）が48時間の期限が過ぎたのを受けて、テレビで発表した。ムルシを排除して、憲法裁判所長官を暫定大統領とし、暫定内閣を組織するという内容だった。ムルシは1年前に民主的な選挙で選出されたのだから、軍による超法規的な行為はクーデターといわざるをえない。日本のメディアの中には、軍がムルシを「解任」した、または「更迭」した、と書いているところがあるが、憲法上は、選挙で選ばれた大統領を軍が辞めさせる権利はないので、「排除」と書くしかないのである。

軍は、介入しなければ国が内乱になっていた、と主張したが、私がタハリール広場に行って、その日、ツイッターで書いたものを見ても、内乱に向かっているというような切迫感は全くなかった。

軍の発表の後、アラビア語衛星テレビ「アルアラビア」がムルシ与党の自由公正党報道官の言葉として「軍のクーデターが進んでいる。戦車が町に繰り出している」と報じた。その直後にテレビに現れた変化を、私は7月4日未明に次のようにツイートした。

〈アルジャジーラテレビで、これまでタハリール広場の反政権派のデモと、ナスルシティのムルシ支持デモを左右に画面を分けて実況していたが、軍発表の後、ムルシ支持デモは真っ黒になった。実況が警察に切られたという。新しい時代が始まった。〉

2つの群集

私は軍のクーデターは許されない暴挙だと思ったが、軍の介入を許したことは、ムルシ政権の失政だとも考えた。7月5日付の朝刊ではなぜ、民主的な選挙で選ばれた大統領が軍のクーデターによって排除されるような事態になってしまったのかを「閉鎖体質　民意の分裂生む」というタイトルで解説を書いた。

私は同胞団に支えられたムルシ政権の政権運営には、すでに書いたように、多くの問題があり、人々の批判が噴出したのは当然のことだと思っている。しかし、そのことと、軍が政治に介入して、大統領を排除することとは全く次元が異なる。ムルシ政権を批判していた若者たちの多くが、軍の介入に拍手をしたことは、民主主義が未成熟だったと考える他にない。

私は軍による介入の期限が迫る中で、ナスルシティとタハリール広場の2つのデモを見に行った。ナスルシティでは大通りに人々がテントを張り、泊まりこんでいる。路上に紅茶やサンドイッチから衣料や雑貨まで、露店が並ぶ。紅茶1杯が1エジプトポンド（約14円）。じつは、タハリール広場では紅茶は3ポンド、「いすに座るなら5ポンド」と言われたのだった。2つの群衆は、紅茶1杯の値段の差をそのままに、異なる世界に住む人々であった。

ナスルシティのある女性（62）は夫に先立たれ、月額385ポンド（5500円）の恩給で暮らす。夫を事故で亡くし、子ども3人を抱える女性（35）が政府から受けている支援金は、344ポンドしかない。一家を支える男たちの月収にしても、1000ポンド（1万2000円）程度だった。それが同胞団の支持者たちだ。1日2ドル以下で暮らす貧困層はエジプト国民の4割とされる。彼らは、ムバラク時代には政治から見捨てられていた。同胞団はそこに貧困救済活動などで浸透した。革命後の民主的な選挙で、同胞団の勝利を支えたのも彼らだ。

エジプトの会計年度は7月始まりで、ムルシ政権は新年度にいくつかの貧困対策を始める予定だった。社会保障年金の増加や新たな寡婦支援金などだ。しかし、実施前に同胞団は政権を追われた。軍は、同胞団を排除したのは「民意の実現」だとした。だがナスルシティの民意は無視され、国営テレビには映らなくなった。

同胞団が政府として貧困対策を実施すれば、富の配分は大きく変わっただろう。ムバラク体制で特権的な利益を得ていた官僚や実業家は、それに反対する。逆に貧困を放置すれば、犯罪や過激派のテロの温床となる。エジプトのムルシ支持派と反対派の対立は「イスラム主義対世俗主義」の争いとして描かれがちだ。しかし、背後にはより深刻な階層間の格差をめぐる対立が隠れている。

「軍政」反対デモと武力排除

ムルシが排除された後、ナスルシティのラバア広場でのムルシ支持デモは、そのまま「軍政反対」デモとなって続いた。連日、数万人が道路をせき止めて、大規模集会を行なった。最初は日除けのテントだったものが、次第にバラックのようになった。広場の周囲は、軍や警察関係者が住む高級住宅地だった。私も何回か取材に行ったが、全く危険は感じなかった。集会には、女性や子どもを含む家族連れで参加している者も多かった。当時はラマダン（断食月）で、イスラム教徒は日の入りから日の出まで飲食を断つ。7月でもあり、日中は40度以上の気温になる。

デモを続けるのは耐えられないのではないか、と参加者に質問した。それに対して、参加者が「暑いのは家に戻っても同じだ。家に冷房があるとでも思っているのか」という答えが返ってきた。その答えに私は衝撃を受けた。私自身が、エジプト人の中間層や富裕層と同じく、夏は冷房をつけるのを当然と考える生活を送り、そこから質問をしていた。だが、エジプトでは夏でも冷房のない生活をしている人々がたくさんいるのである。同胞団出身のムルシ大統領を支持し、期待をかけた人々の多くは、そのような貧困層だった。軍によるムルシ排除の背景にあるのは、イスラム的な「社会的公正」を実現しようとした同胞団と、広がる格差の中で権力と富を独占しようとする富裕層の対立であることは動かしようのないことだっ

エジプトで軍クーデターの後、軍政に抗議するデモ隊に対し、軍と治安部隊が武力制圧に出た現場。2013年8月。

た。ナスルシティというカイロでも整備された地区に忽然と現れ、大通りを占拠したバラック群は、そのような階層間の対立を、そのまま体現するものだった。ジャーナリストとして現場に行って、人々の生の声を聞くことで、自分が知らず知らずのうちに当然と考えている前提の見方や価値観を崩される体験をする。物事を多面的に把握するためには、そのような体験が不可欠である。

軍によるクーデターと、それに対する同胞団支持者の反「軍政」デモは1カ月後の8月14日に悲劇的な結末を迎えた。軍と治安部隊が、ナスルシティのデモ隊の武力排除に出たのである。エジプト国内、国外の人権団体の調査では、600人から800人が死んだ。

私は朝早く、「軍のデモ隊排除が始まった」というエジプト人助手の電話で飛び起きた。アルジャジーラテレビをつけると、「治安部隊による強制排除で数十人が死んだ。ラバア広場のステージ前にはまだ多くのデモ隊が集まっている」と報じている。私は当時、東京から応援に来ていた若い記者と、エジプト人の助手とともに、ナスルシティの現場に向かった。

現場に着いたのは午前10時ごろで、デモ隊の排除が続いている現場はかなり広い範囲で軍や治安部隊の検問が設置され、通行止めになり、近づくことができなかった。運転手の機転で、検問を避け、迂回しながら、ラバア広場に近い住宅地に入っていった。衝突が続いている現場まで100メートルほどの距離まで近づいた。通りの近くに逃げてきたデモ参加者が集まっているのを確認して、車を降りて、ヘルメットをかぶり、防弾チョッキを身につけた。チョッキは前と後ろに2センチほどの鋼板を入れ、重さはゆうに10キロは超えていた。手にカメラとガスマスクを持った。

100人ほどのデモ参加者がいて、私たち日本人を見ると「治安部隊が銃撃してきた」と口々に訴えた。ビルの向こうから真っ黒な煙が立ちのぼり、なお、銃撃音が聞こえている。前線からは5~6人の男たちに抱えられた若者が運ばれてくる。道路には血だまりがある。

周辺では高いビルの上に軍や治安部隊の狙撃兵がいるらしく、ひっきりなしに銃撃音が続いていた。衝突現場に近づくことは危険だ。デモ隊に話を聞いていると「病院の死傷者が運びこまれている」と言う。どの病院だ、と聞くと、指さした先に、「ラバア医療センター」とアラビア語で書かれたビルが見える。その病院の方に動いていくと、30メートルほどの幅の道路の反対側に病院が立っていた。その道はビルの上から狙撃兵に狙われているという。

病院の惨状

病院から出てくる人々は、その道を走ってわたってくる。病院に入ろうとする者は、逆に向こう側に走る。何人もが行き来しているのを見れば、わたれないことはなさそうだが、万が一のリスクはある。病院に行けば、デモ排除の実態を見ることができる。私は病院から出る人間と、入る人間の行き来をしばらく観察した。行けると思った時に、一緒に来ていた同僚の記者に「15分で戻る」と言って飛び出した。

病院の中はまさに修羅場だった。手術室も処置室もいっぱいで、軽傷の者たちはすべて廊下で処置を受けていた。廊下で点滴を受けている者もいた。私を見つけて、「こっちに来い」と案内してくれたボランティアの看護師がいた。1回の隅に白い布でくるまれた13体の遺体が並べられていた。「ほとんどが銃撃によるものだ」と看護師が言った。次に2階に上がると、遺体が3列ほどに並べられた場所があった。私は端から数を数えた。33体。遺体がすべて両足をひもで結ばれているのは、イスラム式なのだろうと思った。中に真っ黒に焦げた遺体があった。なぜ、そのようなことになるのか、想像もつかない。看護師は「これは虐殺だ。こんな犯罪が許されていいのか」と訴えた。

看護師は「地階の遺体安置所にも遺体がある」と言って案内しようとしたが、鍵が閉まっていた。鍵を探してくれようとするが、病院もいつ治安部隊に突入されるか分からない。遺体安置所はあきらめて、1階に戻った。手術室から看護師が飛び出してきて、「ABプラス型の血液の人はいないか。輸血が必要だ」と叫んでいる。上半身に散弾を受けた若者と立ったまま治療している医者がいる。医師は「手術室には朝6時から実弾で撃たれた者たちが次々と運びこまれている」と語った。

病院も治安部隊に制圧される可能性があり、長居するわけにはいかない。病院から出ようとしたところで、入り口から出たところで銃撃ではない、迫撃弾のような大きな爆発音が聞こえて、あわてて病院の中に入った。その後、状況が落ちついたのを見計らって、外に出た。息を止めて、通りを走り、住宅街に戻った。

病院で無事に取材できたのは、幸運だった。その午後、病院は治安部隊に突入された。ジャーナリストにとって、現場を見るか見ないかは、天と地の違いである。翌日の新聞で1面の記事に「現場近くの病院で記者は46体の遺体を目撃した」と1行入った。国際面に「病院あふれる死傷者」という見出しで、病院の中のルポが写真とともに掲載された。

続く「反軍政」デモ

エジプトは軍のクーデターによって、ムスリム同胞団系のムルシ大統領は排除され、その時に軍を率いていたシーシ国防相が2014年5月の大統領選挙で勝利して、大統領となった。同胞団は政府による大弾圧を受けて、バディウ団長やシャーティル副団長などほとんどの幹部は逮捕された。しかし、同胞団の若手メンバーを中心とする「反軍政」デモは延々と続いている。

今後のエジプト情勢だけではなく、アラブの動向を見通すためにも、同胞団と軍の関係については考えてみる必要がある。

同胞団が排除された後で、「アルジェリア・シナリオ」が関心を集めた。アルジェリアで1991年末に実施された複数政党制による総選挙の第1回投票で、イスラム救国戦線(FIS)が8割の議席を獲得して圧勝したが、軍部が選挙結果を無効として、FISの幹部らを大量逮捕した。その後、イスラム過激派による武装闘争が始まり、治安部隊との間で内戦状態になり、90年代に10万人以上が死んだ。エジプトで民主的に選ばれたムスリム同胞団出身の大統領とその政権が排除されたことで、アルジェリアと同じことが起こるのかどうか、同胞団が武装闘争に入るかどうかに関心が集まった。

結果的には、同胞団は武装闘争には入らなかった。もし、入っていたら、エジプトは90年代のアルジェリアのようにひどい状況になっていただろう。同胞団は100万人ともいわれるメンバーを抱え、選挙では800万票を動員した大組織である。クーデターの後に同胞団の関係者に話を聞いても、武装闘争に入ることは全く選択肢ではない、ということだった。同胞団はナセルの時代に弾圧され、その死後、サダトの時代に「武装闘争放棄」を条件に刑務所から釈放され、社会運動を再開した。現在の同胞団のプログラムに、武装闘争が組みこまれておらず、「軍事部門」を持っていないことから、武装闘争をしようとしても、そのノウハウがないという現実的な理由もあっただろう。それはリビアのカダフィー体制下の同胞団と同じである。

組織としての同胞団は武装闘争をとらないとしても、一部の若者たちが、同胞団を飛び出して、過激組織に移っていくことがあるかもしれない。エジプトのイスラム過激派の多くは、同胞団が弾圧された50年代、60年代に生まれた者である。しかし、同胞団の主流が武装闘争に行かない理由は、チュニジアの事例を見れば分かる。チュニジアでは1987年にベンアリが大統領になり、1991年から同胞団系の政党ナフダ（「覚醒」の意味）の弾圧が激化した。党首のガヌーシはずっとロンドンいた。ベンアリ政権は厳しい警察国家をつくり、ナフダは国内では活動できない状況が続いた。ところが、20年後にチュニジア革命が起こり、強権が崩れた後、革命から半年後に民主的な選挙が実施されると、ナフダは4割の議席をとって、第一党となった。一方、リビアのカダフィ政権のような過酷な秘密警察国家の元でも、同胞団は秘密組織として生き延びて、革命の後には、議会の第二勢力となった。エジプトのムスリム同胞団の場合も最も有効な戦略は、武装闘争には手を出さず、社会の中で組織を維持して、再起の時を待つことである。

指導部の無策

私は、民主的な選挙で選ばれたムルシ政権が、若者たちの反発を浴びて、軍がクーデターに出るすきを与えたことには、同胞団の失政だと見た。団長のバディウ、副団長のシャーティル、そしてムルシと、同胞団の中の組織重視派で、同胞団だけですべてに対応しようとする傾向が強く、同胞団を含めた市民社会との幅広い協力関係を探る姿勢が欠けていた。2013年6月30日に若者たちの大規模デモで、「ムルシの退陣」を求められた時も、国民投票実施で国民の判断を問う選択肢もあったはずだが、「選挙での勝利」

を錦の御旗として、硬直した対応しかできなかった。クーデターの直前のムルシの演説でも「シャライーヤ（合法性）」を何度も繰り返すだけだった。

軍と対抗しながら、出口戦略もなく、ラバア広場で延々とデモを続けたことへの疑問も持った。その結果、軍と治安部隊の武力排除によって数百人の犠牲を出した。デモの武力排除は許されないが、支持者たちは同胞団指導部の強硬姿勢の犠牲になったともいえる。

同胞団の支持者はクーデター後も、反軍政のデモを続けている。同胞団が逆風の中にあることは間違いないが、この困難の中で、同胞団の旧世代との決別が進み、世代交代が進むことは同胞団にとっては悪いことではない。同胞団の旧世代は、バディウのように、ナセル時代の弾圧を知っている世代であり、考え方も伝統的で、上意下達の意識が強い。逆に若い世代で、２０１１年のエジプト革命でタハリール広場を経験した世代は、強権体制を倒すために左派やナセル主義者、リベラル派など他の政治勢力と一緒に行動した経験を持つ。将来、同胞団が復活してくるにしても、自分たちの組織だけを頼みとするような偏狭な組織重視の姿勢から脱却できるかどうかが課題である。

同胞団運動の中心は富裕・中間層であるが、富裕層と貧困層の格差が広がるエジプトでは、同胞団はその両者を結ぶ役割をしている。軍出身のシーシが大統領になったが、２０１４年5月の大統領選挙は、投票率も伸びず、「ナセルの再来」などというエジプトメディアの持ち上げぶりに対して、選挙民の関心は盛り上がらなかった。

もともと「1月25日革命」として若者たちがデモに繰り出した時、若者たちは「強権からの自由」「社会的公正」を掲げた。グローバル化のもとで「格差」が世界的に問題となる中で、エジプトなどアラブ世界では、「格差」が単に経済の問題だけでなく、政治問題となった。就職するにも、事業を始めるにも、政府とのコネがなければ、何も進まない。権力者と富裕層が結託し、特権化していることに若者たちの不満が噴出した。

シーシが主導した軍のクーデターの後、暫定政権は、デモ規制法を公布して、若者たちのデモを抑え込む戦略に出た。4月6日運動のリーダーも逮捕された。暫定政権もその後のシーシ政権も、同胞団と若者たちの双方を抑え込んでいる。主要な政治勢力を排除すれば大統領選挙の投票率が上がらなかったのは当然である。軍のバックアップを受けたシーシが大統領になるということはどういうことかを考えるために、私はシーシが育った場所や、シーシの家族の出身地を歩いた。

50　エジプトのシーシ体制の背景

調和を保つ親方

大統領選挙を2カ月後に控えた2014年3月初めに若い医者の会議でのシーシのあいさつが地元テレビで流れた。原稿もなく15分間、とうとうと話す。「エジプトの病院はだめだという。しかし、問題の解決には時間がかかる。君たちは勉強では高校で優秀な成績を修めたが、それは中学で努力したからだ。さらにご両親は小学生から勉強を励まし……」

アラブ民族主義を熱く語ったナセル大統領や、格調高いサダト大統領とは全く異なる。支持者はシーシの話し方を「身近に感じる」と言う。政府系新聞に属するアハラム戦略研究所顧問のガマル・スルタン（政治）はシーシの弁舌について「人々に直接働きかける話し方だ。軍人というよりも、湾岸諸国の首長のようだ」と指摘した。

シーシの生い立ちを知るために、生家が残るカイロの下町のガマリーヤ地区を訪ねた。有名なバザールのハンハリーリを含み、10世紀に建設されたカイロの最も古い地域だ。古いイスラム教の学院やモスクなど歴史的建造物が並ぶ一帯は世界遺産である。
生家は、大通り近くの小路にある6階建てのアパートだ。1980年代半ばに郊外に移るまで家族が住んでいた。幅2メートルほどの小路の左右に金属加工や銀メッキなどの町工場がひしめく。サンドイッチを売っている屋台がある。初めて来たのに、なぜか懐かしい。東京の下町の「寅さん」の世界に通じるのかもしれない。

実家はアラベスクと呼ばれるアラブ模様を彫り込んだ木工細工を代々生業としてきた。長兄は裁判官になり、次男のシーシは士官学校に進学した。カフェでお茶を飲む老人が「兄は近所の冠婚葬祭に出席していたが、本人は軍人だからあまり見なかった」と語った。

シーシの親戚は今もアラベスクの工房や店を開いている。いとこの一人が、彼の話法について「シーシ家のしゃべり方だ」という。「近隣同士で何でも知っている世界だから、ことを荒立てないで調和を保つことが大切だ」と解説した。

シーシの演説には「情緒的で中身がない」という評もあるが、それがガマリーヤのような古き良き伝統社会での親方の話法なのだろう。シーシが育ったガマリーヤも、高校生で入った軍の世界も狭く閉じられた世界だ。ルールと利害を共有する。しかし、今のエジプトでは強権体制が崩れた後、誰もが利害と要求を主張し始めた。特にシーシが主導した昨夏のクーデターでイスラム系大統領が排除された後、動員力を持つイスラム系のデモは続き、バスや道路清掃など公共サービスを担う下級労働者の賃上げデモも起こった。

シーシの穏やかな口調は、人々が調和していた「よき時代」を思い起こさせる。しかし、イスラム派のデモや政府批判が新聞やテレビに出てこない言論統制のもとでは、シーシ登場は「国民の分裂」を隠すための世論操作の一部に思えてくる。シーシに人々が見ようとする「古き良きエジプト」は、すでに過去のもので、現実の世界では失われていることである。さらに、シーシの出自を求めて故郷を訪ねようと考えた。故郷はカイロの北にあるミヌフィーヤ県であったが、それには特別の意味があった。

立身出世の土地

シーシが大統領選挙に立候補するにあたって、マンスール暫定大統領に国防相の辞表を出し、後任の国防相にスブヒ参謀総長が就任した。ここで登場するシーシ、マンスール、スブヒの3人はいずれも「ミヌーフィ（ミヌフィーヤ県出身者）」であることを知った。ミヌフィーヤ県はカイロの北にあるナイルデルタの県だ。シーシはカイロ生まれだが、父親がこの県の出身なのだ。

じつはイスラエルと平和条約を結んだサダトも、2011年の民衆革命で追われたムバラクも、同じくこの県の出身だった。シーシが当選すれば、2013年の軍のクーデターで暫定大統領に任命されたマンスールを含め4人目の大統領となる。

こうなれば、ミヌフィーヤ県に行かないわけにはいかない。まず、カイロから車で2時間ほど走った農村にある故郷ミトアブコム村のサダト記念館を訪ねた。イスラエル国会で演説した時の背広や愛用のパイプなど遺品が展示されている。記録映像に出てくる生家の粗末さとは対照的である。

彼の自伝によると、父親は保健省の書記で、子ども13人を抱える貧しい生活の中でサダトをカイロの中学校に送った。「中学に入って私は初めて都会人を知り、階級と格差の意味を知った」と書く。同級生には自家用車で通学する大臣や副大臣の息子がいるのに、サダトは着替えの服もない貧困学生だった。

苦学の末に庶民に門戸を開いたばかりの士官学校に進み、1952年にナセル率いる青年将校グループの王制打倒クーデターに参加する。ナセルの時代にカイロ大学など国立大学は無料化され、各県に大学が開校した。王政のもとの大地主など富裕階層が高級官僚や将校や裁判官などの職を独占していた時代は終わった。カイロに隣接し、進取の気性があったミヌフィーヤ県は、多くの人材を新政府に送った。

シーシ家の出身地タリヤ村にも行き、姻戚関係にあるサイド・タブーシュ（44）と会った。「ここには農業以外何もない。教育によって成功を手に入れることができる」とタブーシュは語った。タブーシュ家からは10人の裁判官が出ているという。

ちょうどタブーシュの2歳半の末娘が保育園から帰ってきた。「見せてごらん」と父親に言われ、娘はノートを開いた。英語の筆記帳だ。「エー、ビー、シー」とアラビア語も片言の娘が読む。「保育園で英語を教える」とタブーシュは誇らしげに語った。村で穀物商をしていたシーシの父親は50年代にカイロに移った。長男は大学法学部から裁判官となり、次男のシーシは士官学校に進学。学問で身を立てるミヌーフィ精神である。

シーシの大統領選のポスターの中には、ナセルとサダトと一緒の構図もあった。シーシが偉大な2人の軍人出身の大統領を受け継ぐという意味だろう。しかし、ナセルの革命から60年を経て時代は変わった。官僚、将校、裁判官の職は特別のコネが必要となり、苦学する貧乏学生には遠い世界となった。今ミヌフィーヤ県は既得権を守る側になった。

シーシの大統領立候補について、若者組織「4月6日」運動は「ムバラク一家からシーシ人脈に代わるだけだ」と批判した。スブヒ新国防相はシーシと同郷で、さらに後任のヒガジ新参謀総長は娘がシーシの息子と結婚し、姻戚関係にある。軍関係者は「任命と家族関係は無関係」と反論した。しかし、若者たちが不満を募らせるのは、結果的に政府の要職が狭い地縁・血縁に独占されている現実なのである。

社会の指導的な立場にある人物の生い立ちを探ったり、家族背景を調べたりすることで、その社会が見えてくる。シーシという人物の背景を探る取材の中で、貧しい農家の出身だった同郷のサダトが生まれた村を訪れた時、まさにエジプトの現代史に触れた気がした。しかし、かつて「立身出世」の県だったミヌフィーヤは、今や、大統領や、軍将校、裁判官を輩出する地縁血縁の象徴となっていることも分かった。

51　シリア内戦の激化、化学兵器の衝撃

シリアの毒ガス使用

「アラブの春」が暴力の海に沈んでいく過程で、エジプトのデモの武力排除と並んで悲惨だったのは、シリアでの毒ガス使用だった。

2003年8月21日、シリアの反体制組織が「ダマスカス近郊で政府軍が砲撃で猛毒ガスを使用し、1350人の死者が出た」と発表した。この日の朝からアルジャジーラテレビでシリアからの衝撃の映像が流れ始めた。ダマスカス東部の東グータ地区の野戦病院で裸の子どもたちを水で洗うシーンだ。3歳か4歳くらいの子どもで全く意識がなく、口から泡を吹いている映像もある。苦しそうに息をしている子どもの映像もあるが、多くは全く反応がない。

砲撃は未明にあったもので、シリア反体制の「東グータ地域調整委員会」が「毒ガスが使用された」と発表した。動画サイト「ユーチューブ」にも様々な動画が上がってくる。最初はすべて、野戦病院での治療の様子だった。反体制は昼過ぎの情報として、死者「635人」と発表した。その後、死者数は増えた。さらに、治療の映像ではなく、白い布に包まれた小さな遺体が床に並べられた映像が出始めた。午後になると、死者は1000人を超える数字になった。カイロ時間の午後5時（日本時間22日午前零時）になると、1350人という死者数になった。

現場が持つリアリティ

アルジャジーラテレビに流れていた映像も、ユーチューブからの映像である。反体制派の東グータ地区

の地域調整委員会の発表は、フェイスブックのサイトでも流れている。シリア政府は毒ガス使用について「でっちあげだ」と事実そのものを否定した。毒ガス使用の事実を確認する材料はないが、映像を見る限り、「でっちあげ」や「演技」と考えることはできない。毒ガスはサリンガスらしいという見方が出ていた。ユーチューブを通じて、犠牲者の半分以上が子どもたちだと発表された。子どもたちは砲撃が始まってすぐに地下壕に避難した。サリンは空気よりも重いため、地下室にガスが進入し、子どもたちが犠牲になったという。地域調整委員会のサイトを見ていくと、毒ガス攻撃の時の対処法として、「高い場所に避難する」という項目があった。しかし、砲撃があった時に、すぐには毒ガスと分からないため、地下壕に入るのはやむえないことである。

もし、反体制組織による1000人以上死んだという発表だけがあったとしても、それだけをもって「重大事」として報じることは難しい。毒ガス使用について第3者による確認はなく、使用したのが、政府側が反体制側かも分からなかった。しかし、情報や映像の出方を考えれば、異常なことが起きていることは疑いのないことだった。反体制側の情報をうのみにしたのではなく、死者数が増えてくる様子や、最初は治療や救命作業の動画だけが流れ、時間がたつごとに死者の映像が増えてくるところに、現場ならではの現実感=リアリティがあったということである。

当時、東京本社でニュースの編集作業にかかわっていたデスクに、「大変なことが起こっていることは間違いない」と声をかけた。その結果、〈「毒ガス1350人死亡」シリア反体制派は発表　シリア政府は否定〉という見出しで、記事は1面に掲載された。「反体制側の発表」という形をとっているが、1面のニュースとして扱うということは、毒ガス使用によって多くの死者が出ているという事件の深刻さを重視したものである。日本の新聞でこのニュースを1面に出したところは朝日新聞だけだった。

その後現地に調査団を入れた国連は、毒ガスを使用したのが政権側なのか、反体制側なのかは確定していないものの、サリンが使用されたことを断定する報告書をつくった。米国は死者１４２９人と発表した。しかし、政府機関や国際機関による「事実」としての確認がなくても、現場にいる個人や組織がインターネットを通じて現場の映像や報告をリアルタイムに送ってくるならば、それもまた「事実」として扱うような対応が必要になってくる。災害現場や事件現場で、現場にいる一般の人々が携帯電話で撮影した動画が、ニュースになるということと同じである。もちろん、その事実の信ぴょう性を判断するのは、メディアの側の責任であるが、ニュース＝事実と判断できる情報は、インターネットによって飛躍的に広がったと考えるべきである。

インターネットで取材

シリアで8月に毒ガスが使われた地域について、使用から1カ月後にインターネット通信を通じて現地の状況を聞いた。毒ガスの影響を受けた地域は、反体制勢力が支配するダマスカス東郊の東グータ地区で、電話もつながらないが、発電機を動かし、直接アンテナを通信衛星とつないでインターネットは働いている。ただし、連絡はメールや文章など文字情報だけのやりとりではなく、より相手とのやりとりにリアリティを感じられるように、インターネット電話を通じて、アラビア語によるインタビューを行なった。

まず、シリアの反体制地域で活動するシリア人権侵害センターの現地スタッフのエルワニ（26）と話した。彼は毒ガスが使われたらしいというニュースを聞いて、当日のうちに被害があったザマルカ地区に入り、医療移設をめぐって患者たちの映像を撮ったという。「あまりにも多くの遺体を見て、自分も死んでしまったような気がした。世界の終わりだと思った」と語った。ザマルカ地区では地区調整委員会幹部のアブドルハディ（23）とも連絡がとれた。

委員会は9月中旬に６４８人の犠牲者の名前をファイスブックで公開したという。「まだ４００人以上の身元が確認できていない。多くは子どもたちだ」という。地域調整委員会では遺体を埋葬する時に額に番号札をのせて遺体の写真を撮り、「身元不明者」として保管しているという。「親を亡くした子どもや、子どもを亡くした親が至る所にいる。全員や大半が死んだ家族もあり、身元確認はますます困難になっている」と語った。ザマルカは国連調査団の調査も行なわれた場所で、国連報告書には「同じビルに40人の家族が住んでいたが、2人だけが生き残った」という話が出てくる。

ザマルカでアラビア語衛星テレビの現地通信員をするサラフディン（26）は、毒ガス爆弾が爆発した現場の近くに住んでいた。「水タンクが爆発するような爆発音を聞いて、化学兵器かもしれない、と思った」と言う。すぐに病院に駆けつけて、被害者を救助する作業に参加した。ある家では、7、8人の家族が、階段の裏で重なるように倒れて死んでいたという。救助している間に、毒ガスを吸ったせいか、一時的に視力を失って、目が見えなくなったという。1カ月を経た後でも、時々呼吸困難や、吐き気がするなど後遺症があるという。サラフディンによるとザマルカでは300人が化学兵器の後遺症で苦しんでいるという。

飢餓の町と接触

2013年11月にはシリア政府軍によって包囲されて、深刻な食糧危機が続いていたダマスカス郊外のマアダミヤとインターネット電話で連絡をとった。ダマスカス中心部から南4キロの郊外にある。連絡がついたのは、反体制勢力で民政部門の地域連絡員会で活動する元中学教師のアミール（31）。「2012年11月から政権軍による包囲が始まり、電気も水道の供給も断たれ、食糧も医薬品などの搬入も止められた。小麦粉の蓄えはすぐになくなり、人々は地元で栽培する野菜とオリーブの実を食べ、それだけでは足りず、木の葉や雑草を食べている」と語った。

マアダミヤの人口は内戦前は4万人いたが、多くは町から逃げ出し、当時残っていたのは約8500

人。うち半分以上が子どもと女性だという。「毎日、平均3回は空爆や砲撃があり、学校や病院はすべて破壊され、住宅地の半分が瓦礫と化した。外に出ることも、ましてや町を出るのは命がけだ」と語る。

食糧事情は完全封鎖となった2013年3月ごろから最悪の状態となった。その時、すでに8人が死んだという。「子どもたちは飢えて栄養失調になり、仮設病院には医薬品は全くなく、粉ミルクもない」とアミールは説明した。マアダミヤの地域調整委員会は赤十字国際委員会（ICRC）にインターネットを通じて、食料や医薬品など人道援助物資の搬入の緊急支援を求めている。しかし、アサド政権は人道援助機関の立ち入りも拒否し続け、搬入できないという答えが返ってきた。

マアダミヤは8月21日に化学兵器による攻撃を受けた町の1つだった。直後に国連調査委員会が入って現地調査をし、国連調査報告書にも登場する。「化学兵器の調査では米欧も真剣にアサド政権に圧力をかけて国連調査団の立ち入りを認めさせた。私たちも調査に協力した。なのに、飢餓にひんする住民の救援では、なぜ、国際社会は動こうとしないのか」とアミールは訴えた。

インターネットが普及する前ならば、強権体制の攻撃を受ける反体制地域と連絡をとることは不可能だったが、今では反体制地域から同時進行で情報発信もあるし、外から取材することもできるようになった。中東取材はインターネットによって、取材の幅が大きく広がっている。

52 シリア和平会議の挫折

ダマスカスの取材

2014年1月にシリア内戦の終結をめざすアサド政権と反体制派の代表組織「シリア国民連合」による和平協議「ジュネーブ2」が1月下旬にスイスであった。その前にシリアの様子を見ておこうと、ダマスカスに入った。首都はかなり平穏を取り戻しているようだった。

シリア情勢は2012年後半まで反政府勢力に押され気味だったが、2013年6月に政権軍がレバノン国境に近い要衝クサイルを奪回したことから、反転攻勢に出た。背景にはレバノンのシーア派武装組織ヒズボラの参戦があった。私が1月に入った時、ダマスカス周辺で政権軍の攻勢が続き、反体制勢力が支配しているダマスカスの東部や南部では政権軍が包囲攻撃を続けていた。私がカイロからインターネット電話を通じて取材したダマスカス南部のマアダミヤも含まれていた。

シリアでの取材は、すべて情報省の外国メディア担当を経由することになる。ダマスカスの郊外に出る場合も、要人とのインタビューもすべてである。市中心部で市民の話を聞く時も、情報省に登録した通訳兼案内人を連れて行かねばならない。今の中東では、最も厳しい報道統制である。

「停戦成立」の情報

この時は、最初にアリ・ハイダル国民和解相にインタビューをした。その時に、12月末にマアダミヤと停戦が成立した、という話が出た。合意後に、国連世界食糧計画（ＷＦＰ）がマアダミヤに食糧搬入をした、という。マアダミヤは政府の兵糧攻めによって、子どもたちが餓死しているという場所で、私がインターネットで連絡したところだが、停戦ができたという話は初めて聞くことだった。国民和解相によると、停戦によって5000人の民間人がマアダミヤから退避し、3000人の戦闘員が武器を放棄したという。停戦が進めば、電気や水道などの公共サービスも再開し、破壊された建物の再建を始めると語った。

和解相の話は、政府の宣伝だろうと考えて、インタビューの「停戦合意」の部分は記事にはしなかった。ところが、その翌日、ダマスカスにある国連世界食糧計画事務所で話を聞くと、12月末、マアダミヤで政府と反体制側の48時間の停戦合意を受けて、8カ月ぶりに10トンの食糧をトラックで搬入したという。食

ダマスカスで民間支援組織の食糧支援を受けるシリア国内避難民。2014年1月。

糧搬入は1回だけでなく、1月半ばまでに4回行なわれたという。

国連世界食糧計画の担当者の話を聞いて、停戦はまだ、時限的な段階で正式なものではないにしても、かなり実質的に進んでいることが分かった。その夜、ホテルからインターネット通信で、マアダミヤの反体制組織の関係者と話した。「政府との停戦合意ができたというのは本当なのか」と聞くと、リーダーは「それは事実だ」と、拍子抜けするような率直さで答えた。そして、続けた。「これ以上、住民の悲惨さを放置するわけにはいかなかった。ただし、解放の戦いが終わったわけではない。あくまで停戦と食糧援助の合意であって、降伏するわけではない」と語った。つまり、反体制地域の「解放区」の境界はそのままにして、停戦する代わりに、政府が食糧を入れるというものだ。

疲れ果てた住民

停戦の話の裏づけをとるためには、マアダミヤから出てきた5000人の民間人を見つけ出して話を聞くしかないと思った。翌日、マアダミヤに近いダマスカスの南部を車で回って、避難民を受け入れている避難所を探した。やっと見つかった避難所では、避難民の話を聞くには、避難所を管理しているダマスカス市の特別の許可が必要と言われた。事なかれ主義で、取材を受けて何か面倒になるのを嫌がっていることはよく分かった。

その翌日は公的な避難所の取材はあきらめて、避難民の支援をしている民間組織を訪ねた。組織の責任者が、その町のはずれの建設中のビルで寝泊まりしているマアダミヤからの避難民の所に案内してくれた。そこで避難民に話を聞くと、11月に停戦についての話し合いが政府とマアダミヤの住民の間であり、住民は交渉代表を投票で選んで議論を重ねて、停戦を受け入れたという。12月末に、政府のバス10台がマアダミヤに入ってきたという。最初、住民たちは警戒していたが、2日目になると、バスには乗る者が増えたという。避難民の男性（48）は「みんな将来になんら希望を見い出せなくなっていた」と語った。

避難民の中に3歳の娘を連れた女性（45）がいた。彼女は「この娘は食糧不足のために黄疸が出て、立ち上がることもできなくなった。薬もなく、このままでは死ぬと思った」と語った。退避して1カ月がたち、娘は全く普通に立ち、歩いていた。

反体制地域の住民たちは、政権に対する警戒感を解いたわけではないが、飢餓が進む悲劇からは解放されて、ほっとしているようだった。反体制勢力にとって解放区は残るが、解放の戦いは止めるということである。私はマアダミヤとはインターネット通信で連絡をとり、最もひどい時の話を聞いていたので、政権軍による非人間的な包囲作戦を受け、国連による食糧支援もなく、孤立無援となった住民たちに、他の選択肢はなかったことがよく分かった。

新聞では「シリア激戦地　停戦の動き」「内戦、疲れ果てた住民」というタイトルで記事を書いた。政権による攻勢の様子を伝える内戦3年目の〝現実〟だった。

和平交渉の挫折

そのシリア取材を終えて、そのままスイスのシリア和平国際会議に入った。2011年3月にシリア内戦が始まって以来、政権側と反体制勢力の「シリア国民連合」が会うのは初めてだった。政権と反政府派の直接協議に先立って、1月22日に、外相級の国際会議が開かれ、日本を含む40カ国以上が参加し、それぞれ各国代表の演説があった。

直接交渉では、政権と反体制側の間で「暫定政府」を樹立することが、議題とされていた。しかし、アサド政権側が反体制組織と一緒に暫定政府をつくることに乗り気ではないことは明らかだった。政権の立場は、政治解決の話に移る前に「テロとの戦い」を実施し、「暴力の停止」を実現しなければならない、というものである。「外国人戦士を含むアルカイダ系組織が内戦で戦い、暴力が続いているのに、どうして政治解決について協議することができるのか」というのが、政権側の主張である。

政権側の議論に対して、潘《パン》事務総長は国際会議の後の記者会見で「テロとの戦いは重要だが、より重要なのは、平和と安定を達成し、国民に生活を営む条件を与え、将来への希望を与えることである。テロリストが地歩を得ているのは、国民が分裂し、戦い合っているからである」と語り、「テロとの戦い」を優先して話し合うという政権側の主張をとらないことを明らかにした。

直接交渉を仲介したブラヒミ国連特使は、信頼醸成として、政権軍と反体制勢力が戦っているアレッポやホムスでの停戦合意と、食糧搬入、中に取り残された住民の退避を呼びかけた。しかし、直接交渉では、「暫定政府」どころか、停戦でも、何ら進展がなく、一度、中断された後、2月に再開されたが、結局、全く進展なく、次の交渉の日程も決まらないまま終了した。

反体制派の国民連合の中では、「アサド排除」が前提とならないような和平協議には意味がないという反発が強まり、ジュネーブ2への参加を決めた時も、反体制派の4割は棄権した。国民連合の最大勢力の「シリア国民評議会」は参加していなかった。国民評議会の主力は、穏健イスラム組織の「シリア・ムスリム同胞団」だった。ジュネーブ2に参加した国民連合は、内部も分裂し、一方で、国民連合には参加していないイスラム過激派の「イラク・シリア・イスラム国」やアルカイダ系の「ヌスラ戦線」が反体制地域で影響力を強めていた。国民連合は、二重三重に、「反体制を代表していない」という批判を受けてもやむをえないような状況だった。

政権と反体制側の議論は、全く平行線で、交わらなかった。直前にダマスカスとその周辺地区の力関係の変化を見てきたことで、アサド政権が一切譲歩する意思がないことがよく分かった。政権軍はマアダミヤだけでなく、ダマスカスの郊外では攻勢をかけて優位にたっていた。一方でアレッポなどの反体制勢力が強い基盤を持っている所では、空爆や樽爆弾と呼ばれる大型爆弾を住宅地に落とすなど、激しい軍事攻勢をかけていた。

「ジュネーブ2」というシリア和平国際会議を振り返って思うのは、停戦を終わらせようとする国際社会の意思の欠如である。私は中東の現場を歩いてきたので、国際会議を取材した経験は数えるほどしかないが、日々、おびただしい人間の命が失われている中で、無駄なセレモニーにどのような意味があるのだろうかと感じた。シリア内戦をめぐる、反体制支持の米国とアサド政権支持のロシアの立場の違いは最初から分かっていることで、その調整はなく、ただ、それぞれが演説して自らの立場を述べただけだった。その後に続く政権側と反体制側の直接交渉に対する抑えにも、支えにもならなかった。

欧州への密航者

ジュネーブで失敗に終わったシリア和平会議の取材を終えて、カイロに戻ったところで、カイロに住むシリア人が「兄がドイツに着いた」と教えてくれた。シリアからレバノンに出て、トルコのイスタンブールまで飛行機で行った後は、すべて歩いてドイツまで密航でたどり着いたという。私は本人の話を聞くために、ドイツのデュッセルドルフの近くにある難民用の集合住宅を訪ねた。

30代のムハンマドという名の若者で、シリアを出発したのは2013年8月で2014年1月下旬にドイツに到着したという。5カ月かかった。トルコ―ギリシャ―マケドニア―セルビア―ハンガリー―オーストラリア―ドイツと、すべて陸路で、密航だから国境は山や荒れ地を歩いてわたった。途中でマケドニアとハンガリーでは、地元の警察に拘束されたという。

ムハンマドの話を2日間にわたって聞き、詳細なルポを「中東マガジン」で3回に分けて掲載した。〈パキスタン人の手配師の手配で、マケドニアからセルビア国境を越えたが、現地で案内したのは、マケドニアに住むアフガニスタン人だった。出発したのはムハンマドらシリア人3人だけで、昼ごろ1台の車に乗ってセルビア国境に向かった。4時間ほど走って、車を降りて、別の車に乗り換え、その後、山に入った。案内人は4時間ほど歩けば国境を越えてセルビア側に古い家があり、そこに車が迎えに来るという話だった。しかし、結局、家に着いたのは9時間歩いた後だった。そこには25人密航者がいた。そこにいた密航者はすべて男性で、シリア人はムハンマドら3人だけだった。アフガン人やパキスタン人がいたし、スーダン人やアルジェリア人などの他のアラブ人もいた。

その家で4時間待って、やっと朝早く、ムハンマドら3人に迎えの車が来た。その車で、そのままハンガリー国境まで行くことができるはずだった。セルビア人の運転手は「ガソリン代として100ユーロ払え」と言う。マケドニア人の手配師とは話が違うが、ムハンマドら3人が100ユーロを払った。その車に1時間ほど乗ったが、運転手が「私はここまでだ。ここで降りろ。待っていれば、別の車が来る」と言う。セルビア側にいる手配師に電話すると、「迎えに行くから降りて待て」と言う。仕方なく降りた。

ムハンマドらは道路から離れて、林の中で3時間待っていたが、誰も迎えに来なかった。もう一度、手配師に電話すると、「森に隠れていろ」と言うだけで、結局10時間待った。その間、何度も手配師に電話したが、手配師はほとんど電話にも出なかった。その後で、手配師が送った若者がきて、「山を越えなければならない」というので、その男に従って、古い工場のような廃屋に着いた。男は「食べ物を持ってくるからここで待っていろ」と言って、出て行った。その男は結局戻って来なかった。夜がきて、廃屋で夜を過ごし、翌日になった……〉

このような詳細を書き込んだのは密航の過酷さの一端を読者に知ってもらおうという狙いもあった。

ムハンマドはシリア内戦前は電気工事を請け負う会社を持ち、7、8人の従業員も使っていたが、内戦によって会社を閉め、軽トラックも売却しなければならなくなった。反政府運動に参加してはいなかったが、ダマスカス市内のあちこちにできた検問で、いつも止められて尋問されるのも不安だった。欧州に行くしかないと決めて、2013年春にトルコに行き、トルコ西部の海岸から深夜にゴムボートでギリシャの島をめざしたが、ボートが浸水して、引き返した。一度、シリアに戻って、その8月にもう一度出直して、陸路を選んだという。

ニュースではトルコ西岸や、エジプト、リビアなどから欧州にわたる難民を乗せた密航船が転覆して、たくさんの密航者が死んだというニュースが繰り返される。ムハンマドの話を聞いて、内戦のもとで、全く将来が見えない若者たちの絶望の深さを痛感した。

53　分裂に向かうリビア

リビアは2011年春に始まった内戦が、同10月のカダフィ殺害を経て、2012年7月に選挙が実施されて、憲法制定議会が選出された。ここまでは順調に民主化が進んだが、その後、民兵の抗争が激しくなり、2014年夏以降、政府も分裂し、各地に軍団が割拠する状態となった。武装勢力の対立に、政治勢力の対立が結びつき、さらに外国の関与もある。

私は2013年11月下旬、民兵問題を取材するためにトリポリに入った。1週間ほど前に「民兵反対」を訴えていた市民のデモに、民兵が銃撃して、50人近い市民が死ぬ事件が起こった。発端は、11月上旬、トリポリ中心部での民兵組織同士の銃撃戦だった。

「民兵反対」の市民のデモ

民兵同士の衝突事件の後、トリポリ市評議会議長のサダト・バドリが民兵勢力に退去を求め、市民に「平和的デモ」を呼びかけた。イスラム教の金曜礼拝の後に、1000人近くの市民が、抗争した民兵の1つであるミスラタの民兵が占拠する高級住宅地のガルグール地区に向けてデモを行なった。ところが、民兵側から銃撃があり、10人ほどが死亡した。その後、市民も武器を持ち出して銃撃戦となり、翌16日までに市民47人が死亡した。

ミスラタはトリポリの東200キロにある都市の名前で、ミスラタ民兵は2012年8月の反体制勢力によるトリポリ攻略の際に、東からトリポリに迫った武装勢力である。カダフィ体制が崩壊した後も、旧体制の幹部が住んでいた高級住宅地ガルグール地区を占拠していた。

私はこの時にデモ隊の最前列にいて死んだ退役軍人アブドルザク・バフバキ(53)の自宅を訪ねた。家族が弔問を受けつける天幕を張っていた。一緒にデモに参加していた兄で、石油会社勤務のジャマール(58)が、「市民はリビアの旗を持ち、国歌を歌いながら、平和的にデモをしていた。民兵はいきなり撃ってきた。威嚇射撃はあるかもしれないと思っていたが、こんな犯罪行為は許せない」と怒りをあらわにした。

ジャマールは「ジダン（首相）が民兵問題で断固とした措置をとるよう期待している」と語る。しかし、弔問のためにジャマールを訪れる人々の中にも、「首相は信頼できない」と不信感をあらわにする人もいた。若者たちとともに15日のデモに参加したハリファ・フタイシ（72）は「議会の政治勢力は権力闘争ばかりで、国民の利益を考えていない。ジダンも政争の一部だ」と語った。

じつはミスラタ民兵は反ジダン派で、ジダンを支持する有力民兵組織のジンタン民兵がミスラタ民兵と争っている。リビアの民兵問題で、市民が立ち上がった背景には、政府や議会に対する強い不信感がある。ジダンは11月15日の流血事件の後、記者団に「すべての武装勢力はトリポリから去るべきだ」と語った。しかし、もともとは政府が民兵を国軍や警察に編入する作業が遅れていることが原因だ。国民議会は民兵を解体し、首都から退去させる法律を採択したが、実施されていない。

根深い民兵問題

反民兵デモを呼びかけたトリポリ市評議会のバドリ議長にインタビューした。バドリは「もう民兵問題は一刻も先延ばしできない段階に入った」と語った。さらに続けて、「新しい国づくりをするのに、治安の確立や市民の安全を守ることは、大前提だ。なのに、政府も議会も真剣に対応しているとは思えない。民兵の軍や警察への編入は形ばかりだ」と政府を批判した。

市民は私がいた22日の金曜日にも大規模集会を開いた。トリポリの中心部にあるアルジェリア広場で約500人のトリポリ大学の学生たちの集会も見た。15日のデモではトリポリ大学生9人が銃撃で死んだ。ムハンマド・ダラフ学生自治会委員長は「民兵がいるかぎり、国の将来はない。私たちは民兵がいなくなるまでデモを続ける」と訴えた。

トリポリ市内には主要な交差点には軍の装甲車両が陣取り、厳重な警戒についていた。事件の後、トリポリにいる最大勢力だったミスラタの民兵は、ガルグール地区から撤退し、トリポリ中心部で占拠していた軍学校からも撤退した。しかし、首都中心部の商業地域の近くにも民兵とみられる若者の集団がいて、民兵が使っている特殊ガラスで中が見えないピックアップトラックも市内を走り回っていた。

11月22日の金曜礼拝後には、トリポリ中心部のアルクドス・モスク前の広場に数千人が集まり、「民兵はトリポリから出て行け」と気勢を上げた。市民やトリポリ市評議会からの突き上げを受けた政府の圧力があったのだろうが、15日に市民を銃撃したミスラタの民兵は18日にはガルグール地区から退去した。21日夕方はトリポリで民兵が押さえている地域からは、ほとんどの民兵が撤退したという情報が流れた。

私は数日前まで民兵が占拠していたトリポリ東部のマイティガ空軍基地に行ってみた。民兵がつくっていた検問はなくなり、軍の管理に変わっていた。トリポリ市内にいた有力な民兵が退去したことで、民兵退去の動きは本物かもしれない、と思った。マティティガだけでなく、トリポリの西部の民間地を占拠していたジンタンの民兵も、退去したというニュースが流れた。

しかし、問題はより深かった。ミスラタの民兵が退去した後のガルグール地区を訪ねた。中に入ろうとすると、軍の検問があり、「ここの司令官に話を聞きたい」と言うと中に入れてくれた。しばらく歩いていると、真っ黒なガラスで中が見えなくなっている大型の四輪駆動車が通りかかり、兵士が敬礼した。私の前で、助手席のガラスが開き、長いあごひげを蓄え、黒いサングラスをかけた中年の男が降りてきた。アラブ式の長衣を着て、兵士たちは「シェイフ（長老）」と呼びかけた。

シェイフというのは、宗教指導者や部族長などを呼ぶ時の敬称である。私が「あなたは革命家の指導者なのか」と問うと、「革命家たちはもういない。われわれは軍として任務を遂行している」とシェイフは答えた。しかし、服装からして、明らかに軍の指揮官ではない。

検問を出た後で、リビア人の案内人に「あのシェイフというのは何者か」と聞くと、「ここの軍の指揮官だろう」と言う。「軍の指揮官ではない。まるで民兵の指導者ではないか」と言うと、「元はそうだが、今は軍に編入されている。しかし、軍の指揮下にあるということではなく、ここにいる軍はあのシェイフの指揮下にあり、政府や軍はシェイフに金を払い、彼がここにいる兵士に給料を払っているんだ」と説明した。「それでは民兵と何が変わらないのか」と私が言うと、「彼らは民兵と同じだが、民兵と違うのは、軍を名乗るということだ。もちろん、軍の指揮下にあるわけではない」と説明した。

民兵が退去して軍が入っても、結局、その軍の実体も民兵という入れ子のような構造である。民兵とは内戦でカダフィ体制と戦った、武装した革命勢力である。内戦終結後も、軍の基地や学校、政府機関、旧カダフィ体制の高官たちの住宅地などを占拠し続けた。2012年夏の選挙で成立した国民議会は、2013年初めに民兵を軍や警察に編入し、トリポリから民兵を一掃することを決定した。しかし、その編入が進まなかった。

民兵が政治に介入

なぜ、民兵が増殖したかは、リビア内戦の経過を振り返る必要がある。内戦ではまず東部の主要都市ベンガジが早い段階で反政府勢力に解放され、西部にある首都のトリポリが解放されたのは内戦が始まって5カ月後の8月である。トリポリの反政府勢力は政権による激しい弾圧を受けて西隣のチュニジアに出たり、首都南西部のジンタンなど山岳地帯に逃れたりした。2011年8月のトリポリ解放は、反政府勢力が制圧した東のミスラタからと、ジンタン周辺の南西部から挟撃する形で、トリポリに攻め込んだ。民兵集団は、そのままトリポリに残ったのである。トリポリにいる民兵の2大勢力であるミスラタ民兵とジンタン民兵は、そのような内戦時の経緯から来ている。

しかし、内戦終結後に選挙を経て、政府が生まれ、軍や警察が整備されていけば、民兵は次第に抑えられていくか、軍や警察に編入されていくはずだった。そうならなかったのは、議会が始まって2つの政治勢力の間の権力闘争が始まり、それぞれジンタンと、ミスラタの民兵と結びついたからである。

リビアの国民議会は、2012年7月の憲法制定議会選挙で、反体制勢力がつくった「リビア国民評議会」の執行委員会委員長（首相）を務めたマフムード・ジブリルが率いる「国民勢力連合」が39議席を獲得し、カダフィ時代からの反体制組織のリビア・ムスリム同胞団系の「公正建設党」が17議席で第2勢力となった。国民勢力連合はジンタンの民兵と結びつき、同胞団はミスラタの民兵と結びついたのである。

同胞団とミスラタ民兵の関係は、公正建設党のスウェイン党首はミスラタ出身で、同胞団幹部にはミスラタ出身が多い、ということだった。一方で、ジンタン民兵が生まれたジンタン方面の山岳地帯はNATO（北大西洋条約機構）の支援を受けた反体制組織「リビア国民評議会」とつながる反政府勢力の軍事訓練が行なわれた場所だった。私はトリポリ解放1年の2012年夏に取材した時に、「山岳地帯で1カ月間の軍事訓練を受けた」というリビア人の若者の話を聞いたことがある。軍事訓練は欧米の民間軍事会社による訓練だったようだ。ジンタン民兵は、リビア国民評議会の民兵ということで、ジブリルが党首を務める国民勢力連合に引き継がれたようだ。

国民勢力連合にはカダフィ政権時代の外交官や経済関係者などのテクノクラートや地域の部族代表など幅広い層が集まっていた。私は憲法制定議会選挙の時に国民連合の選挙本部を訪れ、広報担当と話をしたが明確な政策があるわけではなく、ジブリルの知名度だけが頼りの寄り集まりという印象を持った。一方の公正建設党はムスリム同胞団とは別ということを強調しようとしたが、実際に選挙対策本部で仕切っているのは同胞団のメンバーで、カダフィ時代に英国などで反政府活動をしていたメンバーも多かった。それだけに選挙プログラムやビラの用意や、候補者による選挙運動など、唯一、組織的な選挙運動を展開していた。

横行する排除の論理

国民勢力連合については「リベラル派」という説明が一般的だが、実際には「民族的な保守伝統派」である。もともとリビアは各地で部族が根を張っており、カダフィ体制は議会も、憲法も、選挙もないという特殊な体制を秘密警察が守る警察国家だった。リビア国内では政治的な「リベラル派」が育つような土壌はなかった。ましてや「リベラル」とは無縁の部族勢力を糾合する政党連合を、「イスラム派」ではないということだけで「リベラル」ということには私は疑問を感じた。一方の同胞団はエジプトの同胞団組織と同様の「イスラム的な保守伝統派」である。

欧米や湾岸アラブ諸国は、ジブリルが率いるリビア国民連合を支援し、支えた。チュニジア、エジプトでムスリム同胞団系の政党が選挙で第1勢力になったことからリビアでも同様のことが起こることを警戒したためだろう。一方で、湾岸のカタールやトルコ、さらに当時のエジプトやチュニジアの同胞団はリビアの同胞団を支援した。「アラブの春」を契機に選挙を通じて台頭してきたムスリム同胞団と、それを警戒する欧米、湾岸諸国という構図が出てきたのである。

2013年4月末から5月初めにかけて、国民議会はカダフィ体制下で働いていた政治家を公職追放することを決めた「政治追放法案」を審査し、採択した。公正建設党は「政治追放法」を推進する勢力だった。狙いは、カダフィ政権で要職にあった国民勢力連合代表ジブリルや、外交官だったジダンに圧力をかけることだった。その時に、ミスラタの民兵が外務省や法務省を包囲して法案の早期通過に圧力をかけ、議会の採択後には、法案の実施を求めて包囲を続けた。国民勢力連合であれ、同胞団であれ、すべてが政敵を排除する論理で、権力闘争や政争と結びついているのは、リビア国民でなくても、うんざりする気がした。

リビアの政争は、リビア国内だけでは収まらなかった。リビアのムスリム同胞団は、同胞団の本家的な存在であるエジプトの同胞団と同系統であるが、エジプトでは同胞団幹部だったムルシ大統領が２０１３年７月に軍のクーデターで排除された。その２カ月後の９月に、ジダンはエジプトを公式訪問し、シーシ国防相（軍総司令官）を表敬訪問した。これについてリビアの同胞団や公正建設党は強く反発した。

その年の10月にはジダンが首都トリポリのホテルから「リビア革命作戦司令室」を名乗る武装集団に連れ去られ、数時間拘束された。ジダンは解放後に拉致事件について、「反首相派のクーデター」との見方を示した。テレビ演説で、「彼らは投票によって政府を打倒できなかったので、武力で行なおうとした」と述べ、事件が議会内の公正建設党など反首相派による「陰謀」との見方を示した。「リビア革命作戦司令室」はミスラタ民兵と連携する軍団だった。

リビアの民兵問題は、政争との結びつきだけでなく、若者問題が色濃く影響している。若者たちが前線に立った内戦が終わった後、選挙が行なわれ、議会も生まれたが、ジブリルが率いる国民勢力連合で、選挙に立候補したのは、伝統的な部族主義や地域主義を担うような年配者や反体制に鞍替えしたカダフィ政権のテクノクラートだった。一方のムスリム同胞団がつくった公正建設党も、運営している人材は同胞団メンバーで、一般の若者たちからは遠い存在だった。内戦を担った若者たちが自分たちの主張や要求を通そうとすれば「革命勢力」として政党や政府に圧力をかける道しかなかった。

さらに、議会選出後の組閣で、国民の間で閣僚にカダフィ体制の人間が含まれることへの反感が強まっていた。旧体制の清算は不十分で、国民の間には、旧政権勢力のなし崩し的な復活に反発があった。革命後の新体制からは排除された若者たちの不満が、民兵問題という形をとっていることも無視するわけにはいかない。私はこの時のトリポリ取材の後に「中東マガジン」で次のように書いた。

〈もし、今のリビアを日本の歴史に例えるならば、戦後の混乱ではなく、明治維新のような大きな変化と考えるべきだろう。体制が変わり、強力な統一国家をつくらなければ、民兵問題を解決することはできない。しかし、現在のように政府や議会が分裂していれば、政治主導で民兵を解消することもできない。逆に、政治組織が民兵、または軍に編入された元民兵組織とつながり続けることになる。そのような状況で、政治が破綻すれば、軍も分裂し、政治組織と民兵組織が結びついて割拠するような状況になる。リビアの場合にはレバノンのような宗教や宗派の分裂はないので、地域や部族で分裂するとすれば、ソマリア的な混乱状況になる。〉

外国の干渉で深刻化

この時の懸念のままに、リビアは分裂していった。2014年6月に国民議会選挙が実施され、国民勢力連合が多数となったが、ムスリム同胞団系は選挙に不正があったとして認めず、8月初めには、新議会が東部のトブルクで開かれるという分裂状況になった。一方、トリポリでは民兵の抗争が激化し、ジンタン民兵が押さえていた国際空港を、ミスラタ民兵を中心とする「ファジュル（夜明け）連合」が奪取する動きになった。その時、トリポリでなぞの空軍機によるファジュル連合に対する空爆があった。すると米国務省が、アラブ首長国連邦（UAE）とエジプトが空爆を行なったと発表し、「外国の干渉が時代を深刻化させる」と懸念を表明した。

エジプトやUAEがリビアでの武力行使をした理由については「イスラム過激派による脅威を阻止するため」と説明されたが、「イスラム過激派」であれば、もっと以前からベンガジ周辺で勢力を張ったアンサール・シャリーアが、アルカイダとつながる過激派だった。しかし、UAEやエジプトによる空爆は、トリポリがムスリム同胞団とつながる勢力の手に落ちたことへの対応だった。ここに「アラブの春」の後

「イラク・シリア・イスラム国（ISIS）」がイラク北部のモスルを制圧した後、緊張が高まるバグダッド。軍用品を売っている商店街がにぎわっていた。2014年6月。

に噴き出した「ムスリム同胞団」対「アラブ保守伝統勢力」の対立の構図が出ている。

リビアの　イスラム勢力は「イスラム過激派」とひとくくりにされるが、①西部トリポリを支配するムスリム同胞団とイスラム民兵、②東部ベンガジに影響力を持つイスラム厳格派「アンサール・シャリーア」——という2つのイスラム勢力を区別しなければならない。アンサール・シャリーアは「イスラム国」に忠誠を誓い、ムスリム同胞団とは対立関係にある。2015年4月には、中部海岸にあるカダフィの出身地シルトでも「イスラム国」が勢力を持ち、同胞団系民兵との戦闘が始まったというニュースが流れた。リビア情勢は分かりにくく、混とんとしているが、筋が見えないわけではない。現在の中東情勢との分裂や対立と深く結びつき、中東の困難を背負っている場所として見ていく必要がある。

54　モスル陥落とバグダッド取材

モスル陥落後のイラク

イラク戦争の戦後の泥沼化の中で、イラク情勢はほとんど顧みられなかった。2011年に「アラブの春」が始まっても、イラクは舞台の外だった。それが2014年6月9日、イラク北部にある同国第2都市モスルが「イラク・シリア・イスラム国（ISIS）」によって陥落したことで、いきなりイラク情勢が世界のトップニュースになった。

私は東京本社から「バグダットに入ったことのある記者が他にいないので入ってほしい」との要請を受けて、すぐにイラクの入国ビザを申請し、ビザが出ですぐ、バグダッドに入った。「イラク・シリア・イスラム国」はモスルから南のティクリートを攻略し、さらにバグダッドに向けて南下している。すぐにバグダッドが脅かされることはないと考えたが、バグダッドの様子を見たいと思った。

出国する人々

バグダッドに入って、2日間、市内を回って取材した。町の至る所に軍や治安部隊の検問があり、装甲車や機関銃を積んだ車両があちこちに陣取る。今にも戦争が始まりそうな厳重警戒ぶりだった。

市内の繁華街カラダ地区にある国籍証明所の入り口の前で、午前9時にはすでに300人ほどが並んでいた。出国するための旅券取得に必要な国籍証明を取りにきた人々だ。シーア派で高校3年生のハイダル・ラアド（19）は自分と母、妹の3人分を申請に来た。イラク戦争後に父母と妹の家族4人でシリアに避難し、9年間を過ごし、11年に帰国した。今回はモスルが陥落した後、旅券の再発行の手続きを始めた。

「また戦争になる。シリアは内戦だから、今度はヨルダンに行くと父は言っている」

一方、市中心部のバブシャルジャのミリタリー用品店が並ぶ一角は若者たちでこみ合っていた。防弾チョッキや靴、ヘルメット、自動小銃の部品、ナイフなど。「モスル陥落の後、テロリストと戦うというシーア派の若者たちの顧客が増えた」と店員が言う。スンニ派の「イラク・シリア・イスラム国」はモスルを制圧した後、「バグダッドに進軍せよ」とする指令を戦闘員に出した。それに対して、シーア派の最高指導者シスターニ師が「武器を持って、国と聖地を守るジハード（聖戦）に参加せよ」と宣言し、若者たちを聖戦に駆り立てていた。

このような状況で、スンニ派のミニバス運転手はイサム・シュクリ（47）は「町を走るのが恐ろしい」と1週間前から営業していない。「至る所に検問があるが、軍の格好をしていても、シーア民兵かもしれない。スンニ派だと分かれば、民兵から拉致されるかもしれない」と恐れを語った。２０００年から08年のスンニ派とシーア派の宗教抗争でのシーア派民兵の残酷さは、電気ドリルを使って拷問して殺した遺体が通りに放置されるなど、スンニ派住民を震え上がらせていた。残酷さにはスンニ派もシーア派もないのである。

続く爆弾テロ

「イラク・シリア・イスラム国」はバグダッドの北東60キロのディアラ州まで来ていた。バグダッド市内で衝突が起こったという情報は政府からは出ていない。しかし、6月25日に地元の警察筋からバグダッド中心部から20キロ南のスンニ派地域ユースフィアで住民と治安部隊の間で戦闘があったという情報を得た。治安部隊がスンニ派のテロ容疑者を逮捕しようとしたところ、衝突になったという。交戦は激しく、同日午後、ユースフィヤの北隣のアブチールの警官に命令が来て応援に行ったという。

25日夕方、ユースフィヤの南隣のシーア派の町マフムディアの市場で自爆テロと迫撃砲弾による攻撃があり、13人が死亡し、45人が負傷したと、イラク国営通信が伝えた。迫撃砲弾がどこからきたかは触れていないが、地元警察筋はユースフィアのスンニ派武装集団が発射したものだという。

記者は2日後の27日朝、ユースフィアの隣町のアブチールの青果市場を訪れた。市場の関係者は、ユースフィアで衝突があった26日に青果市場を爆発するという脅迫が来ていたと明かした。「ここには農産物を積んだ車が次々と入ってくるため、いつ爆弾テロが起きてもおかしくない」と語った。

ユースフィアの衝突はマフムディアに拡大する様相となった後、それぞれスンニ派とシーア派の地元の部族長らが仲介して、翌26日朝、双方の一時的な停戦が成立したという。

ユースフィアの例は、バグダッド市内でも衝突が起こりうることを示している。シーア派宗教指導者のシスターニが国民に「武器を持って戦え」と訴えるように、イラクのほとんどの家で自動小銃や機関銃を自衛のために保持している。さらに各地で強い影響力を持つ部族は、対戦車ミサイルや対空砲、迫撃砲などで武装しているのだ。

人々の不安をあおるように爆弾テロが起きている。シーア派の聖廟があるカードミヤでは26日夕、聖廟に向かう通りの1つデルワザ門でスンニ派によると見られる自爆テロがあった。警察筋によると、13人が死亡、41人が負傷した。27日朝、記者が現場に行くと、数人の若者たちが犠牲者の名を書いた黒い幕を現場で掲げていた。犠牲者の1人で露天商フセイン・シャーミ（23）の友人たちだ。声を上げて泣いていたムスタファ・ハイダル（15）は半年前からシャーミのもとで働いていた。「一緒にここに来て、用事を言いつけられて離れた後で爆発音が起きた。女たちや子どもたちが何十人も倒れていた。シャーミは面倒見がよくて、仕事を教えてくれたのに」と言葉を詰まらせた。

イラクでは２００６年から08年にかけてスンニ派とシーア派の間で大規模な宗派抗争が全国に広がっ

た。カードミヤでは繰り返し自爆テロがあり、地域全体が高さ2メートルほどのコンクリートブロックで包囲され、今もそれが残っている。地域住民の大半はシーア派住民だが少数ながらスンニ派住民も住んでいる。

カードミヤの市場で野菜を売っているライラ・マフムード（53）はスンニ派住民だ。3年前に露天の前で車爆弾が爆発した。飛び散った破片が夫の頭に入って、夫は今でも意識不明のままという。「爆発はスンニ派とシーア派を区別するわけではない」と語る。「宗教の戦争なんて考えたくない。和解によって解決してほしい」と祈るように言った。

緊張高まるバグダッド

バグダッドではシーア派とスンニ派が混ざって住んでいる地区で特に緊張が高まっていた。混住地区の1つの市東部のジャーミア地区に住むシーア派で財務省勤務のジナン・アベドアリ（42）は、モスル陥落の後、夫が17歳の双子の息子をつれて、イラク南部のバスラに避難した。アベドアリは娘2人と残った。「06年の宗派抗争で夫はスンニ派から何度も脅迫を受けて、家族はシリアに逃げました。今回も同じことが起こるのを恐れたのです。私は仕事もあり、バグダッドを離れるわけにはいかない」と語った。

アベドアリはシーア派だが、「今回のことは全くの政府の失敗だ」とマリキ政権に批判的だった。「今のイラクは国の体をなしていない。政治家は自分たちの利益しか考えていない。戦いやテロで被害を受けるのはいつも市民だ」

同じ地区に住むスンニ派の工業省勤務、ナゼル・アフマド（35）は「モスル陥落の後、スンニ派とシーア派は疑心暗鬼になっている」と語った。「シーア派はテロを恐れるが、スンニ派住民が恐れるのは、シーア派の民兵たちだ。戦争が起これば、民兵が、スンニ派地域に無差別に攻撃をしかけてくる。民兵を放置しているマリキの責任だ」と非難した。

首都西部でスンニ派州のアンバール州につながるガザリア地区の年金生活のアフマド・イブラヒム（60）は06年に5人の息子のうち1人をシーア派民兵に殺され、2人はクルド地区に避難したという。「今度、戦争が起これば、イラクはおしまいだ。私は家族を守るために家にある自動小銃で死ぬまで戦うだけだ」と言い切った。

この時には緊張が高まるバグダッド市内を最大限に動き回ったが、安全対策に細心の注意を払った。地元のイラク人が経営する治安会社に武装護衛を依頼した。治安会社からの車が1台来て、それに自動小銃で武装した護衛が乗り込む。私が乗る車は朝日新聞のバグダッド支局のイラク人助手の車で、運転手の隣の席には、やはり自動小銃で武装した護衛が乗り、私は、イラク人助手とともに後部座席に乗った。

バグダッドの治安状況は毎日変わるので、出発前に最新の情勢を確認して、取材先を決めた。治安会社の運転手と護衛の計4人と、私と、イラク人助手と運転手の7人ほどで、バグダッドの地図を囲んで、1時間ほど打ち合わせをした。まず、昨日と夜の間に何があったか最新ニュースを確認する。治安スタッフやイラク人助手にとっては既知のことでも、私は知らないかもしれないので、細かな事件まで説明してもらった。

地図上で、主にスンニ派住民が住んでいる地区と、主にシーア派住民が住んでいる地区、さらに両派が混住している地区を説明してもらう。スンニ派地域でもアルカイダを支持しているような強硬な地区と、そうではない地区がある。混住地区でも、両派の衝突がある場所と、良好な関係の場所もある。さらにバグダッド内の幹線道路をたどりながら、危険な地域を示してもらう。バグダッドから外に伸びる幹線道路は、北に行く道も、南に行く道も、西に行く道も、すべて緊張が高まっていた。直截に「どこまで安全に行くことができるか」と聞くと、「ここまでは大丈夫」と治安会社の責任者が言う。それについて、さらにイラク人の助手の意見を聞く。

いくつかの取材拠点をあげて、1つの場所から別の場所に向かうのに、どのようなルートをとるのがいいかを決める。2台の車で行く時には、運転手の連絡が悪いと、見失ってしまうこともあるので、ルートの確認が非常に重要だ。「安全第一」と伝え、「もし、予期しない出来事が起きたら、いつでも予定を変更する」と念を押した。町のルートを細かく確認しながら、90年代のアルジェリアでの取材を思い出した。場所は違っても、安全確保のために必要なことはあまり変わらないということだろう。

クルド地区に移動

バグダッドルポを新聞に掲載した29日に、「イラク・シリア・イスラム国」が、イラク中部からシリア北部にまたがる「イスラム国」の樹立を宣言した。私は、「イスラム国」樹立の意味を探るため、バグダッド空港からイラク北部のクルド地域の中心都市アルビルに移動した。アルビルではモスルから避難している人々からモスル陥落の状況について情報を集めようと思ったが、それ以上に、イラクのシーア派主導のマリキ政権に反対するスンニ派部族や政治運動のリーダーたちがアルビルに逃げていることが分かったため、スンニ派勢力と「イスラム国」の関係を知りたいと思った。

アルビルでのスンニ派部族関係者との接触は、まずバグダッドでスンニ派関係者から数人の電話番号を聞いて、アルビルに到着してから一人ずつ接触し、インタビューをし、会うことができた人物から、別の関係者を紹介してもらった。人を介して紹介してもらい、取材先を広げるというのが、中東では最も効果的である。

スンニ派関係者の話を聞いて、それまで「イスラム国」ばかり強調されたモスルの制圧が、じつはスンニ派部族との協力によるものであることが明らかになってきた。マリキ政権に反対するスンニ派部族がつくる「革命的部族委員会」幹部のアブドルラザク・シャンマリは、「今回の戦いは、スンニ派を抑圧するマリキ政権に対して、スンニ派部族と民衆が立ち上がった民衆革命だ。『イスラム国』は軍事的にも、反乱勢力の一部に過ぎない」と語った。「イスラム国」が支配地域を急拡大させているように見えることについても、「それぞれの都市や町で、地元のスンニ派部族が反乱を起こしている。インターネットを使った『イスラム国』の巧みな宣伝と、『テロとの戦い』を強調したいマリキ政権の宣伝によって、『イスラム国』の存在が誇張されている」と話した。

スンニ派部族関係者からは、「今は『イスラム国』と一緒に共通の敵であるマリキ政権と戦っているが、マリキ政権を打倒すれば、われわれが『イスラム国』を排除する」という声も聞いた。一方、スンニ派武装組織の「ジェイシュ・イスラム（イスラム軍）」幹部のイブラヒム・シャンマリは「われわれはスンニ派部族とは連携しているが、『イスラム国』との連携や協力は一切ない。我々はスンニ派地域の防衛が目的で、シーア派の権利も尊重する。シーア派を敵視し、攻撃する『イスラム国』とは異なる」と語った。

もともとイラク戦争後にイラクに入ってきて、イラク・アルカイダに始まる「イスラム国」の行動には、シーア派敵視や自爆作戦の多用など、イラクのスンニ派とは異質なところがあった。しかし、マリキ政権のシーア派重視政策に対するスンニ派の反乱が、「イスラム国」の台頭という形をとったという構図が見えてきた。

アルビル周辺にいるモスルから逃げてきた避難民が集まっている難民キャンプを訪ねた。話を聞いた中で、興味深いと思ったのは、40代の男が「私は覚醒委員会に参加していたが、若い甥は「イスラム国」に参加した」と語ったことだ。覚醒委員会というのは、２００７年から米軍がスンニ派部族に金と武器を与えて組織した治安組織である。２０１１年に米軍が撤退した後は、覚醒委員会に対する米軍の後ろ盾もなくなり、マリキ政権は覚醒委員会のメンバーを治安部隊として正式に雇う動きも鈍くなった。その結果、

同じスンニ派部族の若者である甥が、「イスラム国」に参加したというのである。私は２０１１年に９・11米同時多発テロ事件から10年の節目でバグダッドに入った時に、軍情報部幹部からモスルの郊外で「イラク・シリア・イスラム国」が、道路で車から通行税をとるなど支配地域を持つようになったという話を聞いていたが、スンニ派部族の中に、「イラク・シリア・イスラム国」が支持を広げていたことが分かる。

「イスラム国」の前身であるイラク・アルカイダがイラク戦争後にイラクに入ったことについて、米占領当局によって公職から排除された旧治安情報機関が、アルカイダ系組織と協力関係にある可能性について書いた。米軍を直接攻撃するためには、元イラク軍や革命防衛隊など、軍事的な経験がなければならない。それに対して、シーア派民衆などに対する自爆テロなど治安のかく乱をねらった破壊活動は、治安情報機関の手法であると考えた。イラク・アルカイダがイラク・イスラム国になり、さらにイラク・シリア・イスラム国を経て、「イスラム国」になる過程でも、サダム・フセイン体制を支えていた、旧治安情報機関の関係者が、中枢部分を支えているのだろうと推測する。そのように考えると、旧体制のもとでは、治安情報機関の大きな仕事は部族対策だった。アルビルにいたスンニ派部族のリーダーたちは、「今は『イスラム国』と協力しているが、いつでも『イスラム国』を追い出すことができる」と語った。しかし、スンニ派部族がバース党の治安部門を押さえたサダム・フセインによって20年以上、支配されたことを考えれば、「イスラム国」に利用されているスンニ派部族が、「イスラム国」の支配から出ることは簡単にはいかないだろうと思った。

55　繰り返すイスラエルのガザ攻撃

イスラエルによるパレスチナ自治区ガザへの攻撃が２０１４年まで3回繰り返されたが、その時々の政治状況によって、全く異なる様相となった。最初は２００８年12月末から1月中旬まで３週間続き、１４００人の死者を出し、イスラエル軍に戦争犯罪の疑いがあると問題になった。

次のガザ攻撃は「アラブの春」の後の２０１２年11月で、この時エジプトはムスリム同胞団系のムルシ政権だった。攻撃が始まるとすぐにアラブ外相会議を開き、その後、アラブ諸国外相が次々とガザに入り、イスラエルの地上軍侵攻は阻止された。

３回目はムルシ大統領が軍のクーデターで排除された後の２０１４年7月から8月の51日にわたるガザ攻撃。期間中２２０５人が死亡し、うち１４８３人は民間人（子どもが５２１人、女性が２８３人）というほとんど歯止めのないような悲惨な状況となった。

私は２００９年1月のガザ攻撃の後、ガザに入り、破壊のすさまじさに驚いた。その時、ガザ市にある竹製家具の工場を訪ねた。それは１９９４年8月、暫定自治が始まって間もないころ、私がガザで取材した商工業展示会に参加していた工場だった。

閉鎖していた家具工場

94年には経営者のムハンマド・アウダッラ（当時67）が、「今は8割の製品をイスラエルの業者に出している。イスラエルではブランドが変わり、値段も約3倍になる。腹が立つが、どうしようもない。自治のおかげで、自由に外国との取引ができるようになれば、工場はすぐに今の10倍の規模になる」と熱っぽく語っていた。

アウダッラは現在のテルアビブに隣接する都市ヤッファの生まれだが、１９４８年のイスラエル建国でガザに追われた難民だった。２００９年に再訪した時には「父は2年前に他界した」と息子のジャマールが言った。工場は94年には25人の従業員を雇っていたが、イスラエルによる自治区の度々の封鎖で経済は疲弊し、工員は8人まで減り、3年前の2006年に閉鎖したという。アウダッラは工業の閉鎖の1年後に失意の中で死んだことになる。

自治が始まった年に開かれた商工展のことをジャマールははっきり覚えていた。「あのころは希望があった。しかし、1、2年で失望に変わった」と語った。オスロ合意の挫折によってアウダッラの夢は打ち砕かれた。しかし、彼は、その後、繰り返されたガザ攻撃を見ることはなかった。ガザの人々にとっては、悪夢の始まりである。

封鎖下で進まぬ復興

私は2009年11月にも、ガザ攻撃から1年を見るためにガザに入った。驚いたことは、2月に見た時の破壊の跡が何も変わらず、そのまま残っていたことだ。まるで時間が止まっていたようだ。1年前のイスラエル軍による攻撃で大規模な破壊を受けた北部にあるサラーム地区には、その年の2月に見た同じ瓦礫があった。そのわきで被災家族がテントで暮らしている光景まで同じだ。

3週間に及ぶ空爆や砲撃で3000の建物が破壊された。多くが民間の住宅である。復旧が止まっているのは、封鎖が続き、セメントや鉄材など建設物資を搬入できないためだ。医薬品や日用品さえ厳しく制限されている。

11月初めに冬の到来を告げる激しい雨が降った。地中海に面するガザでは、冬は雨の季節だ。1歳半を末っ子として8人の子どもを抱えてテント生活をしている40代の男性は、「冬も心配だが、将来のことを考え始めると、不安で気が変になりそうになる」と大きなため息をついた。

6年前に30年間、イスラエルの建設現場で働いてためた貯金をはたいて3階建てのビルを建てた。子どもが結婚すれば一緒に住むはずだった。家族の未来は攻撃によって崩れ去った。

ガザ自治区の総合病院であるシファ病院を訪ねた。待合室の片隅で5、6人の家族が固まっていた。「病気の娘をイスラエルで治療するために、検問の通過許可を待っている」と衣料商のジャマール・ババン（45）が語った。娘のヤスミン（19）は半月前にインフルエンザの症状が出て高熱が3日間続いた後、意識不明になった。シファ病院に運ばれたが、治療薬はなく、病状の診断さえできない。1週間前にガザの保健省を通じてイスラエル側に同国内での治療を申請した。

「昨日の夜、あと30分で検問通過の許可が出る」と連絡があった。しかし、許可は出ず、1日明けて、2時間前にまた「あと30分」の連絡。家族は早朝から救急車で検問所に向かうために病院に詰めている。「本当に許可が出るのか」と、ジャマールはいらだちの表情を浮かべた。

封鎖は物資の搬入だけでなく、人の移動も厳しく規制する。封鎖によってガザは監獄化している。

シファ病院の腎臓透析センターでは180人の患者に対して30台の透析機が稼働している。「かつて患者は130人だったが、戦争と戦後のストレスで糖尿病が悪化するなどして、透析患者は2割から3割増えた」と、腎臓透析センター長のムハンマド・シタールが語る。「みな、ヨルダンやエジプトでの腎臓病の治療や移植を申請しているが、イスラエルの許可がおりないまま死んでいく」

透析機が壊れても修理のための部品が入らず、15台は故障したままだ。透析を稼働させるのに必要なフィルターなども1週間分のストックしかない。イスラエルの3週間にわたる攻撃で、約1400人のパレスチナ人が死に、その多くが民間人で、300人以上が18歳以下の子どもだった。

深刻な国際法違反の疑い

2009年9月に国連調査団による600ページ近い報告書が発表された。イスラエル軍による大規模な軍事行動を「深刻な国際法違反の疑いがある」と指摘した。

報告書は10月にジュネーブの国連人権理事会で賛成多数で承認された。国連事務総長が安保理に報告書を提出し、戦争犯罪に法的な対応を求めるよう勧告している。米国は「報告は偏った内容だ」と反対した。国連調査団はイスラエル側でもパレスチナのロケット攻撃による住民の被害を調査し、「国際法違反」と結論づける。ただし、イスラエルの死者は4人で、パレスチナ側の犠牲とは比較にならない。報告書はイスラエル軍の作戦の違法性の記述に多くをさいている。

報告書は「結論」で「イスラエル軍による意図的なパレスチナ民間人や民間施設への攻撃の事例を数多く現認した」と書く。特にガザのジャバリア難民キャンプにある国連パレスチナ難民救済事業機関（UNRWA）が運営する学校のすぐそばの避難所にイスラエル軍が迫撃弾を撃ち込み、住民35人以上が死んだ事例について、「合理的な軍事司令官ならば攻撃で得られる軍事的な成果に比べて、度を超した民間人の死者を出すことは予想がついただろう」と結論づけた。避難所には当時１３００人以上の住民が避難していた。

報告書は「組織的で意図的な（イスラエル軍の）軍事作戦の責任は、それを構想し、計画し、命令し、監督した者たちにある」とする。つまり、当時のイスラエル政府や軍の幹部の責任を指摘していた。攻撃から1年が過ぎても、殺りくと破壊の責任は問われないままだった。一方でガザでは封鎖が続き、復旧も回復もなく、人々は日々の窮状に耐えていた。

この時は「アラブの春」の前であり、イスラエルの攻撃に対して、アラブ世界はほとんど沈黙し、無力をさらけ出した。中でも、問題となったのが、エジプトの対応だった。２００7年夏にイスラム組織ハマスがガザを支配し、イスラエルがガザを封鎖状態に置いたが、ガザの南の境界はエジプトとの間にあり、エジプトのムバラク政権がラファ検問所を開ければ、封鎖には意味がなくなったはずだ。エジプトは境界を開けようとはせず、イスラエルによるガザ封鎖に加担する格好になった。

エジプト革命の時、デモをしている若者たちの間「パレスチナ連帯」の声が上がることもあった。イスラエルのガザ攻撃で、おびただしい数のパレスチナ人が殺されても、何もできない無力さが、エジプト人の中に積もっていた。欧米人はガザの問題も「パレスチナ問題」という枠でとらえるかもしれないが、アラブ人にとっては同じアラビア語を話す「同胞の受難」である。イスラエル軍に家族を殺されたり、家を破壊されたりして、泣き叫ぶパレスチナの女性や子どもたちの嘆き声は、中東・北アフリカのアラブ世界にアラビア語で広がっていった。

イスラエルのガザ攻撃でのアラブの権力者の無力さが、2011年の「アラブの春」を引き起こしたとは言えないにしても、若者たちに積もった憤懣の原因の1つであったことは間違いない。

51日間の空爆

私は朝日新聞のカイロ特派員を2014年8月末まで勤めた。6月にイラク、シリアで「イスラム国」ができ、世界が騒然としている7月8日にイスラエルによるガザ空爆が始まり、8月26日まで51日間続いた。2000人を超えたパレスチナ側の死者の7割が民間人だ。イスラエル側は73人死亡し、うち兵士が66人で、民間人は7人。パレスチナ側の民間人の死者の多さは、イスラエル軍の空爆や砲撃が民間地域に対する無差別攻撃であったことを物語っている。

私はカイロからアラブの反応を見て、後半カイロで行なわれたイスラエルとパレスチナ自治政府の停戦協議を追った。2012年11月のガザ攻撃に比べて、政権が変わるだけで、これほど対応が変わるものかと驚いた。ガザを支配しているイスラム組織ハマスは、エジプトで軍に排除されたムルシ大統領が属するムスリム同胞団と同系列である。2012年のガザ攻撃の時には、ムルシ政権がアラブ世界に呼びかけてアラブ外相会議を開き、次々と外相がガザに入って暴力の激化を阻止した。それから2年半たって、ガザの民衆は51日間、イスラエルの攻撃のもとにおかれ見殺しにされた。

イスラエルの攻撃が始まって間もなく、エジプトは停戦案を提案し、イスラエルは受け入れたが、ハマスは拒否した。提案は、「イスラエルの空爆とパレスチナ側のイスラエルへのロケット弾攻撃の停止」や「条件のもとで人と物資の搬入を認める」などだった。ハマスは停戦案にイスラエルによるガザの封鎖解除が含まれていないことに「受け入れるのは降伏に等しい」と反発した。

ガザは占領されているうえに封鎖されている。占領を終わらせるためにオスロ合意のような中東和平交渉があるが、オスロ合意が破綻して以来、進んでいない。その上に、2007年からイスラエルによる封鎖が続いている。占領とは主権を奪われて、他国の支配のもとにおかれていることで、ガザで自治が始まっても、主権がないため、経済開発も、貿易も、外交も、イスラエルの同意がなければできない。そのように軍事占領という服従状態にあり、その上に、封鎖されて、人の往来も、物資の搬入も、厳しく制約されている。二重苦である。封鎖は、国際人権法に違反する「集団懲罰」にあたるとされる。

ガザの若者の絶望

封鎖解除については、2010年6月に欧州委員会がイスラエルに全面的な封鎖解除を求める決議を出した。国連人権高等弁務官事務所でもガザの封鎖は非人道的として解除を求めている。封鎖によって、ガザの病院は、医療機器は壊れたままとなり、医薬品も不足することになり、生命を日々おびやかされることになる。イスラエルが封鎖を継続していることは、ガザに対して暴力をふるい続けている状態と同じである。

現実には、占領はもちろん、封鎖までもが日常化しているため、パレスチナ側からロケットが飛んでから初めて、イスラエルは「暴力だ」と騒ぎ、「報復措置」を声高に言う。欧米や日本のメディアもパレスチナ側がロケットを撃つことが紛争激化の原因だと報道する。しかし、封鎖そのものが非人道的な暴力であるから、それに対してパレスチナ側からは早晩、暴力が起こるのは避けられない。そのことは分かっているのに、２００７年以来、８年にわたって、ガザが封鎖状態に置かれ、それを国際社会が放置しているのは、信じられないことである。

カイロにいるガザ出身のパレスチナ人の知人からイスラエルの攻撃の間、ガザにいた19歳の大学生の息子についての話を聞いた。その息子は知人に毎日のようにメールを送ってきた。メールで「僕の命は２秒の間にある」と書いていきた。ミサイルが次々と飛来し、上空で「ビュー」と空気を切る音が聞こえる。ぐっと息を詰めて、地上で爆発音が聞こえるまでが2秒間だ。次は自分の場所で爆発するかもしれないという恐怖を言い表している。

イスラエルの攻撃が始まったころ、彼の息子は「絶対に屈しない」と高揚し、イスラム組織ハマスを支持し、穏健派のパレスチナ自治政府のアッバス議長に批判的だったという。しかし、さらに攻撃が続くと、停戦を拒み、市民の犠牲を顧みないハマスを批判し始めた。知人に「何か停戦の動きは出ていないか」と繰り返し、聞くようになった。ところが、停戦の動きはなく、徒に死者だけが増えていく。息子は「僕はイスラエルも、自治政府も、ハマスも、国際社会も、すべてを憎む。もし、パレスチナ人が世界に報復するようになっても、誰も文句は言えない」と書いてきたという。絶望と無力感によってパレスチナの若者たちが暴力に追いやられてしまうという、私が何度も見てきた悲劇が続いているのである。

第7章　「イスラム国」はどこから来たのか

56　世界から集まる若者たち

２０１５年1月、過激派組織「イスラム国」による後藤健二さんと湯川遥菜さんの惨殺は日本に衝撃を与えた。残忍な殺人を犯し、それをインターネットで発信する行動は、理解を超えたものである。この年は、パリのシャルリー・エブド社襲撃事件やチュニジア博物館襲撃事件など、イスラム過激派によるテロ事件が相次いだ。そのころ、日本の新聞、テレビは、連日、関連のニュースを流し続けた。しかし、「イスラム国」については、「国家を名乗りながら、近代国家の常識からかけ離れ、暴力的に支配地域を広げようとする理解しがたい組織」（朝日新聞社説）などと一種のブラックボックスとして扱われていた。

中東で起こることは、唐突に始まったように見えても、様々な前触れや伏線がある。私自身の中東取材経験をたぐりながら、「イスラム国」はどこから来たのかをたどり、その正体を考えてみたい。

「イスラム国」の宣伝画像は動画サイト「ユーチューブ」でたくさん流れている。あごひげを生やした男たちが集まってカラシニコフ銃を高く突き上げて、「アッラー・アルアクバル（神は偉大なり）」と気勢を上げている映像や、集団礼拝の映像もある。博物館で古代の石像を破壊してイスラムが禁じる「偶像崇拝」を実践する映像もまた彼らの宣伝である。子どもたちを集めて教育をする若者たちや、子どものがんを治療する医師たちの映像もある。

映像を見て気づくのは、登場するのがほとんど若者たちということである。アラブ人は一般的に日本人よりもかなり年長に見えるし、あごひげを蓄えているので、老けてみえるが、「イスラム国」の映像で出てくるのは、年配の宗教者や部族の「シェイク」と呼ばれる長老たちを除いてはほとんどが20代と30代と考えていいだろう。

世界が懸念を強めている理由の1つに、2015年春までにアラブ世界から2万人以上、欧米から5000人と合わせて計2万5000人以上の若者たちが「イスラム国」に入っているということがある。「残忍なテロ集団」に、なぜ、若者たちは大挙して入っていくのかは大きななぞであり、大きな脅威でもある。

57　サラフィー主義者の大規模集会

「イスラム国」の映像を見ていて、思い出すのは第5章「サラフィー主義の台頭」で触れた2012年11月にカイロのタハリール広場を埋めたサラフィー主義（イスラム厳格派）の若者たちの大規模なデモである。前年2月11日にタハリール広場でエジプトを30年間、支配した軍出身のムバラク体制の打倒をめざす18日間の大規模デモによって大統領辞任を勝ち取った。同じ広場で「イスラム国」のシンボルとなっている黒旗がたなびき、「イスラム法の実施」を訴えていた。

集会に参加した若者たちへの取材の中で、サラフィー主義に傾倒するきっかけとなったのがイラク戦争だったという話が出てきた。

「戦争の敗北」がきっかけになったという話を聞いて、1967年の第3次中東戦争との類似を考えた。この戦争では、エジプトはイスラエルに大敗を喫して、パレスチナのガザを占領されただけでなく、シナイ半島全体を占領された。この敗北によって、アラブ民族主義を称揚したナセルの威信は崩れ、若者たちの多くがイスラム主義に傾斜するきっかけとなった。その話を、ムスリム同胞団の幹部や有名なイスラム主義者に聞いたことがある。人々は敗戦による失意の中で、モスクで礼拝する人々が増え、それがイスラム復興運動にもつながったという。

エジプトからシリア内戦に救援に行き、死亡した弟の写真を持つムウタズ・ムーサさん。2012年11月。

ナセルの後継者となったサダトは、そのような民衆の変化をとらえて、アラブ民族主義ではなくイスラムに訴え、エジプトがシナイ半島に奇襲攻撃をかけて緒戦を勝利した第4次中東戦争（1973年）では「ジハード（聖戦）」という言葉を使って国民を鼓舞した。イスラムに訴えたサダトだったが、米国と関係正常化し、イスラエルへの電撃訪問から、単独でイスラエルとの平和条約の締結へと進んだ結果、過激派組織ジハード団に暗殺されてしまった。

イラク戦争での米軍の勝利とイラクの敗北を契機に、イスラム厳格主義に足を踏み入れたという若者の話は、イラク戦争がアラブ世界に与えた衝撃の大きさと、イスラム世界に広がった危機感の大きさを表している。サラフィー主義者でなくても、穏健なイスラム教徒のアラブ人のほとんどが、イラクを占領した米軍を「侵略軍」と考え、イラクでの反米闘争を「ジハード」だと考えている。穏健派か、過激派かの違いは、日本人は見方の違いと思うかもしれないが、実際にイラクに入って対米ジハードに参加するかどうかという行動の違いである。穏健派は、イラクでの反米ジハードに参加することはしないが、マクドナルドやコカ・コーラなど米国系企業の不買運動に参加する。反米感情はイスラム世界に広っていることになる。

58 シリアで殉教した若者

タハリール広場でのサラフィー主義者の集会の取材をした時に、エジプト人でシリアに「救援」に行って死んだ若者がいるという話を聞き、出身地であるカイロ市の南西の町ファイユームに行き、家族と会った。若者はアブバクル・ムーサ（35）といった。アブバクルは２０１２年３月に人道支援でシリア反体制派地域に入ったが、半年後の９月に自由シリア軍のフェイスブックで、アサド政権軍と自由シリア軍との戦いで政権軍の空爆を受けて殉教したという掲示が出た。

イラク戦争の後、イラクで反米ジハードのために生まれた「イラク・イスラム国」がシリアに勢力を伸ばして「イラク・シリア・イスラム国」になるのは13年春である。その前にもエジプトからサラフィー主義の若者がシリア内戦で反体制派を支援するために参戦していたことになる。

アブバクルはアレクサンドリア大学で英語を専攻し、兄ムウタズ・ムーサ（42）が経営する英語ビジネス学院の、英語の通訳であり、人材開発の責任者だった。アレクサンドリアはエジプトの中でもイスラム厳格派のサラフィー主義が盛んで、アブバクルも学生時代にサラフィー主義に傾倒した。エジプト革命後は、イスラエルによる封鎖下にあるパレスチナ自治区ガザに支援物資を運んだり、「アラブの春」でカダフィー体制に対する反体制派との内戦を戦っていたリビアの反体制派支援のために食糧などの人道救援物資を運んだりした。

その後、シリア内戦の救援に行った。アブバクルはシリアの反体制地域から頻繁に、家族にメールを送ってきた。しばらくして、自分で銃を買って、自由シリア軍の軍事訓練を受けたと知らせて来た。私が、「彼は救援活動を止めて、ジハードに参加したんですね」と問うと、ムウタズは「救援のためのジハードだ」と答えたが、私が首をかしげているのを見て、「ジハードといっても攻撃するのではない。アサド政権の攻撃から民衆を守るための防衛戦争だ。イスラムで認められる『ジハード（聖なる戦い）』は、防衛戦争なのだ」と説明した。

ムウタズの主張は欧米や日本では通用しない考え方だが、アラブの若者たちがシリアに向かうのは「同胞の救援」のためと考えていることは分かった。

59 「イスラム国」行きの理由

なぜ、アラブの若者たちが大挙して「イスラム国」に行くかについては、メディアの報道をみると、いくつかのとらえ方とキーワードがある。

①理想を求めて／若者たちは「イスラム国」が掲げる真正のイスラムの実現とカリフ制を掲げる理想に魅かれて参加している。

②洗脳されて／若者たちはイスラムの理想など虚偽の宣伝でだまされ、洗脳されて入っていく。

③ 現実に絶望して／若者たちはアラブ世界では高い失業や格差、欧米でのイスラム教徒への差別などに絶望し、「イスラム国」に引きつけられてしまう。

①の「理想を求めて」は、「イスラム国」の見方、またはその賛同者の見方である。逆に②「洗脳されて」は「イスラム国」に敵対する欧米やアラブ諸国の見方である。③「絶望して」は、「イスラム国」に行くことを欧米やアラブ諸国で若者たちがおかれている社会問題の裏返しととらえる考え方である。

第5章の「台頭するサラフィー主義」で取り上げたように、「アラブの春」の後、厳格なイスラム法の実施を求めるサラフィー主義者が増えたが、「サラフィー主義者＝ジハード主義者」ではない。アルカイダや「イスラム国」は、イスラム厳格派であり、かつジハード主義者という「サラフィー・ジハーディ」という分類になる。サラフィー主義者では、イスラムに反する事物を厳格に忌避し、それから遠ざかろうとする態度が一般的である。欧米の影響を受けたテレビは見ないとか、就職先もイスラムに反する職業や企業は遠ざけるような態度だ。イスラムに反する者を忌避したり、遠ざかったりするのではなく、「イスラムの敵」として戦うことで排除しようとする戦闘的ジハード主義者は、サラフィー主義者の中では少数者である。

サラフィー主義者の中に「イスラム国」が掲げる真正のイスラムの実施やカリフ制の樹立という「理想」を支持する者が多いとしても、その実現のために過激なジハードを実践する「イスラム国」に参加しようという動きと直接つながるわけではない。

「イスラム国」は自分たちだけが、真正のイスラムを求めていると主張するかもしれないが、社会運動や教育を通じてイスラムの教えを広げることをめざす現実的穏健派のムスリム同胞団も、イスラムに反するものを忌避する平和的サラフィー主義者も、それぞれの方法で、真正のイスラムを実現しようとしている。

サラフィー主義者の中には、「イスラム国」やアルカイダがシーア派やキリスト教徒を敵視して攻撃したり、排斥したりすることを嫌う者は多い。「イスラム国」が2015年1月に、兵士でもない日本の若者2人を斬首したことについては、日本や日本人に好意を持つ多くのアラブ人の共感を得られないし、「イスラム国」に参加している者たちの間にも抵抗があったはずである。「イスラム国」が掲げる「理想」や「理念」だけでは、アラブ世界や欧米から万単位で若者たちが集まるとは説明できない。

逆に、欧米や日本で語られるように、若者たちは「イスラム国」に洗脳されて入っているというのは、アラブ世界で「イスラム国」やシリア内戦に行った若者たちの親や家族からよく出る話だが、インターネットを通じて、「イスラム国」は自分たちの行動についてバラ色の情報や映像を流すだけでは、どこにでもある「宣伝」であって、「洗脳」とはいわない。

「洗脳」とは監禁や合宿状態で何日も眠らせないで特定の考え方を刷り込むなど物理的、精神的な強制を伴うものである。「イスラム国」が若者を集めるのに、アラブ世界や欧米で「洗脳」キャンプなどを持っているというような報告や記事は見たことがない。イスラム的な正義感に燃える素朴な若者が、「イスラム国」を支援する過激な宗教者や活動家の「宣伝」によって勧誘されて、「イスラム国」に送られることはあるかもしれない。しかし、インターネットによる「イスラム国」の宣伝もあれば、逆に欧米やアラブ世界での反「イスラム国」宣伝も数多くある。今のように情報がどこからでも入る時代に「イスラム国」の一方的な宣伝だけを信じて参画する若者が、千単位、万単位になるとはとても思えない。

第三のキーワードである「現実への絶望」は、若者たちはアラブ世界や欧米の現実に絶望して、「イスラム国」に入ると説明するが、現実に絶望することと「イスラム国」に入ることは直接つながらない。私が第6章の「シリア和平会議の挫折」で欧州に密航するシリア人の話を書いたように、現実に絶望した結果、シリア、イラク、エジプト、リビアなどから欧州をめざす方が、すんなりと理解ができる。現実に絶望した若者たちが、「イスラム国」に行くためには、「イスラム国」の理想に引きつけられるか、その宣伝に心を動かされるという別の要因が必要となろう。そう考えれば、欧米やアラブ世界の現実に絶望して「イスラム国」に行く若者もいるだろうが、そのような後ろ向きの理由で、数万単位が参戦することにはならないだろう。

なぜ、アラブ世界から若者が「イスラム国」に行くのかと考える時、理想、洗脳（宣伝）、絶望とそれぞれの要素は存在するだろうし、それが混ざり合っているということもあるだろうが、若者たちが大挙して「イスラム国」に参戦する理由としては不十分である。

私が中東を取材してきて、もう1つのキーワードと考えるのは、シリア内戦で死んだエジプト人のアブバクルの例で紹介したような「救援」のためにシリアに行くという動きである。

60 シリア内戦の悲劇

日本の新聞、テレビは2015年1月に湯川さんと後藤さん殺害事件があって以来、中東ニュースといっても「イスラム国」がらみのものしか報道しないが、独立系人権組織「シリア人権ネットワーク（SNHR）」が毎月集計しているシリアの反体制地域での、2015年1月〜5月の死者集計に次のような数字がある。2015年1月の死者／1354人▽2月／1547人▽3月／1697人▽4月／2231人▽5月／2223人の計9052人。そのうちアサド政権軍による死者は7864人（87％）。うち6059人（77％）が民間人の死者である。さらに民間人の死者の4分の1を子どもと女性が占める。一方、「イスラム国」による殺害は、計1006人（11％）で、うち民間人は495人（58％）だった。

シリア人権ネットワークは「政治的に中立」を標榜するが、一般的には反体制寄りとみなされている。

しかし、政権軍、「イスラム国」を含むすべての武装組織の人権侵害を調査、確認して記録し、国連人権高等弁務官事務所（ＯＨＣＨＲ）でも主要情報源の１つとして採用されている。データには一応の信用はある。反体制寄りとはいっても「イスラム国」寄りではないことから、問題となっている「イスラム国」の暴力を故意に抑えることはありえない。

シリア人権ネットワークは、「政権軍と政権系の民兵組織は国際人権法を侵害し、多くの証拠と証言から政権が民間人を標的にしていることは明確であり、戦争犯罪にあたる」と結論づけている。一方、「イスラム国」による殺害は、イスラム法による処刑と、自爆テロによる市民の死者が目立つ。シリア人権ネットワークは「戦争犯罪にあたる多くの超法規的殺人を冒している」としている。「超法規的殺人」とは正規の裁判を経ていない処刑やリンチを指す。

シリア人権ネットワークは、アサド政権の暴力も、「イスラム国」の暴力も、ともに「戦争犯罪」として非難する。しかし、集計を見るかぎり、政権軍による殺りくは桁違いに多い。住宅地に対する巨大な樽爆弾の投下や無差別の空爆、「シャビーハ」と呼ばれる政府系民兵組織の民間人の虐殺などの攻撃によって、毎日52人が殺されている計算になる。そのうち民間人が40人を占める。

日本では２０１５年になってほとんどニュースに出てこないシリア内戦そのものの悲惨な状況を、人権組織のデータによって知らされて愕然とする思いである。２０１１年３月に始まったシリア内戦で２０１５年１月までの４年間の死者は国連によると22万人であり、３８０万人の難民が出ている。内戦の死者数では１９７５年から90年まで15年続いたレバノン内戦が12万人から15万人と推計され、90年代前半のボスニア内戦が10万人であり、シリア内戦の悲惨さが際立つ。難民は戦後最悪の規模である。

内戦の死者の大半が、政権軍による反体制地域の民間人である。政権軍による住宅地への空爆や１トン爆薬を積んだ樽爆弾の投下によって、子どもの遺体が瓦礫の中から掘り出される悲惨な画像や映像は、シリア人権ネットワークやシリア人権監視団などの人権組織のホームページや、アルジャジーラやアルアラビアというアラブ世界のニュース専門衛星チャンネルから毎日のように流れている。

61　憤りと無力感が混合

少し、想像力を働かせれば、アラブ世界の若者たちが、日々、どのような情報をシリア内戦から得ているかは理解できよう。アサド政権軍が毎日、おびただしいスンニ派市民を殺りくしているというニュースであり、画像・映像である。

この状況を考える時、第4章の「変わるサウジアラビア」で紹介した、米軍占領下のイラクに行こうとしたサウジの若者の話を思い出す。米軍がファルージャでモスクを襲撃してイラク人を殺しているというニュースを見て、「1週間眠れなかった。イラクに救援に行くしかないと思った」といった青年である。

当時も数千人単位でサウジアラビアからイラクにジハードに行っているとされたが、行こうとした若者に会って、話を聞いてみると、「イスラム過激派」のイメージからは遠い、素朴すぎるほどのごく普通のサウジの若者だった。イラク戦争後の米軍によるイラクでの荒っぽい対テロ戦争がアラブの若者の反発をかい、サウジをはじめ、多くの若者たちが、シリア経由でイラクに入った。若者の話を聞いて、彼の場合は、イラクでの反米聖戦に参加するのは、理念的というよりも、テレビの映像を見たことによる感情的な動機だということが分かった。

パレスチナ紛争を扱った第2章の「続く10代の自爆」で、自爆未遂でけがをしてイスラエルの病院で治療を受けていたヨルダン川西岸のジェニン出身のジダンという若者にインタビューをした時も、若者にはイスラム過激派のような言葉は全く出てこなかった。イスラエル軍によるジェニン侵攻の後で、すさまじい破壊の跡を見て、衝撃を受けて、自爆を志願するために過激派の関係者を探して、自爆ベルトを入手したという。同じく第2章で紹介したガザでの自爆した若者イスマイルが両親や友人たちに残した遺書を見た時に、政治的な過激さとは正反対にあるような、宗教的に沈潜したような文章の調子に驚いた。

私はそのようなイスラム過激派の若者たちの取材を通じて、私たち日本人が思っている「暴力性」とは異なるのではないか、と考えるようになった。つまり、「過激派」といえば、政治的に過激な思想を持った者と考えがちだが、イスラム教徒が武装過激派に参加して自爆攻撃や捨て身の決死攻撃を行なうのは、「殉教作戦」とみなされる。それは政治的な行為というよりも、まずは宗教的な行為である。

イスラムでは信仰は、神を信じるという信心だけではなく、神が定めた正義を自ら実現することにある。ただし、何が神の教えなのか、何かイスラムの正義かは、一般の信者が自ら勝手に判断することではなく、イスラム法を専門的に修めたイスラム法学者（宗教者）の判断を仰ぐことになっている。イスラム教徒が「これは正義ではない」と感じるような体験がある時に、過激なイスラム宗教者やイスラム政治組織が、「イスラムの敵」と戦う殉教への道へと信者を導くことになる。

だからこそ、もともと過激思想を持っているわけではない若者が、「不正義が行なわれている」という怒りから始まって、米軍やイスラエル軍に対する自爆攻撃や市民に対する自爆テロに参加してしまうということになる。私はアラブ世界や欧米から多くのイスラム教徒の若者が「イスラム国」に参加しているのも、その過激な思想に共鳴して参加するというよりも、何らかの「不正義」に対する抑えきれない怒りが、若者たちを過激派に向かわせるのだろうと考える。この「不正義」への怒りは、自身が「不正義」によってひどい目にあっているという被害者意識や復讐意識である必要はない。むしろ、パレスチナで自爆をする若者で目立つのは、イスラエルの攻撃で家を破壊されるとか父親を失うなどという悲劇の直接の当事者よりも、その近隣者である場合が多い。例えば、常に現場に行く救急車の看護師などである。ジダンの場合も、本人は破壊されたジェニン難民キャンプの住人ではなく、ジェニンの町の住人である。イスマイルも大学のデザイン科でアラビア語文字のデザインを専攻し、ガザでは恵まれた若者だった。そのような具体的な事例から見えてくるのは、イスラム教徒の普通の若者が過激な行動に入っていく時の心理状態は、悲惨な現実に遭遇して、「こんなことがあってはならない」という憤りと無力感が混ざったような感情ではないかと思う。

62 仮設病院での映像

2015年3月半ば、まるでシリア内戦4年に合わせたようにシリア中部の反体制支配地域イドリブ県サラミン村で撮影された悲惨な映像が世界に流れた。夜、2度にわたって、アサド政権軍が樽爆弾を投下した後、200人の住民が、呼吸困難や吐き気を訴えて治療を受け、うち19人が死んだ。症状などから爆弾に塩素ガスが充填されていた可能性が強いという。

その夜の仮設病院の映像は動画サイトユーチューブに何種類もアップされているが、もっとも悲惨なのは診察ベッドの上で意識を失ったおむつ姿の乳幼児を看護師が必死でマッサージするシーンだ。隣のベッドでは別の乳児が鼻孔から泡を吹き、瞳孔が開いている。別の3、4歳の女児も意識がない。「ちょっと待って」と女医が1人の乳児の胸に聴診器をあて、「もういい。死んでいる」と言う。その処置室で、子ども3人と一緒に横たわっていた祖母の4人が死んだ。

その生々しい映像は、発生から1カ月後の4月半ばに、ニューヨークの国連安全保障理事会の非公式会合で上映された。会合ではサラミンの仮設病院で治療にあたった医師が出席し、証言した。映像を見た大使たちは悲惨さに涙を流したという。会合の後、サマンサ・パワー米国連大使は「シリア政府は化学兵器を廃棄したはずなのにまだ使用している。証拠を集め、責任者に法の裁きを受けさせる」と語った。

この映像は、女性や子どもを含む市民が虫けらのように殺されていく、現在のシリア内戦の地獄のような悲惨さを象徴するものである。さらに携帯電話のカメラによって撮影された悲惨な映像が、ほぼ同時に広がっていくインターネット時代の特徴をあますところなく示している。この映像は安保理会合で上映されたことでニュースとなり、世界にも衝撃を与えた。しかし、あまりに残酷なために欧米や日本では、元の映像は流れていない。ところがアラブ世界では発生直後からそのままの映像が流れていたのである。アサド政権軍による無差別攻撃によって、おびただしい数の市民が犠牲になり、このような悲惨な映像が流れ続ける限り、アラブ世界から「救援」のためにシリアに向かう若者たちが増えることを止めることはできないだろう。

このような状況で日本のメディアは「イスラム国」の暴力にばかりフォーカスしている。日本人2人が斬殺されたとはいえ、シリア内戦全体を考えればバランスを欠いているという対応といわざるをえない。私は「イスラム国」が暴力的で、残虐で、狂信的だということに全く異論はないが、それはシリア内戦がもたらしている巨大な悪の、ぜいぜい1割に過ぎない、という事実から目を背けるわけにはいかない。シリア内戦全体に目を向けるならば、日本や欧米が「イスラム国」の残酷さや残虐さとして目を向けている暴力は、じつはシリア内戦という巨大な暴力の連なりの中で「イスラム国」のところだけ切り出して見ているだけに過ぎないということだろう。

63 間違ったアジェンダ設定

現実を見る視点が極端にバランスを欠いていれば、問題の対応を誤ることになる。現在、最も重要なことはアラブ世界や欧米からシリアに入っていく若者たちの流れを止めることであるが、そのためにはシリア内戦の暴力のレベルを下げて、日々殺されていく民間人の数を減らすことしかない。２０１４年１月から2月にかけてジュネーブで行なわれて失敗したシリア和平会議「ジュネーブ２」を再開し、アサド政権と反体制勢力「シリア国民連合」の間の和平を是が非でも実現するしかない。国際社会の働きかけと圧力によって、和平プロセスの第1段階の停戦にこぎつけるだけでも、政権軍による暴力を抑えることにつながり、民間人の死者は減ることになるだろうし、そうなれば、アラブの若者たちが救援に駆けつける動きは抑制されることになる。

もちろん、和平プロセスに「イスラム国」は含まれないため、自由シリア軍と政権軍の間で停戦が成立しても、「イスラム国」と両者の間の戦闘は継続する。しかし、それは「イスラム国」がかかわる暴力の割合が、相対的に大きくなることを意味する。そうなった時に、シリアに向かうのは「イスラム国」を守るために戦う者だけとなり、シリアに入る若者たちの数は確実に減ることになろう。

未曾有のシリア内戦の悲惨さが、何によって引き起こされているのかを客観的にみるならば、政権軍の攻撃を止めさせるしかないことはいうまでもないことだ。今は、シリア内戦について、欧米や日本が「イスラム国」の暴力だけに目を向け、アラブの若者たちが政権軍による反体制地域での暴力を見るというすれ違いが起こっている。欧米は米軍主導の有志連合による「イスラム国」空爆を唯一の対応策とするが、一方で政権軍による民間人殺りくは続いているため、アラブ世界の若者たちが殺される民衆を救援するためにシリア入りするという流れは止まらない。これでは欧米のアジェンダ設置が間違っているとしかいえない。ただでさえ、シリア内戦の暴力レベルに対して、欧米は空爆によって対処し、火に油を注ぐことにしかなっていない。

さらに、有志連合の空爆が、シリアの民間人を殺りくする例まで出ている。シリア人権監視団の発表によると、２０１４年9月23日に始まった有志連合による空爆では、15年5月23日までの8カ月間で、女性

25人、子ども42人を含む民間人132人が死亡した。そのうち62人は4月30日にアレッポ郊外ベルマフリ村への誤爆で死んでいる。人権監視団は、これを「有志連合による虐殺」と非難している。重大な出来事で、本来なら大きな記事になるはずが、「イスラム国」の暴力ではないためか、日本のメディアの扱いは非常に目立たないものだった。これがさらにアラブ世界の若者たちの怨嗟の的となり、「イスラム国」を利することになる。

2015年1月、「イスラム国」による日本人拘束事件が表面化する前に、安倍首相はカイロでの「中東政策スピーチ」で「イラク、シリアの難民・避難民支援、トルコ、レバノンへの支援をするのは、ISIL(『イスラム国』)がもたらす脅威を少しでも食い止めるためです。地道な人材開発、インフラ整備を含め、ISILと闘う周辺各国に、総額で2億ドル程度、支援をお約束します」と述べた。370万人といわれる最悪の難民が出ているのはすべて「イスラム国」の脅威のためであるかのような言説だが、シリア内戦全体をみるならば、難民流出を生んだ最大の要因は、アサド政権の大規模な軍事行動であることは常識のレベルであり、有志連合による「イスラム国」空爆と同様に、アジェンダ設定の間違いにつながっている。

64 「イスラム国」のなぞ

「イスラム国」の宣言から2015年6月で1年を過ぎても、その実態はほとんど何も分かっていない。バグダディというカリフのもとで、どのように指導部がつくられ、どのようにして日本の本州よりも広い25万平方キロの広い領土の支配を維持しているのか。東のイラク領側と西のシリア領で、どのような統治が行なわれているのか。武装したスンニ派部族とはどのような関係なのか。東の都モスルと西の都ラッカはどのような関係なのか。統一的な統治なのか、分割統治なのか。支配下の住民に住民サービスはどのように行なわれているか。軍事的には米軍が主導する有志連合の空爆を受け、北東ではクルド軍、南東でイラク軍、西北で自由シリア軍、西南ではシリア政権軍と、それぞれ敵と戦いながら、どのような指揮系統で、どのように複数の戦線を維持しているのか。戦士の補充や武器、弾薬や戦闘部隊への補給はどのような態勢になっているのか。

世界と周辺国を敵に回して戦い、支配下の住民の反発を買いながら広大な地域を統治するのは、ほとんど不可能なことである。ましてや、大時代的なイスラムの厳格主義を振り回す宗教集団で、統治の経験もなく、カリフ国を宣言したところで、外からは周辺国から攻められ、内側から民衆の反発を受ければ、ひとたまりもなく空中分解してしまうはずである。なぜ、「イスラム国」が存続しているのかという問いを探ろうとする報道が、1年たってもほとんど出て来ない。

なぜ、「イスラム国」は世界を敵に回して存続することができるのか、という問いについて、私が注目するのは、イラクの旧フセイン政権と、アサド政権のそれぞれの治安情報機関のかかわりを指摘する声である。

2014年1月にスイスで開かれたシリア和平会議「ジュネーブ2」で、反体制派の「シリア国民連合」の代表団が出した資料の中に、「イスラム国」の前身の「イラク・シリア・イスラム国」について「ISISの幹部にシリア情報部の幹部がいる」と名前をあげて主張した。その1人について「イラク戦争後、(イラク国境の)デリゾールでイラクの米軍と戦うためにイラク入りするイスラム戦士の尋問の責任者だった人物で、今はISISの幹部になっている」と告発していた。主張の真偽は確認できないが、イラク戦争後に駐留米軍と闘うアルカイダ系のイスラム戦士の9割がシリアからイラクに入ったことは知られている。アラブ世界でもきつい強権国家のシリアで、イスラム戦士が入国・出国をするのは当然、シリアの治安情報機関の監視と監督のもとにあったと考えざるをえない。アルカイダ系の反米戦士のイラク入りは、米軍占領を失敗させようとしたアサド政権の利害と一致しているのだから、両者の協力関係があったことになる。その協力関係が内戦勃発後も続き、要になるシリア情報機関の人間が、「イスラム国」に入っているというのは、十分ありうる話である。

「イスラム国」にアサド政権の情報機関がかかわっているとすれば、「イスラム国」がシリア側で支配地域を維持できている理由も分かる。さらに欧米の敵意を煽る「イスラム国」の残酷なメディア戦略は、アサド政権が自分たちの影を消し、アラブの若者たちのエネルギーを利用するための戦略ではないか、という仮説も浮かび上がってくる。

アサド政権は内戦が始まって以来、一貫して「テロとの戦い」を主張してきた。2014年1月の「ジュネーブ2」の時は、国連や欧米は「和平交渉で政治プロセスを進めることが、テロリストを抑えることになる」という立場だった。しかし、和平交渉は失敗し、「イスラム国」が出現した後、欧米は「対テロ戦争」一辺倒になった。これは結果的にシリアの情報戦略の勝利である。

65　独誌に出た元イラク情報将校

情報機関の関与については、2015年4月にドイツのシュピーゲル誌に「イスラム国（IS）」の戦略を立案していたのは、イラクの旧フセイン政権の元情報将校だった、という記事が掲載された。「ハジバクル」と呼ばれた元将校は2014年1月、シリア北部のタルリファトで自由シリア軍に家を襲撃されて、殺害されたという。その自宅にあった31ページの機密文書をシュピーゲル誌が入手したという内容だった。

文書によると、まず各地にイスラムの教宣センターを開くのが地元対策の第1歩として設定されている。そのセンターを拠点として、その土地の有力者や有力家族のメンバーや資金源などの情報を収集し、有力者と近づき、時には脅したり、誘拐したりして、地域を支配していく。それはまさに、「イスラム国」がシリアで実施している戦略だという。それは私がイラク戦争後に取材したイラクの情報機関ならではの支配の手法である。

イラクの旧治安情報機関の関係者はイラク戦争後に米軍占領当局によってすべてを公職から排除された。その結果、フセイン体制の時には治安を守る側だった治安情報機関が、米軍占領を挫折させるために、破壊工作を行なう集団となり、「イラク・アルカイダ」との協力関係が生まれたとみられていた。シュピーゲル誌には「（イラク戦争後、）シリア人将校と国際的ジハーディストと旧フセイン政権の将校という第三者の奇妙な共同作業が始まり、繰り返し、ダマスカスで会合があった」と書いている。

シュピーゲル誌が書く「三者の奇妙な協力関係」は、米軍がイラクから撤退するまでは反米攻撃のためだったが、それがそのまま「イスラム国」でも続いていることになる。「イスラム国」を実際に動かしているのが、旧フセイン政権とアサド政権の情報機関の将校だとすれば、厳格なイスラムの実施を唱える大時代的な過激派組織が、高度で洗練されたメディア戦略を駆使し、巧妙な軍事作戦を行ない、さらに25万平方キロの支配地域を維持している理由も納得できる。

中東の動向には、世界中の治安情報機関がかかわっているといわれている。その実態は闇の中である。私はジャーナリストとして様々な場面で、様々な陰謀論を耳にする機会が多いが、ほとんどすべて裏付けの取りようがない話であり、まともに扱うことはしない。しかし、イラク戦争の戦後を扱った第3章の「旧治安情報関係者との接触」で触れたように、中東で治安情報機関が果たしている役割は小さくはない。特に、バース党の情報機関のトップから権力をとったサダム・フセインの体制や、アラウィ派という少数派が治安情報機関を押さえるアサド体制では、軍ではなく、治安情報機関が権力を支えている。

治安情報機関は高度に訓練されたテクノクラート集団だが、偽の身分証明書を持ち、家族にさえ、正体を明かさない。そのような闇の集団が、「イスラム国」の中核部分にかかわっている可能性については、「イスラム国」を考える時に頭に置いておく必要がある。

アラブの若者たちが「内戦での同胞の救援」を掲げて、「イスラム国」入りするとしても、２つの治安情報幹部が「イスラム国」を動かしているならば、若者たちの情熱とエネルギーは巧妙に利用されるだけとなる。一方で「イスラム国」への空爆を続ける欧米も、その残酷なメディア戦略に引きずられて、内戦の悲劇の大半を引き起こしているアサド政権には有効な対応がとれなくなっている。

66　ミリタリズムの蔓延

「イスラム国」について考える時、注目しなければならないのは、北朝鮮の軍事パレードを思わせるような過剰なほどのミリタリズムの演出である。銃を持った黒ずくめの戦士が乗った車両が何百台も並んだ映像が至る所にある。このような過剰なミリタリズムは「イスラム国」だけでなく、イラクとシリア全体、さらに軍のクーデターで民主化がつぶされたエジプト、加えて、民兵や武装集団が国を分裂させ、破綻させているリビアやイエメンの例もある。

現在の中東のミリタリズム蔓延の起点となるのは、２０１１年の９・11米同時多発テロの後にブッシュ大統領が始めたイラク戦争である。米軍がイラク戦争でサダム・フセイン政権を倒した後、そのまま９年間戦闘部隊をとどまらせ、「対テロ戦争」を継続した。この間、４４００人以上の米兵が死亡し、命を落とした民間人の数は、確認された数字でも11万人を超えるが、60万人を超えるという推計もある。

イラクでは体制崩壊の後シーア派もスンニ派もクルド人も、それぞれが武装した。部族、宗教組織や政治組織などあらゆるレベルで武装化が進んだ。各家庭まで自衛のためにカラシニコフ銃を準備するようになった。戦争で崩壊した旧イラク軍はイラク各地にあった基地をもぬけの殻にして姿を消した。蓄えられていた膨大な武器弾薬は周辺部族がトラックに積んで略奪し、それが後に反米攻撃に使われ、武器商人に売られて地域に拡散した。さらに反米武装勢力を抑えるために、米国は大量の武器をイラクの警察や治安部隊に提供したが、その武器が部族や反米勢力に横流しされたことも知られている。

私が２０１１年にバグダッドに入って、イラクの軍情報部関係者に話を聞いた時には、反米武装勢力は、欧州から来て、アフガニスタンとイラクを行き来し、アルカイダ系組織で武装訓練を受ける者もいるという話を聞いた。イラクは現在の「イスラム国」につながる「反米聖戦」の戦闘員がアラブ世界からイラクに集まり、実戦訓練を含む軍事訓練を受ける場となっていた。米軍がイラク戦争を起こしただけでなく、戦後もずるずると「対テロ戦争」を続けたのだから、武器が拡散し、戦闘員が集まり、拡散するのは当然である。

67 「アラブの春」の暗転の末

中東でのミリタリズムの蔓延を生んだ第2の要素は、平和的な民衆革命として始まった「アラブの春」が、武器をとっての内戦へと推移し、権力や軍がなりふり構わぬ武力制圧を行ったことである。リビア内戦では国連決議を受けて、ＮＡＴＯが武力介入し、飛行禁止空域を設定し、反体制勢力に武器を提供した。私がリビアのトリポリで話を聞いた若者はトリポリへの総攻撃の前に、欧米の軍事請負会社から武闘訓練を受けたと証言した。内戦によって国内に武器と戦闘員があふれ、カダフィー政権崩壊後に武装民兵の台頭による国の分裂を招いた。

「アラブの春」の暗転が、エジプトの軍のクーデター、シリア内戦の激化へと続いた。特にシリア内戦は4年間で22万人が死ぬという異常な事態となり、アラブ世界の若者たちが「救援」のために身を投じる場所となっている。シリア内戦には、イラク戦争後の米軍占領に対抗するためにイラクで生まれた戦闘的サラフィー組織「イラク・イスラム国」が参加し、一方で「アラブの春」であふれ出した若者たちと出会った。イラクで生まれた反米聖戦組織が、「アラブの春」の若者たちのエネルギーを吸収して生まれたのが「イスラム国」という構図が浮かび上がる。

イラク戦争から「アラブの春」を経て、「イスラム国」が生まれ、世界は今、「イスラム国」という暴力が凝縮したような存在と対峙することになった。それが、われわれが直面している「今」である。しかし、外に見えているのは「イスラム国」しかないが、シリア内戦の犠牲者の大半を引き起こしているのは「イスラム国」ではなく、アサド政権軍であるという事実の歪みに気づくことが、世界を振り回している「イスラム国」の虚と実を把握することの第1歩であろう。

「アラブの春」が始まって、若者たちの間に「イスラム的な公正」を求めるイスラム厳格派のサラフィー主義が広がったと書いた。2012年11月に「イスラム法の実施」を求めてタハリール広場を埋めたサラフィー主義の大規模集会は、衝撃的ではあったが、今思い返せば、あれは「アラブの春」の後に広がった自由な空気の中での平和の光景だった。だからこそ、黒旗が翻る集会で日本人の私が自由に取材することができた。今ならば、そのような集会には入ることもできないだろう。

2015年1月にフランスのパリであったイスラム過激派によるシャルリー・エブド社襲撃事件については、同じ新聞社によるイスラムの預言者などを中傷する風刺画は、10年近く前から始まっていたものであり、それまではイスラム教徒による抗議のデモが欧州や中東で起こっていた。それがデモではなく、大量の武器を準備しての襲撃という「軍事攻撃」になったことの意味を考える必要がある。私は事件が起こった時に、中東でのミリタリズムの蔓延が、欧州にまで広がったと思った。中東では「アラブの春」の特徴だった「デモの蔓延」の時代が終わり、暴力、武力行使というミリタリズムが蔓延する時代になった。軍事弾圧、軍のクーデター、民兵の台頭など、ミリタリズムが激化し、広がっている中東の風景の中に、過剰なミリタリズムを演出する「イスラム国」という存在がある。

米軍主導の有志連合が2014年9月に「イスラム国」の空爆に踏み切ったのは、中東のミリタリズムをさらに高めるだけで、「火に油を注ぐ」効果しかないというのは、このような文脈でとらえられるべきだ。「イスラム国」を弱体化させるためには、「イスラム国」を支持しているイラクのスンニ派部族の支持を引きはがすような政治的対応が必要である。当然、そのためには、イラクのシーア派主導の政権とスンニ派勢力の関係の正常化が行なわれなければならない。アラブの若者たちが「イスラム国」に参入しないようにするためには、アサド政権軍によるスンニ派市民の殺りくを止めさせるような働きとともに、シリア和平の再開が必要である。少なくとも戦闘停止の実現に全力を注がなくてはならない。

問題は、第6章の「シリア和平会議の挫折」で書いたように、和平を実現させようという国際社会の意志の欠如である。「ジュネーブ2」が失敗したまま、日々、内戦の死者が増え、難民が増えているのに、国際社会が本気で事態の正常化にかかわろうとせず、「イスラム国」への空爆という不毛な対処療法だけで時間を無駄に費やすならば、「イスラム国」をさらに肥大化させることになる。

あとがき

本書は私が朝日新聞社で中東専門の記者として働いた１９９４年から２０１４年までの20年間に出会った出来事について、ジャーナリストとしての取材に焦点をあてて書いたものである。２０１５年１月に朝日新聞社を退社した後に書き始め、フリーランスのジャーナリストとして拠点となるエジプトの第２の都市で、地中海に面したアレクサンドリアのアパートで書き上げた。

20年の記者活動を振り返り、様々な取材の現場での状況を再現する中で、改めて私自身の中東体験を追体験することになった。それは、中東の悲惨さや恐ろしさ、さらには豊かさを実感するものである。特に中東を取材していて出会う地理的な広がりと、時間的な広がりは、日本の取材ではなかなか感じることはできないものである。それは、特別に歴史をテーマとして取材しなくても、通常の取材の中で、常に歴史が顔を出す。

例えば、イラク戦争の後で自衛隊が駐留したサマワを州都とするムサンナ州は、１９２０年の反英暴動の時に部族が武装蜂起した土地である。自衛隊は安全確保のために地元に勢力を張る複数の部族を取り込むことに腐心したが、その困難さの一端は、駐留して間もなく現れたエピソードによって垣間見えた。それは私が３章で紹介した、自衛隊がラマダン（断食月）に大部族の部族長に10頭の羊を贈ったところ、もう一人の大部族の部族長が「なぜ、私には贈り物がないのか」と機嫌を損ねたというエピソードだ。

私が話を聞きに行くと、その部族長は「我々はこの地で尊敬を集めてきた」と語って、１９２０年に英占領軍に対するイラクでの反英暴動を扱った歴史書を開いて見せ、その中で、自らの祖父がサマワの反英暴動を指導したというくだりを指でなぞって読み上げた。歴史は部族の名誉の証しである。

歴史の町エルサレムでは10年ほど前にこんなことがあった。アラブ人地区の近くにあるイスラエルの病院に行った時、待合室にいた手に包帯を巻いた年配のユダヤ人女性が、腕にギプスをした男の子を連れたアラブ人女性にアラビア語で話しかけているのを見かけた。「息子さんはどうしたの」とユダヤ人女性が聞いている。アラブ人の母親が「家で転んで骨が折れたの。あなたは？」と聞き返した。ユダヤ人とアラブ人がそんな世間話をしているのを、初めて目にした。

私がユダヤ人の女性に「アラビア語はどこで学んだのですか」と聞くと、「私はエルサレム旧市街で生まれたの」と答えた。彼女は76歳で、エルサレム旧市街で8代続いたユダヤ人の家に生まれたという。10代の初めまでアラブ人と同じ学校に通っていた。人々の日常の言葉はアラビア語だった。１９４８年のイスラエル独立とその後の戦争で、エルサレムが東西に分断され、旧市街からユダヤ人が追われて、イスラエル側に移った。「イスラエルに来て初めてヘブライ語を勉強した」と言い、「昔はみんな一緒に暮らしていたのよ」と言った。すると、アラブ人の女性も「そのとおりよ」と相槌を打った。パレスチナ人とユダヤ人といえば、争い合う姿ばかりが世界に流布しているが、病院の待合室での世間話から、一緒に隣人として暮らしていた時代があったことを知った。

中東ではたまたま出会った人から話を聞くことで、それまで知らなかった世界が開ける経験にたびたび出会った。イラク戦争のころ、取材拠点をおいたヨルダンの首都アンマンで、たまたま入った理髪店で散髪してもらった時に、50代の理髪店の主人の17歳の娘がエルサレムに住むパレスチナ人の若者と婚約し、イスラエルへの入国ビザが出たら嫁いでいくのだと、いう話になった。「それはおめでとうございます」というと、主人は「娘へのイスラエルの入国ビザがなかなか出ない」とぼやいた。

娘をエルサレムに嫁がせるということは、主人はヨルダンの半数以上を占めるパレスチナ人なのだろうと察しがついた。「パレスチナ人なのですね」と聞くと、「私の母親はヨルダン川西岸のヘブロンの出身です」と答えた。「では、お父さんは？」と問うと、「私の父親はトルコ人です」と答えた。「それはどういう話ですか」と問うと、「父は第1次世界大戦前にオスマン帝国の兵隊としてアンマンに来たのです」と言う。父親はアンマンに残って、パレスチナ人の女性と結婚して所帯を持った。主人自身はトルコにいる父方の親類の仲介で、トルコから妻を迎えた。トルコといってもシリアに近いトルコ南東部に住むアラブ人である。床屋の世間話から始まって主人がなにげなく話す家族の歴史は、１００年ほどの中東現代史と深く結びついている。

20世紀初頭までアラブ世界を支配していたオスマン帝国は、第1次大戦後に英仏に分割された。メッカの首長のハーシム家は英国からアラブ独立の約束を得てトルコと戦う。「アラビアのロレンス」で知られるアラブの反乱である。理髪店主の父親はアラブ反乱軍と戦ったトルコ兵だったかもしれない。アラブの反乱を率いたファイサルが王座についたイラク王国は50年代に軍のクーデターで倒れた。現在のヨルダン王家だけがアラブの反乱を率いたハーシム家の末裔《まつえい》である。

イラクではイラク戦争とサダム・フセイン政権の崩壊を経て、シーア派主導の政権が生まれた。ところがシーア派政権はイラク全土を統治することができず、２０１４年6月にスンニ派地域にシリアにまたがる過激派組織「イスラム国」がカリフ制を宣言した。カリフ制はオスマントルコ帝国の消滅に伴って廃止されたものを、再興しようとする動きである。現在進行形で進むイラクの激動は、オスマン帝国の終焉《しゅうえん》やアラブの反乱から始まる中東現代史の流れの中にある。

歴史だけではなく、今中東で起こっていることも、世界と密接につながっている。時には、中東で起こっていることに世界の今が出現していると感じることもある。例えば、「アラブの春」と呼ばれたエジプト革命では、第5章で詳しく書いた。劇的だったエジプト革命は、その後、軍事クーデターによって暗転していくが、若者たちが強権体制のもとでデモに立ち上がって、独裁の大統領を辞任に追い込んだことには歴史的な意義がある。特に「ツイッター革命」「フェイスブック革命」と呼ばれ、SNS（ソーシャル・ネットワーキング・サービス）が政治変動ではたす役割が世界の注目を集めた。私がエジプトで1月25日に始まったデモの背景で書いたように、政治的な若者組織とフェイスブック「ハレド・サイード」サイトの連携があった。

ただし、若者による革命が広がったメカニズムは、SNSの力を超えていた。革命前から、警官による暴力に抗議する「ハレド・サイード」サイトには70万人のアクセスがあったが、インターネット上のバーチャル（仮想）世界で、警官を批判しているだけでは現実は何も変わらなかった。ところが、その70万人のうち10万人が通りに繰り出した瞬間から、独裁政権が倒れる歯車は動き始めたのである。独裁下の言論統制のもとで自由な集会や議論を禁じられていた若者たちは、政治から離れたSNSの世界で、かなり自由に発言することができた。SNSに対する公安警察の目も甘かったのである。しかし、SNSの世界は、ツイッターでもフェイスブックでも、似たような仲間が集まる閉鎖的な世界である。それが「通りに出ろ」という呼びかけの言葉に応じて、若者たちがデモに繰り出し、警官隊による武力弾圧を圧倒してタハリール広場を若者がなだれ込んだ時、若者たちはリアルの世界で自由に集まり、語り合うことができる広場を手にした。

エジプトの若者たちにとっての「革命体験」とはタハリール広場で、他者と出会う体験だった。ムスリム同胞団の若者が、タハリール広場で初めてキリスト教のコプト教徒の若者と話したと語るのを聞いた。コプト教徒の若者も同じだっただろう。宗教も政治信条も、階層も思考も、様々に異質な者たちが集まって、「強権体制打倒」という同じ目標に動き始めた時に、現実の政治を動かす力となったのである。

私は、エジプト革命の現場で取材しながら、それは「バーチャルからリアルへの移行」の問題であり、このバーチャル時代における「リアルの復権」というテーマであると考えた。

エジプト革命は世界的に見れば後進の地で起こった「遅れてきた革命」ではあるが、SNS時代の社会変革という時代の最先端を体現していた。それはSNSが革命を起こすのではなく、SNSから脱却することで革命が起こるという逆説でもあった。私はエジプト革命で得た問題意識から、「リアルの復権」というテーマで世界を検証することができると考えている。

中東取材の醍醐味は、中東の出来事を現場で追い、人々の話に入っていくことを通じて、世界や歴史の広がりが見えてくるということである。私は日本人ジャーナリストであるということは、中東では大きなメリットだと考えている。中東の人々が日本や日本人に対して抱いている驚くような好意を、取材をするうえでも感じることができる。「日本人」と言えば、どこに行っても、笑顔で迎えられる。それは日本がアジアでいち早く先進工業国となってことへの敬意であり、さらに、欧米と違って、中東で植民地支配をしたことも、軍事的な侵略をしたこともないためである。そのことは私がイラク戦争後の米軍占領下で、米軍への攻撃が始まった後も、アルカイダによる外国人拉致・殺害が始まるまでは、身の危険を感じることなく、取材に出かけていくことができたことでも明らかである。しかし、この原稿を書いている今、日本では安保法制が国会で審議中であり、そのことは中東でも報じられ、「日本は米軍と一緒に海外で戦う国になる」というイメージが広がっている。アラブ・中東世界では、民衆の間に、「反米」意識は根強く、今後、日本や日本人に対する目が厳しくなってくるのではないか、という不安がよぎる。

本書の記録は、私が中東のあちらこちらで人々の話を聞きながら、まるで「アラビアンナイト」の世界に迷い込んだような気がする。商人宿で偶然、出会った人々から数奇な境遇の身の上話を聞く旅人のようなものである。私は話を聞きながら、気になるくだりが出てきたら、「それはどのような話なのか」と聞くだけで、話は時には時代をさかのぼり、時には国境を越えて、中東という世界の広がりと、奥深さを示してくれる。

中東を取材していると、人々の話を聞きながら、たびたび脱線したり、わき道にそれたりする中で、アラブ社会やイスラム社会を理解する鍵が見つかるような経験がある。私は全体状況を理解するために、さらに、自分のテーマを見つけるために、または自分の中東理解の拠り所を探す時にも、ひたすら、現地の人々の話を聞くことにしている。中東で起こる脈絡のない出来事は、夜の空にばらまかれたきらめく星のようであるが、星はつなぎ合わされて星座となるように、その人の人生の物語として紡がれ、意味を与えられているということなのかもしれない。

そのように考える時、私にとって大切なのは、誰かが、別の誰かについて、または何かについて語る第三者による解説ではなく、人が自分について一人称で語る「私の話」を聞くことである。複数の「私の話」を集めることで、中東というジグソーパズルがつながっていく。私が本書で書いたことは、私自身が中東で現場に行き、人に会って話を聞いて、実感したことである。本書を手に取った読者諸賢が、中東の出来事や中東の人々について、いくらかでも身近に感じてもらうことができたならば、筆者にとってはこのうえない喜びである。

中東ジャーナリストとして異例ともいえる長い期間にわたって働くことができたのは幸運なことというほ他ないが、それを許した朝日新聞社と、ともに仕事をし、支えてくれた多くの元同僚たちに感謝の意を表したい。さらに、中東取材では、いつも現地の助手とともに取材を行なう。特に次にあげる、ソリマン・イナーウィ、メガヘド・ミリギ、サイード・サーダッラー（以上カイロ）、ファイズ・アクラー、アタ・ケイマリ、ムハンマド・ワヘイディ（以上パレスチナ）、サイル・ユニス、アリ・カファフジ、ライド・ジャッバール（以上バグダッド）――という各地の助手たちに感謝の言葉を述べたい。さらに本書をまとめあげることができたのは、20年に及ぶ中東記者という二重三重に先が見えない行路の伴走者であり、助言者である妻成子の支えによるものである。

最後になってしまったが、本書の元になった連載を担当した朝日新聞のデジタルマガジン「WEBRONZA」の高橋伸児さんと、書籍用の編集を担当した合同出版編集部の八尾浩幸さんにはこの場を借りて、謝辞を述べたい。

2015年8月末日

アレクサンドリアにて　川上泰徳

2005	1月	イラクの国民議会選挙が実施。シーア派が第1党に
	1月	パレスチナ自治政府議長選挙。アッバスが自治政府議長に就任
	2月	サウジアラビア地方評議会選挙
	4月	イラク移行政府が発足。タラバニ大統領、ジャアファリ首相
2006	1月	パレスチナ自治評議会選挙でハマスが第一党。3月にハマス政権成立
	2月	イラクのサマッラのシーア派聖地アスカリ廟で爆弾テロ
	2月	シーア・スンナ両派の抗争が全国に波及
	5月	イラクで正式政府が発足。シーア派のマリキ首相
	7月	イスラエルによるレバノン攻撃。ヒズボラと地上戦
	7月	サマワの陸上自衛隊撤退完了
	12月	人道の罪に問われていたフセイン元大統領の死刑執行
2007	6月	ハマスがガザ地区を制圧、イスラエルはガザを封鎖
2008	12月	イスラエル軍によるガザ大規模侵攻〈～09年1月〉
2011	1月	チュニジアで政府批判デモ。ベンアリ大統領が出国（ジャスミン革命）
	1月	エジプトで反政権デモが広がる。デモ隊がタハリール広場を占拠
	2月	エジプトのムバラク大統領が辞任。(エジプト革命)
	2月	リビアで反政府デモが始まり、東部ベンガジを反体制派が制圧
	3月	シリアで反政府デモ始まる。アサド政権の武力弾圧で内戦化
	8月	リビアの反体制派が首都トリポリを制圧
	10月	リビアの元最高指導者カダフィが反体制派に拘束され、殺害
	10月	チュニジアで議会選挙。イスラム系「ナフダ」が第1党
	11月	エジプト議会選挙。イスラム系の自由公正党が第1党〈～12年1月〉
	12月	米軍のイラク撤退が完了
2012	6月	エジプトの大統領選挙でムスリム同胞団出身のムルシ大統領が当選
	7月	リビア制憲議会選挙。国民勢力連合が第1党、イスラム系政党が第2党
	11月	イスラエルによるガザ大規模攻撃
2013	6月	エジプトでムルシ大統領の辞任を求める若者たちの大規模デモ
	7月	エジプト軍がクーデターでムルシ大統領を排除し、暫定政権を宣言
	8月	「軍政反対」を掲げるムルシ支持派のデモ隊に軍・治安部隊が武力排除
	8月	シリアのダマスカス郊外の反体制地域で毒ガス攻撃。1400人以上死亡
	9月	米ロ外相会議で、シリアの化学兵器の査察と解体の実施で合意
2014	1月	シリア内戦国際会議「ジュネーブ2」の開催。成果なく終了〈～2月〉
	6月	イラクのモスルを「イラク・シリア・イスラム国（ISIS）」に攻略
	6月	ISISはカリフ制の「イスラム国（IS）」の樹立を宣言
	7月	イスラエル軍による51日間のガザ攻撃と大規模侵攻〈～8月〉
2015	1月	フランスの政治週刊紙「シャルリー・エブド」をイスラム過激派が襲撃
	1月	「イスラム国」が湯川遥菜さんと後藤健二さんを殺害
	6月	チュニジア中部スースのリゾートホテルを「イスラム国」が襲撃。39人死亡。

本書に関連する中東問題の年表

1990	8月	イラク軍、クウェートに侵攻（湾岸危機）と湾岸戦争〈～91年〉
1991	10月	マドリードで中東和平国際会議
1992	1月	アルジェリアでイスラム系政党勝利の議会選挙を軍が無効 イスラム過激派と軍・治安部隊の間で内戦状態に
1993	9月	イスラエルとPLO間でパレスチナ暫定自治協定調印
1994	5月	カイロでオスロ合意の実施で合意し、パレスチナ自治開始
	5月	南北イエメンの内戦〈～7月〉
1995	11月	イスラエルのラビン首相の暗殺
	11月	アルジェリアの大統領選挙でゼルアル大統領当選
1996	5月	イスラエルの首相選挙でリクードのネタニヤフが当選
	9月	エルサレム聖地の地下トンネル開通。イスラエルとパレスチナの衝突
1997	6月	アルジェリアの議会選挙
	11月	ルクソールで観光客襲撃事件。日本人10人を含む60人殺害
2000	8月	米キャンプデービッドでのPLOとイスラエル首脳会談決裂
	9月	リクード党首シャロンがエルサレム聖地訪問を強行
	9月	第二次インディファーダ始まる
2001	9月	米同時多発テロ事件
	10月	米国がアフガニスタンを攻撃（アフガニスタン戦争）
2002	3月	「過ぎ越し祭」の夜、イスラエルのホテルで自爆テロ
	3月	イスラエル軍のヨルダン川西岸への大規模侵攻
	11月	イラクが国連の大量破壊兵器解体の査察を受け入れ、査察実施
	11月	トルコ総選挙でイスラム系「公正発展党」が第1党に。エルドアン党首
2003	3月	米英軍がイラクに対して開戦（イラク戦争）〈20日〉
	4月	バグダッド陥落。フセイン政権は崩壊〈9日〉
	5月	ブッシュ大統領が「大規模戦闘終結宣言」〈1日〉
	5月	サウジアラビア・リヤドの外国人住宅に連続爆弾テロ
	7月	米占領当局の任命でイラク統治評議会が発足
	8月	バグダードの国連事務所でテロ。デメロ国連事務総長特別代表死亡
	11月	日本人外交官2人がイラク北部のティクリートの南で殺害
	12月	イラク中部でフセイン大統領を拘束
2004	1月	陸上自衛隊先遣隊がイラク南部のサマワ到着。2月、本隊到着
	3月	ガザでハマスの精神的指導者ヤシンのイスラエルによる暗殺
	4月	米軍によるファルージャ包囲、掃討作戦〈～5月〉
	4月	イラクのアブグレイブ刑務所で米兵によるイラク人への虐待発覚
	6月	イラク暫定政権発足。アラウィ暫定首相。米軍占領当局の主権移譲
	11月	PLO議長のアラファトが死去

著者プロフィール
川上泰徳（かわかみ・やすのり）
中東ジャーナリスト。元朝日新聞中東・アフリカ総局長。
1956 年生まれ。大阪外国語大学アラビア語科卒。1979 年、カイロ大学文学部史学科留学。1981 年、朝日新聞入社。学芸部を経て中東アフリカ総局（カイロ）総局員、エルサレム支局長、中東アフリカ総局長・バグダッド支局長兼務。編集委員・論説委員兼務、中東駐在編集委員。
2015 年 1 月に退社し、フリーランスとなる。2002 年度、パレスチナ問題とイスラム取材でボーン・上田記念国際記者賞受賞。
著書に『イスラムを生きる人びと』『現地発 エジプト革命』（以上、岩波書店）『イラク零年』（朝日新聞社）。

中東の現場を歩く　激動 20 年の取材のディテール

2015 年　12 月 15 日　第 1 刷発行

著　者　川上　泰徳
発行者　上野　良治
発行所　合同出版株式会社
東京都千代田区神田神保町 1-44
郵便番号　101-0051
電話　03(3294)3506　FAX　03(3294)3509
振替　00180-9-65422
ホームページ　http://www.godo-shuppan.co.jp/
印刷・製本　株式会社シナノ

■ 刊行図書リストを無料進呈いたします。
■ 落丁・乱丁の際はお取り換えいたします。

ISBN 978-4-7726-1248-7　NDC302　188 × 130